대박 마케팅

성공하는 사람은 이런 마케팅 한다

MARKETING

대박 마케팅

성공하는 사람은 이런 마케팅 한다

| 한만봉 / 김두흠 / 박세아 / 이필호 공저

KSi 한국학술정보㈜

머리말

이 책은 대학에서의 강의를 위하여 집필되었다. 행정학과, 정책학과, 공무원학과, 경찰행정학과, 경영학과, 교육학과 학생들, 그리고 일반인이 알아야 할 마케팅분석 사례모음집이다. 즉 마케팅에 대해서 실질적인 도움을 주기 위해 알기 쉽게 만들어 졌다. 요즘 모든 부문에서 마케팅은 중요한 화두이다. 마케팅에 성공하면 자기분야 에서 성공을 한다. 마케팅 전략에서 남에게 뒤처지면 실패할 수밖에 없다.

이 책은 정치학, 경제학, 행정학, 교육학, 기획학, 정책학, 경영학, 마케팅학을 두루 넘나드는 포괄적인 교재이다. 한마디로 희망의 마케팅이라고 할 수 있다. 젊은이 들에게 비전과 꿈과 소망을 심어주며 학문으로서만의 책이 아니라 현장교육, 현실 적용이 살아 있는 책인 것이다. 이 책은 학문의 기본적인 내용을 포괄적으로 다루 는 데 중점을 두고 있다. 이 분야를 전공하지 않은 사람들까지 이 책을 읽음으로써 어렵지 않게 전문가가 될 수 있게 배려를 하였다. 다만 내용을 개괄적으로 다루다 보니 각 학문에서 필히 다루어야 할 것들을 누락시킨 부분들이 없진 않다. 내용 및 전개상 여러 부분들을 국내외 학계, 전문가의 이야기들을 요약, 발췌한 부분이 많이 있다. 그러나 독창적인 아이디어로 예화, 적용을 통해 재미있게 접근한 점은 필자의 독창성임을 밝혀둔다.

한 권의 책을 만들고 나면 좀 더 잘 만들었어야 했다는 미련이 조금은 남는다. 그러나 미흡한 부분들은 앞으로 계속 보완해 나가 세계에 두루 사용되는 책으로서 손색이 없도록 만들 것이다. 끝으로 이 책이 출판되기까지 물심양면으로 도움을 주 신 분들께 감사를 표한다. 특히 세밀하게 출판관계의 모든 면을 챙겨주신 강태우

선생님과 한국학술정보 사장님께 감사를 표한다. 또한 이론적 근거를 찾아주고 최고의 도움을 주신 공주대학교 대학원생들과, 교정을 봐준 선생님들에게도 감사를 표한다. 아무쪼록 이 책을 통하여 국민 모두가 하나가 되어 보다 재미있고, 활기차며, 크게 배우는 계기가 되기 바라며, 좋은 결실을 맺었으면 하는 바이다.

2008년 9월
고려대학교 중앙도서관에서
저자일동

CONTENTS

제3장 미래적 마케팅 / 407

제1장 마케팅의 본질과 이론적 발전

제1절 마케팅의 개념 정의

마케팅을 알면 세상이 보이고 세상이 보이면 할 일이 무엇인지를 바로 인지하게 되며, 인간관계와 처세술을 터득하게 된다. 그러므로 마케팅은 우리 인간의 삶에 있어서 중요한 역할을 한다고 할 수 있다. 단순하게 세일즈 하는 의미와는 다른 것이다. 즉 사람들이 감동하고 궁금해하여 시장으로 나오게 하며, 그 물건을 사게끔 하는 전략이 숨어 있는 기술이라고 할 수 있다. 다시 말해서 사람들이 마켓으로 들어오게끔 유도하는 게 마케팅이다. 마켓이란 게 사람들을 끌어 모은다는 뜻이다. 예를 들어 세일이라든가, TV 광고라든가, 전단지 즉 광고라는 거 자체가 마케팅의 전략 중의 하나이다. 또 많은 전략들 중에서 상품들도 있다. 보험이라든가 플러스알파라든가, 바겐세일이라든가. 혜택이라든가 이런 것들도 마케팅이다. 현대에는 마케팅이 경영과 접목되고, 행정과 접목되고, 교육과, 예술과 접목되어 다양한 기술적 이미지화하고 있다.

마케팅협회에서 마케팅에 대해서 밝힌 바에 의하면, "개인과 집단의 목표를 충족시켜 줄 수 있는 아이디어, 서비스, 재화의 개념화·가격화 촉진, 유통을 통해 '교환'을 만들어 내는 활동(The process of planning and excuting the conception pricing, promotion and distribution of goods, services and ideas to creat exchange that satisfy individual and organizational objects)"이라고 규정하고 있다.

학자에 의하면 '교환과정을 통하여 욕구와 필요를 충족시키려는 인간 활동'이라고 필립 코틀러는 정의하고 있다. 단순히 마케팅의 정의를 기업이나 개인 등에 국한시키지 않고 대상도 제품이나 서비스에 국한시키지 않아 욕구 충족을 위한 모든 교환 활동을 마케팅으로 보는 것이다.

마케팅의 종류는 이루 헤아릴 수 없다. 좀 과장하면 이름만 붙이면 다 마케팅이 될 수 있다. 하지만 어디에 붙이더라도 마케팅의 본질은 변하지 않는다. 키즈 마케팅이나 실버 마케팅이나 대상에 따른 세부적인 시행 방법이 다를 뿐 마케팅 자체는 다르지 않기 때문이다.

마케팅을 구분하는 기준도 매우 많다. 마케팅의 대상, 방법, 목표 등등에 따라 구분할 수 있다. 생산재 / 소비재 마케팅, 그린 마케팅, 실버 마케팅, 스포츠 마케팅, 인터넷 마케팅, 감성 마케팅, 스타 마케팅, 데이터베이스 마케팅, 컬러 마케팅 등 일일이 다 열거할 수 없을 정도이다.

제2절 마케팅의 발달 과정

넓은 의미에서의 마케팅이란 대상으로 하는 고객이나 조직에게 만족을 제공하는 동시에 기업의 목표를 달성하기 위한 경영활동이고, 좁은 의미에서의 마케팅이란 고객만족을 위해 전개되는 경영활동이다.

1. 마케팅의 발생과 발전과정

경영활동의 처음에는 '판매'가 존재했다.

그러나 생산과잉으로 뜻대로 팔리지 않게 되었다.

생각끝에 내려진 결론은
'고객이 원하는 제품을 만들어야 한다.'는 것이었다.

고객지향의 마케팅 탄생

마케팅은 그 독특한 발상과 함께 경영활동의
중심위치가 되었다.

2. 마케팅의 발생과 발전과정[1]

	판매	마케팅
제1목적	파는 것	고객만족
이익이란	기업이 구하고자 하는것	기업노력의 결과
고객이란	파는 대상	만족시켜주는 대상
기업 내에서의 위치	1개 부분	중심
거래는	판매시점에서 종료	고객이 만족함으로써 종료
의사 결정으로서는	프로그램화 된다.	프로그램화 되지 않는다
활동으로서는	교환활동	창조적 활동
상품이란	주어지는 것	창출하는 것

좀 더 알기 쉽게 마케팅에 대해서 설명하면 다음과 같다.

아주 넓게 보아(학문적으로 표현하면 "아주 광범위한 정의"로 표현하여) 어떤 사람이나 조직 / 단체가 의도하는 목표를 달성할 수 있도록 그 사람이나 단체와 대상 사이에서의 "사회적인 과정"을 발생시키고, 유지하고, 확대시킬 수 있는 촉진제 역할을 하는 기능을 마케팅(활동)이라 부를 수 있는 것으로 생각한다. 그렇기 때문에 이런 맥락에서 마케팅은 기업 경영을 포함해서 정치적으로(정치적 기반이나 / 투표에서의 표를 얻거나 주장하는 바의 동조를 구하기 위해), 경제적으로(경제적인 이해나 동의를 위해), 사회적으로(신념이나 사회적 행위의 지지 또는 동조를 위해), 문화적으로(문화적인 동질감이나 선린을 위해), 종교적으로(종교적 이념이나 신조의 동조를 위해 또는 특정 종교의 전파를 위해), 심지어 개인적으로도(개인 간의 이해나 우정, 그리고 결혼의 달성 등을 위해) 적용이 가능하다고 생각한다. 그렇기 때문에 정치 마케팅, 관광 마케팅, 지역 마케팅, 문화 마케팅, 주의 마케팅, 자선 마케팅, 및 애정

---

1) http://kin.naver.com/detail/detail.php?d1id=4&dir_id=408&eid

마케팅 등등과 같은 용어가 충분히 있을 수 있는 것이다.

위와 같은 마케팅의 의미를 기업 경영이라는 한정된 테두리 내에서 놓고 볼 때도 마케팅은 여전히 영업, 판매촉진, 세일즈, 광고, Merchandising 등등과 같은 용어로 혼용되어 머리를 어지럽게 하고 있다. 그중에서도 마케팅을 아마도 영업이나 판매촉진 또는 광고로 오해하고 있는 것이 가장 보편적이지 않나 생각한다. 판매 촉진 또는 광고로 오해되는 가장 직접적인 이유가 아마도 시대적인 배경(1950년대와 1960년대 걸쳐 지나치게 판매 촉진이나 광고가 기업 활동이나 성장에 직접적인 영향을 가져다 준 것) 때문에 지금까지도 마케팅이라고 하면 많은 사람들이 아직도 판매 촉진이나 광고로 이해하고 있는 것으로 알고 있다. 하지만 마케팅을 제대로 보면 그러한 판매 촉진이나 광고는 마케팅의 전체 기능 중 하부의 일부 기능에 불과한 것에 지나지 않다. 왜냐하면, 판매 촉진이나 광고는 소위 후행적 마케팅에 불과할 뿐이지만 마케팅 활동은 그러한 후행적 마케팅 활동을 포함해서 환경 분석, 수요 예측, 경쟁 분석 및 시장의 트렌드 및 소비자 분석 등등의 선행적 마케팅 활동까지 포함하는 전천후 활동이기 때문이다.

좀 더 범위를 좁혀 기업 경영이라는 아주 좁은 관점에서 마케팅을 이해해 보자면 다음과 같이 이해할 수 있을 것이다. 한 제조 업체가 있고, 이 제조 업체는 돈 되는 제품을 생산하고 판매해서 이익을 내려고 (새로운) 사업을 한다고 가정해 봅시다. 가장 먼저 생각해 볼 점은, 사업을 한다고? 왜? 답은 (새로운) 사업을 하(려)는 사람이 이것저것 살펴볼 때 즉 나라의 사회 및 경제 상황을 살펴보니 사업하는 것이 괜찮을 것 같고 또 사람들이 어떠어떠한 제품이 있으면 좋겠다고 바라고 있어, 사람들이 바라고 있는 것을 만들어 팔면 이익이 되겠다 싶어 사업을 (시작)하는 거죠. 그러한 '사람들이 바라는 것'을 어떻게 알죠? 물론 그것은 사업자 개인의 육감도 작용하지만 이것저것 경제적 조사나 시장 조사를 자기 나름대로 하겠죠. 다시 말해 제품 생산 훨씬 이전에 경제 전망이나 트렌드 및 시장의 욕구를 조사해서 자기 나름대로 자기가 하고자 하는 사업의 전망을 조사해 보는 거죠. 이런 기능을 내외의 환경 분석이라고 한다. 다시 말해 제품 생산 이전부터 이미 마케팅의 구체적인 기능이 수행되고 있다는 것입니다. 그러한 기능이 기업의 여러 하부 기능 중 어디에 포함되겠습니까? 생산 기능에? 인사 기능에? 연구 개발 기능에(물론 일부는 연구 개발 기능에 많이 의존하는 경우도 있죠)? 회계 기능에? 자금 기능에? 아니죠 바로 마케팅 기능이 그러한 기능을 수행한다. 그러한 내외 환경 분석에서 사업성이 있다고 결론이 서면 돈 모으고 땅 사고 사람 구하고 등등을 해서 공장 짓고 제품을 만들고 광고도 하면서 제품 판매를 한다. 그러면 제품을 생산만 하면 만사가 끝입니까? 아니다. 그러한 제품을 시장에서 가장 매력적으로 느낄 수 있게 시장에다 알리고, 그런 제품을 소비자가 구매를 용이하게 할 수 있도록 유통망을 구축하고, (실제로 제품을 운송 및 보관의 기능을 거쳐) 제품 사용 후에 불편이나 불만이 없도록 소비자의 사용 후의 행동을 체크하고 관리해서 다음에는 더 많은 사람들이 더 좋은 제품이 더 싼 가격으로 구입할 수 있게 하여 지속적으로 사업을 확대 발전시켜야 한다. 그러한 여러 행동이나 과정에 관련된 기능을 수행하는 것이 마케팅의 전반적인 분야입니다.

이제 마무리를 해보면, 아직까지 좀 일반적이고 애매모호할지 모르지만 진정한 마케팅이란 기업 경영 분야의 경우 제품이나 서비스 생산 이전부터 시작해서(예를 들어, 비즈니스 환경 조사 및 산업 전망 및 기업의 성장과 발전에의 목표, 그리고 수요 예측 등등부터) 시장의 욕구를 제대로 충족시킬 수 있는 제품을 생산하고 정당한 제품 정보를 시장에 신속하게 알리고 소비자로 하여금 원하는 시기에 원하는 장소에서 편리하게 제품을 구입할 수 있게 해서 고객이 원했던 욕구를 제대로 충족시켜 주어 만족스러운 사용 경험이나 평가가 시장을 거쳐 다시 기업으로 feedback 되는 과정을 포함하는 전 과정과 연결되어 있는 기능이 바로 마케팅이라고 할 수 있습니다.

마케팅이라는 기능이 단지 광고나 영업, 판촉 그리고 세일즈 같은 세세한 하부 기능만을 의미하지는 않는 어쩌면 (요즈음 같은 환경하에서는) 기업 경영의 전반을 리드하는 일종의 기업 철학과 같은 기능을 가진다고 말할 수도 있다는 것이다. 그래서 일부에서는 마케팅이 기업에서 하나의 하부 기능의 역할을 극복하고 이제는 기업 전체를 이끌고 방향을 지시할 수 있는 기업 철학이라고도 하는 것이다.

참고로, 우리나라의 교과서나 사람들의 입에 흔히 오르내리는 가장 일반적인 마

케팅의 정의 몇 가지를 보면,

(1) 미국 마케팅 학회 정의(1985): 마케팅이란 개인 및 조직의 목표를 만족시키기(/ 만족시켜 주는 交換을 創出하기) 위하여 아이디어와 상품/ 재화 및 서비스/ 용역의 개념 정립/ 창안, 가격 결정, 촉진, 그리고 유통을 계획하고 실행하는/ 집행하는 과정이다.

(Marketing is the process of planning and executing the conception, pricing, promotion, and distribution of ideas, goods, and services to create exchanges that satisfy individual and organizational objectives.)

(American Marketing Association, Marketing News, vol.19, no.4, March 1985, p.1)

참고문헌

www.marketingpower.com

－Marketing is an organizational function and a set of processes for creating, communicating, and delivering value to customers and for managing customer relationships in ways that benefit the organization and its stakeholders.

(마케팅이란 <하나의> 조직적인 기능이며 여러 가지 방법으로 기업과 기업의 이해 관계자들을 이롭게 하는 고객에게 가치를 창출하고, 가치를 알리며, <실제로> 가치를 전달하기 위한 그리고 고객 관계를 관리하기 위한 일단의 과정이다.)

(2) Philp Kotler(1991): 마케팅이란 개인이나 집단이 타인에게 가치가 있는 제품을 창출, 제공, 交換함으로써 그들이 필요로 하고 원하는 것을 얻을/ 획득할 수 있게 하여 주는 사회적 및 경영 관리적 과정이다.

(Kotler, P., Marketing Management: Analysis, Planning, Implementation and Control, 7th ed., Englewood, Prentice - Hall, 1991, p.4 and p.10)

(3) (한국) 마케팅 (학회) 정의 제정위원회(2002): 마케팅은 조직이나 개인이 자신의 목적을 달성시키는 교환을 창출하고 유지할 수 있도록 시장을 정의하고 관리하는 과정이다.

(Marketing is the process of defining and managing markets to create and retain exchanges by which organizations or individuals achieve their goals.)

(한국 마케팅 학회, 마케팅 연구 17권, 제2호, 2002, pp.5 - 6)

(4) W. J. Stanton(1981): 마케팅이란, 욕구 충족의 대상이 되는 제품이나 서비스를 顯在的 (actual) 및 潛在的 顧客(potential or latent customer)에게 제공하기 위하여 계획하고 가격을 산정하며, 촉진 및 분배하도록 설계된 기업 제 활동의 총체적 시스템이다.

(William J. Stanton, Fundamentals of Marketing, McGraw - Hill, 1981, p.4)

제2장 마케팅과 기업사례

제1절 생명보험에 대한 마케팅 분석

1. 삼성생명이 인터넷을 통해 판매하는 제품에 대한 시장 Matrix

　삼성생명은 크게 보험분야, 소매금융분야, 자산운용분야의 3가지 사업 영역을 보유하고 있다. 보험분야는 개인고객 부문과 기업고객 부분으로 나누어지며 각각의 대상에 맞추어 보험 상품을 판매하고 있다. 개인고객을 대상으로 하는 보험 상품은 1,000만 고객의 다양한 Needs에 맞는 다양한 신상품개발(보장, 연금, 저축성 상품)과 체계적인 CRM 시스템구축으로, 최상의 고객 만족을 위한 상품판매와 서비스를 제공하고 있다, 기업고객을 대상으로 하는 보험 상품은 기업연금제도, 선택적 기업복지제도 등과 같이 기업복지 컨설팅에 비중을 두고 있다.

　삼성생명의 보험 제품에 대한 BCG 매트릭스를 작성하기 전에 간단하게 BCG 매트릭스를 언급하자면 BCG 매트릭스란 기업외적 요인인 시장 성장률과 기업 내적 요인인 상대적 시장 점유율을 사용하여 각 사업부를 평가·분석하고 전략을 제시하는 것이다. 그리고 BCG 매트릭스는 시장성장률의 높고 낮음과 상대적 시장점유율의 높고 낮음에 의해 '물음표, 별, 자금젖소, 개' 부분으로 분류된다. 시장성장률의 높고 낮음은 연 성장률이 10~15%로 그 이상의 성장률을 보이는 시장을 고성장으로 그 이하의 성장률을 보이는 시장은 저성장으로 구분한다. 한편 상대적 시장점유율은 일반적으로 1.0~1.5를 기준으로 상대적 시장점유율이 높고 낮음으로 분류된다. 삼성생명의 보험 제품은 건강, 상해, 종신, 연금 / 저축, 변액 상품으로 나누어진다.

　이를 BCG 매트릭스로 나타내면 아래와 같다.

　　　　　　시장점유율 ↑　　　　　　　시장점유율 ↓

　각 보험 제품들을 위와 같이 BCG 매트릭스로 구분해 보았는데, 상해 / 정기보험 제품의 경우는 시장성장률과 점유율이 높고 자동차 보험 판매호조 및 손해율 하락으로 판매 비중은 증가 추세에 있으며, 앞으로도 성장이 가능한 제품 분야이다. 자금젖소에 위치한 건강보험의 경우는 성장후기에서 쇠퇴기에 직면하며 시장 성장률은 낮지만 다른 기업에 비해 점유율이 높다. 물음표에 위치한 변액보험과 종신보험의 경우는 시장성장률은 높지만 점유율 면에서 낮고, 신규사업 부문에서 점유율을 높여 '별' 쪽으로 이동해야 한다. 개에 위치한 연금 / 저축보험의 경우는 시장 성장률과 시장 점유율이 상대적으로 낮으며 성장 후기에서 쇠퇴기에 놓여 있다. 이 경우에는 점유율을 높이는 방안을 강구해야 한다.

2. 삼성생명이 이미 진출한 제품 시장을 STP에 입각하여 분석

1) 시장세분화(Market Segmentation)

삼성생명의 보험 상품들은 한 가정이나 개인의 생활 전반에 관련된 다양한 상품들로 구성되어 있다. 대개 한 개인과 가정의 경제적인 면은 생애주기(Life‒Cycle)에 의해 어느 정도 패턴화되어 움직이게 되며, 그 흐름의 시기마다 핵심적으로 필요하게 되는 자금의 성격도 달라진다. 그리고 이러한 핵심적인 자금이 곧 보험 상품을 판매하는 데 있어서의 고객의 Needs와 직결된다.

시장성장률 ↑	별: 상해 / 정기보험	물음표: 변액보험, 종신보험
시장성장률 ↓	자금젖소: 건강보험	개: 연금 / 저축보험

그러므로 삼성생명보험은 고객의 Needs들을 분석하고 각각의 Needs에 따른 시장세분화를 기본으로 하고 있다.

보험 시장은 주택마련을 목적으로 하는 집단, 자녀의 교육 및 결혼자금을 목적으로 하는 집단, 긴급예비자금을 원하는 집단, 생활자금을 축적하려는 집단, 노후자금을 대비하려는 집단 등으로 세분화할 수 있다. 그리고 각 집단 내에서 역시 고객의 라이프 스타일, 소득수준, 자녀의 수, 연령별 등의 많은 요인들에 따라서 보다 세분화하게 된다. 보험 상품의 성격이 자신에게 정말 필요하거나 위험을 느끼는 상황이 아닌 이상 판매의 성장이 이루어지기 힘들기 때문에, 가능한 수익성을 고려하면서 고객의 세밀한 욕구까지 파악하는 것이 매우 중요하기 때문이다. 따라서 삼성생명보험은 여러 시장들의 Needs에 따라서 시장을 세분화하고 각각의 Needs에 부합하는 차별적인 마케팅 전략을 취하게 된다.

2) 표적시장 선택(Market Targeting)

삼성생명보험은 다양한 시장을 대상으로 여러 가지 상품을 제공하는 종합보험회사이기 때문에 각각의 세분화된 시장들에 개별적인 전략이 취해지게 된다. 따라서 여러 가지 시장 각각에 대해 마케팅 믹스를 효율적으로 적용하여 그 효과를 극대화하기 위해서는 철저한 분석에 의한 표적시장 수립이 선행되어야 한다. 보다 고객의 구체적인 Needs를 충족시키기 위해서는 각 집단들을 보다 세분화해서 targeting전략을 추진하게 된다. 예를 들면 지금은 사라졌지만 예전에 있었던 긴급예비자금 목적인 사망 보장보험 '무배당 뉴 밀레니엄종신보험' 같은 상품의 경우는 재해플러스형, 플러스형, 플랫형의 3종류로 개발되어 고객의 라이프 사이클에 따라 상품을 다양하게 설계하고, 상황별 Needs를 충족할 수 있도록 하고 있다. 재해플러스형은 저 연령층의 재해사망을 집중 보장하며, 플러스형은 고연령에서 높은 사망보장을 원하는 고객을, 플랫형은 모든 연령대에서 동일한 보장을 원하는 고객을 표적시장으로 한다. 그러므로 삼성생명보험은 거시적인 측면에서의 표적시장과 미시적인 측면에서의 표적시장이 이루는 계층적인 체계를 잘 이해하여 보다 고객의 needs를 체계적으로 충족시키는 데 노력하고 있다.

3) 포지셔닝(Positioning)

삼성생명보험은 삼성이라는 기업이 보유한 경험과 자본, 기술, 이미지를 기반으로 선진금융기법과 고급인력을 통한 철저한 고객중심경영을 강조하고 있다. 그리고 삼성생명은 고객들이 '삼성생명 고객이 되기를 잘했다.'고 느낄 수 있게 하는 포지셔닝 전략을 취하고 있다.

3. 앞으로 삼성생명이 진출 가능성이 있는 제품을 제시

주 5일 근무제가 확산됨에 따라 사람들이 여가를 즐기는 시간이 전보다 늘어나게 되었다. 이에 삼성생명은 레저 / 스포츠 방면의 다양한 보험 상품을 개발하여 시장에 진출하면 다른 경쟁 기업보다 우위를 창출할 수 있을 것이다.

삼성생명의 인터넷 상품은
무)원클릭의료보장보험, 무)비추미암보험1.2
무)어린이닥터보험1.2, 무)e-life상해보험1.2
무)시니어상해보험1.2, 원클릭무배당삼성정기보험1.2
무)삼성종신보험1.2, 무)삼성애니타임상해보험까지 8개의 인터넷상품이 있다.

보험은 매출액이 아니라 가입한 사람에게서 나오는 영업이익이 자금과 연결되어 있다(생명보험의 경우에 가입률은 건강, 암, 종신보험 순이다.).
건강보험인 원클릭 의료보장보험, e-life 상해보험인 "스타", 비추미암보험1.2(삼성생명의 전략상품으로, 언론에서도 반응이 좋은 것으로 보도됨.), 삼성종신보험, 어린이 닥터보험1.2
무)시니어상해보험1.2, 원클릭무배당삼성정기보험1.2

무)삼성종신보험1.2, 무)삼성애니타임상해보험

아직까지 인터넷 보험이 활성화되지 않은 단계에서 수익성이 없다고 결론 내리기 어려우며, 인터넷 보험은 더욱 발전할 것으로 보인다.

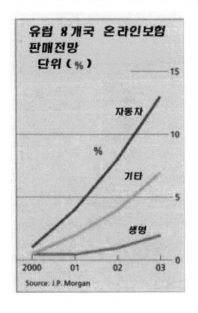

유럽 8개국 온라인보험 판매전망 단위(%)
Source: J.P. Morgan

보험가입 시 인터넷사이트를 이용하는 이유로는 첫째가 여러 보험사의 보험 상품에 대한 전문가 안내와 보험료비교 가능(60.5%), 장소 시간에 구애받지 않고 보험정보획득이 편리(33.6%), 보험모집인과의 불필요한 접촉을 피할 수 있어서(3.9%) 순으로 조사됐다고 덧붙였다. 또한 남성(80.2%)이 여성(19.8%)에 비해 이용도 높았으며, 연령대별로 30대(46.5%), 20대(24.4%), 40대(19.8%) 순으로 자사 사이트 이용도가 분석됐으며, 지역별로는 서울(33.7%), 경기(24.4%), 인천(8.1%), 경남(4.7%)순으로 조사돼 전체 66.2%가 수도권지역에 집중됐다고 전했다.

자동차보험 이외의 보험에 대한 관심도에서는 손해보험의 경우는 운전자, 민영의료, 상해보험순으로, 생명보험의 경우에는 건강, 암, 종신보험순으로 조사됐다.

회사 관계자는 "지금과 같이 보험사별 상품, 서비스, 가격 차별화가 심화되는 상황에서는 자신에게 가장 최적의 상품을 고르기 위해서 간편하고 편리한 인터넷을 이용한 보험비교가입이 점차 늘어날 것"이라고 말했다.

원클릭의료보장보험

S: 1종은 암보장을 포함한 질병보장, 2종은 암보장을 제외한 질병보장 제품.

T: 만 15세에서 59세까지

P: 저렴한 보험료(보험의 삶은 안전벨트와 같은 것)

비추미암보험1.2

S: 고액치료비 관련암인 백혈병, 뇌종양, 골수암 등인 암환자

T: 만 15세에서 50세까지

P: 고액치료비 관련암(대한민국 국민 200명 중 한 명은 암환자-예외가 있을까요?)

어린이닥터보험1.2

S: 개구쟁이 어린이들

T: 가입연령은 0~18세입니다.

P: 안전사고에 대한 걱정을 덜어 드립니다.(당신의 아이에게 보디가드를 붙일 수 없다면.)

e-life상해보험1.2

S: 교통수단을 이용하는 비율이 높은 사람들

T: 15세에서 55세

P: 대중 교통이용 중 재해로 사망 및 장해 시 보장합니다.(당신의 라이프 스타일은?)

시니어상해보험1.2

S: 시니어(SENIOR) 세대들

T: 45세에서 65세까지

P: 65세에도 가입이 가능한 중, 장년층 상해보험(나이든 사람은 들 만한 보험이 없다?)

원클릭무배당삼성정기보험1.2

S: 저렴한 보험료로 최상의 경제생활을 할 수 있는 기간에 집중적으로 사망보장을 받고 싶어 하시는 분들을 위해 만들어진 상품

T: 만 15세에서 45세

P: 일반 사망보장을 저렴하고 든든하게 (보험은 오늘 당장 필요한 것이 아닙니다.)

삼성종신보험1.2

S: 피보험자가 사망한 후의 유족의 생활보장을 목적

T: 만 20세에서 58세

P: (하늘 아래 남은 가족에게 당신이 남긴 종신보험은 내일을 볼 수 있는 하늘입니다.)

삼성애니타임상해보험

S: 우연한 사고로 인하여 신체에 상해를 입은 경우 보험금액 기타의 급여를 하는 보험

T: 15세에서 55세

P: (상해란 다른 사람에 의해 당하는 불행)

STP전략에서 S란 세분화(표적시장)를 의미, T란 타깃으로 보험 연령, P는 포지셔닝으로 홍보를 의미했습니다.

필자가 생각한 보험은 제품은 기계보험을 보고 생각해 낸 것으로, (기계보험이란, 기계에서 일어나는 손해를 전보(塡補)하는 보험. 기관보험(汽罐保險)이라고도 하는 손해보험으로 1859년에 영국에서 시작되었다. 한국에서는 1962년 충주비료가 기관·기계보험을 가입한 것이 처음이다. 처음에는 보일러만을 대상으로 하였으나, 지금은 그 밖의 기계에도 확대되고 있다. 독일에서는 그 반 이상이 발전(發電) 관계의 기계를 대상으로 하고, 보험자가 기계를 언제든지 검사할 수 있도록 하여 사고의 발생을 예방하며, 사고의 원인을 조사 연구하여 공업기술의 향상에 기여하고 있다.

기계보험에는 좁은 뜻의 기계보험과 조립보험(組立保險)의 2종류가 있다. 전자는 기계의 예측할 수 없는 돌발적 손해, 예를 들면 제조상의 결함, 취급상의 미숙과 잘못, 폭발, 천재(天災) 등에 따른 손해를 전보한다. 조립보험은 기계의 조립과정에서 일어나는 손해를 전보하는 보험인데, 그러한 원인으로는 공사현장의 사태, 홍수, 화재, 폭발, 기계의 구조 또는 재질(材質)의 결함, 도난사고 등 여러 가지가 있다. 그리고 조립공사 중의 사고로 제3자에게 끼친 재산의 손해나 신체의 손해를 전보하기

도 한다.) 요즘과 같이 인터넷 대란이 발생하고 해킹에 무방비 상태로 존재하다가는 인터넷 기업의 재산이라고 할 수 있는 고객DB라든지 아니면 중요한 정보가 속수무책으로 도난당할 수 있다. 그래서 이런 사고를 예방하기 위한 보험을 만들면 어떨까라는 생각을 해봤다. 인터넷기업만을 대상으로 한 보험이므로 특히 인터넷 보험으로는 적격이라고 생각한다. "언제, 어느 때, 어떻게 닥칠지 모르는 해킹과 바이러스의 불안함 중에서 더 이상 안전불감증은 사라져야 합니다. 늘 준비하십시오. 그 순간은 잠깐입니다." 인터넷기업보험 홍보문구. 보험금과, 보험가입 자격 조건 등은 지금 제시할 순 없지만, 어쨌든 이런 보험은 꼭 있어야 한다고 본다. 그리고 전자상거래의 핵심 요소인 자금이체에 관한 보험이 인터넷 보험으로 자리잡았으면 한다. 신용카드거래, 전자수표, 전자화폐 등으로 인터넷상에서 거래할 때, 소액거래라면 분실해도 크게 지장 없겠지만 특히, B2B 같은 경우의 큰 거래가 이루어질 때, 신상정보유출과 자금도난으로 인한 큰 손실이 있을 수 있다. 그래서 개발한 상품이 바로 e-cash보험. 이런 것들이 사회에 정착이 되어야 사람들이 인터넷을 믿고 거래할 수 있을 것이다.

	높음	낮음
높음 **시장 성장률** **낮음**	무)삼성애니타임상해보험 무)삼성종신보험	무)어린이닥터보험 무)비추미암보험
	무)e-life상해보험 무)시니어상해보험	무)원클릭의료보장보험 원클릭무배당삼성정기보험

[그림 1] 상대적 시장점유율

(1) 원클릭의료보장보험

① Segmentation: 인구통계학적 변수 중 소득에 따라 저소득층들로 세분화하였다.

② Targeting: 적게 내고 크게 받을 수 있기를 바라는 고객들을 위한 무차별적 마케팅으로 표적시장을 선택하였다.
③ Positioning: "대책이 없어, 치료비가 없어 가족을 절망하게 하고, 당사자가 치료 한번 제대로 받지 못하고 손을 놓는 일은 절대 없어야 한다"는 생각으로 저렴한 보험료로 다양한 질병에 대해 보장받을 수 있다는 제품 차별화로 포지셔닝하였다.

(2) 비추미암보험1.2

① Segmentation: 심리도식적 변수 중 성격에 따라 요즘 들어 암 발생률 및 암으로 인한 사망률이 높아지면서 심리적으로 암에 대한 불안함을 느끼는 사람들로 세분화하였다.
② Targeting: 공통적으로 많은 소비자들이 암에 대한 관심을 집중함에 따라 무차별적 마케팅으로 표적시장을 선택하였다.
③ Positioning: 암에 대한 종합보장이 가능하다는 제품 차별화로 포지셔닝하였다.

(3) 어린이닥터보험

① Segmentation: 인구통계학적 변수 중 나이와 생애주기에 따라 0~18세의 어린이로 시장 세분화하였다.
② Targeting: 0~18세까지의 어린이를 각종 재해사고와 질병에서 보장하고자 하는 공통된 부모들의 마음을 중점에 두어 무차별적 마케팅으로 표적시장을 선택하였다.
③ Positioning: "어린이들만의 든든한 지킴이가 되겠다"는 이미지 차별화로 포지셔닝하였다.

(4) 삼성애니타임상해보험

① Segmentation: 심리도식적 변수 중 성격에 따라 평소에 일어날 수 있는 작은 위험한 상황들 속에서도 보호를 받고 싶다고 생각하는 사람들로 시장 세분화 하였다.
② Targeting: 일상생활 속에서 일어날 수 있는 대중교통사고나, 레저, 휴일의 보장을 받고 싶어 하는 욕구의 20~30대, 30~40대를 위한 차별화 마케팅으로 표적시작을 선택하였다.
③ Positioning: 주변에서 일어날 수 있는 불행들에 대하여 언제 어느 때라도 충분히 대비하고 보호받을 수 있다는 이미지 차별화로 포지셔닝하였다.

(5) e-life상해보험

① Segmentation: 심리도식적 변수 중 사회적 계층에 따라 대중교통을 많이 이용하는 사람과 레포츠를 즐기는 사람들이 자신의 안전을 보장받고자 하는 사람들로 시장 세분화하였다.
② Targeting: 대중교통과 레포츠를 이용하는 사람들을 위한 차별적 마케팅으로 표적시장을 선택하였다.
③ Positioning: 하루에 50원 정도의 투자로 안전을 보장받을 수 있다는 이미지 차별화로 포지셔닝하였다.

(6) 시니어상해보험

① Segmentation: 인구통계학적 변수 중 나이와 생애주기에 따라 45세 이상부터 65세까지 중·장년층으로 시장 세분화하였다.
② Targeting: 45~65세 이상의 중·장년층의 연령에 따른 차별적 마케팅으로 표적시장을 선택하였다.
③ Positioning: 65세도 가입이 가능하다는 이미지 차별화를 포지셔닝하고 있다.

(7) 원클릭무배당삼성정기보험

① Segmentation: 심리도식적 변수 중 성격에 따라 언젠가 일어날 불행에 대한 방패막이 필요하다고 생각하는 사람들로 시장 세분화하였다.

② Targeting: 최상의 경제생활을 할 수 있는 기간에 집중적으로 사망보장을 받고 싶어 하시는 사람들에 따른 무차별적 마케팅으로 표적시장을 선택하였다.

③ Positioning: 우량체 4대요인 및 기준(흡연: 특약 가입직전 1년간 비흡연자, 심전도: 심전도검사 결과가 정상인 자(회사가 정한 기준에 적합한 자), 혈압: 수축기 혈압(systolic)이 140mmhg 미만이고 이완기 혈압(diastolic)이 90 mmhg 미만인 자(정압(正壓)자), 체격: 체격이 다음 기준에 부합되는 자(표준체격자))에 맞는 사람이면 할인된 보험료를 적용하게 할 수 있는 제품 차별화로 포지셔닝하였다.

(8) 삼성종신보험

① Segmentation: 심리도식적 변수 중 성격에 따라 마음 및 생활의 안정을 중시하고 언제 다가올지 모르는 자신의 죽음 후에 가족들의 생계에 대한 걱정을 갖고 있는 사람 및 노후 대책 마련을 하고자 하는 사람들로 시장 세분화하였다.

② Targeting: 생활의 안정과 노후대책을 생각하는 많은 사람들을 위한 무차별적 마케팅으로 표적시장을 선택하였다.

③ Positioning: 실세금리를 반영하는 변동금리형 종신보험, 고객이 원하실 경우 보장을 연금으로 전환하여 노후기 연금 니즈를 충족한다는 제품 차별화로 포지셔닝하였다.

4. 앞으로 진출 가능한 보험

1) 태아보험

세상의 여성 대부분이 결혼을 하고 아이를 갖는다. 아이를 갖는 동안 많은 위험이 따르기도 하고, 아이가 기형아로 태어나는 경우도 있다. 이러한 혹시나 하는 두려움에 있는 수많은 여성들과 태아의 안전과 재해에 대한 보장을 할 수 있다는 점에서 많은 고객들이 보험에 가입할 것으로 예상되어 태아 보험을 제시한다.

태아보험은 여성이 아이를 가졌을 때 아이가 유산되거나 기형아로 태어났을 때에 보험금을 지급하는 것이다. 물론 결혼을 하든 안 하든 20~39세의 여성이면 모두 가입할 수 있고, 임신을 안 한 사람과 임신(3개월 이내)을 한 사람, 20~29세, 30~39세의 보험료율을 각각 달리 적용하고 1년 만기 연납으로 일정액의 보험료를 지불하는 것이다.

① Segmentation: 인구통계학적 변수 중 나이와 생애주기에 따라 20~29세, 30~39세의 여성으로 시장 세분화하였다.
② Targeting: 고객의 임신여부, 연령에 따라 차별적인 마케팅으로 표적시장을 선택한다.
③ Positioning: "아이를 가진 여성을 보호하자"라는 이미지 차별화로 포지셔닝한다.

현대에 들어서 각종 질병이나 상해와 관련된 사망률이 증가하고 있다. 현인들은 언제 일어날지 모르는 각종 질병과 상해에 관련된 보험을 선택하게 된다. 많은 보험들 중에서 인터넷을 통해서 편리하게 판매되는 각종보험들은 바쁜 현대인에게 각광받고 있다. 삼성생명은 이러한 점을 고려해 여러 가지 인터넷 보험 상품을 판매하고 있다. 삼성에서 판매하는 인터넷 보험 상품은 8가지로 건강, 상해 / 정기, 종신의 종류가 있다. 앞서 밝힌 [그림 1]을 보면 별(STAR)은 시장성장률과 높은 상대적 시장 점유율의 사업단위이다. 별에는 여러 가지 보험을 들지 않아도 보험혜택을 한

번에 모아두어 시장성장률과 시장점유율이 높은 원클릭의료보장보험1종이 있고 암으로 발생하는 사망률이 증가해 감에 따라 시장점유율이 높고 성장률이 높은 암보험도 여기에 포함된다. 또 한 가지는 언젠가 한번은 보험금을 탈수 있어 고객들에게 각광받고 일반화되어 있어 시장점유율이 높고 성장률이 높은 종신보험이 있다.

물음표에는 맞벌이 부부의 증가로 아이들을 직접 돌보지 못하고 부모님을 직접 모시지 못하는 사람들이 증가하고 있는 추세로 성장률은 높지만 아직 시장점유율은 낮은 어린이 닥터보험과 시니어 상해보험을 들 수 있다. 또 한 가지의 정기보험은 종신보험보다는 시장점유율이 떨어지지만 자기가 선택한 기간 동안만 보험을 들 수 있는 등의 선택이 많아서 성장률이 높다.

자금젖소(cash cow)는 낮은 시장 성장률과 높은 상대적 시장 점유율의 사업단위로 삼성애니타임상해보험은 많은 차량의 보급으로 교통사고가 많이 증가하고 이외도 많은 상해 등에 보험처리가 가능해서 많은 비용을 지출할 필요가 없이 이익을 얻고 있다.

마지막으로 개(dogs)는 낮은 시장 성장률과 낮은 상대적 시장 점유율을 가진 사업단위를 말한다. 원클릭의료보장보험2종은 원클릭의료보장보험1종에 비교하여 볼 때 많은 혜택이 있는 1종이 더 수익성이 높아 시장 점유율이나 시장성장률이 낮다.

이번에는 각 보험 상품을 STP(Segmentation Targeting Positioning)에 입각해서 보면 첫 번째 원클릭의료보장보험1종은 행동적변수로 소비자가 추구하는 편익에 의해 고객을 세분화하여 현대인의 질병이나 상해와 암에 대한 막연한 불안감을 여러 가지 보험을 드는 불편함을 보다 한 번에 여러 가지 혜택을 누릴 수 있는 보험이다. 삶이 복잡해지고 스피드화되는 추세에 한 번에 번거로움 없이 들 수 있다는 것에 다른 상품보다 고객들이 더 선호할 것이다.

두 번째 원클릭의료보장보험2종은 원클릭의료보장보험1종과 비슷하게 고객을 세분화하여 질병이나 상해를 한 번에 보험으로 할 수 있게 했다.

세 번째 비추미암보험으로 심리도식적변수의 라이프 스타일에 따른 세분화를 했다. 서구화된 식습관과 흡연인구의 증가로 암질병이 많이 발생되는 것이다. 현대에 이러한 생활의 변화로 암에 대한 공포를 피할 수 있는 사람은 없다고 보는 것이다.

이 상품은 암보험뿐 아니라 다른 부가서비스(재해와 상해)를 제공함으로 만족도를 높이고 있다.

네 번째 어린이닥터보험으로 인구통계학적 변수 생애주기로 고객을 세분화한 것이다. 젊은 부부들 중 어린아이가 있는 부부를 타깃으로 하여 각종사고와 재해에 아이들이 노출되어 있다는 것으로 보험 상품을 제시했다.

다섯 번째 삼성애니타임 상해보험으로 산업제 시장의 세분화를 하였다. 교통사고로 인한 보험 상품을 제시하여 수송업계에 있는 사람뿐 아니라 많은 교통을 이용하는 사람들까지도 타깃으로 하고 있다. 교통사고로 인한 사망률의 급증을 인식시키며 교통사고 이외의 일반 재해까지 보험이 되는 것으로 고객만족도를 높이는 상품이다.

여섯 번째 인구통계학적 변수의 생애주기로 고객을 세분화해 44~55세의 고령인구를 타깃으로 한 시니어 상해보험1, 2는 최근 실버산업이 유망해 고령인구의 얻기 쉬운 질환이나 재해에 대해 일정금액을 지불해 줌으로 고객만족을 높이고 있다.

여섯 번째 삼성정기보험은 심리도식적 변수의 라이프 스타일로 세분화하여 보험을 맞춤형으로 원하는 고객을 타깃으로 하여 일정 기간을 정해 보험료를 지불하는 것이다. 또한 보험료가 비교적 싸기 때문에 소득이 저조한 빈곤층에게도 큰 부담을 주지 않는 보험 상품으로 제시되었다.

마지막으로는 심리적 도식변수의 사회적 계층으로 세분화한 종신보험이 있다. 종신보험은 어떤 일이 일어날지 모르는 현대 사회에서 불확실한 사회에 비교적 고소득층으로 20~50세를 타깃으로 잡았다. 비교적 비싼 가격이지만 평생 지급한 보험액을 모든 사고나 각종 암에 대한 보험금을 받을 수 있고 노환과 같은 일반 사망 시에도 고액의 돈을 지불해 가족의 생활보장의 기능도 있고 어떤 면에서는 재테크의 수단으로까지 활용할 수 있다는 점이다.

다음으로는 앞으로 진출 가능성 있는 보험 상품으로는 인구통계학적 생애주기변수와 심리도식적 변수의 라이프 스타일로 고객을 세분화하여 20~30세의 결혼을 전제로 교제하는 커플을 타깃으로 정한 인터넷 보험 상품 커플보험을 제시하는 것이다. 이 보험은 평을 같이할 연인들에게 사귄 지 1주년, 2주년 등의 기념일에 소액의 보험금을 주고 결혼을 할 때는 거액의 결혼자금의 일부를 제공하며 결혼 후에도 결혼기념일을 해외여행 이용이나 여러 가지 행사를 통해 기념일을 챙겨주는 것이다.

1. ⇒ 인터넷으로 판매하는 제품 계열에 대한 시장 MATRIX 작성

	별(star)	Question mark
높음		
	* 건강	* 상해 / 정기
시장성장률		
	자금젖소(gold cows)	개(dog)
낮음	*연금	* 교육
	*종신	
높음	상대적 시장점유율	낮음

⇒ 진출한 제품 시장 지적.

2) 건강보험(의료보장보험)

－원클릭 의료보장 보험－
－Segmentation → 질병과 상해, 암에 대한 보장을 한 번에 해결
－Targeting → 일반 40대 이후의 중년층을 대상으로 사고나 질병에 대한 보장.
－Positioning → 본인이 뜻하지 않은 질병이나 사고 시 저렴한 보험료와 간단한 절차로 가입함으로써 가족들과 자신의 생계에 대한 보장.

－비추암 보험－
－Segmentation → 우리나라 국민 200명당 1명이 암환자로 암의 높은 발병률

- Targeting → 주로 40~50대 중년층에서 많이 발병
- Positioning → 개인이 암에 대한 두려움과 공포에서 벗어나고, 암으로 인한 유가
  족들의 치료비 부담 및 생계 위협을 reminding.

- 어린이 닥터보험 -
- Segmentation → 어린이들의 각종사고와 질병, 수술 등 보장.
- Targeting → 0~18세까지의 어린이 대상
- Positioning → 부모의 자식에 대한 사랑과 관심을 보험으로 나타내며 부모의 통
  제권 이외의 어떠한 장소에서 일어나는 사고도 보장.

3) 상해 / 정기 보험

- Segmentation → 각종 leisure, 대중교통 이용으로 인한 사고 / 상해 시 보장
- Targeting → 직장 / 각종 단체의 연수활동 및 leisure시 사고에 대비한 보험
- Positioning → 보험료 1일 10~50원의 저렴한 보험료로 1년간 보장함으로
  예고 없이 찾아오는 각종 재해로부터 직원 및 소속원들의 안전과 국내의 주 5일
근무 확산으로 LEISURE 및 문화생활의 활성으로 가족들의 안전 및 보장을 위하여
저렴한 보험료로 혜택.

4) 연금보험

- Segmentation → 노후 및 치명적인 사고 및 질병으로 경제활동의 불가 시 이에
  대한 대비책
- Targeting → 중, 장년층들의 노후생활 안정과 불의의 사고 및 질병으로 생계유
  지에 대비한 보험.
- Positioning → 먼 훗날 노후생활의 걱정에 대한 염려와 불안 해소 및 우리가 살

아가는 동안 일어날 수 있는 사고 / 치명적인 질병으로 인한 경제활동의 불가와 사망으로 가족을 돌보지 못하는 경우를 대비.

5) 종신보험

- Segmentation → 사망의 원인불문하고 고액의 보험금 지급과 살아 있는 동안 모든 사고와 질병으로부터 보장
- Targeting → 30~40대를 겨냥하여 사회 활동 능력이 있을 때 미리 노후를 준비하여 여생을 안정되고 평안한 삶을 보장
- Positioning → 가정의 핵가족화와 연령의 고령화로 노후생활에 대한 걱정 및 안정을 위한 국민들의 의식수준 향상으로 진출 가능성.

진출 가능성이 있는 시장

향후 주 5일 근무제의 활성화 및 문화생활과 해외여행의 다양화로 많은 사고와 위험이 따르고 있으며, 경제의 발전과 산업화로 인한 원인 불명의 질병도 많이 발생하고 있으며 순간의 실수로 인한 사고 및 재해로 가족생계의 위협 및 이로 인한 가정의 파산이 많으므로 향후 이러한 유형의 사고 및 재해에 대비하여 복합적이고 다양한 보장을 받을 수 있는 보험 상품의 개발을 요구한다.

고객, 즉 자신의 환경과 유형에 맞는 맞춤형 보험 상품을 제공함으로써 많은 보험 가입 유도 ⇒ 상품의 주 계약 내용과 필요에 의한 각종 다양한 혜택을 module화하여 제시함으로써 고객의 needs에 부응하는 상품개발.

현재 정보통신 기업뿐 아니라 화학, 식품, 의류 등 여러 분야의 산업에서 e-business 물결이 일고 있다. 전자 결재시스템 도입에 따라 기업과 고객 간의 직접적인 거래가 가능해졌으며 관리비용 절감은 물론, 온라인을 이용한 실시간 거래를 통하여 고객의 요구를 즉각 수렴하고 고객에게 편리함과 다양한 정보를 제공할 수 있

게 된 것이다. 보험 산업의 경우 e-business는 web site를 통해 고객들에게 보험 상품 소개, 보험 상담, 사용자 시뮬레이션은 물론 보험계약 서비스까지 제공하고 있다. 현재 우리나라의 인터넷 보험 산업에 뛰어든 기업은 많다. 하지만, 기존 보험의 인터넷의 연장이라는 단편적인 고객확보 시각이 아닌 체계적인 e-business기반을 구축하여 고객을 관리하며 고객에게 꼭 맞는 다양한 서비스를 제공하는 기업은 드물다. 이러한 e-business 환경 속에서 CRM, RM 등의 전략과 DB마케팅 등의 도입으로 다양하고 새로운 상품을 개발하고 고객에게 질 좋고 다양한 서비스를 제공하여 처음으로 e-business환경을 통한 보험 산업을 채택한 기업이 바로 삼성 생명이다. 삼성 생명은 원클릭 의료보장보험, 비추미암보험, 어린이닥터보험, e-life 상해보험 등 총 8가지 종류의 상품을 인터넷으로 판매하고 있다.

5. 삼성생명인터넷 보험 상품의 시장 매트릭스

삼성 생명은 교보 생명, 대한 생명과 함께 전 보험 시장의 80% 정도를 점유하고 있다. 게다가 삼성 생명은 40% 정도의 점유율로 보험 시장의 1위 자리를 굳건히 자리 매김하고 있다. 하지만 알리안츠 생명 등과 같은 외국계 보험 기업의 국내 진출로 인하여 시장 성장률은 그다지 높지 않은 것으로 알려져 있다.

6. 삼성 생명 인터넷 보험 상품의 STP

1) 시장세분화 Market Segmentation

생명보험사들의 인터넷 전용보험 판매실적이 꾸준히 증가하고 있다. 보험료가 싸고 가입이 간편하다는 점 이외에도 인터넷이 상품홍보와 고객관리의 중요 통로로 인식되고 있기 때문이다. 이러한 상황에서 고객과의 다양한 욕구를 충족시키며 고객과의 긴밀한 관계를 유지하고 타 업체와의 경쟁에서 우위의 위치로 굳게 자리 매김하기 위해서 삼성생명은 다양한 상품을 선보이고 있다.(제품다양화 마케팅) 또 소비자들의 관심 정도에 따른 분류로 각 시장에 적합한 차별적인 상품과 차별적인 마케팅 전략으로 각 세분 시장을 공략하고 있다.(표적시장 마케팅) 각 상품의 시장 세분화의 기준을 살펴보면, 암보험의 경우 나이와 생애주기를 염두에 두고 인구통계학적 변수를 기준으로 했다. 가령 암보험의 경우 가장 관심 있는 연령층을 35~50세 정도로 보고 세분화했다. 게다가 암 치료부터 그 후까지, 여러 가지 병에 따른 차별화로 볼 때 소비자가 추구하는 편익에 발맞춰 행동적 변수를 기준으로 했다고도 볼 수 있다. 그리고 다른 상품들의 경우에는 사회적 계층과 라이프 스타일에 따라 각기 다른 소비자들의 욕구를 충족게 하는 심리도식적 변수를 기준으로 하기도 했다. 이러한 점에서 보아 측정 가능성, 접근 가능성, 충분한 규모의 시장, 실행 가능성을 삼성 생명은 갖추고 있다고 보겠다.

2) 표적시장 선택 Market Targeting

삼성 생명의 표적시장은 한정되어 있지 않다. 우선 일반고객과 기업고객으로 분류할 수 있다. 일반보험은 건강과 질병에 따른 보험, 어린이서부터 노후까지의 종신보험, 사고나 장해 시의 상해보험, 장애인 전용 특화보험, 직장인 보험 등 일반 고객을 상대로 하여 다양한 연령층, 다양한 욕구, 변화하는 상황에 따른 대책과 예방을 위한 각종 건강 보험이 있다. 기업 보험은 기업의 need에 맞게 재해질병 및 의료보장이 가능한 Order-made상품, 기업의 잉여자금 및 사내근로복지 기금 운용을 위한 상품, 국민건강보험에서 미보장하는 비급여 의료비 보장 보험, 퇴직보험 등으로 기업의 다양한 복리후생 및 혜택을 위한 상품으로 구성되어 있다. 이렇듯 삼성생명의 고객층은 모든 연령과, 개인과 기업, 다양한 환경에서의 고객을 대상으로 각 타깃마다의 세분화된 여러 종류의 상품과 그에 맞는 서비스를 선보이고 있다. 이러한 고객의 특성, 각각의 상황과 취향에 맞는 다양한 상품의 개발과 인터넷을 통한 효율적인 마케팅을 활용하여 삼성생명은 고객의 욕구를 만족시켜 주며 새로운 상황에서의 상품, 고객이 필요로 하는 상품을 끊임없이 기획, 개발하여 보험 시장에서의 우위를 차지하고 있다. 물론 한정되어 있지는 않지만 각각의 상품들은 각각의 표적 시장을 선정하고 적합한 마케팅을 하고 있다.(차별적 마케팅)

3) 포지셔닝 Positioning

보험 산업이 시장에서 차지하는 위치는 광범위하다. 보험을 기반으로 일어섰던 기존의 기업들과 더불어 새로운 기업들이 너도나도 보험 산업에 뛰어들고 있다. 이러한 타 기업들과의 경쟁에서 살아남기 위해서는, 새로운 환경에의 시도와, 체계적인 전략을 바탕으로 한 고객과의 직접적인 교류가 가능해야 한다.

삼성생명은 최근 회사 측이 사고가 난 고객에게 직접 찾아가 보험금을 전달해 주는 '보험금 방문지급서비스'를 시작했다. 보험금 방문지급서비스는 고객이 인터넷이나 전화를 통해 보험금지급을 의뢰하고 회사의 안내에 따라 몇 가지 필요한 서류만 준비하고 기다리도록 한다. 이후 보험설계사나 영업소장이 고객을 방문, 서류검토는 물론 보험금 지급까지 책임지고 해결해 준다. 고객이 요청할 경우 주민등록등본, 진단서 등 필요서류를 설계사가 대신 발급받아 접수시켜 주기도 해 사고를 당한 고객에게 실질적인 도움이 되고 있다는 평가다.

이뿐만이 아니다. 삼성생명은 기존 콜센터와 인터넷을 결합, 화상상담까지 가능한 인터넷 콜센터(www.samsunglife.com)를 열었다. 인터넷 홈페이지를 이용하다가 문의사항이 생길 경우 다시 전화를 걸 필요 없이 '상담원 연결'을 클릭하기만 하면 바로 콜센터 상담원의 얼굴을 보며 상담을 할 수 있다. 인터넷콜센터는 이 밖에도 인터넷전용보험 가입, 대출 등 창구업무의 85% 이상을 처리할 수 있어 그야말로 사이버 창구로서의 역할을 톡톡히 하고 있다. 특히 일반적으로 보험가입 시 책자 형태로 전달되는 보험약관이 분실 등으로 인해 고객들의 불편을 초래하고 있는 점을 개선, 인터넷에서 언제든지 약관을 살펴볼 수 있게 한 '인터넷 약관조회 시스템'도 삼성생명이 자랑하는 서비스 중 하나다. 이처럼 삼성생명은 타사와의 경쟁적 강점에 서비스 차별화 그리고 "저렴한 보험료"라는 상품의 차별화, 이미지 차별화를 시도하여 모든 면에서 우위를 점하고 있다.

7. 앞으로 진출할 가능성이 있는 상품

인터넷의 급속한 확산과 보급의 종류에 편승하여 국내 보험업계에서 가장 먼저 인터넷을 통한 거래방법을 사용하여 많은 가입자들에게 편의를 제공하고 있는 삼성생명은, 다양한 상품을 선보이고 보험 이외에도 대출 등을 통한 서비스로 시장을 세분화하여 바라봄으로써 틈새시장을 공략하였다. 그 밖에도 모든 연령과, 개인과 기업, 다양한 환경에 처해 있는 사람들을 타깃으로 삼아 각 타깃마다 세분화된 여러 종류의 상품과 그에 맞는 서비스를 선보임으로써 고객의 특성, 각각의 상황과 취향에 맞는 다양한 상품을 제시하는 등의 효율적인 마케팅을 활용하는 전략을 사용하고 있다. 이러한 노력으로 삼성생명은 시시각각으로 변하는 고객들의 끊임없는 욕구를 만족시켜 주며 보험시장에서의 우위를 점하고 있는 것이다. 인터넷 시장은 삼성생명이 나아갈 한 방향을 제시해 주기도 한다. 인터넷 시장은 차별화된 기업 내 경쟁을 가능하게 해주는데, 이것을 이용하여 삼성생명은 기업 운영을 보다 효율적으로 할 수 있고, 또 비용 절감 효과를 가져다주게 될 것이다. 삼성 생명은 이 부분에 있어서 선구자적인 입장이기에 이제 막 시작한 타 보험회사들보다 많은 정보와 그동안의 시행착오로 얻은 경험이 풍부하다. 이런 이점 등을 이용하여 타 보험회사에 비해 비용적 우위를 갖게 하고, 경쟁 우위를 달성 가능케 할 것이다.

사람들에게 있어서 선택의 기회가 과거보다 많이 주어짐에 따라 고객의 대상들은 보다 많은 욕구가 생겨나게 되는데 삼성생명은 이를 보다 면밀히 분석하고, 고객에 관련된 정보수집에 보다 매진하여 고객의 기대와 욕구에 부흥, 그리하여 고객들이 최대의 만족을 줄 수 있는 상품과 서비스를 공급할 수 있게 하는 등의 고객 맞춤화 서비스를 통해 고객의 충성도를 높이고 구매자의 대체 비용을 증대시킬 수 있기 때문에 앞으로 인터넷 시장으로 진출하는 삼성생명의 고유 제품의 미래는 밝을 것이다.

(1) 시장 세분화(Segmentation)

자동차보험회사에 대표적인 곳은 삼성화재, LG화재, 현대해상, 동양화재 등이 있다. 각 회사들마다 대표하는 자동차보험이 있는데 LG화재는 "매직카 개인용 자동차보험", 현대해상은 "하이카 포유 자동차보험" 등이 있는데 이번에 삼성 화재가 내놓은 보험은 고객 맞춤 설계형 상품 "애니카 자동차보험"을 판매하고 있다.

(2) 표적시장 선정(Tarketing)

고객 나이와 욕구에 맞게 자유롭게 선택해 설계할 수 있도록 했다. '애니카 기본'에서부터 20대를 겨냥한 '애니카 슬림', 60대 이상 장년층을 위한 '애니카 실버', 여성을 위한 '애니카 레이디', 실속형 고보장을 위한 '애니카 파워' 등이 있다.

여기에 보험료가 조금 비싸더라도 완벽한 서비스를 받고 싶어 하는 고객을 위한 상품 '애니카 플러스'와 '애니카 VIP'까지 합하면 애니카 자동차보험 맞춤 설계형 상품은 총 7가지다. 특히 애니카 자동차보험은 일반적인 자동차보험 사고는 물론 대중교통에 의한 교통사고 사망, 보행 중 발생한 교통사고 사망 등 자동차보험 사각지대까지 보장영역을 확대하는 한편 주 5일 근무제 시행에 맞춰 주말휴일 교통사고 보상을 강화해 큰 인기를 끌고 있다.

(3) 포지셔닝(Positioning)

지난 삼성화재는 '서비스 스탠더드' 선포식을 가졌다. 이는 '고객과 가족에게 마음의 평화와 안심, 그리고 밝은 미래를 제공한다는 신념으로 언제나 최상의 서비스를 실천하여 고객의 신뢰를 얻는다'는 것을 신조로 한다. 1999년부터 시행해 온'찾아가는 서비스'삼성화재의 대표적 이미지로 정착된 찾아가는 서비스는 고객의 요구에 수동적으로 대응하는 기존의 서비스에서 탈피해 고객에게 적극적으로 찾아가고 고품질의 서비스를 제공함으로써 국내외 경쟁사와 확실히 차별화된 고객만족을 실현하는 서비스이다. 찾아가는 서비스를 통해 고객의 니즈에 부합하는 보상서비스를 제공하고 있으며 기존 보상조직은 물론 협력 정비업체의 서비스 영역을 더욱 확대함으로써 명실상부한 서비스 최고 회사를 지향하고 있다.

사람들이 보험이라는 것에 애착을 가지는 이유는 자기 자신을 위해서일 것이다. 언제 어디서 일어날지 모르는 사고에 대비하여 대체 방안이 될 수 있는 보험. 요즘에는 다리보험 등 신체 부위까지 보험에 들고 있는 상태이다. 보험의 종류도 헤아릴 수 없을 것이다. 그런 가운데에서도 자기 자식을 위한 보험이 괜찮을 것이라 본다. 부모에게서 자식만큼 소중한 것이 없다고 보기에 자녀에 대한 건강, 각종 사고에 대비할 수 있는 보험을 꼽을 수 있겠다. 현재에도 많은 자녀에 대한 보험들이 있다. 하지만 위에서 언급한 삼성화재의 "애니카 자동차 보험"에 미치지 못할 것이라고 본다. 그렇기에 앞으로 더욱 추진되어야 할 과제라고 본다.

1) 미래형 보험

(1) 사기대비 보험

주변을 보면 사기를 당하는 힘없는 시민들이 참으로 많습니다. 또한 사기를 당하여 경찰에 신고를 하게 되어도 그 사건이 해결되기란 참으로 어려운 게 사실입니다. 사람이 권력이나 무슨 힘이 있어야 신경을 쓰기 때문입니다.

그렇다고 사기를 당한 사람이 어떻게 무엇을 해 볼 수도 없거니와 사건을 해결하더라도 돈을 찾기란 어려운 일입니다. 또한 이런 일들이 비일비재하므로 항상 사람들은 이것이 사기가 아닌가 하는 것을 염두에 두어 사람을 대하고, 삶을 살게 됩니다. 이에 대비하여 보험을 만들면 참으로 많은 사람들이 가입을 하게 될 것입니다. 보험회사는 또한 사고가 나면 그것에 대하여 조사를 하듯이 이런 쪽도 그런 조사팀을 구성하여 경찰과 협력한다면 사회적으로도 도움이 되고, 그 회사의 이미지 헌신에도 아주 많은 역할을 하게 될 것입니다. 또한 그 사건이 해결된다면 입에서 입으로가 가장 무서운 것이므로 마치 다단계처럼 사람이 가입을 하게 될 것입니다. 삼성생명 제품의 인터넷 판매 제품을 보면 8개의 상품 종류가 있다. 삼성생명이 인터넷으로 판매하는 상품은 첫째, 건강분야로서 원클릭의료보장 보험, 비추미암, 어린이닥터보험이 있고, 둘째로 상해, 정기분야에서 삼성 애니타임상해와 e-life상해, 시니어상해, 삼성정기보험이 있다. 셋째는 종신분야인데, 삼성종신보험이 1, 2종이 있다. 이들을 BCG매트릭스 방법에 의하면 다음과 같다.

1. Star: 현재 삼성생명을 포함, 거의 모든 생명보험사들의 상품은 특별한 점이 없이 비슷한 상품 위주로 편성이 되어 있다. 상대적으로 높은 시장 성장률을 보이면서 점유율이 높은 상품은 없다고 보는 것이 나을 것 같다. 그러나 시니어상해보험 같은 경우에는 전체적으로 시장 점유율이 낮고 성장률이 크다고 볼 수 있지만 앞으로의 실버시대에는 이 항목에 들어갈 수도 있을 것이다.

2. Question: 비추미암. 얼마 전부터 암에 대한 높은 경각심으로 인해 국민 5명 중 1명 정도가 가입을 했다는 보도가 있다. 이것은 시장 성장률이 빠름을 의미하지만 이 보험 상품은 오로지 암에 대한 고액 치료비에만 국한이 된 내용으로 인해 계속 시장 점유율이 높아질지는 의문이다. 또한 이러한 암 전문 보험인 비추미암보다도 원클릭의료보장보험의 1종은 암을 포함한 상품이기 때문에 이것보다는 떨어질 수도 있다고 판단된다.

3. Cash Cow: 삼성정기보험, 삼성종신보험, 원클릭의료보장보험, 애니타임상해, e-life상해보험, 시니어상해보험 등의 대부분의 보험들이 될 것 같다. 이들 제품들 중 정기보험 같은 경우는 어떠한 특별한 계층이나 대상을 하지 않고 예전의 오프라인시절부터 계속해 온 상품에 인터넷을 합한 상품이다. 이들 상품들의 특징은 생명보험 상품의 기본적인 상품이라는 것이 특징이다. 그리고 시니어상해보험 같은 경

우에는 현재 시장 성장률이 높으며 시장점유율은 전체에 비하면 낮다고 볼 수 있지만 앞으로 진행될 수 있는 실버시대에는 시장 점유율이 높아질 수도 있다.(1번 항목에 들어갈 수도 있다.)

4. Dog: 어린이닥터보험은 보험의 전체적 특징과 고객이 보험을 선택하는 요인들 중에서 세월이 지나가면서 선택한다는 점을 고려한다는 측면에서, 또한 어린이라는 특수한 계층만을 대상으로 해서 한계를 가진 상품이라는 점에서 많은 한계들을 가진다. 15세 미만의 어린이들을 취급하는 이 상품은 전체적으로 봐서 시장 점유율은 낮다고 볼 수 있다. 그런데 이 상품이 앞으로 시장 점유율이 높아질지는 의문이다. 또한 앞으로도 아 상품의 성장률이 높아진다는 보장은 없다. 15세 이후에 보험 적용이 되지 않는 이 상품에 대해 소비자는 다른 상품을 고려하거나 아예 이 상품을 선택하지 않을 수도 있다.

삼성생명 인터넷 판매 제품의 시장 제품을 분석한다면 이렇다. 이 상품들은 각각의 특정한 계층이나 특정한 대상을 목표로 하고 있는데 회사는 이 요소들을 대상으로 제품 판매를 기획, 목적, 판매하고 이 요소들을 적절히 분석하여 소비자들에게 자리잡으려고 할 것이다.

① 시장 세분화: Segmentation

시장 세분화는 모든 부분에 하나만 있는 것이 아니라 여러 가지 복합적 요소를 가지고 있는데 이 회사의 제품들을 보면 특정 소비자를 목표로 하고 있다. '원클릭의료보장보험' 같은 경우에는 의료서비스를 받길 원하는 대상으로, '비추미암'은 암 전문보험으로 암에 대한 두려움을 가진 사람들이나 대비를 하려는 사람으로, 어린이 닥터보험은 자녀들에 대한 걱정으로 부모들의 가입을 유도하는 성질로 제품 판매의 시장을 세분화했다. 또한 상해보험계열과 시니어상해보험도 재해나 사고들을 대비하려는 사람들을 대상으로 시장을 구분하였을 것이다. 크게 시장을 세분화한다면 의료부문, 암 전문 부문, 어린이 부문, 상해 부문, 시니어(노인) 부문으로 구분할 수 있을 것이다. 이렇게 이들 보험 상품은 각각의 전문 부문으로 구성되어 있다. 삼성생명에서는 이렇게 나누어진 시장을 토대로 하여 각각의 전문적인 분야의 상품을 선보인 것 같은데 보험 상품의 특성상 특정 분야의 전문적인 혜택을 원하는 사람들을 대상으로 한 종류의 보험 상품이 아니라 여러 가지 사고와 재난, 피해에 대비한 상품을 제작한 것 같다. 참고로 특별히 시장 세분화의 기준으로 보면 인구통계학적 변수로는 시니어상해보험이나 어린이 닥터보험이 인구통계학적 변수를 사용한 것 같다. 그리고 행동적 변수로는 소비자가 추구하는 편익으로 다가선 것을 알 수가 있는데 삼성생명의 다양한 전문화된 상품은 고객이 원하는 편리함으로 다가설 수 있다.

② 표적시장 선정: Targeting

이 회사의 상품들은 제목 그대로 특정 대상을 목표로 하고 있다. 이렇게 특정대상을 목표로 한 경우에는 차별적 마케팅(Different Marketing)에 속할 것이다. 최근의 보험 상품은 특별히 여러 대상을 무차별적으로 하는 것이 아니라 어떠한 특별한 대상에게 제품을 제공해야 하는데, 이런 상황에서 보험회사는 차별적 마케팅으로 특정상황에 대한 대비로 보험을 가입하려는 사람들에게 좀 더 전문적으로 다가가려고 할 것이다. 원클릭 의료보장보험 같은 경우에는 수술, 치료, 입원 등의 혜택을 받고자 하는 사람들을 대상을 목표로 정했다. 그리고 비추미암 같은 경우에는 전문 암 보험으로 암에 관련된 혜택을 받으려는 사람들을 목표로 정한 것이다. 이 두 가지 보험은 의료 혜택이라는 것에 분류가 되는데 특정 병인 암에 대해서는 비추미암 상품으로 암 환자에게, 다양한 의료상황을 서비스 받고자 하는 사람들에 대해서는 원클릭 의료보장보험으로 목표를 설정할 수 있다. 또한 시니어 상해보험이나 어린이 닥터보험 같은 경우에는 노인이나 어린이라는 특정 대상을 목표로 한 상품이라 할 수 있다.

③ 제품 포지셔닝: Positioning

삼성생명은 각종 인터넷 상품에 대해서 특정분야의 전문적 서비스 제공을 목표로 하고 있는 것 같다. 각 분야별로 내놓은 상품들을 보면 각 분야별로 서로 다른 특징을 지고 있다. 인터넷 상품 중에서는 건강분야, 상해/정기 분야, 종신 분야에서 각각의 전문적인 개별상품들을 내놓았는데 이들 상품은 담당하는 분야의 성격 자체가 틀리다. 예상으로는 삼성생명은 자사의 상품을 각 분야에 대한 전문적 혜택제공으로 차별점을 선정한 것 같다. 그리고 인터넷으로 고객이 접근한다는 측면에서 보면 삼성생명 홈페이지에서 이미지를 강조하는 점은 전문적인 분야에서 혜택을 제공한다는 측면에서 보면 될 것 같다. 또한 최근에는 보험업계 상품군 중에서 삼성생명의 제품의 시장점유율이 높다고 말하는데 소비자들은 삼성이라는 거대기업의 이미지로 인해 보다 안정적이고 효율적인 보험 상품을 떠올릴 수도 있다.

예상으로는 지금까지의 건강보험도 있겠지만 문제는 현재 암 다음으로 문제시되는 것은 당뇨병이다. 당뇨병은 체내의 혈당의 지속적 증가에 대한 체내 인슐린 분비가 전무한 상황에 발병하는 병인데, 현재 한국인들 가운데 500만 명이라는 수치를 기록할 전망이다. 그래서 보험 상품도 언제 발병할지 모르는 상황에서 당뇨병에 관련된 보험 상품이 등장하지 않을까 생각해 본다. 연령으로는 어린이 닥터보험 이외에도 어린이 이상의 청소년층을 대상으로 한 보험 상품도 등장하지 않을까 싶다. 왜냐하면 중, 고등학교의 학교폭력, 사고, 정신적 고통 등으로 인한 재해 시 다른 보험 상품보다는 좀 더 전문적으로 다가갈 수 있을지도 모르기 때문이다.

최근에는 SARS를 비롯한 급성 전염병으로 인한 대비로 인해 보험 상품을 개발할 수도 있지 않을까 생각한다. 또한 시장을 좀 더 세분화해서 40대 남성들만의 특정 대상을 위해서도 제품을 개발할 수도 있을 것이다. 한국의 40대는 사망확률이 높은 관계로 인해 그 이전부터 보험가입을 유도해서 사고 시 혜택을 받게 하는 상품이 등장할 수도 있지 않나 생각해 본다. 또한 현재 홈페이지상에서는 인터넷으로 가입이 불가능한 상황인데, 장애인들을 위한 상품 곰두리 종합 보험도 인터넷으로 등장할 수도 있지 않을까 생각한다.

〉〉〉시장성장률

제품시장의 연 성장률로 표시되는데, 통상 10%나 15%를 기준으로 그 이상의 성장률을 보이는 시장은 고성장, 그 이하의 성장률을 보이는 시장을 저성장으로 구분한다. 삼성생명의 시장성장률의 정확한 수치는 조사가 미흡하여 알 수 없지만, 디지털타임스의 2003년 1월 7일자 신문을 보면 1957년 창립 이후 45년여간 매출과 순이익은 증가하였고, 자산규모도 약 7000배나 성장하였다. 또한 국내 업계 2~3위 업체들에 비해 두 배가 넘는 매출액을 기록하고 있다. 이것으로 추정해 보아 삼성생명의 시장성장률은 고성장이다.

〉〉〉상대적 시장점유율

자사사업단위의 시장점유율을 시장점유율이 가장 높은 경쟁자의 시장점유율로 나눈 값이다. 일반적으로 1.0 또는 1.5를 기준으로 상대적 시장점유율이 높고 낮음으로 분류되는데, 삼성생명은 시장점유율 2.05%이므로 높은 쪽에 속한다.

〉〉〉시장점유율

순 위	기업명	시장점유율
1 위	삼성생명	40.1%
2 위	대한생명	19.5%
3 위	교보생명	17.2%

－삼성생명의 상대적 시장점유율:
삼성생명시장점유율(40.1%) / 대한생명시장점유율(19.5%)＝2.05%

【STP전략에 입각하여 지적】

- 제품명: 어린이닥터보험(1종, 2종)
- 시장 세분화: 인구통계학적 변수인 나이와 소득을 기준으로 시장을 세분화하였다.
- 표적시장 선택: 차별적 마케팅 전략을 구사하기 위해서 기업은 두 개의 표적시장, 즉 어린이(만 0세~만 18세)이면서 소득이 많고 적음의 두 시장을 표적시장으로 선택하였다.
- 포지셔닝: 이미지 차별화를 통하여 포지셔닝하고 있다. "당신의 아이에게 보디가드를 붙이실 수 없다면……"이라는 광고문구로 자신의 아이를 걱정하면서도 보디가드처럼 아이와 모든 시간을 함께할 수 없는 부모의 마음을 잘 표현하고 있다.

부모인 고객들은 이 문구를 보면서 자신의 아이들을 보드가드처럼 지켜줄 수 있는 보험회사를 삼성생명이라고 마음속에 인식하게 되고, 삼성생명의 "어린이닥터보험"은 소비자들의 마음속에 특정위치로 저장된다.

[팁]

애견보험

애견시장은 그동안 20~30%씩 급성장해 왔으며, 현재 한국애견협회가 집계한 국내 애완견 숫자는 300만 마리 규모에 달하며 2010년에는 현재의 3배 이상으로 늘어날 것으로 전망되고 있다. 또한 많은 사람들이 애견을 가족의 일원으로 생각하며 인식을 바꾸고 있다.

그런데 한 가정이 애견 한 마리를 키우기 위해서는 많은 비용이 들며, 애견에게 생명을 위협하는 사고가 일어나면 비용 부담이 심각하게 커지게 된다.

나이 \ 소득	어린이 (만 0세~만 18세)	성인 (만 19세~)
많다	어린이닥터보험(2종)	
적다	어린이닥터보험(1종)	

또한 우리나라는 애견사업이 크게 발전하고 있음에도 불구하고, 애견에 관한 피

해보상법이 제대로 있지 않다.

만약 보험이라는 큰 시장 안에 애견보험이라는 상품이 등장한다면, 애견을 키우는 사람들이 비용부담을 덜기 위해 이 보험에 가입하지 않을까 생각이 든다. 그리고 애견 한 마리를 구입하기 위해서 많은 비용이 든다. 기본으로 50~100만의 구입비용이 발생하는데, 애견을 정말 키우고 싶은 사람들이 애견구입 시 비용부담감을 줄이기 위해 보험에 가입할 것 이라고 생각한다.

삼성생명이 우리나라 상해 보험 시장에서 가지고 있는 점유율은 37%(2002년 기준)이며, 상대적 시장 점유율은 2로 매우 높은 편이다. (시장점유율 1위: 삼성생명 -37%, 2위: 교보생명 -18%) 그러나 우리나라 보험 시장의 성장률은 연 3퍼센트대에 불과해 매우 낮은 편이다. 따라서 삼성생명이 판매하는 제품의 BCG 매트릭스 내에서의 위치는 다음과 같다.

삼성생명이 인터넷을 통해 판매하는 제품은 총 9가지이며, 이것은 시장 세분화의 기준 중 '편익세분화'에 속한다고 볼 수 있다. 즉 인터넷을 이용하여 오프라인에서의 번거로운 보험료 계산과 가입 절차보다 간편하게 보험 상품을 고를 수 있게 한 것이다. 보통 오프라인상에서의 보험 가입은 직접 보험 설계사와 면담 후 결정해야 하기 때문에 번거롭지만, 인터넷상에서의 가입은 그 자리에서 스스로 쉽게 보험 상품을 설계하고 가입할 수 있다는 장점을 가지고 있다. 또한 보험 상품의 내용은 모두 비슷하기 때문에, 보험을 가입하려 하는 소비자가 더 손쉽게 정보를 얻고, 가입할 수 있으며, 보험료 또한 오프라인상에서의 가입보다 더 저렴하도록 하였다. 따라서 저렴한 가격과 손쉬운 정보 제공 및 가입을 이용한 서비스 차별화로 포지셔닝한다고 할 수 있다.

현재 삼성생명은 대부분의 상품을 인터넷을 통해서도 판매하고 있다. 그만큼 인터넷을 이용한 보험 상품 판매도 활성화되어 있다고 할 수 있다. 인터넷을 이용한 판매는 무엇보다 가입이 간편하여 고객에게 편리함을 줄 수 있다는 강점을 가지고 있다. 인터넷이 보편화되었지만 아직 그 이용은 20~30대 위주의 비교적 젊은 세대들이 주축을 이루고 있다. 따라서 20∼30대의 젊은 세대들이 손쉽게 가입할 수 있는 특화된 상품을 내놓을 수 있을 것이다. 젊은 세대들의 경우, 그 위의 세대들보다 더 편리한 것을 찾고 인터넷의 이용에 더 익숙하기 때문에 훨씬 강점을 가질 수 있을 것이다. 이 상품은 사람들의 일상생활에서의 상해를 보장하는 것으로 대중교통형과 레저형으로 나누어 선택의 폭을 넓혔다. 매일 대중교통을 이용하는 사람들은 안전 문제에 대하여 생각을 해 보지 않을 수 없었을 것인데 이를 이용하여 상품을 개발하였다. 또한 요즘에는 운동을 즐기는 사람들이 늘어나고 있는 추세이므로 운동 중 부상을 염려하여 보험에 충분히 가입할 만하다. 또한 대중교통 수단을 자주 이용하는 사람과 레저활동을 활발히 하는 사람들은 대다수가 젊은 층일 것이므로 인터넷전용으로 상품을 판매한다고 하여도 충분한 수익과 시장점유율을 보일 것이다. 이 사업단위는 높은 시장성장률을 가지고 있다. 이 사업단위는 자체 사업을 통해 많은 현금을 벌어들이지만 시장이 급속히 성장하고 있으므로 시장점유율을 증대시키기 위해 계속 많은 자금을 필요로 할 것이다. 시장점유율의 유지·증대를 위해 이 사업에서 벌어들인 자금을 자신이 소비한다.

의료보장보험은 40대가 주류일 것이다. 상대적으로 나이가 어느 정도 들어야 건강과 병으로 인한 의료보장에 관심을 보이므로 이 상품은 중·장년층이 많이 이용할 것이다. 그러나 인터넷으로만 가입할 수 있는 점으로 볼 때 중·장년층에게는 아직까지 인터넷으로의 가입은 불안할 요소로 작용할 수 있어 상대적으로 시장점유율이 낮다. 높은 시장성장률이 있지만 상대적으로 낮은 시장점유율을 가지고 있는 사업이다. 이 상품은 경쟁력을 갖춘 사업단위이므로 시장점유율을 증가시키는 확대전략을 적용하여야 하는데 이를 위해서는 많은 현금이 필요하다. 시장점유율 증대를 위해 현금지원을 해야 한다.

시장세분화는 행동적 변수인 구매·사용상황에 따라 나누어졌다. 대중교통을 이용하지도 않고 레저생활을 하지 않는 사람이라면 이 상품은 사람들에게 전혀 떠오르지 않는 관련 없는 상품이겠지만 관련 있는 상황에 있는 사람들에게는 제품 구매에 대한 생각을 떠올리게 될 것이다. 이러한 사람들의 집단은 규모가 충분하여 이익을 얻을 수 있다.

표적시장은 '대중교통을 이용하거나 레저생활을 하는 사람들로 이루어져 있고, 상대적으로 젊은 층의 사람들의 집단'이 선택되었다. 때문에 다른 시장을 공략하는 것은 무의미하므로 집중 마케팅 전략을 구사할 것이다.

공인인증서의 전자서명을 통해 인터넷 청약을 함으로써 설계사를 거치지 않고 본인이 직접 설계에서부터 청약신청, e-mail을 통한 보험증권수령을 완료하는 One-Stop 과정으로 이루어져 편리함과 효율성을 높인 상품으로 소비자들의 인식 속에 자리잡았다. 서비스 차별화의 포지셔닝 전략을 적용하였다.

20대 후반에서 30대 사람들의 집단이 보험 상품의 새로운 시장이 될 수 있다. 이들은 현재 결혼을 앞두고 있거나 이미 기혼인 사람들로 이루어져 있어 자녀의 교육보험에 관심이 생길 것이다. 교육보험 등과 같은 자녀들에게 필요한 상품이나 가족 단위의 상품이 시장에 진출하면 인터넷에 익숙한 젊은 층임을 감안, 인터넷 가입만으로도 안정적인 고객들을 확보할 수 있다. 보험설계사를 만나 상담해 봤자 그 말이 그 말 같아 괜히 시간만 낭비하는 느낌이라면, 그리고 이미 자신이 어떤 보험에 가입해야 할지 정확히 알고 있다면. 이런 경우 보험설계사와의 중간 상담 과정 없이 바로 인터넷 전용 보험 상품에 가입하는 게 바람직하다. 인터넷 전용 상품은 가입이 간편한 데다 보험설계사에게 들어가는 사업비가 절감돼 기존 상품에 비해 보험료가 15~20%가량 싸다. 고객도 급증하는 추세. 고객이 증가하면서 보장 범위도 넓어지고 보장 기간도 늘어난 다양한 상품이 최근 잇따라 선보이고 있다.

성장률

인터넷의 사용 및 온라인 구매 계층의 증가로 인터넷 보험시장이 성장하는 데 필요한 수요층을 보험사가 확보할 수 있는 가능성이 커졌다. 즉 인터넷을 통한 온라인 쇼핑 가능과 경험계층이 증가하고 금융지식과 상품구매를 스스로 처리할 수 있는 소비자가 성장함으로써 인터넷 보험 상품의 성장 가능성이 높이 점쳐지고 있다.

점유율

보험 상품의 기존 인식과, 판매 채널 간의 갈등, 상품의 복잡성, 보완 문제 등의 저해 요인과 함께 시장 점유율은 아직 미미한 실정이다.

시장 세분화

1. 0세부터 18세까지 자녀를 둔 고객층. (인구 통계학적 변수)
2. 편익세분화(각 부모들의 자녀의 사고 중요도) (행동적 변수)
3. 맞벌이 등으로 인한 자녀와 장시간 떨어져 있는 부모들 (심리도적 변수)

표적 시장 선정

표적 시장의 선정에서는 고객의 관심을 유발시키고 홍보할 수 있는 차별적 마케팅이 적합하다. 저렴한 가격이나 인터넷 가입절차 간편화. 다양한 서비스 등을 고려하여 자녀를 둔 부모의 마음을 사로잡아야 한다.

포지셔닝

이미지 차별화 (당신의 아이에게 보디가드를 붙이실 수 없다면……)
서비스 차별화 (입원, 수술, 통원 등 기초 치료보장을 충실히 하여 의료비 부담을 덜어드립니다. 무배당 파워암 특약 가입 시 고액 치료비에 대한고액의 진단 자금을 지급합니다.)
 - 인터넷 보험 상품의 우수성을 고객에게 각인시켜야 하고 차별점은 소비자들에게 전달할 수 있어야 하고 보여줄 수 있어야 한다.
 - 인터넷의 특징인 가격을 낮추어 고객에게 어필하고 고객관계관리에 힘써야 한다.
 - 자사의 제품이 경쟁제품에 대비하여 차지할 수 있는 상대적 위치를 고려해야 한다.

2) 인터넷 자동차 보험

현재 인터넷이나 전화로 가입하는 자동차보험이 큰 인기를 끌고 있다.

국내 자동차 소비자 조사업체인 '에프인사이드'에 따르면 인터넷 포털사이트 다음(Daum)의 회원 12만 명을 대상으로 설문조사를 한 결과 '인터넷 보험료가 기존 보험료보다 10% 이상 싸다면 인터넷 보험을 택하겠다'는 응답이 54%에 달했다. 인터넷 자동차 보험이 등장한 이후 기존 보험 회사 고객들의 재가입 의향률도 크게 떨어지고 있다. 에프인 사이드의 조사에 따르면 12월 응답자 중 70.5%가 같은 보험사에 다시 가입하겠다고 답했으나 7월 조사에선 8.2%포인트가 떨어진 62.3%만이 재가입 의향을 나타냈다. 현재 교보자보, 재일 화재, 대한 화재 등이 높은 성과를 거두고 있지만 아직 활성화가 안 된 시점에서 양질의 색다른 서비스를 가미한다면 삼성생명의 기존의 입지를 바탕으로 좋은 성과를 거둘 수 있을 것으로 예상된다.

시장 규모 확대 변수

● 현행 종금사만 가능한 외환도매 시장영역 참여 가능
● 은행의 점포망을 이용한 보험사와 금융기관의 제휴인 방카슈랑스 도입

개인 보험: 수익성 Good / 점유율 So so

① 저축성 상품: 비과세를 표방하여 다양했던 제품들이 재테크라는 개념으로 통합 주세
   * 저축성 상품의 종류: 無삼성장기주택마련 / 無재테크플랜보험 / 無재테크플랜보험 / 無행복플랜보험
② 연금 상품: 다양한 이율에 따른 다양한 상품을, 하나로 통합하는 추세
   * 연금 상품의 종류: 無삼성변액연금보험 / 無삼성연금보험(공시이율형) / 연금저축골드연금보험 / 無파워즉시연금보험
③ 보장성 상품: 구체적으로 세분화되어 있던 상품들을 통합하여, 전반적으로 모

든 영역을 커버하는 보장성 상품들로 재편하고 있는 추세

* 보장성 상품의 종류: 無삼성애니타임상해보험 / 無삼성원터치암보험(1.2) / 無원터치의료보장보험 / / 無원클릭의료보장보험(1종) / 無원클릭의료보장보험(2종) / 無뷰티플의료보장보험 / 無브라보의료보장보험 / 無삼성리빙케어(종신형)(1.2) / 無원터치상해보험(1.2) / 無시니어상해보험(1.2) / 無삼성리빙케어(정기형)(1.2) / 無삼성종신보험(w2.2) / 無삼성변액종신보험 / 無삼성종신보험(1.2) / 無삼성종신스페셜보험(w2.2) / 無삼성종신스페셜보험(1.2) / 無원클릭삼성정기보험(1.2) / 無삼성정기보험(1.2) / 無비추미암보험(1.2) / 無뉴어린이닥터보험(1.2)1종 / 無뉴어린이닥터보험(1.2)2종 / 無e-life상해보험(1.2) / [장애인전용] 無곰두리종합보험(1.2) / 無삼성원터치상해보험(1.2)

* 최고실적 상품: 無비추미암보험(1.2) / 無뉴어린이닥터보험

제2절 E-CRM과 마케팅

1. CRM의 정의

1) CRM의 정의

- Gartner Group(2001): CRM은 신규고객의 획득, 기존고객 유지 및 고객의 수익성을 증대시키기 위하여, 지속적인 커뮤니케이션을 통해 고객행동을 이해하고, 영향을 주기 위한 광범위한 접근방법
- Robinson(2000): 전사적인 관점에서 통합된 마케팅, 영업 및 고객 서비스 전략을 통해서 개별 고객의 평생가치를 극대화하는 것

-Kamber(2001): 고객에 대한 정확한 이해를 통하여, 고객 개개인이 원하는 상품과 서비스를 제공하고, 각 고객과의 긴밀한 관계를 형성하고 유지하며, 고객의 요구에 즉시 반응할 수 있는 전략 도구

-통합 정의

이러한 정의들을 바탕으로 CRM이란 기업이 고객의 거래정보를 포함하여 모든 고객접점에서 얻어지는 접촉정보들을 통합적으로 분석 및 관리하고, 이를 영업 및 마케팅 활동에 전략적으로 활용함으로써, 고객이 이탈을 방지하고, 개별 고객의 평생 가치 즉 기업 수익 기여도를 극대화하고자 하는 모든 경영활동이라 정의할 수 있다.

2) E-CRM의 정의

-사전적 정의:

E-CRM은 인터넷 환경을 통해 고객의 성향을 파악하고, 고객의 욕구충족 및 응대를 위한 마케팅과 그 일련의 행위를 뜻한다.

-광 의:

온라인 고객접점을 통해 획득한 고객정보를 바탕으로 고객에 대한 분석과 이해를 통해 고객 개개인에게 적합하고 차별화된 용역과 재화를 제공함으로써 고객과의 관계를 지속적으로 강화해 나가는 마케팅을 말한다.

2. E-CRM의 등장배경

1) CRM의 발전단계

Marketing의 시대적 변화과정은 다음과 같다.

① 전통적인 대중 마케팅(Mass Marketing)
  - 대량생산을 바탕으로 Mass Media를 활용하여 시장 전체의 불특정 다수를 대
    상으로 대량판매에 주력하는 마케팅 활동
  - 수요가 공급을 초과하는 상황
  - 규격화된 제품과 서비스
  - 바꿀 수 있는 고객이 있는 시장
  - 샘플링과 예측 조사를 통한 시장지식
② 세분화 마케팅(Segmentation Marketing)
  - 시장을 하나로 보지 않고 보다 세분화하여 구매 가능성이 높은 목표 고객층
    을 대상으로 마케팅 활동을 전개해 나가는 표적(Target) 마케팅
  - 목표 고객의 니즈(needs)에 따르는 제품과 서비스 제공
③ 틈새 마케팅(Niche Marketing)
  - 고객의 욕구를 만족시키기 위하여 품질, 서비스, 가격의 차별화를 이용하여
    다른 성격의 상품과 서비스를 제공하는 마케팅
  - 틈새시장을 공략함
  - 소수 고객들에 대한 해박한 지식
④ 데이터베이스 마케팅(Data Base Marketing)
  - 정보기술(IT)과 기업 내외부에 있는 고객 자료를 통합한 DB를 이용하여 마케
    팅 활동을 전개해 나가는 접근법
  - 고객의 LTV(Life Time Value)를 최대화

- 고객 유지 마케팅(Retention Marketing) 전략
- DM(Direct Mail), TM(Tele Marketing)을 이용
- DB화되어 있는 고객의 속성이나 거래정보를 활용

⑤ 일대일 마케팅(One-to-One Marketing)
- 고객과의 특별하고, 개별적(Individual)이며, 지속적인 관계(Relationship)를 유지해 나가는 마케팅 활동
- CRM(Customer Relationship Management)에 의해 실현

종합해 보면 1970년 대량생산만을 목표로 하는 시대에서, 기업은 상품 생산만으로 판매량 증가에 한계를 느끼면서, 수익성이 있고 애호도가 높은 고객을 효과적으로 선별하여 지속적으로 관리, 유지할 필요성을 느끼기 시작하면서 등장한 것이 고객관계관리(Customer Relationship Management)이다.

※ E-CRM의 등장
(ㄱ) 인터넷이라는 시공간의 제약이 없는 고객접점 등장
(ㄴ) 상호작용적이고 양방향적인 커뮤니케이션 방법→고객에게 일관된 서비스를 언제, 어디서든지 제공할 수 있는 토대 마련
(ㄷ) 기존 고객관리에 비해 고객접촉, 고객정보수집, 고객지원 등을 위해 필요했던 많은 시간과 비용 절약→보다 효율적인 기업 활동

3. CRM과 E-CRM의 비교

구 분	CRM	E-CRM
채널	TM, 영업소, 영업사원, DM	e-mail, 음성/문자 채팅, 웹페이지, 웹 로그
고객충성도	대부분 실명 거래 고객	익명성으로 상대적 취약
고객 데이터 수집	고객정보 수집 및 최신 정보 유지 어려움	고객정보 실시간 유지 관리
고객 데이터 관리	기간별, 주기별로 고객 데이터 배치로 처리	대부분 실시간 처리
고객응대 양상	대부분 고객 개인별 수동적인 응대	고객별 지능화된 개별 응대 필요
고객행동 패턴	고객 행동 패턴 추적 어려움	웹하우스와 웹로그를 통해 고객행동 패턴 추출 가능
의사소통	대부분 단방향 의사소통	쌍방향 의사소통 용이
정보기술	데이터웨어하우스 고객 세분화 및 스코링 영업자동화, 콜센터 등	개인화된 콘텐츠 및 서비스 채널관리 강화 온라인과 오프라인 채널 통합

4. E-CRM의 도입과 기대 효과

1) E-CRM이 왜 기업에 필수적 요소인가?

- 정보기술의 발전 초기에 기업들은 재무 및 생산관련 시스템에 많은 투자를 했다. 그러나 기업가치가 고객으로부터 나온다는 인식이 확산되면서 CRM에 대한 투자가 급속히 늘고 있다. 그 이유는 다음과 같다.

(1) 기업의 운명을 결정지을 수 있는 힘이 고객 쪽으로 옮겨짐

(그중에서도 기업의 수익 중 대부분을 제공하는 고객은 20%에 불과)

(2) 고객충성도가 기업 수익의 원천으로

- 고객충성도는 거래 기간과 밀접한 관련이 있는데 거래기간이 길어질수록 고객
  으로부터 나오는 수익은 증가
- 고객만족 지수가 일정수준을 넘어서는 순간 기하급수적으로 증가
  (만족한 고객은 그렇지 않은 고객에 비해 약 50%가량 더 구매한다.)
: 고객에 대한 정확한 정보를 바탕으로 맞춤형 상품 서비스를 제공함으로써 증
  가시킬 수 있음

	공급사슬의 중심 축	주요 자산
1950~1960년대	기업	브랜드
1970~1990년대	유통업체	효과적인 판매망
2000년대	고객	고객 정보

2) E-CRM의 특징

(1) E-CRM의 기대 효과

- E-CRM은 기존의 CRM에 비해 인터넷을 통해 고객 Data를 수집하고, 고객과
  communication할 수 있다.
- e-Business의 특징인 실시간 반응(real time reaction), 실시간 가격 책정(real
  time pricing) 등을 CRM에 도입할 수 있다.
- 고객을 바라보는 관점과 고객 대응에 관한 방향성과 기본적인 활동은 기존의
  CRM과 동일

(2) E-CRM의 특징 6가지

(ㄱ) 다양한 고객니즈의 파악이 용이하다

전통적인 방법보다는, 다양한 접점으로부터 실시간으로 일어나는 고객의 행동정보를 바탕으로 이뤄지는 E-CRM은 보다 고객의 니즈를 파악하고 분석하는 데 장점을 지니고 있다. 이는 시시각각 변화하는 고객의 니즈를 파악하고, 변화된 고객의 니즈에 맞는 응대와 정보를 제공함으로써 고객만족을 위한 다양한 전략 수립을 지원한다.

(ㄴ) 고객정보의 통합이 원활하다

고객들이 기업에 접촉하는 다양한 온라인 채널이 존재한다. 온라인 채널(Online Channel)로 대표되는 고객접점은 기업의 웹 사이트, 이메일, 모바일 등으로 나눌 수 있다. 인터넷상에서 고객이 기업에 접촉하는 수단은 다양한 형태로 진행될 수 있으며, 기업은 고객이 어떤 채널을 통해 기업에 접촉하더라도 동일한 고객임을 인지하고, 고객이 니즈를 파악할 수 있어야 한다. 고객정보의 통합은 다양한 채널로 접촉한 고객의 정보를 획득하여, 고객의 니즈를 파악하고 일관성 있는 고객응대를 위한 체계적인 정보의 분류 형태로 말할 수 있다. 각 채널로부터 획득된 고객정보를 데이터베이스로 관리하여 각 고객별 채널의 이용현황, 채널별 관심도 등 채널로부터 획득된 다양한 고객정보를 비즈니스 목적에 맞게 활용된다.

(ㄷ) 차별적인 서비스가 가능하다

기업은 E-CRM을 통해 고객 정보를 획득하고 다양한 관점에서 고객을 분석하여, 개별 고객에게 차별화된 서비스와 정보를 제공함으로써 일관성 있는 고객응대를 전략적으로 수행할 수 있도록 한다. 차별화된 대고객서비스는 E-CRM의 궁극적인 목적이기도 하다. 고객의 니즈는 동일하지 않으며, 고객의 특성과 성향에 따라 다른 욕구를 나타낸다. 이에 기업의 고객의 각기 다른 니즈를 파악하기 위해 개별 고객의 수집된 정보를 바탕으로 맞춤화된 정보를 제공할 수 있어야 한다. 기업은 가치 있는 고객 정보를 통합 분석하여 보다 차별화되고 장기적인 서비스와 정보를 제공하며 이를 바탕으로 기업의 안정적인 수익을 유지하기 위한 전략이 E-CRM이다.

(ㄹ) 상대적으로 빠른 시간 안에 고객들에 대한 정보와 지식을 파악할 수 있다.

E-CRM의 가장 큰 장점은 자동화(Automatic)와 실시간(Real Time)에 있다.

온라인 인프라에서는 전통적인 방식에서는 찾아볼 수 없었던 보다 빠르고, 손쉽게 고객에 대한 지식과 경험을 전사적으로 공유할 수 있게 되었다는 다 의미가 크다. 공유된 정보는 각 조직과 부서에서 필요로 되는 정보로 가공되어 발 빠른 고객 대응을 가능하게 하고, 이는 기업의 전략수립의 기반이 되어 기업의 수익성을 증대하는 데 지대한 영향을 미치게 된다. 기업과 고객이 소통하는 채널이 온라인화되고, 양방향 소통이 가능해지면서, 기업의 고객을 위한 올바른 판단과 대응을 보다 신속히 처리할 수 있어야 하고, 고객은 기업의 응대를 위해 더 이상 기다려 주지 않는다는 것에 대해 주목하여야 한다.

(ㅁ) 고객 관리를 위한 프로세스가 자동화된다

E-CRM을 통해 고객을 응대하기 위해서는 그에 따르는 지원 시스템을 갖추어야 한다. 이러한 시스템의 특징은 고객을 관리하기 위한 각 프로세스가 자동화되어 몇 가지 작업만을 통해 수많을 고객을 관리할 수 있도록 자동화되어 있다. 솔루션, 프로그램으로 대표되는 다양한 지원시스템은 보다 원활한 고객데이터의 관리, 고객분석, 다양한 커뮤니케이션 활동을 유기적으로 수행할 수 있게 절대적인 도움을 주고 있다. E-CRM 솔루션은 각 비즈니스 수행을 위한 업무 프로세스에 따라 분류되어 설계되어 있고, 솔루션 간의 연동(Interface)을 통해 유연한 통합이 가능하다.

(ㅂ) 고객 별 맞춤 서비스의 제공이 가능하다

상위 E-CRM의 특징들은 궁극적으로 고객만족도를 상승시켜 기업의 수익을 증대하기 위한 목적이다. 다양한 접점을 통해 발생된 고객정보의 획득, 분석, 전략수립, 수행에 이르는 일련의 전략적 비즈니스의 행위는 '고객의 입맛에 맞는 맞춤 정보'를 제공하는 데 있다. 이는 e비즈니스를 수행하는 기업은 물론, 모든 비즈니스에서 일하는 사람들의 목표라고 할 수 있다. 고객의 특성과 차이를 고려하지 않고, 동일한 전략을 모든 고객에게 동일하게 적용하는 매스마케팅의 시대는 더 이상 아니기 때문이다.

3) E-CRM을 위한 솔루션

기업의 입장에서 고객을 관리하기 위한 구성요소로서 각 솔루션의 영역을 살펴보자. 고객데이터를 수집 및 획득을 통한 고객데이터 분석 부문과 분석된 데이터를 통해 전략을 수립하고 고객을 응대하는 부문으로 구분한다. 본 영역의 구분은 실제 개별 부문으로만 구성되어 활용하는 데에는 한계가 있고, 서로 통합 또는 연계되어 효과적인 고객관계 관리가 이루어지도록 솔루션을 구성해야 한다.

(1) 고객데이터 획득 및 분석 부문

E-CRM에서의 고객데이터의 획득은 고객과의 접점을 통해 주로 발생되고, 주요 접점으로는 웹 사이트, 이메일, 핸드폰 등이 있다. 웹사이트를 통해 고객의 방문패턴과 클릭스트림(Clickstream)을 분석하는 웹 분석(Web Analytics) 분야가 대표된다. 또한 모바일 웹, 또는 WAP으로 대표되는 무선통신망(Wireless)을 이용하는 고객접점에서도 웹 분석과 비슷한 형태의 고객정보를 획득할 수 있다. 이렇듯 다양한 채널로부터 획득된 정보를 데이터베이스(Database)나 혹은 파일로 관리되어, 사용목적에 따라 분리 통합되어 활용된다.

고객데이터 분석은 비즈니스 목적에 따라 다양한 관점으로 데이터를 의미 있는 정보로 해석하고, 측정하는 데 목적을 두고 있다. 고객에 대한 정보 분석은 고객을 보다 이해하고, 합리적인 경영전략을 수립을 하는 직접적인 연관이 되는 만큼, 다양한 분석 솔루션을 통해 경영전략에 필요한 다양한 정보를 획득한다. 주요 분석 솔루션에는 웹사이트 분석에 이용되는 웹 로그 분석, 다차원 분석(OLAP), 마이닝(Mining)으로 나뉜다. 이러한 솔루션은 데이터 획득의 범위, 다양한 관점의 분석 설계, 분석 데이터의 양과 처리속도, 통계 기법의 활용 등으로 구분되어 이용된다.

(2) 전략 수립 및 고객응대 부문

E-CRM에서의 전략 수립과 고객응대는 분석된 고객데이터를 기반으로 경영전략을 수립하여 효율적으로 고객을 응대하는 것을 의미한다. 전사적인 전략 및 단위 마케팅 전략 등을 포함하여 다양한 전략을 수립하고 이를 설계하여 집행하는 솔루션으로 개인화 추천(Personalization) 솔루션과 캠페인(Campaign) 솔루션으로 대표된다. 또한 고객과의 접점을 통해 마케팅을 수행하는 이메일과 SMS도 고객응대를 위한 중요한 영역을 담당한다.

전략은 기업의 수익 창출과 이익을 극대화하고자 하는 거시적인 전략과 신규 고객획득, 상품 추천 등의 미시적인 마케팅 전략을 수립하는 모든 범위를 포함한다. 특히 고객응대를 위해 수립된 다양한 전략을 처리하기 위한 솔루션은 '계획 수립', '예산 및 비용 측정', '전략 수행', '효과측정'에 이르는 일련의 과정을 자동화된 업무프로세스로 지원한다.

E-CRM솔루션은 다양한 채널로부터 유입되는 고객의 정보를 수집하고 관리하여, 비즈니스 목적에 맞는 전략과 수행지침을 마련하여 차별화된 응대를 자동적으로 수행한다는 것이다. 특정한 E-CRM의 영역에서만 한정되어 국한되어 이루어지는 것이 아니라, 유관 시스템과 솔루션의 효율적인 연동을 통해 통합적인 고객관리 프로세스를 구성하는 데 그 기능과 역할을 수행한다.

즉 E-CRM시스템의 실행 부문은 자체적으로 수행되는 것이다. 이에 따라 사용자와의 인터페이스는 앞에서 언급한 바와 같이 온라인을 중심으로 웹브라우저, e-mail, 무선단말기를 이용하여 이루어진다.

4) E-CRM의 적용 사례

(1) 인터파크

(ㄱ) 실시간 방문자 분석 솔루션 개발과 이의 활용

누가, 언제, 얼마나 자주 사이트를 방문하는지 실시간 모니터링이 가능하고 특정 페이지나 상품, 메뉴 이용현황에 관한 분석이 가능해 상품과 콘텐츠 등에 대한 고객 수요에 빠르게 대처할 수 있다.

(ㄴ) 우수회원 관리 차원의 "우수 고객 제도"

사이트 내 활동량에 따라 회원에게 포인트를 제공하고 있는데 포인트 점수에 따라 3등급으로 나눈다. 이들 등급에 따라서 차별적인 특혜를 부여해 주고 있다. 또한 우수고객에겐 생일날 케이크를 선물하고 공연시사회 초대권을 보내주는 등, 쇼핑몰 이용의 충성도가 높은 고객을 집중 공략한다.

(ㄷ) 고객 DB를 기반으로 한 "추천 상품" 제도

인터파크는 개별 고객에 맞는 제품구매를 제안하는 "추천상품" 제도를 시행하고 있다. 고객에게 이메일을 이용하여 오프라인과 차별화된 마케팅을 전개함으로써 폭넓은 구매를 유도할 수 있게 되었다.

(ㄹ) 온리 유(Only You) 메일링 서비스

쇼핑몰들의 인터넷 마케팅 전략은 고객 자료를 분석하고 개인 특성에 기초한 일대일 마케팅을 펼쳐 궁극적으로 고객 충성도를 높이는 것을 목적으로 하고 있다.

즉 이메일로 고객이 원하는 상품 정보를 제공해 방문을 유도하는 '온리 유(Only You) 전략'인 셈이다. 인터넷 쇼핑몰들은 E-CRM도입을 통해 고정 고객 확보에 큰 효과를 보고 있다.

(2) CJ Mall

(ㄱ) 고객수명 주기별 고객관계

상품중심이 아닌 고객중심인 온라인 비즈니스상에서는 고객 LifeCycle단계별로 적합한 고객관리 프로그램과 서비스를 제공해야 함.

(ㄴ) 웹사이트 개인화

개개인의 고객에 적합한 정보를 제공하는 서비스는 고객 우대에 큰 효과를 나타낸다. 웹사이트의 개인화는 저렴한 비용으로 One-to-One 마케팅을 실현하므로 e-Channel의 반복 방문을 실현하게 하는 서비스이다.

(ㄷ) 개인서비스 Portal

고객이 서비스 사이트에 산재되어 있는 자신의 서비스정보를 얻기 위해 매 방문시마다 각각 찾아야 하는 불편을 맞춤화된 서비스포탈을 통해 해결함으로써 더 높은 고객만족을 얻어낸다.

(ㄹ) One stop Shopping

One-stop-shopping서비스는 고객이 원하는 관련 상품과 방법을 제공함으로써 고객에게는 쇼핑의 만족도를 한 번에 도달시키도록 한다. 이는 CrossSell을 통한 판매수익을 높일 수 있으므로 고객의 수요와 파생수요가 일어날 수 있는 상품의 적절한 배치 및 추천, 유관회사와의 전략적 제휴를 통해서 실행 가능하다.

(ㅁ) Matching Service

Matching Service는 고객이 지정한 조건의 상품에 대하여 전략적 제휴관계가 있는 Site의 정보를 제공하고 판매를 대행하는 경우와 지정조건의 상품을 최소 기간 내에 제시하여 판매로 유도하는 전략이다.

(3) Dell Computer

(ㄱ) Do-It-Yourself: 제품제작을 위해서 고객이 직접 제품사양을 디자인
(ㄴ) Self-segmentation: 고객 스스로 자신의 Position선택
(ㄷ) Guide: 특정기능의 요구와 가장 적절한 제품을 연결
(ㄹ) configure: 다양한 고객의 적합한 가격과 구매가능성 제안
(ㅁ) Online support: Online을 통한 Technical Information 제공
(ㅂ) 다른 channels(callcenter) 통합기능: 고객에 일관성 있는 services 제공

[팁]

※ 성과

(ㄱ) 매출증진

Dell Online을 통해 전 세계에 걸쳐 하루 평균 US $40million의 매출실적을 보이고 있으며 이는 회사 전체매출의 50%에 육박

(ㄴ) 비용절감

ㄱ. Sales force efficiency증진
　　전화 문의 건수 감소
　　판매 성공률 증가
ㄴ. Service efficiency 향상

Online을 통한 주문건수 (1년에 800,000건): 70% online

Online을 통한 기술지원건수 (1주일에 400.000건): 40%online

Download files(Manual)건수 (1주일에 160.000건)

[그림] 경쟁사 Compaq와의 주식가치 비교

5. E-CRM의 발전 방향

사이트의 구성이 전문 사이트나 포털 사이트나 비슷한 성격의 사업일 경우, 대부분 콘텐츠의 구성이나 디자인에 있어서 자사만의 차별화 없이 모두 획일적인 성향을 보여주고 있다. 또한 커뮤니케이션의 내용을 똑같이 취급함으로써 일대일 마케팅 개념이 부족한 점을 볼 수 있고, 고객의 입장에서 정보성 메일일지라도 전체를 대상으로 보낸 메일은 자신과 상관없는 정보를 담고 있을 확률이 높으므로 스팸으로 인식될 것이며, 개인화된 맞춤 서비스 개념이 아직 부족한 성향을 보인다.

커뮤니케이션의 수단으로는 다양한 방법들이 있으나, 대부분의 기업들은 e-mail 을 위주로 커뮤니케이션 수단을 사용하고 있다. 그로 인해서 방법에 있어 차별화되 고 세분화된 커뮤니케이션이 안 되고 있으며 효율성이 떨어지고 있다.

이러한 점을 보완하여 e-mail 위주의 커뮤니케이션 수단보다는 오프라인과 온라 인을 모두 활용해서 다양한 커뮤니케이션 수단 활용으로 고객접촉 경로를 다양화해 야 한다. 전체 대중을 대상으로 한 페이지 설정이 아닌, 고객 한 사람의 정보를 확 보 및 분석하고 고객의 관심분야에 맞추어, 고객 한 사람을 위한 공간으로 콘텐츠 를 구성해야 한다. 또한 똑같은 업종, 똑같은 비즈니스 모델이라고 하더라도 선발주 자와 후발주자가 필요로 하는 E-CRM 전략이 동일할 수가 없으므로 그에 맞는 적 절한 전략을 수립하여야 한다.

참고문헌

김경태, "CRM 성과 향상을 위한 5가지 포인트", LG 주간경제, 676호, 2002. 05. 22.

김종승, 조진호, "CRM 최신 트렌드 및 도입전략", e-biz group, 2001.

삼성전자 글로벌마케팅연구소역 프래드릭 뉴웰 「CRM.com」, 21세기북스 2001. 3.

송현수 "e-CRM 구축과 운용전략", 새로운 제안 2001.

오정숙 "소프트웨어편 CRM(Customer Relationship Management)".

웹비즈니스 "CRM 구축 올가이드", 2001. 3.

한국전자통신연구원 "CRM 정의 및 구성요소", 주간기술동향 2001. 6.

황성연 "새로운 eCRM으로의 접근전략", 경영과컴퓨터 2002년 2월호.

IBM, "e-CRM의 전략적 접근 및 구현방안", 2001. 6. 27.

삼성경제연구소, "인터넷 시대의 고객관계관리", 2000. 9.

사와노보리 히데아키 "그림으로 쉽게 이해하는 e-CRM 마케팅", 2000. 10.

제3절 SWA(South West Airlines) 마케팅 사례

1. 항공업계 판도 변화

대형 항공사들의 수익성 약화

- 2002년 유나이티드 항공, 2004년 US에어가 연이어 파산보호신청을 한데 이어 지난달에는 델타항공도 부도 위기를 맞고 있으며, 이로써 미국의 대형 항공사 중 법정관리에 들어가는 회사는 절반을 넘게 되는 것이다.
- 저가 항공사들의 무한가격 경쟁으로 항공요금은 최근 5년 사이 39% 떨어졌으며, 업계평균수익은 23% 급감하였다.

저가 항공사들의 약진

- 젯블루, 인디펜던트에어, SWA 등 저가 항공사들의 미국시장 점유율이 지난해 37%로 높아졌으며, 1999년 13%에서 5년 만에 3배 이상 늘어난 것임(출처: 한국경제 2005-4-8)

2. SWA의 성공요인

업계 최고의 회사 SWA

- 1971년 텍사스의 댈러스, 휴스턴, 샌안토니오를 잇는 운항을 시작하여 오늘날 국내승객 운송마일에서 4위, 승객 숫자 면에서 3위를 차지하는 규모로 성장함 (연간 10~15% 성장)

- 현재 주식 시가 총액은 약 90억 달러로 다른 항공사들의 시가 총액의 합보다 큼
- 현재 미국에서 가장 존경받는 기업 5위(델, GE, 스타벅스, 월마트, 사우스웨스트항공)

핵심성공요소

① 항공기 운항의 효율성 극대화(비용 절감 및 수익성 제고)
  - 수익성이 좋은 500마일 이내의 중단거리 항로를 주로 타깃(국제선 취항을 과감히 포기)
  - 보잉 737 단일기종으로 조종사 훈련에서 정비까지의 많은 비용 절감
  - 항공기가 착륙에서 다시 이륙하는 시간을 최대한 단축
  - 거점공항을 중심으로 한 허브 전략보다는 직선 연결 전략 선택
  - 기내식 포기(원하는 사람에게만 제공)
② 신뢰 경영
  - 창업자 허브 켈러허가 30년 이상 경영을 맡아오면서 신뢰를 앞세운 경영을 함
  - 노조를 동반자로 인식
  - 보잉 등 주요 거래처와의 신뢰 구축
③ 인간 경영
  - 일체감, 협력하는 직장 문화
  - 가정과 직장을 엄격히 분리하는 일반적 미국 기업 문화와 달리 직원의 가족을 회사의 가족으로 생각함
④ 최고의 고객서비스
  - 고객들과 친밀하고 지속적인 접촉(단골고객 확보)
  - 딱딱한 제복보다 캐주얼한 옷차림으로 부드러운 분위기 유도
  - 재미있는 분장, 깜짝 쇼 등 여러 가지 재미, 즐거움을 제공
    ("디즈니랜드에 가는 것보다 사우스웨스트 비행기를 타는 것이 훨씬 더 재미있다.")

3. Think About

조직 문화와 생산성과의 관계

- SWA의 경우 직원들의 일인당 승객 처리수가 경쟁사보다 3~4배 높음
- 가족적인 조직문화, 일하고 싶은 직장, 즐겁게 일할 수 있는 직장이 반드시 생산성 향상에 도움이 될 수 있는가?
- 관리의 삼성 vs 인화의 LG

경쟁사가 모방할 수 없는 최고의 차별화 전략

- 허브 캘러허:

 "우리 회사의 항공기는 모방할 수 있습니다. 또한 우리의 발권 카운터나 다른 하드웨어도 베낄 수 있습니다. 그러나 사우스웨스트항공의 직원과 그들의 태도만은 복제할 수 없을 것입니다."

제4절 화장품 및 식품회사 마케팅 사례

1. 상황분석

1) 시장분석

2009년도 화장품 전체 시장 규모가 총 5조 5천7백억 원대로 예상되는 가운데 방

문판매 시장 역시 내수활성화에 힘입어 안정적인 성장세를 유지할 것으로 전망된다.

태평양의 최근 경영실적 분석 결과에 따르면 매출액은 전년동기(2005년 1분기) 대비 8.9% 성장했으며 영업이익과 경상이익은 각각 0.2%, 0.3% 증가한 것으로 나타난다. LG생활건강의 '오휘'는 전년대비 39% 성장을 기록하면서 백화점 지점당 평균 매출, 61.6%의 성장률을 기록해 지난 한해 백화점 화장품부문에서 가장 높은 성장률을 보인다. 더페이스샵 1/4분기 내부결산 결과 매출 433억 원, 영업이익 70억 원을 기록, 지난해 동기 대비 각각 41.5%, 45.8% 증가. 90년대 후반과 2000년대 초 '이윰', '바탕'브랜드로 전성기를 누렸던 한불화장품은 최근 장업계 불황과 자사의 매출저조에 대한 타개책으로 '미샤'제품을 OEM 생산. 독립된 법인으로 출자된 (주)아이 피어리스는 스킨푸드를 비롯한 국내 로컬 브랜드의 OEM을 전담. 즉 화장품의 '양극화' 현상이 일어났었다.

2) 경쟁사 분석

▶ Line up 분석-Big 3을 중심으로

국내 화장품 종합순위

1위-태평양 화장품 (설화수, 라네즈, 아이오페, 헤라 등)

2위-LG생활건강 (오휘, LacVert, 이자녹스, 보닌 등)

저가 화장품 순위

1위-더페이스샵

2위-미샤

그 외 저가 화장품(스킨푸드, 뷰티크레딧 등)

[미 샤]

2005년 매출이 1210억 원, 영업이익이 64억 원으로 잠정 집계. 전년대비 매출은 상승했으나 영업이익은 감소. 저가 화장품 시장의 경쟁 과열로 인한 마케팅 비용

증가 및 직영매장 확대에 따른 인건비와 매장 임차료, 지급수수료 등의 판관비 증가, 해외 시장 진출 확대에 따른 초기투자비용의 증가가 영업이익이 감소되는 결과. 또한, 신규브랜드 출시에 따른 투자비용의 증가도 영업 이익이 감소. 기존 로드샵 중심의 유통구조에서 할인점, 백화점 등에 숍인숍 형태로 입점하는 등 새로운 유통 채널을 확대해 수익을 확보하며, 매장 판매직원의 철저한 서비스교육을 통해 서비스 질을 향상시킴으로써 전국 매장에서 수준 높은 서비스를 동일하게 제공. 자체 연구개발 능력의 배양을 통해 품질을 더욱 향상시키고, 제품 디자인 및 신제품 개발의 적극적인 아웃소싱으로 고객 만족도를 더욱 높일 방침이다. 또한 급속한 트렌드 변화를 반영한 제품을 생산하기 위해 제품 개발 프로세스를 단축시켜 매출을 극대화할 예정이라고 한다.

[스킨푸드]

2004년 12월에 문을 연 스킨푸드는 지난해 브랜드샵을 통틀어 가장 좋은 매출액을 기록. 87곳의 매장에서 350억 원의 매출로 매장당 월 평균 3300만 원대의 수입을 올리면서 1위를 기록해 앞서 개장한 미샤와 더페이스샵보다 우수한 매출성적표.
스킨푸드라는 브랜드 네임에서 볼 수 있듯이 거의 대부분의 제품이 먹을 수 있는 재료를 사용하여 차별적 전략을 사용한 브랜드라고 할 수 있다.

3) 소비자 분석

200명 서베이 결과
▶ 남 2명
▶ 여 198명

숫자 \ 연령	10대	20대	30대
	13명	142명	45명

∴ 더페이스샵을 찾는 고객은 20대 여성이 많다

연령 구매 화장품	10대	20대	30대
스킨케어	10	59	10
클렌징	2	53	5
마사지 / 영양크림		21	27
화장소품	1	6	2
기타		5	

∴ 나이가 많을수록 마사지 크림, 젊을수록 스킨케어 구매

〉〉〉더페이스샵 구매 패턴

▶ 예전부터 꾸준히 사용한다 48명

▶ 입소문 / 친구나 친지 추천 69명

▶ 매장 직원의 추천 11명

▶ <u>저렴하다 72명</u>

화장품의 구매

화장품 구매는 직접 사용한 경험에 의해 이루어지는 구매 관습이 있고 사용하는 제품 브랜드를 잘 변경하지 않는 특성. 화장품은 의복과의 관련이 높아 의복관여도가 높을수록 화장품 사용도가 높고 화장품 구매에 더욱 적극적인 태도. 구매 시 가격보다 품질이 더 중시되었고, 색조화장품에는 상표가 큰 영향을 미쳤으며, 구매 시 피부자극을 중요하게 고려. 화장품 구매행동은 인구 통계적 특성에 따른 차이를 보여, 연령이 낮을수록 피부보호와 개성창조를 위한 제품을 선택하고 연령이 높아짐에 따라 피부보호를 위한 제품이 증가. 연령이 낮을수록 색, 나에게 어울림, 유행, 광고, 매장, 요기디자인을 더 중요시하였고, 상류층일수록 품질·조화를 더 중요. 화장품 구입비가 많은 사람들은 비교적 외제 브랜드를 선호하며, 백화점 이용이 많았고, 고가품을 선호하고 색상을 중요시함.

화장품의 구매성향

구매성향이란 구매에 대한 활동, 흥미, 의견을 포함하는 구매영역에 대한 구체적인 라이프스타일로 언급되며, 일반적으로 단일 차원이 아닌 다차원의 성격. 소비자들은 상품을 구매하는 데 있어 개인적 특성에 따라 다양한 성향을 띠고 있으며, 그러한 구매 성향은 소비자의 구매 행동 유형을 파악하는 데 유용한 특성으로 소비자를 분류하는 데 기준이 되는 변인이 됨. 화장품은 가격 범위가 매우 넓어 저관여에서 고관여까지 소비자의 구매 결정과정이 달라질 수 있다.

2. 해결방안 및 전략

1) 서베이 결과

▶ 10대 소비자 없음.
　아직 화장 문화를 접해 보지 못함.
　기초 화장품을 구매 / 사용.
▶ 30, 40대 소비자 기대치에 못 미침.
　자사제품의 브랜드 인지도 부족.
　기능성 화장품 선호.
▶ 20대 여성소비자 대부분.

2) 전　략

▶ 10대의 상징인 휴대전화문화와 인터넷문화를 이용한 브랜드 인지도 상승.
　각 통신사와 제휴를 맺어 자사상품을 알리고 이벤트에 참여한 고객에게 도토

리증정.

▶ 40대 소비자를 타깃으로 대형할인마트와 제휴를 맺어 특정 이상의 제품 구매 시 자사제품 증정.(기능성 화장품) 즉 브랜드 인지도 상승.

▶ 20대 소비자 확고.
고객과의 모든 브랜드 접점을 통해 브랜드를 느끼게 함으로써 브랜드 가치를 창조. 즉 브랜드 체험 공간을 만들어 무료로 자사제품 사용 및 다양한 음료제 공을 통한 좋은 분위기 유도 / 피부관리사 상담 및 강의.

3) 결 과

▶ 당장의 효과를 기대하기보다는 5년 후 또는 10년 후를 목표로 화장할 수 있는 나이가 되었을 때 타 제품보다는 자사제품을 먼저 떠올릴 수 있는 계기.

▶ 40대 소비자의 자사 브랜드 인지 / 만족을 통한 제품 재구매.

▶ 브랜드 체험 공간을 통한 자사 브랜드 이미지 상승.

[맥도널드 성장 요인 마케팅]

1. 성장요인

1) 수천 개 매장의 동일한 품질과 가격 및 서비스 유지
  - '프랜차이즈2000'에 따른 프랜차이즈 매장의 지속적인 감시와 관리가 이루어짐
2) 현지 환경에 대한 적절한(유연한) 적응 방식

국가별 특색 있는 문화에 맞는 차별화된 마케팅 전략 개발

- 현지 기호에 맞춘 신 메뉴 개발, 중국 내 맥도날드의 야채 탕 메뉴개발, 한국 내 맥도날드의 불고기버거 출시, 일본의 데리야키버거 등.
- 현지 전통 문화, 상징의 부각을 통한 시장잠입, 1999년, 나토가 유고슬라비아를 공습한 위기 상황에서 세르비아 문화의 상징성을 맥도날드 이미지에 부가함으로써 시장에 진출성공.
- 각 지역의 특성과 이미지에 맞춘 매장의 독특한 분위기, 록큰롤 맥도날드, 파리의 크라상 매장.

3) 시장 확대의 기회 포착
- 큰 건물(월마트, 미술관 등)의 안에 작은 맥 매장 설치➡매출이 적은 만큼 간단한 메뉴로.
- 새로 인수된 매장은 기존 매장과 차별화, 드라이브 쓰루 설치, 남은 공간은 주유소와 어린이 놀이공간으로 설치.

4) 맥도날드의 치밀한 마케팅 전략
- 햄버거 크기 / 카운터 높이 / 빨대 두께 등 대다수 서비스가 치밀한 고객 분석으로 나온 마케팅 전략
- 디 마케팅 전략: 패스트푸드가 비만의 원인이라는 비판에 맞선 대응책, 우수고객 20%가 수익의 80%를 올린다는 법칙에 근거, 제품과 서비스에 대한 자신감이 근원.

2002년 프랑스 맥도날드 광고 '어린이들은 일주일에 한 번만 오세요.'

2. 실패요인

1) 프랜차이즈와의 관계악화
  (1) '그린버그 법칙'의 오류: (한 도시에서)맥도날드 매장수가 늘어날수록 개인

별 맥 이용 횟수도 비례해서 증가한다?

  (2) 지나친 '시장점유 전략'과 '성장지향 주의'

    - 독재적인 무리한 팽창정책 ➡ 점포당 매출은 오히려 하락

    - 한 지역의 많은 프랜차이즈 경영자를 고려하지 않음 ➡ 본사와 프랜차이즈와
      의 관계악화

    - 무리한 확장에 따라 동일한 품질과 서비스를 유지하지 못함

  (3) 프랜차이즈에 자율권을 넘겨주면서 비효율적인 관리가 이루어짐

    - 품질과 서비스의 엄격한 기준 지켜지지 않음 ➡ 소비자 만족도 하락.
      느린 서비스, 불결한 매장, 불친절한 종업원.

2) 메뉴 개발의 실패

  - 성인들을 유인할 시장잠재력이 큰 메뉴개발에 실패

  - 다이어트 메뉴, 초저가 메뉴 등 대부분의 메뉴확대의 시도실패

3) 패스트푸드 간 경쟁으로 이한 무리한 가격인하

  - 매출은 증가해도 수익은 낮아짐.

  - 가격 인하에 집중한 나머지 제품과 서비스의 질적 개선은 뒤떨어짐.

3. 질 문

1) 맥도날드의 단기 및 장기 잠재력을 어떻게 평가하는가? 그렇다면 그 이유는
  무엇인가?

2) 맥도날드의 식품분야 이외의 사업 다각화에 대해 어떻게 생각하는가? 흔들리
  는 맥도날드를 다시 일으키기 위한 성장전략은 무엇일까?

제5절 경영행정 마케팅의 복잡계이론

1. 복잡계 이론의 탄생 배경

경영 환경이 한 치 앞을 내다볼 수 없는 불확실성으로 점철되고 있다고들 한다. 매일 발표되는 일기예보에서부터 주가와 환율의 변동 등, 세상은 한 치 앞조차 예측할 수 없는 불확실성이 지배하고 있다. 이러한 문제들을 이해하고 해결하기 위한 대안으로써 복잡성 과학이 등장했다. 복잡계(Complex System)란 수많은 구성요소(Agent)들의 상호작용을 통해 구성요소 하나하나의 특성과는 사뭇 다른 새로운 현상과 질서가 나타나는 시스템을 말한다. 상호작용하는 수많은 행위자의 행동을 종합적으로 이해해야만 하고, 개별요소들의 행동을 단순히 합하여서는 유도해 낼 수 없다. 과거의 사고방식은 규칙적인 운동의 발견을 통해 자연을 다스릴 수 있는 단순한 법칙을 규명하려 했다. 겉보기에는 복잡하게 보이는 혹성의 운동도 태양 중심설에 의하면 규칙적인 운동으로 환원할 수 있다는 데에서 착안된 것이다. 하지만 나날이 발전하고 있는 첨단 과학을 책임지기에는 기존의 과학이론은 한계를 갖고 있을 수밖에 없다. 이러한 사고의 틀 속에서 등장한 복잡계의 과학은 다수의 구성물이 동시에 상호작용하면서 발생하는 자기조직화의 예측 즉 시스템의 구성물이 상호 작용하는 무수의 가능한 상태를 계산하는 것으로 정의할 수 있다. 또 이 과학이 정의하려는 복잡계는 여러 개의 요소들이 모여 만들어진 시스템으로서, 이때 새로운 성질이나 능력이 생성되는 시스템을 의미한다.

2. 복잡계 이론의 이해

복잡계 이론의 설명에 있어서 가장 어려운 점은 용어의 이해와 개념의 확립에 있다. 이를 설명하기 위한 예로써 2002년 월드컵 당시의 '붉은악마'들의 활동을 통한 전 국민의 월드컵 응원을 들 수 있다. 이는 복잡계 이론의 주요 용어에 대한 이해를 쉽게 설명할 수 있다. 월드컵 당시의 응원활동의 모습을 복잡계의 관점으로써 주요 용어들을 이용하여 설명하면 다음과 같다.

3. 복잡계의 특성

이러한 복잡계에는 몇 가지 특성을 찾아볼 수 있는데, 크게 창발성, 경로의존성, 공진화 이 세 가지를 들 수 있다.

1) 창발성

창발이란, 시스템의 각 부분들의 성질만을 이해해서는 예측하기 어려운 성질이 시스템 전체의 수준에서 나타나는 현상을 말한다. 예를 들어, 개미나 꿀벌의 집단이 보여주는 놀라운 사회적인 질서는, 이들을 한 마리씩 떼어놓고 관찰할 때에는 유추해 내기 어렵다. 마찬가지로 금융시장의 복잡한 메커니즘이나 인터넷상의 사이버공간에서 벌어지는 놀라운 현상들은 거래인 한 사람, 네티즌 한 사람씩을 따로 떼어놓고 본다면 이해하기 어려운 현상이다. 이러한 것들을 '창발'이라고 한다.

2) 공진화

공진화는 승자를 정하는 것이 아니라 무승부, 오히려 비김의 상태에서 서로 협동하고 공존하는 것을 통해 새로운 세계를 만들어 낼 수 있다고 보는 것을 말한다. 복잡계는 적자생존이 아니라 상생의 원리를 바탕으로 하는 공진화 체계를 갖고 있는 것이다. 예를 들어, 신발을 새로 사서 신으면 신발을 신고 걷기 좋게 사람의 발과 신발 양쪽이 서로 맞추어 변화해 나간다. 이때, 신발과 사람의 발은 상호 작용을 통해서 공진화한다고 말할 수 있는 것이다. 공진화는 전략을 단순히 조직과 별개로 변화하는 환경에 대한 대응이기보다는, 행동을 시작한 조직이나 그것에 영향을 받게 되는 모든 조직에 영향을 미치는 적응적 움직임이다. 그 움직임에 의해 완전히 새로운 무엇, 새로운 질서를 만들어 내는 것이다. 복잡적응계(구성요소들이 환경의 변화에 능동적으로 자신을 재조직하며 적응하는 시스템)에서는 상위 시스템(super-system)과 하위 시스템(subsystem)이 같은 방향으로 진화할 때 이를 공진화라고 정의한다. 경영을 하는 데 있어서 구성원들의 창의성을 존중해 주고 항상 새로운 사고를 적극 수용하려는 자세를 갖추어야 한다는 생각을 기를 수 있다.

3) 경로의존성

한번 경로가 결정되고 나면 그 관성 때문에 궤도를 바꾸기 어렵거나 불가능해지는 현상을 말한다. 안정지향적인 행동인 이 경로의존성은 우리로 하여금 진정 원하는 것, 당위성이 내포된 것들을 간과하게 하고 능동적으로 무시하게 할 수도 있다.

예를 들면 자신과 맞지 않은 직장 생활에서 벗어나지 못하는 것(초기조건=자신의 처음 직장생활), 한번 익숙해진 것들 이를테면 습관과 성향에서 자유롭지 못한 우리의 모습(초기조건=자신의 처음 익숙해진 습관이나 성향)을 들 수 있겠다.

4. 복잡계 이론의 실례

1) IBM의 관료주의적 경영구조의 폐해

IBM의 위기는 '현장경영'이 전혀 되지 않은 데서 일어나기 시작했다. IBM의 조직형태는 전형적인 피라미드구조였다. 1980년대 중반 IBM의 경우 최 말단 영업사원에서 사장에 이르기까지의 단계가 무려 11개 층이나 되었다고 한다. 다시 말하면 결재라인이 최고 11개나 된다는 것이다. 이러한 조직으로는 현장의 고객의 목소리, 의사결정 속도, 고객에게 빠른 피드백(feedback)을 줄 수 없었다. IBM조직의 또 하나의 특징은 모든 주요 의사결정이 IBM본사의 중역회의에서 이루어진다는 것이다. 특히 주요 신제품의 개발과 시장에의 발표는 본사의 중역들에 의해 결정되었다. 이러한 의사결정들이 하부조직에 권한 위임이 전혀 되어 있지 않았기 때문에 시장으로의 진입속도는 늦어질 수밖에 없었던 것이다. 특히 컴퓨터 관련 제품수명이 4~5년에서 6개월 이내로 단축되었기 때문에 이러한 중앙 집중적인 조직구조하에서는 시장의 변화에 신속히 대응한다는 것은 불가능했던 것이다. 아무리 구조조정을 하고 현장경영, 스피드경영 등을 시도해도 시장의 변화의 물결에 적절히 대응하지 못하는 기업은 기업의 경쟁에서 도태될 수밖에 없는 것이 정글의 법칙이다. 관료적으로 굳어진 고정적 체계로 인한 의사전달과 같은 상호작용의 결핍으로 IBM의 경영난이 발생한 것이다. 이러한 체계는 수직적인 의사전달 체계이므로 처음의 관료적으로 시작한 체계에서 시작된 초기조건으로 말미암아 구조의 혁신을 일으키지 못하고 무너져 내린 예로써 말할 수 있다. 이러한 상황에서는 창발적인 체계의 변화가 불가능하여 자기조직화를 통한 구조의 유동성을 확립해 나갈 수 없기 때문에 경영난으로 이어진 것이다. 그러기 때문에 기업의 쇠퇴를 막기 위해서는 기업을 '닫힌 시스템'에서 '열린 시스템'으로 문호를 개방하여 자기조직화를 장려한 공진화를 이룩해 나가야 하는 것이다.

2) SONY의 경영혁신

소니의 데이터 디스크맨을 개발한 사람은 한 근로자였던 요시타카 유키타이다. 소니의 최고 관리자조차 모를 정도로 비밀리에 진행되었던 이 프로젝트는 한 개인이 아이디어를 주도적으로 개발할 수 있게 한 소니의 조직문화가 만들어낸 성과라고 할 수 있다. CEO가 통제하지 않고 자기조직화적 특성을 가진 집단은, 외부환경에 빠르게 적응할 수 있는 분위기를 조성함으로써 개인의 자율성을 보장한다. 이는 복잡성이 높은 조직에서 가능한 것으로 효율 높은 경영의 좋은 예라고 할 수 있다. 조직의 복잡성을 높이면 급변하는 환경에 대한 적응, 다시 말해 생존이라는 관점에서 효과적이다. 현대의 단절적 변화를 미리 알고 대처하는 것은 불가능하므로, 회사라는 조직이 외부환경의 단절적 변화에 쉽게 적응할 수 있도록 만들어야 한다. 이럼으로써 조직의 유연성이 향상되는 동시에 창발적인 조직을 운영할 수 있게 된다.

5. 복잡계 경영의 바람직한 방향

실제 기업의 경영구조를 복잡계 이론의 관점으로 해석한 모델링을 통하여 바람직한 방향으로의 개선을 목표로 하고자 하는 것이 컴플렉소노믹스(complexonomics), 즉 복잡계 경영이다. 이는 지식 경영의 한 단면으로 볼 수 있는데, 지식경영이란

현실 상황에서의 기초 자료(Raw data)에서 정보(Information)를 얻고, 그것을 지식(Knowledge)으로 조형시킨 후 그것을 다시 경영에 적용(Application)시키는 일련의 과정을 말한다. 다시 말해, 복잡계 이론을 통한 새로운 자료해석, 즉 정보나 지식을 경영에 활용할 수 있다는 것이다. 복잡계이론의 관점에서 바라본 바람직한 경영의 방향은 다음과 같다.

1) 조직을 혼돈의 가장자리로 이끈다

조직을 혼돈의 가장자리로 인도함으로써 이전의 질서의 상태를 허물고 새로운 질서의 창발이 가능하게 한다. 이러한 과정은 관료적이고 단순한 체계의 기업을 복잡계의 시선으로 바라봄으로써 가능하다.

2) 충격적 에너지를 유입한다

충격적인 에너지가 될 수 있는 효과적인 혁신은 새로운 질서의 창발에 도움을 준다. 이로써 끊임없는 또 다른 혁신을 일으킨다.

3) 자유로운 아이디어의 제시와 실험의 시행이 가능하도록 장려한다

얽매이지 않고 자유로운 생각이 가능하도록 조직의 질서와 분위기를 유연하고 부드럽게 조성한다.

4) 자유로운 의사소통이 가능한 체계를 조성한다

적극적인 되먹임 고리의 활성화를 위하여 의사소통을 통한 지식과 정보의 공유를 시행한다. 이를 통하여 새로운 아이디어의 제시가 활발해질 수 있도록 한다.

5) 자기조직화가 가능한 인프라와 자율성을 보장한다

기본적인 인프라와 자율성의 보장을 통하여 자기조직화를 통한 효과적인 결과창출을 위한 기반을 마련한다. 이를 통해 작은 성공사례가 도출된다.

6) 성공사례를 조직에 확산시킴으로써 공진화가 가능하도록 한다

작은 성공사례가 또 다른 충격적인 에너지가 되어서 새로운 아이디어 창출의 각성제가 될 수 있도록 확산시켜 조직과 개인 모두의 발전을 위한 공진화를 형성한다.

제6절 기업경영의 마케팅 원칙

1. 성공요인

1) 무리한 대출을 통해 사업자금을 끌어들이지 않았다.
   - 부족한 자본금을 가지고 있더라도 경비를 절약하면서 지출을 최대한 줄임
   - 성장하는 기업에 대한 기대치를 읽고 은행이나 기타 투자할 사람들을 설득
2) 대고객 서비스에 최선을 다한다.
   - 고객과의 끊임없는 접촉, 상담
   - 고객의 문제는 반드시 24시간 내에 해결
3) 절제와 균형감각
   - 파산을 하거나 경영상태가 좋지 않은 기업을 인수할 기회가 찾아올 때 신중을 기한다.
4) 팀워크를 중요시하는 전략
   - 기업성장에 대한 믿음과 리더에 대한 신뢰감을 불어넣으려 노력함.
5) 타 기업과의 협력
   - 케이마트와의 협상으로 경쟁을 줄이고 협력 강화.
   - 오피스디폿과의 우호를 다짐으로써 경쟁업체를 이용한 마케팅을 함.

2. 실패요인

1) 팽창의 유혹을 이기지 못했다.
   - 가능한 짧은 시간 안에 많은 매장을 개점하겠다는 유혹을 이기지 못하고 과도한 팽창정책을 썼다.
2) 팀워크의 약화
   - 직원들 간의 합심보다는 점차 급성장이라는 목표에 초점을 맞추면서 팀워크가 약해졌다.
3) 시장포화 상태에 대한 경계
   - 오피스맥스 이외에 오피스 데포 등의 많은 기업으로 인해 시장포화 상태가 되어 업체 간 차별화가 없는 상황에서 차별화 방안을 만들어 내지 못했다.

제7절 마케팅과 문화와의 관계

1. 문화의 본질

1) 문화의 정의

'문화란 한 그룹의 구성원과 다른 그룹의 구성원을 구별하는 정신의 집단적인 프로그램'(G. Hofstede)

'문화는 학습되고, 공유되며, 강제적이고 상호 연관된 상징성의 집합체로서 한 사회의 구성원들에게 일련의 방향성을 제시해 주는 의미를 지니고 있는 것'(V. Terpsatra,

K. David)

2) 문화 개념의 공통적인 특성

- 문화는 사람들에 의해 학습된다.
- 문화는 서로 연관되어 있는 많은 상이한 부문들로 구성되어 있다.
  (ex 결혼, 사업, 사회적 지위 등)
- 문화란 그 사회의 구성원들인 개인들에 의해 공유되고 있다.

국제경영에 있어서 자기문화 중심주의에서 탈피하여 문화의 차별이 아닌 차이를 그대로 인정하고 가가 문화권이 지니고 있는 문화적 독특성을 이해하고 존중하는 것이 성공의 관건

2. 문화의 구성요소

1) 언 어

- 한 사회의 언어는 그 사회의 문화적 성격과 가치관을 반영
→ 즉 언어를 배운다는 것은 문화를 배우는 것
※ 동일한 형태의 비언어적 표현이 문화에 따라 다른 의미를 지니고 있는 경우도 있다.

2) 종 교

- 실증적으로 증명될 수 없는 현실과 관련되는 한 사회의 공통된 믿음으로, 이러

한 믿음은 그 사회와 개인의 가치나 태도에 영향을 주며, 또한 이러한 가치와 태도는 그 문화 구성원들의 행동에 영향을 끼친다.

※ 따라서 그 나라의 구매동기, 관습, 작업, 부에 대한 태도, 남녀평등, 인간관계, 가족의 역할, 여성의 경제적 역할 등을 이해하기 위해서는 종교의 이해가 우선적으로 필요함.

3) 물질문명

정의: 자연에 의해서 제공되는 것이 아닌, 인간에 의해 만들어진 기술과 물리적 유형재.(이는 곧 기술의 결과물 → 기술의 격차 = 물질문명의 차이)

- 한 나라의 기본적인 경제적, 사회적, 금융적, 마케팅적 하부구조의 가용성과 적합성을 나타냄. 또한 인간생활의 여러 측면과 상호 관련성이 깊기 때문에 기술의 진보는 문화의 수렴을 동반한다.

4) 사회조직

- 한 사회의 구성원이 서로 어떠한 방법과 형태로 관련을 맺어 상호작용하고 있는지를 말하여 주며, 가장 기본적인 단위는 가족이나 가족의 개념은 사회에 따라 상이하여 구매의사결정, 기업의 작업환경과 고용관습에 영향을 미칠 수 있다. 또 다른 형태의 사회·경제적 계층은 그 유동성에 따라 기업에 큰 영향을 미칠 수 있다.

5) 교 육

- 한 세대에서 다음 세대로 기존의 문화와 전통을 전달해 주는 중요한 수단 중의

하나로써 수준과 질이 국제경영에 있어서 관심의 대상이다. 특히 한 나라의 교육수준의 가늠케 하는 문맹률은 광고와 마케팅에도 큰 영향을 주며, 교육의 질 또한 현지 인재 육성에 큰 영향을 끼친다.

6) 가치체계

● 교육, 종교 등과 같이 인간의 사회적 과정을 통해 학습된 것으로, 사람의 의식 구조에 내면화되어 있는 경향을 지니고 있어 핵심적 가치관이 한 사람의 정체성과 자아의 본질적인 요소가 되며, 대게 역사적인 기원을 두고 있어 단시간에 쉽게 변화하지 않는다.

7) 미적 감각

● 하나의 문화가 색상이나 음악, 형상의 관점에서 미와 상품에 대한 선호경향을 나타내는 생각이나 지각, 지역에 따라 내포하고 있는 상징이나 의미가 상이하기 때문에 주의가 요해진다.

3. 사례 기사

1) 두바이 오찬장에서 생긴 일 [조선일보 2006-06-06 23:48]

(언어적 측면 1 & 종교적 측면)

노무현 대통령은 두바이를 방문하여 두바이 상공회의소 초청 오찬에서 이런 말로 연설을 시작했다. "비행기를 타고 내려오면서 끝없는 사막을 보며 신(神)의 축복이 비켜간 자리가 아닌가 생각했다. 그러나 몇 시간 지나서 저의 짐작이 틀렸음을 확인했다. 신은 이 나라에 석유를 주셨고……" 대통령은 좋은 의도를 가지고 특유의 극적인 표현으로 두바이에 덕담(德談)을 하려고 했던 것 같다. 하지만 일부 한국인 주재원들은 가슴을 쓸어내렸다. "이슬람 국가에서 '신'이란 '알라'를 가리키는 것으로 매우 조심스러운 단어" "특히 '신의 축복이 비켜간'이란 표현은 오해의 소지가 크다"고 걱정했다. 어느 현지 기업인도 "알라를 함부로 언급하면 안 된다"면서 무거운 표정을 지었다.

(언어적 측면 2 & 종교적 측면)

가령 양식당에 김치와 고추장, 소주를 가져가 큰 소리로 "건배" 하면서 마시면 세계 어디서든 환영받지 못한다. 나라별로 지켜야 할 점도 있다. 가령 돼지고기를 금하는 이슬람 국가인 터키 비즈니스맨을 한국식당에 초대하여 돼지고기를 권하거나, 인도인에게 "무슨 카스트에 속하느냐"고 묻는 일은 피해야 한다.

(언어적 측면 3-의사소통 실패)

스페인어로 '시(Si)'는 '예스'지만 반드시 '승낙'을 의미하지는 않는다. 현지인과 상담할 때 '시'는 검토해 보겠다는 뜻이지 꼭 계약하겠다는 것은 아니다. 처음 아르헨티나에 나간 어느 업체는 이 말에 '거래가 잘 진행되고 있다'고 착각하다가, 낭패를 당하기도 했다.

(가치체계 측면 1)

외모나 복장으로 판단해서도 안 된다. 인도네시아에서는 더운 날씨 탓에 공식 행사라도 전통적인 바틱(Batik) 셔츠를 많이 착용한다. 대체로 체격이 왜소하고 피부는 햇빛에 그을려 정장을 안 하면 다소 초라하게 보일 수도 있다.

어떤 출장객은 그런 겉모습만 보고 박대를 했다가, 이 바이어가 운전기사를 두고 벤츠 S600을 타고 떠나는 모습을 보고 붙잡으려 했지만, 그땐 이미 늦었다고 한다.

(가치체계 측면 2)

한국과 가나의 월드컵 평가전에서 가나의 국가(國歌)가 연주되는데도 우리 응원단이 "대~한민국"이라고 계속 요란하게 응원했다가 비난을 받았다. 국제 매너에 조금만 더 주의를 기울였다면 벌어지지 않았을 해프닝이다.

2) 소니, 월풀이 두손 든 「인도의 LG」 [조선인보 2005. 10. 4.]

인도 델리 인근의 신흥 공업 도시인 노이다에 위치한 LG전자 인도법인. 지난 1일 이 공장은 손님맞이 준비로 가벼운 흥분과 긴장에 휩싸였다. 인도를 국빈 방문하는 노무현 대통령이 구본무 LG 회장, 김쌍수 LG전자 부회장 등 LG 경영진과 함께 이곳을 찾기로 했기 때문이다. 현지 주재원들

▶ 뉴델리 인근 신흥공업도시인 노이다의 한 가전 매장에서 고객들이 LG전자 TV를 살펴보고 있다.

은 "인도 가전시장을 석권한 회사의 위상이 재확인됐다"며 반겼다.

LG 앞에 고개 숙인 세계 브랜드 20평 정도의 가전 매장들이 몰려 있는 노이다 시내 오션플라자 상가. '케이디 오디오비전스'라는 이름의 가게는 LG 제품만 취급한다. 머리에 터번을 쓴 시크교도인 콜리 사장은 "LG의 인기가 워낙 좋아 다른 나라 제품은 모조리 빼버렸다"고 말했다. 인도의 가전 매장은 대개 여러 브랜드를 동시에 취급한다.

세계적 전자제품 시장 조사기관인 ORG-GFK는 올 1~8월 LG가 인도시장에서 컬러TV, 냉장고, 세탁기, 전자레인지, 에어컨 분야의 선두에 올라섰다고 분석했다.

그것도 오니다, 고드리지 같은 현지 브랜드는 물론 월풀, 일렉트로룩스 같은 세계적 브랜드를 멀찌감치 따돌렸다. 현지 언론은 LG가 인도 시장을 단숨에 장악한 것을 두고 '코리아의 융단 폭격'이라고 표현한다.

자연 공장의 일손이 바빠졌다. 현지 법인의 김인호 부장은 "성수기인 1~7월은 2교대로 24시간 풀 가동을 해도 물건을 대기 힘들다"고 말했다. 뭄바이 근처 푸네에 제2가전공장을 지은 것도 이 때문이다.

LG전자 인도법인의 지난해 매출은 9억 달러. 우리나라 돈으로 1조 원이 넘는다. 올해는 이보다 30% 이상 늘어날 것으로 보고 있다. 인도 진출 7년 만에 매출이 30배가량 늘었다. 또 초기 투자 이후 단 한 번도 본사의 증자를 받지 않고 스스로 규모를 키워온 것도 인도법인이 내세우는 자랑거리 중 하나다.

발로 쓴 '성공신화'

LG전자 인도법인 창립 멤버였던 강호섭 부장은 "인도에 첫 발을 내디딜 때는 정말 막막했다"고 회상했다. 땅은 넓은데 도로 사정은 말이 아니었다. 결국 몸으로 부딪혔다. 그는 "트럭에 제품을 전시해 전국을 누볐다. 인도의 인기 가요를 개사한 로고 송을 틀고 심지어 주부들에게 요리도 가르치면서 인도인의 마음을 움직였다"

현재 LG전자는 인도 전역에 46개 지점과 60여 개 영업소를 두고 있다. 경쟁업체의 배에 가까운 영업망이다. 현지 입맛에 맞는 제품 차별화 전략도 주효했다. 인도인들이 좋아하는 스포츠인 크리켓을 전자오락으로 즐길 수 있게 한 TV, 문을 자물쇠로 관리할 수 있는 냉장고 등은 시장에 내놓자마자 불티나게 팔렸다.

(가치체계 측면 & 종교적 측면)

노이다 공장에는 영문 구호가 가득 붙어 있다. 'Meet the Market, Time to Market'

(시장에 맞춰라), 'Lead the Market, Create the Market'(시장을 선도하고 창조하라). 인도인 종업원들에게 시장의 중요성을 일깨우는 격문이다.

여기서 일하는 종업원의 월급은 능력에 따라 달리 받는다. 기본급은 다른 기업과 비슷하지만 일만 잘하면 최고 1400%의 성과급을 받는다. 전명종 부장은 "인도의 노조는 입김이 센 편이지만 사원 복지 수준을 높이고 성과급을 나눠줘 우리 공장에는 노조가 없다"고 말했다.

이 공장 임직원은 거의 인도인이다. 2600명의 전 직원 중 한국 주재원은 17명뿐이다. 비제이 나라야난 브랜드 관리팀장은 "현지인에게 권한을 대폭 주기 때문에 LG전자는 인도 대졸자들이 가장 들어가고 싶어 하는 직장 중 하나"라고 말했다.

3) 유럽, 이슬람 신자 중요한 구매세력으로 떠올라······

[선교지 소식 2006. 4. 8.]

(교육적 측면)

중동, 북아프리카 등지에서 유럽으로 이주한 이민자들이 급증하고 있는 현상은 이제 유럽의 산업계까지도 영향을 미치기 시작하고 있다. 이제까지 이민자들은 유럽에서 하층노동자 계층을 형성했고, 그만큼 경제력이나 구매력이 취약했기 때문에 유럽의 생산, 유통업체들의 입장에서 볼 때는 공략해야 할 매력적인 시장은 아니었던

LG전자의 제품별 인도 시장 점유율

품목	점유율 (순위)
세탁기	30.8% (1위)
컬러TV	23.5% (1위)
전자레인지	40.9% (1위)
냉장고	25.0% (1위)
에어컨	35% (1위)
모니터	32% (2위)
CDMA단말기	55% (1위)

*자료=ORG-GFK(시장조사기관), 2004년 1~8월 기준 (에어컨·모니터·CDMA 단말기는 LG자체 조사)

것이 사실이다. 그러나 이들 가운데 오랜 유럽 생활을 통해 부를 축적하여 경제수준을 상승시킨 사람들이 나타나고, 특히 이들의 2세들 가운데는 처음부터 부모들의 교육열에 힘입어 고급 교육을 받고 하층노동자가 아닌 전문직에 진출하는 경우도

있다. 그리고 무엇보다도 그 수가 늘어나면서 어느 정도 영향력 있는 구매력을 가진 집단으로 그 위상을 높여가고 있다. 이에 따라 나날이 커가는 이슬람 신자들의 시장을 잡기 위한 기업의 관심도 서서히 높아지고 있다.

(종교적 측면 & 미적측면)

그 상징적인 상품이 이슬람 기도용 청바지이다. 이탈리아의 디자이너 루카 코 라디라는 사람이 운영하는 알 쿠즈라는 회사는 이슬람 신자용 청바지를 출시했다. 이 청바지는 보통 청바지들과 큰 차이는 없다. 그러나 우선 알 쿠즈라는 브랜드네임이 아랍어로 예루살렘이라는 뜻이다. 아마도 유럽에 출시된 청바지 상품 가운데 거의 유일한 아랍어 브랜드가 될 것이다. 또한 주머니에 아랍풍의 자수가 새겨져 있다. 또 하루에 다섯 번씩 메카를 향해 엎드려 기도하고 일어나야 하는 이슬람 신자들의 편의를 위해 보통 청바지에 비해 통이 넓다. 또 커다란 주머니를 달아 기도에 필요한 용품을 넣을 수 있도록 했고, 솔기는 이슬람 신자들이 신성하게 여기는 초록색으로 박았다고 한다.

(종교적 측면)

세계적인 핸드폰 업체인 노키아는 어디서나 메카의 방향을 지시해 주고, 기도시간도 알려주는 이슬람 신자용 휴대전화를 출시했고, MS사는 윈도 모바일의 무슬림 버전을 내놓았는데, 이 운영체제에는 기도시간과 코란의 내용, 이슬람 달력과 절기 등을 알려주는 기능이 추가되어 있다. 파리에는 이슬람 신자들이 혐오하는 돼지고기를 대신해서 양고기를 재료로 만든 햄버거를 파는 패스트푸드점도 등장했다. 현재 서유럽 지역에만 1800만 명의 중동 및 북아프리카계 이슬람 신자들이 살고 있는 것으로 추산되고 있고, 앞으로도 그 수는 늘어날 것으로 보인다.

4) 무슬림 사람들은 무슨 청바지를 입을까? [머니투데이 2006. 4. 3. 12:26]

이탈리아의 한 중소기업이 무슬림이 기도를 할 때 간편하게 입을 수 있는 청바지를 디자인해 화제가 되고 있다고 AP통신이 24일 보도했다.

(종교적 측면 & 미적측면)

예루살렘의 아랍식 이름인 '알 쿠즈'의 디자이너 루카 코라디는 "우리가 알고 있는 한 적어도 이탈리아에서는 (무슬림을 위한 청바지 생산이) 최초다"라고 말했다.

이 청바지는 착용자가 기도를 하는 동안 거듭해서 몸을 굽혀야 하는 점을 감안해 헐렁하게 만들었으며 주머니에는 무슬림이 예배를 하는 데 필요한 액세서리를 모두 넣을 수 있도록 했다. 또한 청바지는 이슬람교에서 성스러운 색깔로 여기는 녹색실을 사용해 꿰맸다. 알 쿠즈는 1년간의 연구와 실험을 통해 제품을 만들었다고 밝혔다. 밀라노 이슬람문화연구소의 회장인 압델 하미드 샤리는 "무슬림이 편안하게 입을 수 있는 저가 진은 이슬람국가와 이슬람 인구가 많은 나라의 시장을 개척할 수 있을 것"이라고 말했다. 알 쿠즈는 9500벌을 만들어 프랑스 유통업체 까르푸에 납품했다. 가르푸는 판촉을 위해 22.53달러에 50벌의 바지를 판매했다고 밝혔다. 정상 가격은 30.44달러. 알 쿠즈는 이탈리아에 거주하는 110만 명의 무슬림으로부터 좋은 반응이 있을 경우 이를 유럽의 1800만 무슬림에게 확대할 계획이다.

회사 측은 웹사이트에서 "전통의 새로운 표현"이라며 이 청바지를 광고하고 있다. 코라디 디자이너는 "까르푸 관계자들이 열광적으로 반응했다"며 "그러나 까르푸가 추가 구매할지 말하기는 이르다"고 말했다. 까르푸는 이 진바지를 무슬림에게만 한정해서 판매하지는 않을 것이라고 밝혔다. 까르푸 홍보담당자는 "우리는 정치, 종교 등과 무관하게 모든 고객을 목표로 한다"고 말했다.

5) 말련, '이슬람 핸드폰' 등장 [The Star, Business Times]

(종교적 측면)

말레이시아의 문화적 여건을 반영, 시장을 공략한 제품이 등장하여 눈길을 끌고 있다. 일명 '이슬람 핸드폰'으로 불리는 이 제품은 각종 이슬람 관련 부가기능을 장착하고 있다.

대표적인 부가기능을 살펴보면 다음과 같다.
- 영어로 된 코란 구절
- 이슬람 기도시간 (하루 5번 기도),
- 기도 방향을 나타내는 나침반
- 라마단 달력 (라마단 기간 시작과 종료 표시)
- 기도 시간 파악을 위한 진동 기능

이 핸드폰은 싱가폴에 기반을 둔 ILKONE Asia Pte Ltd에 의해 도입되어 RM 1,350(한화 약 38만 원)에 판매될 예정인데 첫해 15만대 판매를 목표로 하고 있다. 이 제품은 한국산 hardware와 두바이산 software가 결합된 것으로 이달 초 레바논, 요르단, 시리아, 수단, 알제리, 예맨 등 중동지역과 싱가포르, 몰디브, 방글라데시, 브루나이의 아시아 지역에서 첫선을 보인 바 있다.

기도 방향을 표시하는 나침반 포함, 다양한 이슬람 관련 부가기능 장착한 상품이 인기이다.

말레이시아는 이슬람이 국교로 전체 국민의 약 60%가 무슬림에 해당하며 최근 몇 년간 핸드폰 사용자가 급증('05년 2 / 4분기 현재 1,655만 명이 핸드폰을 사용하며 연 4.5% 성장률 기록)하여 핸드폰 시장이 활기를 띄고 있는 상황이다.

핸드폰이 생활의 일부로 현대인이 항상 소지하는 '휴대폰'이 된 현실에서 문화적 접근이라는 아이디어를 통한 시장 공략은 노키아, 삼성, 소니에릭슨 등 거대 기업들이 시장을 장악하고 있는 상황에서도 새로운 틈새시장을 제공하고 있다.

6) 사우디 종교단체, 카메라 설치 핸드폰 사용금지 건의 [KOTRA 관련기사]

(종교적 측면)

사우디 종교단체인 Commission for Promoting Virtue & Prenventing Vice의 회장 Ibraim Al-Gaith는 카메라가 설치된 핸드폰의 오용을 막기 위해서 사용 금지시킬 것을 정부에 건의했다.

최근 사우디에도 무선휴대전화기가 대중화가 거세지고 있는 추세에 있으며, 특히 인구의 대다수를 차지하는 젊은 세대에 붐으로까지 번지고 있는 실정을 감안한 조치인 것으로 판단된다.

Al-Gaith 회장은 이번 건의를 법 제정화하기 위해서 이미 상급 정부기관(종교성)을 접촉하고 있다고 말했다.

이슬람 종교적으로 여인의 사진을 찍는 것은 금지돼 있으며, 카메라가 장착된 핸드폰으로 여인의 사진을 찍는 등 오용될 소지가 있음을 사우디 상무부와 종교성에서는 심층적으로 논의할 것으로 판단된다.

일례로, 비디오폰의 경우 사우디 수입불가 품목으로 분류돼 있다.

7) [21세기 슈퍼 코리안] '중소기업 수출 1위' 팬택 휴대폰 디자이너들
[주간조선 2004-04-16 20:31]

"뛰는 휴대폰이요? 우리한테 꽉 잡혔어요"

'정말 휴대폰인가?' 만년필처럼 가늘고 길쭉한 모양, 아랫부분이 가위의 손잡이처럼 두 갈래 난 모양……. 사진을 찍기 위해 테이블 위에 쏟아놓은 수십 개 갖가지 모양의 휴대폰 모델들은 끝없는 휴대폰의 세계로 안내했다.

(미적 측면)

4월 2일 서울 영등포구 여의도동 신송센터빌딩 5층 팬택 디자인팀.

사무실 곳곳엔 이곳 22명의 휴대폰 디자이너들이 만들어놓은 수십 가지의 모델들이 다양한 자태로 외부인의 눈길을 끌었다.

기기묘한 모양의 휴대폰들은 아직 상품화되지 않은 것들이다. 디자이너들이 온갖 휴대폰 모양을 구상하면서 상상의 나래를 펴 제작해 본 모형들이다. 하지만 최근 휴대폰의 엄청난 발전 속도를 생각하면 언젠가 손목시계처럼 차고 다니는 팔찌폰, 목걸이처럼 걸고 다니는 목걸이폰이 나올지도 모르겠다.

(중략)……

"종교도 고려 요소 중 하나"

종교도 고려 요소라는 설명에선 디자이너들은 단순히 손기술뿐만 아니라 문화에 대한 소양이 깊어야 한다는 점이 절실히 느껴졌다. 중동지역의 경우엔 메카 쪽을 향하는 나침반이 있는 휴대폰을 출시한 것이 이런 경우다. 이찬용 팀장은 "디자인 담당 부서는 세계 여러 나라의 문화적 특성을 연구해 기술, 판매, 생산 부서에 알리기도 한다"면서 "디자인이 문화를 선도한다는 말은 디자이너의 이런 역할에서 비롯된다"고 말했다.

(중략)……

설승우 연구원은 호주 국적을 갖고 있다. 고교 졸업 후 가족과 함께 호주로 이민 간 그는 퀸즐랜드기술대학에서 산업디자인을 전공했다. 대학 졸업 후 국내 디자인 전문회사에 취직했다가 2002년 8월 팬택에 합류했다. 호주에서 백인들의 생활 습관을 경험한 것은 북미, 유럽 등 해외시장을 개척하는 데 크게 도움이 되고 있다. "백인들은 전자제품을 선택할 때 굉장히 보수적 태도를 보입니다. 우리나라는 컬러 냉장고가 빠르게 시장에 진입했지만 백인들은 냉장고는 흰색이어야 한다는 생각을 잘 바꾸지 않고, 이 같은 보수적 태도는 제품 선택에 그대로 반영됩니다." 다만 디자인은 깔끔한 것을 더 선호한다는 것이 '백인통'인 설 연구원의 말이다. 이색 경력자답게 아이디어를 얻는 루트도 자기만의 '공상'이다. "독특한 세계관이 그려지는 일본만화는 새로운 아이디어를 얻는 주요한 보고입니다."

8) 〈21C 경제大戰 현장을 가다〉2년간 치밀한 시장 분석 크리켓 후원전략 '성공' [문화일보 2006-09-27 14:41]

LG전자가 인도에서 지금과 같은 인기를 누린 것은 치밀한 마케팅 전략 때문이다. LG전자는 독특한 마케팅으로 인도인에게 상표를 알렸고 인도사람들이 필요로 하는 새로운 제품을 만들었다.

LG전자는 인도에 진출하기 전에 2년 가깝게 인도에 대한 치밀한 분석작업을 진행했다. LG전자가 주목한 것은 크리켓 게임이었다.

한국사람으로는 게임이 어떻게 진행되는지 이해하기 어려운 크리켓에 인도사람들이 열광한다는 것을 간파하고 LG전자는 인도에 오자마자 크리켓을 후원했다. 특히 우리나라 한·일전에 비교되는 인도·파키스탄 크리켓 경기는 빠짐없이 후원했다.

(가치체계적 측면)

1997년 2000만 달러 규모의 전자제품을 생산했는데 600만 달러를 이와 같은 스포츠 마케팅에 사용했을 정도다. 이 때문에 인도사람들은 LG전자를 인도회사로 오해하기도 한다. 현재 LG전자는 크리켓에 이어 골프대회를 후원하고 있다. 아직 골프인구는 많지 않지만 인도에서 골프를 즐기는 인구가 최근 급증하고 있기 때문이다. LG전자는 이 밖에도 최근 인기 남자 영화배우인 아비섹 바찬을 4억 원을 주고 광고모델로 채용하고 있다. 인도는 발리우드라고 불릴 정도로 영화제작이 활발하고 국민들이 영화를 좋아한다는 것을 LG전자가 파고든 것이다.

(가치체계적 측면)

인도인의 생활에 밀접한 마케팅은 신제품 개발에도 그대로 적용됐다. 인도의 초콜릿폰은 한국의 초콜릿폰보다 통통하다. 인도사람들이 통통한 디자인을 선호한다는 것을 고려해 가로를 4.3㎜ 키웠다. 또 인도사람들이 시끄러운 신호음을 선호한다는 것을 간파해 한국전화보다 벨소리가 2배 정도 크다. 신호음이 작으면 거들떠보지도 않는다는 것이다. 마찬가지로 TV에도 서브우퍼를 달아 박력 있는 소리로 방송을 즐길 수 있게 했다. LG전자 인디아 법인은 이런 인도 사람들의 요구를 정확히 파악하고 개발로 이어질 수 있도록 인도인으로 구성된 연구·개발(R&D)센터를 열었고 인원을 1500명까지 늘릴 계획이다.

9) [전자업계 글로벌 비행]대우일렉트로닉스, 현지특화제품으로 매출 향상 [파이낸셜뉴스 2006-04-18 20:30]

대우일렉트로닉스(이하 대우일렉)는 전 세계를 5대 권역으로 나누고 각 지역별 해외사업단을 중심으로 글로벌 경영을 추진하고 있다.

북미, 유럽, 아중동, 독립국가연합(CIS), 중남미의 해외사업단은 각각 생산법인, 판매법인, 지사 등을 관리하고 있으며, 생산, 마케팅, 인재, 연구개발 등 4대 현지화 전략을 바탕으로 '현지완결형' 경영활동을 펼쳐나가고 있다.

현재 중동지역 현지 밀착형 마케팅을 전개하고 있는 대우일렉은 냉장고 문을 자주 여닫는 것을 방지하기 위한 자물쇠 냉장고, 실내공간이 큰 중동 가옥에 적합한 고음향 TV, 파란색을 선호하는 경향에 따라 시청하지 않을 때는 브라운관이 파랗게 보이는 BLUE TV 등 제품 지역 특성형 제품을 출시하여 큰 인기를 얻고 있다.

대우일렉이 피자 소비가 많은 북미 지역을 겨냥해 개발한 '피자 전자레인지'를 미주지역에 수출하고 있다.

자물쇠 냉장고의 경우 물이 부족한 중동 지역의 특성에 맞추어 문을 자주 여닫는 것을 방지하기 위한 기능을 부가한 제품으로 대우일렉은 지난 98년부터 자물쇠 냉장고를 수출하고 있다.

(가치체계적 측면)

현재 중동지역 수출 전체 모델 중 약 80% 이상을 자물쇠 냉장고가 차지하고 있으며, 지난해 대비 약 150%의 매출 증가를 기록하고 있다.

TV의 경우 지붕이 높고 거실이 큰 현지 가옥구조에 맞추어 대우일렉은 보통제품보다 음향이 3배 정도 큰 고음향 TV와 파란색을 선호하는 경향에 따라 전원이 들어오지만 TV를 시청하지 않을 때는 브라운관이 파랗게 보이는 블루TV를 지역 특화 제품으로 수출하고 있다.

(가치체계적 측면)

또한 지난 2004년부터 일본 지역 특화제품으로 세탁기 도어 안쪽에 외부공기 유입구를 설치해 원심력을 활용해 탈수율을 20% 이상 향상시킨 '바람탈수' 세탁기를 개발해 57kg 소용량 모델로 출시, 일본 세탁기 시장에서 큰 인기를 끌고 있다. 현재 대우일렉의 세탁기 부문 일본수출 제품 가운데 '바람탈수' 제품은 전체의 90% 이상을 차지하고 있다. 이 제품은 지난해 11월 국내에도 출시, 일반세탁기 시장에서 새로운 바람을 불러일으키고 있다. 또한 대우일렉은 피자 소비가 많은 북미 지역을 겨냥해 피자 조리가 가능한 오븐과 전자레인지가 합쳐진 '피자 전자레인지'를 개발, 미주지역에 수출하고 있다. 최대 12인치 피자를 15분 이내 조리할 수 있는 오븐기 능이 있는 피자 전자레인지는 상, 하 히터방식을 채용, 예열과정 없이 조리가 가능해 조리시간을 단축할 수 있으며 각종 토스트, 소시지, 냉동식품 및 생선구이까지 단시간에 조리가 가능하다.

(가치체계적 측면)

대우일렉 해외영업담당 이성 전무는 "지역별로 현지 상황에 맞는 부가기능이 추가된 현지특화 제품 수출로 현지 소비자들에게 주목을 받고 있으며 대우일렉 브랜드 인지도를 향상과 매출 및 이익 창출에 크게 기여하고 있다"고 말했다.

10) 문화와 마케팅

출처 (이평희, 한국인과 문화 간 커뮤니케이션, 커뮤니케이션북스, 2001)

(종교적 측면)

오랫동안 중동으로 포장 기계를 수출해 온 독일의 한 업체가 어느 날 갑자기 거래선의 냉랭한 반응을 받고 놀랐다. 새로 개발된 플라스틱 컵의 견본을 종이 상자에다 넣어 보낸 것이 화근이 되었다. 견본을 싼 함에 그려진 샴페인 병 그림이 이슬람교에서는 종교상 금기사항인 것을 몰랐기 때문이다.

(가치체계적 측면)

문화에 대한 이해 부족으로 상대방의 화를 불러일으키는 예는 한두 가지가 아니다. 그림과 상징은 언어 장벽을 극복하는 데 적합하기는 하지만, 잘못 사용하면 오해를 부르거나 종교적 감정을 상하게 하며, 혹은 그 나라 관습과 부딪치기도 한다.

그림이나 상징은 간단명료하게 표현된 것이어서 언뜻 보아 국제적으로 쉽게 이해될 수 있는 것으로 생각하기 쉽다. 그러나 나라마다 색감, 감각, 종교적 표지가 다르고, 어떤 것은 그 나라 역사의 상흔이 담겨진 것도 있다. 또 문화권에 따라서 읽는 순서가 정반대인 경우도 있다. 이 같은 문화적 특성 때문에 제품 사용 안내서, 경고문, 설명문 등을 작성할 때 전문가들조차 올바른 상징어를 선택하는 데 어려움을 겪는다.

검은 우산이 인도 사람들에 민족적 자긍심을 상하게 한다는 사실을 아는 사람은 많지 않다. 인도인들은 우산을 영국인들에게 지배받던 식민 시대의 동의어로 받아들인다.

(가치체계적 측면)

사람이나 동물의 모습을 담은 그림은 일반적으로 환영을 받지 못한다. 특히 이슬람 문화권에서 인물화는 피해야 한다. 그러나 같은 인물화라도 표정이 없는 모습이라면 중국에서는 문제되지 않는다. 문화는 수천 년에 걸쳐 집단의 관습, 규율, 제도 등이 어우러져 형성된 것이어서 설명보다는 이해하려는 노력이 필요하다. 중국인들의 친절한 웃음 속에는 무려 300가지의 뜻이 숨겨져 있다고 한다. 상대방의 문화를 이해한다는 것이 얼마나 어려운 것인가를 짐작할 수 있다. 그렇지만 성공적인 마케팅을 하려면 문화의 벽을 뛰어넘지 않으면 안 된다.

(가치체계적 측면)

독일의 소비자들은 미래를 사지만 미국 소비자들은 현재를 산다. 미국 소비자에게는 미래에 오래 쓸 수 있고 견고한 것은 나중 문제다. 오늘 당장 가격이 싸면 된다. 독일 소비자들은 기능이 다양한 세탁기를 좋아하지만 미국 소비자들은 간단한 것을 좋아한다. 물론 같은 가격에 준다면 기능이 많은 것을 좋아하지만 더 비싸다면 두말할 것도 없이 간단하고 가격이 저렴한 것을 선택한다. 독일 세탁기의 온도 조절기가 온도별로 세분화되어 있지만 미국 세탁기는 뜨겁다 미지근하다 차갑다의

3가지 단계면 오케이다. 같은 품목이 색깔이 다르다거나 기능이 약간 차이가 있다고 가격 차별화를 하면 미국에서는 실패한다. 식기 세척기는 독일제가 700달러, 미국제가 250달러이다.

(사회조직적 측면)

독일 제품의 품질이 좋기야 하겠지만 두 개가 나란히 있으면 미국 소비자들은 당연히 미국산을 산다. 포드와 BMW 중 포드가 더 싸면 포드를 산다. 같은 가격이면 BMW를 산다. 미국 사람들은 품질의 차이를 잘 못 느낄 때가 많다. 벤츠가 운전대 옆에 컵 고리를 달지 않고 출시했다가 낭패를 당한 적이 있다. 미국 차들은 컵 고리가 있는데 벤츠는 일부러 고리를 달지 않았다. 운전 중 음료수를 마시는 것은 위험한 일이기 때문에 운전자의 습성을 제대로 들이기 위해서였다. 효과는 금세 판매 부진으로 나타났다. 후에 벤츠 M－Class 모델은 5개짜리 컵 고리 세트를 장착했다. 자동차 잡지 '모터 트랜드는 이 차를 인기 있는 자동차로 선정했다. 판매도 증가했음은 물론이다. 편하게 만들어야 성공할 수 있음을 보여주는 사례다.

11) 印 이슬람학교 "생명보험은 反이슬람적" [연합뉴스 2006-08-31 15:52]

인도의 이슬람학교가 생명보험에 가입하는 것이 이슬람 율법에 위배된다고 규정했다. 서남아를 통틀어 가장 영향력 있는 이슬람 신학교로 꼽히는 우타르 프라데시 주의 '다르-울-울룸'은 최근 "생명보험에 가입하는 것은 이슬람 율법(샤리아)을 위배하는 것이기 때문에 무슬림은 절대 생명보험에 가입하면 안 된다"는 칙령을 내렸다고 AP통신이 31일 보도했다.

학교 측은 현지에 거주하는 한 무슬림이 "보험회사에 취직하고 아내와 함께 생명보험에 가입해도 되느냐"고 질의한 데 대한 회신 차원에서 이 칙령을 발표했다.
이 학교의 성직자인 마울라나 샤히드 레안은 "진정한 무슬림이라면 절대 생명보험에 가입해서는 안 된다"면서 "그것은 알라(신)의 뜻에 반하는 것"이라고 지적했다.

이와 관련, 그는 "생명은 알라로부터 부여받는 것이기 때문에 그것에 대해 보장받으려 하는 것은 알라에게 죄를 짓는 것"이라고 설명하고 "특히 생명보험은 일종의 도박이자 샤리아가 금지하는 이자 문제까지 포함하고 있다"고 강조했다.

한편 현지의 수니파 무슬림들은 이 칙령을 환영했지만 시아파들은 이 학교가 수니파 계열이라는 점을 들어 자신들과는 무관하다는 입장이다.

우타르 프라데시는 인도의 29개주 가운데 인구가 가장 많은 1억 8천만 명을 보유하고 있으며, 무슬림은 3천만 명 정도이고 이 가운데 70%가 수니파다.

4. 문화적 지식종류

1) 사실적 지식: 보통 명확한 객관적 사실에 근거하고 학습해야만 얻게 되는 것.
2) 해석적(경험적) 지식: 상이한 문화적 특성이나 유형의 뉘앙스를 완전히 이해하는 능력이 있어야 한다.

5. 문화적 환경에 대한 비교경영학적 접근방법

1) 확산이론(diergence theory)

사회구성원의 행동과 태도가 구성원이 속해 있는 그 사회의 문화에 의해 지배.
기업의 문화적 특성이 사회적 문화요소에 의해 결정된다는 문화론적 접근방법을 강조.

사회가 습득한 문화는 경제발전의 이행과정에서 매우 안정적인 형태를 유지.

확산이론에 의한 문화론적 접근에서는 현지국 문화에 적합한 경영관리 기법이 매우 중요하다.

2) 수렴이론(convergence theory)

각국의 경영행동이 전통적인 문화적 요소보다는 환경에 의해 지배.

경제발전 수준에 따라 각국의 사회구성원은 유사한 행동 및 태도를 보임.

즉 비슷한 경제발전단계는 비슷한 환경을 형성하며 이것이 비슷한 경영행동으로 이어진다는 것을 강조한다.

3) 절충적 접근방법(eclectic thoery)

환경과 문화가 모두 변수.

오늘날에는 수렴이론과 확산이론의 절충적 관점에서 문화적 환경의 관리가 요구된다.

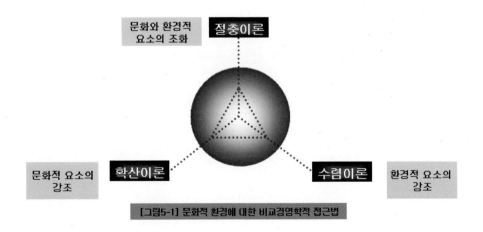

[그림5-1] 문화적 환경에 대한 비교경영학적 접근법

6. kluckhohn 모형

클러크혼(Kluckhohn) 부부는 다섯 개의 질문에 대해서 사회의 주류가 어떻게 답변하느냐를 기준으로 그 사회의 문화를 구분하였다.

① 인간의 본성은 기본적으로 선한가, 악한가?

② 인간과 자연의 관계는 어떠한가?

③ 삶의 주 관심시기가 과거인가, 현재인가, 미래인가?

④ 사람의 활동양식이 정적인가, 동적인가?

⑤ 인간관계는 개인주의적인가, 그룹중심적인가, 권위주의적인가?

이 모형의 매력은 아주 간단하다는 데 있으며, 간단하나마 이를 통해서 외국문화에 대한 이해를 상당히 증진시킬 수 있다.

1) 인간의 본성
- 정태적인 관점(인간의 근본의 선, 악, 혼재)
  - 신회사회: 인간본성이 선한 것으로 가정하는 사회
  - 불신사회: 인간본성에는 악이 주류를 이루고 있음
- 동태적인 관점(인간본성의 변화여부)
  - 가변적: 종업원들의 능력개발을 위해 각종 교육프로그램을 중시
  - 불변: 채용 시 적합한 사람을 선발하는 데 비중
2) 인간과 자연의 관계
- 서양: 인간이 자연을 지배 가능 ⇒ 기업 스스로의 노력으로 목적달성 가능하다고 봄
- 동양: 인간과 자연이 조화를 이루는 존재 ⇒ 정성적인 목적이 주류
3) 인간관계
- 개인주의적: 개인의 이해관계가 집단이나 조직, 기업에 우선하나 이러한 개인

의 이익추구가 집단의 이익에도 부합하는 것이라고 생각함
- 인간관계 피상적, 단기적
- 집단주의적: 화합과 일치, 충성심이 중요한 역할

4) 시간지향성
- 과거지향적: 행동이 사회의 전통과 일치하는지에 따라 평가되고 변화와 혁신
  은 과거에 관련
- 미래지향적: 문화에서는 과거를 거의 의식할 필요가 없으며, 변화와 혁신은
  미래의 경제적 이익여부에 따라 정당화

5) 행동양식
- 동적(doing): 종업원의 승진, 인금인상, 보너스, 포상 등 외재적인 자극을 통해
  동기부여
- 정적(being): 즐거움이나 책임의식 등 내재적 동기가 더 중요

7. Hall 모형

- 기준: 언어적 요소와 비언어적 요소.

1) 고배경 문화(High Context Culture): 삶의 정황이 보다 중요한 역할을 수행하는
   문화로서 의사소통에 필요한 정보가 신체적 배경 혹은 개인에 내부화됨 ⇒ 동
   양권
→ 상대방이 말하는 의도를 계속 찾아야 하며
→ 비음성적 요소에 많이 의존한다. (표정, 눈짓, 제스처 등)
→ 의사전달이 매우 암시적이다.
→ 의사전달자의 유머, 가치관에 따라 그 의도는 달라진다.

예를 들어서 "예"라고 대답했을 때 그것은 정말로 긍정적인 대답을 의미하는지, 혹은 그냥 알아들었다는 표시로 말한 것인지는 그 사람의 언어습관에 따라 달라진다.

2) 저배경 문화(Low Context Culture): 상황적인 요인보다는 병시적으로 명문화된 문서가 중요한 역할을 하는 문화로서 구체적인 대화를 통해 정보의 교환이 이루어지며 법률적인 서류가 중요한 의미를 지니고 있다. ⇒ 서양권
→ 말과 문서에 의존한다.
→ 전달되는 대부분의 형태는 말과 문서화이고 제스처는 아무런 의미가 없는 단지 몸짓에 불과하다. 따라서 그런 제스처를 굳이 의미를 두어 해석할 필요는 없다.

3) 각각의 특징
고배경 문화권의 보증은 개인이 한 말이 곧 보증이다. 또한 법적 효력에 있어서도 변호사는 그다지 필요가 없으며, 계약을 할 때 요점을 말하는 것보다는 암시적으로 요구 사항을 제시할 때가 많다. 따라서 저배경문화권의 협상자는 고배경 문화권의 협상자의 의도를 계속해서 해석해야만 한다. 본격적인 협상 외에도 여러 형태의 접대나 테이블 협상 외의 것이 진행되기도 하며 전체적인 협상의 시간은 대체로 오래 걸리는 편이다.

저배경문화권의 보증은 개인의 말을 반드시 서면으로 남겨져야 보증의 효력을 가질 수 있다. 또한 반드시 변호사가 필요하며 계약을 할 때 자신이 원하는 협상에 대한 요구 사항은 직설적으로 말하게 된다. 고배경 문화권의 협상자는 저배경 문화권의 협상자에 대해서 냉정하고 차갑고 서두른다는 인식을 많이 갖게 되는데 이는 두 문화의 차이로 인해 발생하는 가치관 왜곡 현상이기도 하다.
본격적인 테이블 협상 외에는 접대나 사적 모임은 협상에서 배제되어 협상의 시간은 짧은 편이다.

〈고배경 문화와 저배경 문화의 비교〉

	고배경문화 (high-context culture)	저배경문화 (low-context culture)
법률 또는 법률가	덜 중요하다	매우 중요하다.
개인의 말	매우 중요하며, 개인의 의사표시가 보증의 역할을 한다.	서면으로 보증한다.
조직의 실패에 대한 책임	조직의 최고위층이 책임진다.	조직의 최하위층에게 전가된다.
공 간	서로 어울리는 공간을 중요하게 여긴다.	개인적 공간을 중요시하며 침해받는 것을 싫어한다.
시 간	다중적(Polychronic) 시간관념을 가지며, 시간구분이 명확하지 않다.	단선적(monochronic) 시간관념을 가지며, '시간은 돈'이라는 개념이 매우 강하다.
협 상	보통 오래 끈다. 주요목적은 당사자들이 서로를 알게 하는 데 있다	매우 신속히 진행된다
경쟁 입찰	빈번하지 않다	보통이다.
국가 및 지역의 예	일본, 중동, 라틴아메리카	스위스, 독일, 북유럽, 미국 고배경 문화 (high-co

4) 사례 ⇒ Ford와 대우의 매각협상

(1) 원래 GM대우가 아닌 포드-대우가 될 뻔했던 사건.

(2) 포드 쪽에서 매각액으로 미화 7조 달러를 부르고 대우도 흔쾌히 수락.

(3) 결과: GM - 대우로 결정.

(4) 설명

① 첫 번째 매각 협상 실시.

② 양측, 협상에 대한 만족

③ 마지막 협상 시 Fodr는 계약 파기 및 위약금 돌려받지 못함.

(대우 측에서 하나도 협상 내역 및 계약 내용에 대한 문서화가 전혀 없었기 때문)

④ Ford 협상단이 귀국할 때 대우 측에서 GM과 재협상하기를 희망

⑤ Ford가 대우에게 GM과의 협상을 중재.

8. Hosfstede 모형

1) G. hofstede의 연구

- IBM의 40여 개국의 10만 명가량의 종업원(최고층~하위층)을 대상으로 Grobal 문화를 조사했다. 즉 글로벌기업 간의 국가 간 문화차이를 통계적 기법을 이용, 실증적 연구 실시.
- 의미: 문화적 차이를 경영자 입장에서 어떻게 대책 마련할 것인가.
- 문화적 가치가 기업경영과 소비자행동 영향에 대한 가장 유용한 정보를 포함.
- 한 국가의 문화를 제대로 표현하기 위해서 각 국가에 포함되어 있는 공통적인 문화요소에 관심을 두어야 한다고 말함.
- 두 차례에 걸쳐 연구(1966~1969년, 1971년 1973년)
- 국가별 문화의 유사성과 차이성을 나타내기 위해 네 가지 차원을 이용
- 네 가지 차원과 그 후 장기지향성 대 단기 지향성 차원을 제시
  ① 개인주의(Indivisualism) VS 집단주의(Collectivism)
  ② 권력간격(Power Distance): 문화적 수용의 적극성, 소극성
  ③ (Uncertainty Avoidance): 불확실성에 대한 회피
  ④ 남성적 문화 VS 여성적 문화

2) 4차원 분석모형(각국 간 4대 차원에서 문화 차이 분석)

① 개인주의 차원

－사람들이 개인 혹은 자기가 속한 집단 중 어디를 더 중시하는지를 나타냄.
- 개인주의 사회: 개인이 우선, 개인의 성취와 독립성을 높게 평가, 개인 간의 구속력 낮음, 집단에 대한 충성심이 적음.
  ex)미국, 호주, 네덜란드, 캐나다
- 집단주의 사회: 소속해 있는 집단의 관심이 우선, 자신을 항상 집단의 일부로 생각하며 소속집단에 대한 충성심이 높고 전 생애를 통해 집단으로부터 보호받기를 원함. 만약 한 집단이 실패하면, 그 구성원들은 이 실패를 개인적인 수치로 받아들임.
  ex) 일본, 한국, 브라질, 베네수엘라

② 권력간격 차원

－사회 구서원이 개인 간의 불평등한 권력의 분포를 받아들이는 정도. 권력간격이 큰 사회는 상대적으로 높은 사회적 불평등을 허용하며, 이러한 사회의 구성원은 소득이나 권력에서의 많은 차이를 받아들임
- 권력간격이 큰 사회: 중앙집권과 통제가 강하고 조직구조가 피라미드형. 부하직원이 상사에게 의존하고 가부장적인 결정을 내리는 상사 선호.
  ex)아프리카, 아시아, 라틴아메리카, 프랑스, 벨기에, 이탈리아
- 권력간격이 작은 사회: 평등주의가 보편화, 부하직원들이 상사를 두려워하지 않고 직원들과 상의하는 상사를 더 선호.
  ex) 미국, 영국, 뉴질랜드, 스칸디나비아 국가들

③ 불확실성 회피 차원

－한 사회의 구성원들이 확실하지 않거나 알려지지 않은 상황으로 인해 위협을

느끼는 정도를 나타냄

- 불확실성이 높은 사회: 미래에 대한 불확실성을 제거하기 위해 규칙, 규제, 법, 행동규범 등에 대한 강한 선호를 나타냄. 직업의 안정성이나 직급의 승진 패턴에 높은 가치를 부여. 상급자가 명확한 지시를 내려주기를 원함. 종업원들은 조직에 오랫동안 근무하는 경향을 지님
  ex)일본, 그리스, 포르투갈
- 불확실성이 낮은 사회: 구성원들이 미래에 대해 별다른 위협을 느끼거나 변화를 두려워하지 않음
  새로운 기회를 찾으려고 노력. 자기와는 다른 의경이나 익숙하지 않은 행동에 대해서 관용적이고 변화에 대한 저항도 적으며 위험을 수용하고 이를 극복하려는 경향이 지님.
  ex)미국, 싱가포르, 덴마크

경제 불황에 따라서 기업이 위험한 상황이 되면 미국인들은 이를 받아들인다고 한다. 따라서 미국 노동시장은 매우 유연하며 직업에 대한 귀천이 없기 때문에 어느 직업이든지 간에 보수는 꽤 높은 편이다.

④ 남성다움 차원

- 한 사회 안에서 지배적인 가치가 얼마만큼 남성 혹은 여성다운지 그 정도를 가늠하는 것
  남녀 간의 역할 구분으로 측정. 흥미로운 것은 남성의 가치관보다는 여성의 가치관에서 각 문화 간 차이가 훨씬 더 작다는 사실.
- 남성적인 문화: 남녀 간의 역할이 뚜렷하고 사회는 성과지향적, 개인은 성취감, 자기주장, 물직적 성공에 대한 강한 선호를 나타냄. 갈등을 두려워하지 않고 다른 의견을 가진 구성원들을 무시함.
  ex)일본

- 여성적인 문화: 남자와 여자의 역할이 중첩됨. 사람들은 인간관계를 중시하며, 구성원에 대한 배려, 환경보호 및 생활의 질을 중요시하며, 타협과 협력을 높이 평가 ex)스웨덴

⑤ 시간지향성 차원

- 위의 네 가지 차원개념에 문화적 바이어스가 있다는 비판에 따라 이를 수정하기 위해 별도의 연구가 이루어져 도출된 결과.
- 특히, 국제기업이 국제 경영활동을 수행하면서 직면하게 되는 문화적 차이로 인한 문제, 즉 리더십, 조직설계, 동기유발 측면에서 문화권 간에 발생할 수 있는 문제에 대한 해결책을 모색하는 데 도움.
- 시간지향성의 차이는 경영에도 영향을 미친다.
  - 장기지향적 문화권: 헌신, 성실성, 끈기, 검약 등을 높이 평가.
    ex)아시아권: 일본, 홍콩, 한국
⇒ 용 및 전술보다는 전략적인 고려가 우선. 경영계획 역시 장기성을 가지며 인사 정책에 있어서도 현재와 가까운 장래의 필요성만이 고려되는 것이 아니라 미래를 위한 잠재적인 자질도 중시.
  - 단기지향적 문화권: 과거 및 현재에 초점을 두는 경향. 전통과 사회적 의무수행을 강조.
    ex)서아프리카, 파키스탄

3) 의 의

최초로 외국 기업을 이용한 Grobal 기업 문화를 연구한 데 의의가 있다.

4) 맹 점

① 모집단의 대표성이 결여되어 있다.(IBM이라는 기업 하나에 한정이 되어 있다. 이때 글로벌 문화 차이뿐 아니라 기업 고유의 기업문화도 그들 가치관에 영향을 줄 수 있으므로, 모집단이 객관성을 띤다고는 할 수 없다.)

② 외국계기업 근로자들의 문화적 가치관이 한국에 대한 것을 대표할 수 없다. 즉 보편성이 결여되어 있다.

	고	저
개인주의	*조직이 비인간적임 *종업원은 자신의 이익을 보호함 *개인의 자발성을 고무함 ex)미국, 호주, 영국, 캐나다	*조직을 가족으로 봄 *조직은 종업원의 이익을 보호함 *충정심, 의무감, 집단참여에 기반 ex)베네수엘라, 콜롬비아, 대만, 멕시코
권력관계	*매우 중앙집권적 *높은 조직피라미드 *다수의 감독자 *임금격차 높음 ex)필리핀, 멕시코, 베네수엘라, 인도, 브라질	*덜 중앙집권적 *낮은 조직피라미드 *소수의 감독자 *임금격차 낮음 ex)이스라엘, 오스트리아, 스웨덴, 덴마크, 노르웨이
불확실성 회피	*다수 활동의 구조화 *성문화된 규정 많음 *표준화 *위험회피 의지 *많은 의례적 행동 ex)그리스, 포르투갈, 일본, 페루, 프랑스	*소수 활동의 구조화 *성문화된 규정 적음 *다수의 일반직 *다양화 *위험선호 의지 *적은 의례적 행동 ex)덴마크, 스웨덴, 영국, 미국, 인도
남성다움	*성의 역할차별이 분명함 *조직이 개인생활을 방해할 수 있음 *소수 여성이 좋은 직업을 가짐 *공격, 경쟁이 크게 보상됨 ex)일본, 오스트리아, 베네수엘라, 이탈리아	*성의 역할이 불분명함 *조직은 개인의 생활을 방해하지 않음 *다수 여성이 좋은 직업을 가짐 *소프트하고 직관적 기능이 크게 보상됨 ex)스웨덴, 덴마크, 타이, 유고슬라비아
장기지향성	*전략적으로 장기성을 강조함 *협상 시 과정에 초점을 둠 ex)일본, 홍콩	*단기성에 초점을 둠 *협상 시 결과에 초점을 둠 ex)미국, 프랑스, 러시아

9. CIBS의 연구

국민(국가)문화 그 자체라고 하기보다는 그것이 어떤 기업문화를 선호하는 경향이 있는가를 탐색하려는 데 의미를 둔 연구이다.

① 종업원과 조직 간의 일반적인 관계, ② 상사와 부하를 구별하는 권력시스템, ③ 조직의 장래 및 목적에 관한 종업원의 일반적인 인식과 그 속에서의 종업원 하나하나의 위치관계

⇒ 이 세 가지 조직구조의 측면이 기업문화의 형성에 크게 영향을 미친다는 기본적인 생각에 기반을 두어 종축을 평등성(egaliarian)과 계층성(hierachical) 그리고 횡축을 대인지향성과 과업지향성으로 하는 매트릭스를 통해 다음과 같은 네 가지 유형의 기업문화를 제시함

① 가족형(the family)문화: 무엇이든지 알고 있는 리더가 부친처럼 군림하여 친밀하기는 하나 위계질서를 강하게 요구하는 권력지향성의 문화이다.
② 에펠탑형(the Effel Tower)문화: 이는 일종의 관료주의적인 것으로서 종업원을 가족의 일원으로 보기보다는 인적 자원으로 보고 역할을 분명히 하는 과업지향성의 문화이다.
③ 유도미사일형(the guided missile)문화: 이는 기업보다 과업(일)에 대한 충성심이 높고 평등주의적이어서 종업원을 각 분야에서의 전문가로 보는 프로젝트지향성의 문화이다.
④ 인큐베이터형(the incubator)문화: 이는 종업원 개개인을 공동의 창조자(co-creator)로 보고 다양한 창조성을 신장하며 개인적이고 평등주의적인 충실지향성(fulfilment oriented)의 문화이다.

이들 네 가지 기업문화의 유형은 그들이 어떻게 생각하고 학습하며 변혁하며 동기부여하고 갈등을 해결하는가 등의 여러 가지 측면에서 따라 크게 다른데 이들 각

각은 현상적인 유형일 수 있으나 실제에 있어서 이들은 혼합되거나 하나의 지배적인 유형에 압도되어 다른 것들이 가려지기도 한다는 사실에 유념할 필요가 있다.

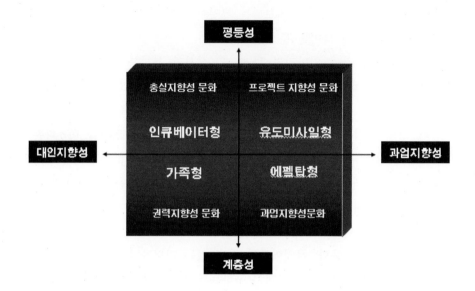

10. 해외문화의 관리

1) 문화의 변화

(1) 가치체계의 변화

ex1) 공산주의 국가들의 가치체계 변화:
　공산주의 체제의 붕괴⇒집단주의에서 개인주의를 강조하는 가치관으로 옮겨가는 문화적 변혁을 경험했고 이런 과정에서 사회적 혼란을 야기함.
　(ex2) 일본의 서구적인 개인주의로 이동하는 문화적 변화:

전통적인 일본의 샐러리맨은 조직과 상사에게 봉사하는 충성스러운 사원이었지만 신세대에게서 더 이상 찾아보기 힘듦.

(2) 문화의 변화 이유: 경제발전과 글로벌화

- 경제발전으로 인한 집단주의에서 개인주의로의 가치 이동 발생.
- 글로벌화로 인해 운송, 통신기술의 발전, 세계무역의 괄목할 증대, 글로벌 기업의 등장과 활동 등이 문화의 수렴을 위한 조건을 조성하였다.
  맥도날드 햄버거, 리바이스, MTV 등이 세계의 청소년 문화를 촉진하여 점점 문화적 차이가 사라지고 있다.
- 문화적 수렴성 압력에 대한 반대추세-(ex)이슬람 원리주의로의 이동, 캐나다 퀘벡이나 러시아의 분리주의 운동

2) 해외문화에 대한 적응

(1) 문화의 차이: 본국과 다른 문화적 배경을 지닌 국가에 대한 사전 지식 없이는 문화적 위험에 노출되기 쉬움.⇒문화가 국민생활, 기업문화, 경영방식 등에 미치는 영향에 대해 선행되어야 한다.

(2) 문화적 실수: 국제경영자는 문화가 다른 외국인과 교호작용 시, 실수하기 쉬움. 일부는 비교적 피해가 없고 쉽게 용납되나 많은 경우 회사에 심각한 피해를 야기할 수 있음.⇒문화적 편견에 민감해야 하고, 자기중심적 사고를 버려야 함.

(3) 문화적 적응: 현지 문화를 이해하고 문화와 조화를 이루는 의사결정을 위해 반드시 필요. 사람들이 자기준거기준(self-reference criterion: SRC)을 통해 타문화 평가하려는 경향이 있어 적응이 어려움.

- 자기준거기준(self-reference criterion: SRC): 사람들이 특정한 상황을 해석하는 데 있어 자신들의 문화적 경험이나 가치시스템에 의존하는 무의식적인 경향

⇒사람들은 타문화를 자신의 문화환경을 기준으로 평가하게 되면 이러한 과정에서 자신도 모르게 편견이 자리잡게 됨.

- 자국중심주의(ethnocentrism): 자신의 문화가 다른 문화보다 우월하다고 믿음.

<문화적 편견을 제거하거나 감소시키기 위한 방법 (J. A. Lee)>

1단계: 자신의 문화적 특성이나 관습, 가치의 관점에서 문제 혹은 목적을 정의한다.

2단계: 현지 문화의 특성이나 관습, 가치의 관점에서 가치판단 없이 문제 혹은 목적을 정의한다.

3단계: 문제에서 SRC 영향을 분리시키고, 이것이 문제에 어떻게 영향을 주고 있는지를 신중히 검토한다.

4단계: SRC 영향 없이 문제를 다시 정의하고, 현지국의 경영목적에 부합하는 최적의 상황이 되도록 문제를 해결한다.

---

3) 해외문화 적응을 위한 훈련

(1) 훈련의 목적: 고객, 공급자, 상사, 종업원 등 타문화권의 외국인과 효과적으로 교류할 수 있는 능력을 향상시키는 것.

(2) 훈련의 방법

- 외국어를 습득: 국제공용어인 영어뿐 아니라 현지 언어를 습득하는 것.
- 이질적인 문화환경에 대한 감수성을 기르는 훈련 필요
- 다른 나라에 대한 고정관념을 극복하고 다른 사람들이 자신에 대해 지니고 있는 고정관념에 대해서도 능숙히 대처할 수 있어야 함.

4) 사례 기사

(1) 중국 수출프로 현지인 비하 농담 [한겨레신문 2006-10-01일자]

−화려하게 도배해도 촌스런 정신세계−

얼마 전에 에스비에스(SBS)의 주말 버라이어티 쇼 프로그램인 <엑스맨>이 중국 하이난에 다녀왔다. 왜 갔는지는 모르겠다. 프로그램이 시작할 때부터 끝날 때까지 단 한 번도 촬영 장소를 벗어난 적이 없었던 것이다. 비슷한 시간대에 방영하는 한국방송(KBS) 2텔레비전의 <여걸 식스>도 곽에 갔다 왔는데, 그래도 그 프로그램에서는 해변도 보여주고 스카이다이빙도 했고 게임에 현지인 엑스트라들을 출연시키며 외국 분위기를 냈다. 하지만 <엑스맨> 하이난 편은 한국의 어느 리조트에서도 찍을 수 있는 내용이었다. 해외문화에 대한 적응 물론 이 프로그램에서 진짜 문제가 되는 건 이런 식의 자원 낭비가 아니었다. 진짜 문제는 출연자의 현지인 비하 발언이었다. 프로그램 초반부에 가수 이승기가 싸이에게 "중국 현지에서 보니 더욱 현지인 같다"고 말했는데, 그게 인터넷을 통해 중국까지 건너간 것이다. 에스비에스에서는 아직 정식 사과를 하지 않았고 계속 그럴 수도 있지 않으냐는 의견을 고수하고 있다.

뭐가 문제일까? 자, 한번 생각해 보자. 우린 죽어라고 한류라는 상품을 아시아권 국가에 팔려 기를 쓰고 있다. <엑스맨> 역시 중국에 수출되는 연예 상품이다. 그런데 그걸 다 알고 있는 사람이 얼마 있으면 중국에 방영될 프로그램에 나와서 '못생긴 현지인'을 빗댄 발언을 했고 방송국에서는 그걸 그냥 넘어가도 되는 농담이라고 생각하고 최종 편집본에 넣었다. 아무리 생각해도 굉장히 나사 빠진 짓인 것이다.

여기서 문제는 이들에게 어떤 악의도 없었다는 것이다. 그들은 얼마 전에 한국인 비하를 했다는 모 대만 프로그램에서처럼 노골적으로 중국인들을 공격할 생각이 전혀 없었다. 단지 '못생긴 한국인'을 '현지인'에 빗대는 농담이 당연하다고 생각한 것이다. 말실수야 누구나 한 번 정도 할 수 있으니 관대하게 볼 수 있다고 치자. 하지만 그 발언이 촬영되고 편집되고 방송되는 동안 뭐가 문제인지 아무도 눈치 채지 못했다는 건 무엇을 의미할까?

답은 하나다. 우리가 여전히 촌스러운 사람들이라는 것이다. <엑스맨>의 하이난 특집은 아무리 호사스럽게 꾸며도 마인드 자체는 촌구석에서 벗어나 있지 않다. 촌스럽지 않다는 말을 들으려면 '촌' 밖의 세상이 어떻게 돌아가는지 먼저 알고, 그 다음으로는 그 세상과 의사소통을 하는 방법을 알아야 한다. 여기서 중요한 것은 기초적인 에티켓이다. 멀쩡한 두 눈을 뜨고 지켜보는 사람들 앞에서 할 말 안 할 말 가리면서 하는 것은 '도덕'의 문제가 아니라 기초적인 전술의 문제다. 그리고 그 전술은 악의의 결여만으로 완성되는 게 아니다. 원론을 배우고 테크닉을 익혀야 한다.

유감스럽게도 우리는 국제적인 세계의 실용 에티켓을 배우지 못한다. 일단 우린 대다수가 '촌'에 살고 있고 그 촌의 작은 무리의 정신세계에 자신을 가두고 있다. 어느 정도 거기서 벗어나도 될 법한 직업인 연예인들은 더 심하다. 가끔 <상상플러스>(KBS2)와 같은 버라이어티 쇼를 보면 꼼꼼하게 상하구조로 계급이 짜인 조직의 일원들이 야유회를 하는 것 같아 보이기까지 한다. 이렇게 에티켓과 권력구조가 안으로 굽어 있는 시스템에 속한 사람들은 자주적인 사고를 에티켓에 투영하지도 못하고 실용화할 수 있는 일반론으로 확장하지도 못한다. '현지민' 농담이 자연스럽게 나오는 것도 당연하다. 아마 그 사람들은 요새 이정이 들고 나오는 '태국 청년' 농담이 어떤 식으로 해석될 수 있는지에 대해서도 전혀 생각 안 해봤을 것이다.

우리가 모든 자리에서 '정치적으로 공정하게' 굴 필요는 없다. 하지만 남에게 거슬리는 소리를 하려면 적어도 자신이 남에게 거슬리는 말을 하고 있다는 것 정도는 인식하고 말해야 한다. 그걸 모른다면 그 사람들은 아무리 명품으로 몸을 도배해도 그냥 '촌스럽다'.

(자기준거기준, 자국중심주의 사례)

(2) 떠나는 닉 라일리 前GM대우 사장 자세 낮춘 '스킨십 경영'
[경향신문 2006-09-17 18:18]

푸른 눈의 한 외국인 경영자가 서툰 한국말로 '우리의 열정으로 초대합니다'라고 말하는 광고를 기억하십니까? 한국인보다 더 한국인 같은 외국인 CEO로 통했던 닉 라일리 전 GM대우차 사장. 그가 4년여 재임기간을 마무리하고 지난 15일 고별식을 가졌다. 이 기간 GM대우는 출범 첫해인 2002년 41만 1천5백73대(내수 15만 9천4백34대, 수출 25만 2천1백39대)의 자동차를 판매한 이후 매년 30~40%의 높은 판매 성장세를 이어갔다. 업계에서는 부도위기의 대우차를 세계 중소형차 업계의 강자로 탈바꿈시킨 '1등공신'으로 주저 없이 라일리 전 사장의 스킨십 경영을 꼽는다.

구조조정에 대한 거부감, 외국자본에 대한 선입견 등을 그는 철저한 '현지화' 전략으로 희석시키려 애썼다. 부도위기의 대우차를 변화시키기 전에 그가 먼저 한국인이 되기로 결심한 것. 그는 한국문화에 적응하기 위해 부대찌개와 폭탄주를 찾아 마실 정도로 직원들과의 스킨십을 중시했다. 2002년 10월 회사 출범 후 매년 직원들과 체육대회를 가졌으며 사장 부임 전인 2002년 여름 월드컵 기간 한국인과 같이 빨간 T셔츠를 입고 광화문에서 응원전을 펼치기도 했다. 임원진과 회의를 할 때도 한국말을 섞어 썼다. '노사 상생 및 회사 경쟁력 제고를 위한 공동 기자회견'에서 라일리 사장은 "노사관계가 나빠지는 건 70%가 경영자의 책임이다. 노조를 경영의 파트너로 인정하고 대화하면 결국 타협점을 찾아낼 수 있다고 믿는다"고 말해 참석자들의 박수를 받았다. 라일리 사장은 대우그룹 해체 이후 2002년 극렬한 파업으로 유명했던 GM대우를 단 한 차례의 노사분규도 없이 정상화시켰다. 또 최근 대우차 시절 정리 해고됐던 생산직 직원 중 재입사 희망자 1,600여 명 전원을 지난 3월 복직시켰다. GM 아·태지역본부 사장으로 승진한 그는 고별사에서 "지난 4년간 한국과 한국문화, 이곳 사람들에게 정이 많이 들었다"며 "한국을 떠난다는 사실에 아쉬움을 감출 수 없다"고 말했다.

(해외문화적응사례)

(3) 인도 삼성전자 [한경비즈니스 2006-09-22 09:48]

뉴델리 부근 노이다공단. 인도 내에서 비교적 잘 정돈된 공업지역이지만 마침 내린 소나기로 도로는 순식간에 물바다가 됐고 도로에는 각종 쓰레기가 떠다녔다.

하지만 이곳에 있는 삼성전자 공장은 입구에서부터 깨끗했다. 약 4만 평 규모인 공장 안으로 들어가면 중앙에 넓은 잔디밭이 가꿔져 있고 왼쪽에 사무동, 오른쪽에 공장건물이 자리잡고 있다. 마치 잘 가꿔진 공원을 연상시키듯 정갈하다. 공장 안의 원부자재 역시 단정하게 정돈돼 있다. 직원들도 유니폼을 입고 질서정연하게 일한다. 이 공장은 인도 관리와 기업인들이 자주 찾아오는 곳이다. 노이다에는 수많은 자국기업과 외국계 기업이 들어서 있지만 그 가운데서도 삼성전자가 이들의 단골 방문코스가 된 것은 배울 점이 많기 때문이다.

유영복 삼성전자 인도법인 상무(노이다공장장)는 "인도 공무원과 기업인들은 삼성전자를 방문한 뒤 제품을 생산하는 공장이 이렇게 깨끗할 수 있구나라는 생각과 인도 공장들도 열심히 노력하면 깨끗해질 수 있다는 희망을 갖고 떠난다"고 설명한다.

삼성전자는 어떻게 남들이 부러워하는 공장을 만들었을까. 유상무는 "인도에서 가장 안 되는 것을 해결해 보자"는 목표를 설정했다고 설명한다. 인도에 도착해 느끼는 첫인상은 '더러움'과 '느림', 그리고 '노 액션'(말만 하고 행동은 없음)이다. 이를 '청결'과 '스피드', '액션'으로 바꾸는 운동을 펼쳤다고 그는 덧붙였다. 시간이 많이 걸렸다. 하지만 이 같은 노력 없이는 제대로 된 제품을 생산할 수 없다는 생각에 청결, 단정, 행동, 신속운동을 벌였고 이는 결국 종업원들의 일상사로 자리잡았다.

삼성전자의 인도사업장은 크게 4개 조직으로 돼 있다. 첫째, 뉴델리에 본부를 둔 서남아총괄본부다. 2004년 1월에 만들어진 이곳은 인도뿐 아니라 방글라데시, 스리랑카, 네팔, 부탄, 몰디브 등지의 법인활동과 영업, 자금을 종합 관리하는 역할을 한다. 이 중 중추적 지역은 인도다. 인구로 보면 인도가 10억 9,000만 명, 방글라데시 1억 4,700만 명, 네팔 2,800만 명, 스리랑카 2,000만 명, 부탄 230만 명, 몰디브 4,000명 등이다. 인구비중으로 볼 때 인도는 이들 6개 국가의 인구 가운데 약 85%를 차지한다.

둘째, 노이다공장이다. 95년 8월에 설립된 이 공장은 컬러TV, 냉장고, 세탁기, 에어컨 등 가전제품 생산의 핵심적인 역할을 하고 있다. 유니폼을 입은 근로자들이 에어컨이 설치된 생산라인에서 제품을 조립한다.

이 공장의 생산성은 한국을 포함한 전 세계 삼성전자 공장 가운데 수위를 달리고 있다. 예컨대 컬러TV의 경우 1인당 하루 생산성은 약 70대에 이르고 있다. 공장 안에는 에베레스트산의 사진이 붙어 있는데 골짜기에 각 지역별 1인당 생산성을 표시해 놓았다. 이 중 가장 높은 지점에 노이다공장이 위치, 근로자들의 자긍심을 높여주고 있다.

이 공장은 브라운관형 TV 등 인도에서 수요가 많은 대중적인 TV뿐 아니라 LCD TV, LCD모니터 등 첨단제품을 만들고 있다. 또 모니터 수요가 급증함에 따라 모니터 생산능력을 확장하고 있다. 기존의 주력제품인 15인치·17인치 LCD모니터뿐 아니라 19인치 와이드형과 20인치·21인치 대형 모니터도 3분기 중 출시할 예정이다.

정리정돈과 청결한 사업장은 제품의 품질향상에도 기여했다. 이에 따라 삼성전자 노이다공장은 2001년 인도 품질대상(라지브 간디 어워드)을 받았고 이듬해 인도생산성 대상을 수상했다. 또 ISO9002(품질보증체계), ISO14001(환경경영체제), OHSAS 18001(안전보건경영시스템) 등 각종 인증도 획득했다. 셋째, 삼성텔레콤 인도법인이다. 이 법인은 마네사에 공장을 두고 연간(금년 기준) 60만 대의 휴대전화를 생산한다. 이 공장 역시 휴대전화 생산능력을 크게 늘릴 계획이다.

넷째, 글로벌 소프트웨어 개발센터. 남부 고원지대 방갈로르에 있는 이 센터는 석·박사와 학사 등 고급인력을 두고 있는 연구개발 중심센터다. 삼성전자 인도법인은 지난해에 10억 7,000만 달러의 매출을 기록했다. 오는 2010년까지 50억 달러의 매출을 목표로 잡고 이를 위해 적극적인 시장개척에 나서고 있다.

대중적인 제품과 첨단제품을 병행해서 시장을 공략하고 있다. 삼성전자는 LCD TV, 플라스마TV 등 인도의 고소득층을 겨냥한 제품을 속속 출시해 이들 분야에서는 매우 높은 시장점유율을 갖고 있다. LCD TV의 경우 47%의 시장점유율을 갖고 있으며 플라스마TV는 36.5%, 성에 제거 냉장고는 23.7%의 시장을 차지하고 있다. 또 세탁기 등 일부 품목에서는 LG전자를 맹추격하고 있다. 인도의 경제전문지 <아울룩비즈니스>(8월20일자)가 지난 5월까지의 세탁기 시장 점유율을 비교한 결과 최대 업체인 LG전자의 시장점유율은 1년 새 4%포인트가 줄었는데 삼성전자는 이 기간 중 5.2%포인트 늘었다고 보도했다. 특히 모니터 부문의 시장확대에 나서고 있다. 삼성전자 인도법인의 산자이 샤르마 IT부문 부사장은 "우리 회사는 올해 모니터 부문의 경우 200%의 매출신장을 계획하고 있는데 이 중 LCD모니터가 전체 모니터

매출에서 차지하는 비중이 수량 면에서 20%, 금액 면에서 35%에 이를 것"으로 전망했다. 모니터 중 주력제품은 아직 튜브형 컬러모니터인데 조만간 LCD모니터가 튜브모니터를 추월할 것으로 예상하고 있다.

또 라빈더 주씨 부사장은 최근 몰디브에 3,000평방피트 규모의 쇼룸을 여는 한편 판매자들과의 미팅을 마치고 돌아왔다. 조만간 스리랑카 콜롬보와 네팔에서도 이같은 행사를 여는 등 인근 지역으로의 판로 확대를 위해 뛰고 있다. 삼성전자의 오디오비디오, IT 부문, 모바일 부문의 매출구조는 비슷한 편이며 인도 내 시장점유율은 평균 20% 안팎이다. 몇 년 내 이를 30%까지 끌어올린다는 목표로 세워놓고 있다. 삼성전자 서남아총괄본부의 정태석 차장은 "인도는 무한한 내수잠재력을 갖고 있기 때문에 앞으로 적극 공략할 계획"이라고 말했다. 삼성은 인도시장에서의 경쟁력을 높이기 위해 협력업체의 현지화에 나서고 있으며 또 협력업체 간에 철저한 경쟁체제를 유지하고 있다. 총협력업체는 100개에 이른다. 이들 가운데 한국계 협력업체는 6개에 불과하다. 한국업체건 인도업체건 불문하고 철저히 경쟁을 시켜 품질과 가격 경쟁력이 우수한 업체의 부품을 사다 쓰는 정책을 펴고 있다. 시장에서 완제품 간의 경쟁도 치열하기 때문에 부품조달에서부터 경쟁체제를 도입하는 것이다. 삼성전자 관계자는 "지난해 인도의 전자시장은 2004년에 비해 16%가 커졌고 2010년에는 약 4,000억 달러에 달해 세계 5대 시장으로 성장할 것"으로 전망하고 "이에 대비해 공격적인 마케팅 전략을 짜고 있다"고 밝혔다.

(4) 인도 LG전자 [한경비즈니스 2006-09-22 09:48]

LG전자 인도법인의 신문범 부사장(52). 그는 이곳에 부임한 지 1년여밖에 안 됐지만 그동안 10차례가량 복통을 앓았다. 틈나는 대로 전국의 대리점을 방문하고 시장조사를 하며 의견을 듣는 과정에서 물을 잘못 먹기도 했고 영상 40~50도를 오르내리는 여름 날씨에 적응하지 못해 고생했다.

이 법인의 김광로 사장(60). 1997년 인도법인 설립 때부터 9년째 법인장을 맡고 있는 김 사장은 매주 월요일과 화요일은 공장에서 사업을 총괄 지휘하고 나머지 닷

새는 첸나이, 뭄바이, 하이드라바드, 방갈로르 등 지방을 구석구석 방문한다. 이들 지역에서 매장 적합지를 발굴하고 현지에서 곧바로 의사결정을 내려 대리점 개설을 지원하기도 한다. 초창기 지방을 방문할 때는 트럭에 제품을 가득 싣고 다니며 현지에서 브랜드를 알리고 제품을 팔았다.

인도는 말이 한 나라지 28개 주가 각기 다른 나라나 마찬가지일 정도로 특성이 제각각이다. 기후와 관습, 인종이 다르다. 중앙정부의 공용어는 힌디와 영어이지만 헌법에 지정된 언어만 18개에 이를 정도로 언어도 다양하다. 이런 열악한 환경에서 LG전자는 발로 뛰는 경영을 통해 괄목할 만한 성공을 거두고 있다. 지난해 이 회사는 컬러TV, 냉장고, 세탁기, 에어컨, 전자레인지 등 5개 가전제품 부문에서 시장점유율 1위를 기록했다(리서치기관 ORG-GFK조사).

컬러TV 시장에서는 264만 대를 팔아 27%를 점유했다. 냉장고는 106만 대로 30%, 세탁기는 52만 대로 35%, 에어컨은 45만 대로 35%, 전자레인지는 19만 대로 40%를 각각 차지했다. 이뿐만 아니다. DVD플레이어와 모니터, 휴대전화는 각각 2위를 기록했다. 재미있는 것은 퍼스널컴퓨터는 시장점유율이 5위에 그쳤는데 소비자들의 선호도는 1위(AC닐슨, CNBC 공동조사)를 기록했다는 점이다. 그만큼 LG전자에 대한 소비자들의 신뢰도와 호감은 절대적이다.

초창기 자본금 3,000만 달러를 단독 투자해 설립된 LG전자 인도법인은 9년 만에 총자산이 5억 달러로 늘어났다. 그동안 번 돈을 재투자해 알뜰하게 키운 것이다. 지난해 매출은 18억 달러. 직원 수는 2,800여 명에 이른다. 지점수 125곳, 딜러 1만 8,200명, 서비스망 1,100개 등으로 늘어났다. 인도 전역에 실핏줄처럼 판매망, 서비스망을 구축한 것이다.

신부사장은 "오는 2010년에는 매출을 60억 달러로 늘릴 계획"이라며 "이를 위해 2010년까지 1억 5,000만 달러를 추가 투자할 생각"이라고 밝혔다. 이미 지난 9년 동안 2억 달러를 투자했는데 앞으로도 지속적으로 투자해 1위 자리를 확고히 굳힐 계획이다.

LG전자가 인도에서 성공할 수 있었던 요인은 몇 가지로 요약할 수 있다. 이 중에서 첫손에 꼽을 수 있는 게 철저한 현지화다. LG가 인도에 현지법인을 설립할 당시 인도에는 제대로 된 가전제품업체로 소니 정도가 있었다. 단독법인 설립 직후 현지공장이 완공되기 전까지 LG전자는 현지업체와 제휴해 주문자상표부착(OEM) 방식으로 제품을 생산했다. 그러나 현지업체의 생산성이 좀처럼 올라가지 않자 먼저 부장급 관리자가 생산공정에 참여해 현장 근로자와 같이 일했다. 이들과 음식을 함께 먹으며 문제점을 파악했다. 이를 통해 이들의 느슨한 작업태도를 바꿨고 생산성을 획기적으로 높일 수 있었다. 힌디와 영어가 공용어이면서 10여 개가 넘는 지역언어들이 사용되는 인도 사정을 감안, TV화면에서 10개의 지역언어를 선택할 수 있는 기능을 첨가해 현지인들로부터 좋은 반응을 얻었다.

반면 LG보다 먼저 인도에 진출한 소니는 제품의 현지화보다 일본산 제품을 수입, 판매하는 전략을 써 소비자들로부터 좋은 반응을 얻지 못했다.

인도는 전기사정이 좋지 않아 전압도 불안정했다. 이에 따라 초창기 TV콘덴서가 폭발하는 사고가 발생했다. 이 원인을 분석해 인도의 현지 불안정한 전압에 견딜 수 있는 콘덴서를 개발해 제품에 달았다. 부품도 현지 실정에 맞도록 개조한 것이다.

특히 과감하게 권한을 넘겼다. 소비자들을 가장 잘 알 수 있는 것은 현지 전문가라는 판단에서 이들에게 마케팅 업무의 99.9%를 맡기고 과감하게 권한을 부여한 전략이 주효했다. 지금도 LG전자 인도법인에는 2,800명의 임직원 가운데 한국인은 고작 20명에 불과하다. 현지주민과의 친화를 위해 노이다공단 인근에 보건소를 지어주고 의사, 약사, 간호사를 고용해 무료진료와 처방활동도 하고 있다.

제2공장이 있는 푸네지역에도 이런 형태의 보건소 건립을 추진하고 있다. 돈만 버는 기업이 아니라 현지인을 채용해 고용을 늘리고 사회에도 기여한다는 이미지를 굳건히 심어주고 있는 것이다.

둘째, 효과적인 스포츠 마케팅이다. 인도인들이 가장 좋아하는 구기종목은 크리켓이다. 이들의 기호를 파악해 TV 내에 크리켓 게임기능을 내장했고, 크리켓 경기를 공식 후원하는 스포츠 마케팅도 활발히 펼쳤다.

셋째, 상위중산층 개척전략이 맞아떨어졌다. LG전자는 상위 5%에 해당하는 상류층을 타깃으로 하는 고가전략을 펴왔다. 이들은 구매력이 있었고 이들의 LG제품 구매는 새로 유효수요층으로 진입한 다른 소비자들로 하여금 LG제품을 갖고 싶도록 만들었다.

넷째, 거미줄 같은 유통 및 서비스 전략이다. LG전자는 인도 진출 초기부터 전국 주요 지역에 18개의 지사를 설립하는 한편 1,800여 개의 유통망과 85개의 서비스센터를 만드는 등 유통과 서비스에 심혈을 기울였다. 다른 외국업체들이 애프터서비스(AS)를 소홀히 하는 동안 LG전자는 지사인원의 절반을 AS요원으로 운영하는 등 이 부문에 신경을 썼고 처음으로 주부사원 판매제를 도입해 인도의 유휴 여성인력을 활용했다. 여성판매사제도의 활성화는 인도에서 업계 최초로 실시한 것이며 전자제품 주 고객층인 여성층 공략 등 판매확대에 기여한 것은 물론이다.

다섯째, 철저한 인센티브제도 도입을 통해 인도 현지인들의 동기유발을 극대화했다. 이 회사의 전명종 부장은 "직원들에 따라 인센티브(보너스)가 한해 0%에서 2,000%까지 차등 지급된다"고 설명했다.

LG전자 인도법인은 앞으로 계획은 그동안 다소 미흡했던 PC와 GSM(유럽 방식 이동통신기술) 방식 휴대전화사업 강화와 수출확대로 요약된다. 신부사장은 "이미 인도의 TV, 냉장고, 세탁기, 에어컨 시장을 장악한 저력을 바탕으로 마지막 남은 PC와 GSM 시장까지 공략하겠다"고 포부를 밝혔다.

(해외문화적응사례)

(5) 인종·문화 장벽 무너뜨릴 '사회공헌' [조선일보 2006-09-20 02:54]

여름을 뜨겁게 달구었던 중국의 베이징 올림픽, 미국의 아카데미 시상식 등을 즐기는 세계인들의 모습을 보면, 정말 '지구촌'이라는 말을 실감한다. 그러나 해외 사업을 하는 국내 기업들에게 지구촌이라는 말은 멀게만 느껴진다. 기업이 해외에 진출하면 제품이나 서비스 질과는 상관없이 언제나 국가·인종·문화라는 커다란 무형의 무역장벽을 통과해야 하기 때문이다. 기업은 현지화(Localization)를 통해 이러한 장벽을 이겨내려고 한다. 즉 현지화는 현지 사회와 조화로운 성장을 도모해 영업이익과 기업가치를 극대화시킨다. 성공한 글로벌 기업들의 선택한 공통적인 현지화 핵심 전략은 사회공헌 활동이다. 글로벌 기업들이 국내 시장에 진입할 때, 본사에서 보유하고 있는 사회공헌 전략을 매뉴얼화해서 들어온다. 그래서 커뮤니케이션팀을 신설하고, 주재원의 마인드를 고취시키고, 현지인들의 복지 욕구를 분석하여 사회적 책임(CSR) 프로그램을 준비하고 실행한다. 체계적인 사회공헌은 외국기업에 대한 거부감을 해소하고 문화적 차이로 인한 이질감을 극복하여 현지 정부, 시민과의 유대감을 형성시켜 기업의 현지화를 안착시킨다.

우리나라 기업들도 예전보다는 사회공헌 인식도 확대되었고, 실제로 진출하는 국가에 다양한 사회공헌 활동을 펼치면서 현지화 노력을 하고 있다.

삼성의 무료 개안수술, 포스코의 보육원 의류 및 주식 지원과 기업들의 현지학교 건립과 장학금 지원, LG의 사스 퇴치 및 문화 페스티벌과 삼성의 고엽제 어린이 돕기, SK장웬방(장학퀴즈) 등이 대표적인 사례이지만, 국내 기업들의 현지화를 위한 사회공헌활동은 체계성과 장기적 지속성이 있어야 하는데 단기적인 데 아쉬움을 가진다. 현지화 사회공헌의 성공 요소는 크게 3가지를 언급할 수 있다. 핵심 사회 이슈(Issue) 발굴과 지역사회(Community)와 함께하는 사회공헌활동, 그리고 장기지속(Long-Term) 실행 테마형 사회공헌활동이다. 실례로 영국의 브리티시아메리칸토바코(BAT)는 스리랑카에 진출할 때, 과거 식민지배 국가인 영국회사이고 비공익 담배 제조회사라는 약점에도 불구하고 스리랑카의 핵심 사회 이슈였던 농촌경제 진흥사업을 중점적으로 전개하는 '관계 발전형 사회공헌 전략'을 추진하여 회사의 이미지를 크게 향상시켰다. 그럼 우리 기업들은 성공적인 현지화를 위해 무엇부터 해야 하나?

가장 중요한 것은 현지의 핵심 이슈 선점이다. 진출하는 국가의 핵심 사회이슈를 선점해야 한다. 가려운 곳을 정확히 긁어 줄 때의 쾌감을 무엇과 비교하겠는가. 물론, 핵심 사회 이슈를 선점을 위한 철저한 현지 조사는 필수적이다. 더불어, 글로벌 이슈 선점은 기업의 가치를 높인다. 국내 글로벌 기업들은 기업의 위상에 맞게 UN이나 권위 있는 국제기구와 세계인이 공감할 수 있는 사회공헌활동으로 글로벌 기업의 지속가능경영을 도모해야 할 때이다. 이처럼 사회공헌이 현지화의 필수 전략이 되었을 뿐만 아니라, 기업의 가치를 판단하는 기준으로 자리잡고 있다. 다우존스 지속가능성 지수(DJSI)는 기업의 사회·윤리·환경적 가치를 종합적으로 포함한 사회적 책임 지수를 주요한 기업평가 수단으로 삼고 있다. 그래서 미국과 영국 등에서는 사회공헌을 잘하는 기업에 투자하는 사회책임투자(SRI) 펀드도 확대되고 있는 추세이다. 우리나라는 아직도 기업의 사회공헌을 평가하는 표준도 기준도 없다. 이러한 기준이 있으면 우리 기업의 국내 및 해외 사회공헌할동이 좀 더 빠르게 자리잡을 것이다.

(해외문화적응사례)

(6) 해외문화의 적응 훈련사례 - "돈 벌고 싶으면 한국어를 배워라"
[국정브리핑 2006-09-04 13:30]

인도 유수 일간지 Indian Express는 지난 8월 29일 눈길을 끄는 기사 하나를 게재했다. 기사 제목은 "고소득 직업을 원하면 한국어를 배워라." 이 짧은 메시지는 한국기업들이 인도에서 차지하는 위상이 어느 정도인가를 웅변해 주고 있다. 현재 인도에서는 현대, 삼성, LG 등 우리 대표기업들이 현지화 전략에 성공하여 가전제품, 자동차 시장을 이끌어가고 있고, 포항제철(POSCO)은 인도 오리사 주에 120억 달러를 투입, 1200만 톤 규모의 일관제철소를 짓는다는 야심 찬 계획을 추진 중이다. 해를 거듭할수록 그 위상이 높아지고 있는 우리 기업들에게 인도의 젊은 고급인력들이 눈길을 돌리는 것은 당연한 이치이다. 지금까지는 영어만 잘하면 다국적 기업에 쉽게 취직할 수 있었지만 이제는 영어 외에 다른 외국어, 특히 한국어를 잘해야만 고소득 직장이 보장된다는 분위기가 확산되고 있는 것이다.

"영어만 잘하면……"은 이제 옛말

현대 자동차는 인도 동남부 항구 도시 첸나이(구 마드라스)에 둥지를 틀고 연 30

만 대 차량 생산에 4천 명의 현지직원들을 고용하고 있다. 생산시설을 연 60만 대 규모로 늘리고 현지직원도 이에 맞추어 대거 신규 채용하고 있다.

LG전자와 삼성전자도 뉴델리 인근에 생산 공장을 운영하면서 각기 수천 명의 현지직원을 채용하고 있는데, 생산시설을 지속적으로 확충시켜 나간다는 계획이다. 이 외에도 삼성 엔지니어링, 두산 중공업, LG 생명과학 등이 인도 우수 인력을 대규모로 채용하는 새로운 사업을 추진하고 있다. 델리대 동아시아학과 김도영 교수에 따르면 최근 인도에 세계 기업들의 투자가 급증하면서, 인도 젊은이들은 영어 하나만 잘해도 다국적 기업에 쉽게 들어갈 수 있다고 한다. 게다가 한국어를 구사하는 인력은 다른 사람의 2배에 달하는 보수를 받을 정도로

그 희소가치를 인정받는다고 한다. 한국어 인력 수요는 한국기업뿐만 아니라 휴렛 패커드, 오라클 등 다국적 기업, 그리고 의약, 마케팅, 호텔 등 직종에 상관없이 다양하게 요구된다고 한다. "고소득 직업을 원하면 한국어를 배우라는 기사를 게재한 8월 29일자 Indian Express지" 그러다 보니 한국어 전공 학생들은 3학년이 되면 이래저래 다 취직이 되고 강의실에는 몇 명 남아 있지 않는다고 한다. 소위 한국어 특수 효과를 톡톡히 보고 있는 것이다.

대사관 한국 영화 상영회 대학생들로 '만원'

차크라바티 델리대학 동아시아 학과장은 "한때 인도 학생들 사이에 일어와 불어가 가장 인기가 있었지만 지금은 한국어, 서반아어가 인기를 끌고 있다. 이들 새로운 외국어를 수강하는 학생 수는 지난 2년간 나이와 전공에 관계없이 크게 증가했다"고 말하고 있다. 이러한 한국어 배우기 열풍을 반영하듯 매주 금요일 대사관 시청각실에서 열리는 한국영화 상영회는 인도 대학생들로 만원을 이룬다. 항상 80여 좌석이 모자라 일부 학생들은 서서 관람하는 상황이 벌어진다. 주 인도 한국대사관에서는 주요사업으로 델리대학 동아시아학과와 공동으로 전 인도 대학생 대상 한국어 웅변대회를 계획하고 있다. 인도에 불고 있는 한국어 열풍은 우리 기업들의 헌신적인 개척정신에 힘입은 바 크다. 우리 기업들은 인도가 세계의 주목을 받기 훨씬 이전부터 현지 기반을 다지고 수출시장을 넓혀가기 위한 노력을 줄기차게 경주해 왔다. 척박한 여건에서 가능성 하나만을 믿고 일궈낸 업적이기에 우리 기업들의 도전정신이 더욱 자랑스러워 보인다.

(해외문화 적응훈련사례)

(7) 국산소형차 해외서 더 잘나간다 [경향신문 2006-09-11 17:33]

우리가 모르는 기아자동차 모델이 있다. 한국 소비자들은 구경할 수 없는 유럽형 전략차종 cee'd(씨드)가 그것이다. cee'd의 'CE'는 유럽공동체(European Community) 현지에서 생산했다는 것을 뜻하며 'ED'는 유럽 소비자만을 위한 유러피안 디자인(European Design)이라는 의미를 담고 있다. 준중형 5도어 모델로 오는 28일 파리모터쇼에서 첫선을 보일 예정이다. 올 12월부터 본격 생산·판매에 들어간다.

이처럼 해외 소비자를 위한 인기차종은 따로 있다. 개발 단계부터 외국의 소비자 요구를 철저히 분석해 만들어진다. 국내에선 외면당하기 일쑤지만 외국에선 빛을 보는 '효자'들이다.

◇ 해외에서 돌풍＝현대자동차의 '클릭'도 대표적인 예. 차의 크기를 중요시하는

우리와 달리 유럽에선 좁은 도로 여건과 주차공간 부족으로 소형차가 단연 인기다. 클릭은 경쟁차종 대비 가격경쟁력도 뛰어나다는 후문이다. '베르나'는 고유가 수혜 지역인 중동과 중남미 지역에서 판매가 느는 추세다.

기아자동차의 1,000'모닝'은 유럽에서 큰 인기다. 모닝은 국내에서 지난해 총 1만 6천4백4대(월 평균 1,367대)가 팔렸고 올해는 7월까지 월평균 1,667대가 판매됐다. 하지만 유럽에서는 한 달에 7,000~8,000대씩 팔리면서 기아차 유럽판매 1위를 달리고 있다. 특히 스페인에서는 지난해에 이어 올해 7월까지 A-세그먼트(가장 작은 차급) 시장 선두를 유지하고 있다. 기아차 관계자는 "기름값이 오르고 차량유지비가 적게 드는데도 모닝이 국내에서 홀대받는 것은 '엔트리카(생애 첫 구입차)' 역시 큰 차가 선호되기 때문"이라고 말했다.

쌍용차의 '카이런'과 '로디우스'도 마찬가지다. 디젤차의 본고장인 유럽에서 친환경·고성능의 엔진과 편의사양을 갖춰 실용성을 중시하는 유럽 소비자로부터 좋은 반응을 얻고 있다. 이들 차량은 올 7월까지 국내 판매량의 2배 이상이 해외에서 팔렸다. 카이런은 수출 물량의 80%가 유럽에서 팔리고 있으며 올 쌍용차 수출에서도 제일 잘 나가는 모델이다.

GM대우의 '칼로스'와 '라세티'는 해외에서 더 유명하다. 칼로스는 고유가 파동 속에 연비가 좋고 충돌 안전성 등에서 높은 점수를 받아 인기다. 미국에서 2004년 8월부터 올해 3월까지 연속 소형차 부문 판매 1위를 달렸고, 올 들어서도 7월까지 3만 5천78대가 팔려 상반기 누계 대수 1위를 차지했다.

또 미국 시장 진출 이후 단기간 최다 판매를 기록 중이다. '라세티'는 중국에서 가장 잘 나가는 차 중의 하나다. 중국 상하이 GM승용차 판매량의 50%가량을 차지할 정도다.

◇ 인기비결은=유럽에서 소형차가 많이 팔리는 것은 실용적이고 연비가 좋은 차를 선호하는 유럽인들의 성향 때문이다. 또 젊은 층을 겨냥한 오렌지색, 녹색, 하늘색 등 기존 차에서는 볼 수 없었던 원색의 감각적 컬러를 사용한 것도 호평을 받는 이유다. 디자인 역시 유럽을 겨냥해 유러피안 스타일에 맞게 설계했고 커튼 에어백

등 옵션과 편의사양도 외국인을 사로잡기에 부족함이 없다.

이름을 현지화한 것도 성공비결이다. 현대차 '클릭'은 현지 시장조사를 통해 "소비자에게 원하는 모든 즐거움을 준다"는 뜻의 'GETZ'로 정했다. 라비타는 '매트릭스(MATRIX)'이고 베르나의 수출명은 '엑센트'를 그대로 유지하고 있다. 기아차 '모닝'은 해외에선 '피칸토(프랑스어로 야무지고 즐거운 노래라는 뜻)'로 불린다. GM대우는 시보레(Chevrolet), 뷰익(Buick), 폰티악(Pontiac), 스즈키(Suzuki) 등 지역별로 경쟁력 있는 브랜드로 알려져 있다.

해외 수상경력도 화려하다. GM대우 라세티는 2004년 중국 최고 소형차로 선정됐는가 하면 4도어 노치백(Notch Back) 부문에서 중국의 14개 상을 휩쓸었다. 또 2003년 BBC 월드 채널이 뽑은 '인도 시장 최고의 차'로 뽑히기도 했다.

쌍용차 카이런은 독일 유력 자동차 전문지 '오프로드(OFF-ROAD)'가 지난 3월 실시한 7인승 중형 SUV 비교에서 체로키와 쏘렌토를 누르고 1위에 선정됐다.

"중산층(中産層) 지갑을 여는 게 유통업체 불황극복의 관건"

- 백화점: "기존의 부유층보다는 예비 부유층을 겨냥한 승부수 띄어야"
- 할인점: "중산층의 쇼핑가치와 화폐가치 증대에 전략적 초점"
- 홈쇼핑업체: "부유층 및 중산층 모두에게 생활지향형 다양한 상품구색 전개"

최근 경제불확실성 등으로 소비위축 현상이 더욱 심화되고 있는 가운데, 유통업체들이 현재의 어려운 불황기 극복을 위해서는 무엇보다 "중산층(中産層)"의 소비를 이끌어 낼 수 있는 전략 마련이 가장 시급하다는 주장이 제기됐다.

대한상공회의소(회장 朴容晟)가 최근 발표한 **"불황기를 극복하는 유통업체의 경영전략"** 보고서에서 "극도로 위축된 소비심리로 인해 우리 경제의 불황의 골이 더욱 깊어질 것으로 보이는 가운데, 국내 유통업체들이 '중산층'의 지갑을 열 수 있는 치밀한 마케팅 전략수립에 나서야 할 때"라고 밝혔다.

대한상공회의소는 불황을 이기는 유통업체의 핵심 마케팅 전략으로서 ▶ 백화점 등 소매업태별로 '중산층'을 겨냥한 新마케팅 전략수립, ▶ 다양한 체험 마케팅(의류·식품 등) 적극 전개, ▶ 이벤트 등과 연계한 '문화마케팅' 확대, ▶ '표적시장'(Target Market)의 지속적 발굴(명품로드쇼, VIP 초청행사, 실버시장 발굴 등), ▶ 마일리지 및 프리미엄 마케팅 등을 제시했다.

또한 商議는 불황기일수록 백화점들의 경우 기존의 부유층보다는 '중산층에서 부유층으로 이행 중인 **"예비 부유층"**2)을 겨냥하여 과감한 승부수를 띄어야 할 것이라고 주장하고, 할인점 역시 주 고객인 중산층에게 '새로운 쇼핑의 즐거움을 제공'하는 데 초점을 맞추어 지속적인 경쟁력을 확보해야 할 것이라고 강조했다.

또한 홈쇼핑업체들은 부유층 및 중산층 등 전 고객에게 더욱 다양한 '생활지향형 상품개발'에 주력해야 하고, 편의점은 소비자의 시간절약-편의증진(테이크아웃식품개발) 강화에 더욱 노력을 기울여야 할 것이라고 지적했다.

商議관계자는 "우리 경제가 불황의 늪에 빠져 있는 가운데 중산층의 소비위축 현상이 특히 심한 실정"이라고 하고 "정부가 적극 나서서 극도로 위축된 중산층의 소비심리(消費心理)가 회복될 수 있도록 다양한 내수진작책을 하루빨리 강구하는 것이 무엇보다 시급한 과제"라고 보았다.

다음은 대한상공회의소가 발표한 **"불황기를 극복하는 소매업태별 유통업체 경영 전략"** 내용을 요약, 정리한 것이다.

◎ 백화점: 부유층만이 아닌 '예비 부유층'을 겨냥한 승부수를 띄어라!

백화점은 기본적으로 부유층을 목표고객으로 하지만, 불황기에는 향후 **"예비 부유층"**을 주요 표적으로 하여, 차별화된 고객응대 전략을 수립해야 한다. 특히 고패션 등 고품격을 추구하는 부유층의 생활양식(life-style)을 반영하는 상품개발에 초점을 두어야 할 것이다.

---

2) "예비 부유층"이라 함은 중산층에 비해 가격민감도가 다소 낮으며, 신변화에 대한 수용이 가능하며, 건강, 가족, 미래에 대한 관심이 점차 커지는 한편 TV 시청을 즐기며, 쾌락적이고, 적극적이고, 사교적인 특성을 띠기 시작하는 좀 더 여유가 있는 중산층을 뜻함.

◎ 할인점: 중산층의 쇼핑가치와 화폐가치 증대에 전략적 초점을 두라!

할인점의 경우 상품구색의 전문화와 운영시스템 선진화를 기초로 가치제공점포(value store)로 거듭나는 한편 또한 더욱 쾌적한 점포분위기 조성 등을 통하여 "중산층의 쇼핑즐거움(entertainment)"을 배가할 수 있는 방안을 마련해야 한다.

◎ 홈쇼핑업체: 부유층과 중산층 모두를 겨냥한 '생활지향형 상품개발'에 힘쓰라!

홈쇼핑은 부유층이나 중산층 모두를 겨냥한 '생활지향형 상품개발'을 기초전략으로 하여, 이를 효과적으로 제공할 방안을 모색해야 할 것이다. 즉 고객에게 차별적인 만족을 줄 수 있는 '생활형 인포머셜(informercial) 전략'을 지속적으로 구사해야 한다.

◎ 슈퍼마켓: 신선식품 및 지역친화적 식자재의 비중을 강화하라!

슈퍼마켓은 무엇보다 업태의 강점을 살려 신선상품(1차상품) 확대와 지역밀착형 식자재 비중을 늘려가고, 새롭게 리뉴얼(renewal)해 나가는 데 역점을 두어야 한다.

◎ 편의점: 소비자의 시간절약·편의증진을 위한 매대진열에 힘쓰라!

편의점(CVS)은 시간절약-편의증진에 비중을 두고 이용자의 생활양식에 부응한다는 포인트에 초점을 두어야 한다. 청결하고 편리한 테이크아웃 식품류를 제공하기 위한 매대진열과 상품구성이 중요 포인트이다.

◎ 재래시장: 토속상품 집중 및 시장 간 공동협력 전략을 구사하라!

재래시장은 향토기반의 특화된 상품공급을 늘리는 한편 시장 간 공동협력 전략을 구사하여 재래시장 공동이벤트 및 지역행사 마케팅, 입점가 공동 행사 등으로 고객친화에 더욱 역점을 두어야 한다.

【불황극복을 위한 국내 소매업태별 전략 방향 및 사례】

소매업태	전략 방향	사 례
백화점	– 도시기반 부유층 및 예비부유층 고객집중	• 체험기회제공: 의류, 식품 등의 체험기회제공, 문화마케팅 • 계절수요 확대: 이월상품 및 미래수요 창출 • 표적시장 확대: 명품로드쇼, VIP초청, 실버시장 확대
할인점	– 중산층의 쇼핑·화폐 가치 증대 – 가치 지향적유통 공간 지향	• 프리미엄촉진: 가격할인, 수량할인 • 적립기회확대: 매출포인트 증액, 카드사 • 공동협력 개발: 공급자 공동판촉, 업체소개
홈쇼핑	– 중산층을 겨냥한 생활지향 상품개발	• 환불기회제공: 문제상품 환불, 불만족 개선, 정보투자 • 오프라인 연계: 하이터치 상품개발, 업태 간 협력
인터넷 쇼핑몰	– 사이버 제휴 및 오프라인 제휴 확대	• 공동프로모션: 온라인 제휴확대, 모바일 콘텐츠 연계 • 게릴라행사 전개: 오프라인 행사 연계, 관련 산업 연계
네트워크 마케팅	– 소비자 상품 서비스 확대	• 공급 상품 개발, 협력업체 확대, 프리미엄 제공
슈퍼마켓	– 식자재 공급원 신선상품 1차 상품 확대	• 공동판촉: 이업종 협력 마케팅, 제조업체 공동판촉 • 배달서비스 확대
편의점 (CVS)	– 도시인의 편의제공 및 시간절약, 편의증진	• 제휴확대: 금융, 제조, 통신영역의 판촉제휴 • 품목선별: 고회전 상품의 확대 할인행사
재래시장 (영세소상인)	– 향토기반 상품공급 – 토속상품 집중, 시장공동협력	• 공동촉진: 재래시장 공동이벤트, • 이벤트초점: 지역행사 마케팅, 입점가 공동행사

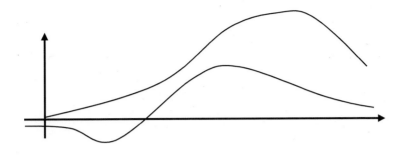

전략수립 모델

전략수립모델로서는 **제품수명주기, BCG 매트릭스, 포터(Porter) 모델**이 있다.

◈ 제품수명주기(PLC: product life cycle) ◈

제품은 마치 생물처럼 도입단계부터 시작하여 성장, 성숙, 쇠퇴기를 거친다.
이러한 현상을 제품수명주기(PLC: product life cycle)라고 한다.

제품수명주기는 대부분 S형 곡선을 그린다.

도입기	▶ 신제품을 시장에 소개하는 단계 ▶ 연구개발, 마케팅 활동에 많은 투자소요로 인하여 현금자원의 유출이 큼 ▶ 적은 판매로 이익은 거의 발생하지 않음	▶ 공격적인 대책 ▶ 시장확대를 위해 마케팅 비용을 증가 ▶ 기술혁신에 대한 투자
성장기	▶ 매출과 이익이 급격하게 증가하는 단계 ▶ 경쟁은 치열해짐	
성숙기	▶ 매출 증가비율이 둔화되는 단계 ▶ 현금유입이 가장 많음	▶ 기존고객을 만족시키고 생산성을 증대 ▶ 신제품 개발이 요구
쇠퇴기	▶ 매출액이 감소되고 이익도 감소하는 단계	▶ 현상유지를 위해 노력 ▶ 비용통제 등 상황에 맞는 소극적인 자세

◈ BCG 매트릭스(Matrix) ◈

- BCG 매트릭스(Matrix) 1970년대 초반 보스턴 컨설팅 그룹(Boston Consulting Group)이 개발한 모델이다. 조직에서 어느 사업부서를 키우고 처분할 것인가를 결정하는 전략적 판단을 내릴 때 사용하는 분석이다.
- 투자가들이 위험분산과 수익성을 감안하여 여러 종류의 금융상품으로 나누어 투자하는 포트폴리오 계획(Portfolio planning)이라고도 한다.
- 시장성장률과 시장점유율(MS: Market Share)이란 아주 단순한 두 가지 변수를 축으로 하여 상호비교가 가능하게 한다.
- 시장성장률은 시장 전체의 매력도를 측정하는 기준이 된다.
- 시장점유율은 경쟁우위(안정성)를 측정하는 기준이 된다.

◎ BCG 매트릭스

QUESTION	STAR
▶ 시장성장률은 빠르지만 아직 시장점유율을 높이지 못해 이익이 적음 ▶ 장래가 불확실	▶ 성장률과 점유율이 모두 높음 ▶ 성장률이 높기 때문에 기술개발, 생산시설 확충, 시장개척 등에 많은 투자가 필요 ▶ 자금수요가 큼
DOG	CASH COW
▶ 시장성장률도 낮고 시장점유율도 낮음 ▶ 경쟁력이나 시장전망이 어두움	▶ 성장은 느리지만 시장점유율이 높음 ▶ 새로운 투자에 대한 수요는 적고 이익은 큼 ▶ 현금흐름의 중요한 역할

시장성장률

낮음   시장점유율   높음

- 매트릭스를 통해 기업의 수익력과 자금의 조달능력을 알 수 있다.
- 젖소와 별이 많이 있는 경우가 이상적이다.
- 개에 위치하고 있다면 어려운 국면에 처해 있을 가능성이 크다.
- BCG는 경험곡선에 기초하여 시장점유율의 중요성을 강조한다. 시장점유율이 높으면 이익률도 높다.

- 경험곡선에 의하면 판매량이 배로 증가할 때마다 제품 단위당 비용은 통상적으로 20~30% 정도씩 줄어든다.

◎ 경험곡선(experience curve)

BCG에서 발견된 경험곡선은 누적생산량과 단위당 비용 간의 관계를 말한다.

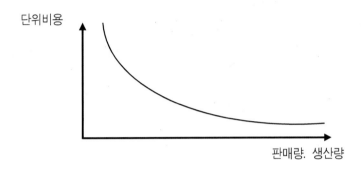

◎ 경험효과

1968년 BCG(Boston Consulting Group)에서 연구, 발표하였다.

2차대전 중 항공기 생산과정에서 비롯되었으며, 이후 냉장고 생산에서부터 보험산업, 장거리전화산업에 이르기까지 누적생산량이 증가함에 따라 상당히 규칙적으로 비용이 하락한다는 사실이 발견되었다.

여기에서 비용(cost)은 노무비뿐만 아니라 연구개발비, 판매경비, 간접비 등 거의 전부가 포함된다.

◎ 학습곡선(learning curve)

직접 노동의 투입량이 누적 생산량의 증가에 따라 일정비율로 감소한다는 사실을 나타내는 곡선이다. 누적생산량이 두 배가 될 때 단위당 노동투입은 거의 20%씩 절약된다.

학습곡선이 변형, 진보된 것이 경험곡선이다.

◎ BCG모델에 대한 비판

판매액이 증가해도 단위당 비용이 쉽게 내려가지 않는다는 주장이 있다.
BCG 매트릭스를 구분하기가 현실적으로 어렵다.

◈ 포터모델(Porter Model) ◈

1970년대와 80년대 Harvard 경영대학원의 Michael Porter 교수를 선두로 산업구조
와 경쟁전략에 대한 분석방법이 대두되었다. 포터모델이란 기업이 경쟁우위를 갖기
위해서 산업의 특징을 이해하고 산업 내에서 적절한 위치를 정하는 것이 전략의 근
간을 이룬다고 주장한 모델이다.

포터는 산업의 경쟁구조를 구성하는 5가지 요인을 설명하고 기업이 택할 수 있는
3가지의 일반적 전략을 제시하였다. 특정산업의 경쟁구조를 결정짓는 요인으로서
신규업자 참여 위협, 대체제 위협, 고객 영향력, 공급업체 영향력, 기존업체 간의 경
쟁수준을 들고 있다.

◎ 산업경쟁구조 결정요인

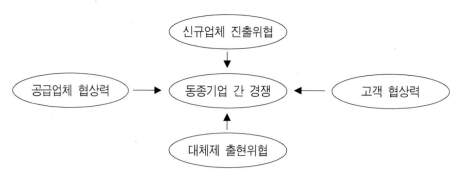

▶ 신규업자 참여 위협

신규진입 기업들이 시장에 보다 안정적으로 진입하기 위해서는 진입장벽을 넘어야 한다.

진입장벽이란 신규 진입 기업들이 기존기업들에 비해 부담하는 상대적인 불리함이다. 진입장벽으로는 상표이미지, 기존 유통경로, 투자규모, 기술수준, 법적규제 등이 있다. 제약산업이나 식음료품산업은 광고를 통하여 높은 진입장벽을 쌓고 있다.

▶ 대체제 위협

두 재화를 따로 소비할 때의 효용의 합계 > 두 재화를 함께 소비할 때의 효용일 경우에 두 재화를 대체제라 한다.

예) 백화점과 대형할인점, 버스와 택시, 우체국과 전자우편, 소주와 맥주와 양주 등

▶ 고객 영향력

구매자의 영향력이 크면 수익성이 낮아진다. 구매자는 주로 대량구매나 구매자의 수익성이 낮을 때 강력한 교섭력을 발휘한다.

예) 서비스 부문에서는 건설업체나 엘리베이터의 소유자로서 구매자의 교섭력은 대형 제조업체의 서비스에는 강력하다. 엘리베이터제조업체와 건설업체 간에 3년간의 기한으로 체결된 서비스계약이 기한만료 전에 반가격에 재계약되는 일이 많다. 이는 대형제조업체에게는 서비스 부문의 구매자 교섭력은 매우 막강함을 말해준다.

▶ 공급업체 영향력

원자재 공급업체의 영향력이 크면 수익성이 낮아진다.

이런 공급업체의 영향력을 줄이기 위한 조직에서는 여러 방면으로 노력을 기울인다.

예) OPEC - 산유국의 교섭력을 높이려는 카르텔

　　노동조합 - 노동서비스를 공급하는 노동자들의 단체교섭력을 높이려는 조직

▶ 기존업체 간의 경쟁

경쟁이 치열할수록 수익성은 떨어진다.

제품 간의 큰 차이가 없고 비슷한 규모의 기업이 다수 존재하면, 경쟁이 치열해진다.

투자 규모가 너무 커서 사업을 중도에 포기하기가 어려워도 경쟁은 심해진다.

◎ 기업이 택하는 3가지 경쟁전략

기업이 취할 수 있는 일반전략으로서는 원가우위전략, 차별화 전략, 집중화 전략이 있다.

▶ 원가우위전략

경쟁제품에 비해 품질은 그다지 차이가 없지만 가격을 현저하게 내리는 전략이다. 여러 가지 기업활동을 통해 해당산업에서 비용우위를 달성하는 전략이다. 이는 우리나라 기업들이 과거 해외에서 취한 전략이다.

예) 1980년대 현대 엑셀, 경쟁차종의 절반가격으로 미국시장을 공략하였다.

▶ 차별화 전략

고객이 비싼 가격을 기꺼이 지불하게끔 가치 있는 제품을 만드는 전략이다.

경쟁제품보다 품질이나 디자인이 월등하든지 또는 유명 상표가 부착된 경우이다.

예) SONNY, NIKE, BMW 등 잘 알려진 회사가 추구하는 전략이다.

▶ 집중화 전략

특정구매자 집단이나 지역적으로 한정된 특정시장을 표적으로 삼는다.

원가우위나 차별화 전략 중 하나만을 선택하여 집중적으로 공략한다.

원가우위전략이나 차별화 전략은 산업 전체를 대상으로 하고 집중화 전략은 특정한 표적시장을 대상으로 한다.

　예) 밀레니엄 베이비 시장의 유아용품, 임산부용품

　포터는 기업의 전략수립에 도움을 주는 외부환경을 분석하는 기법을 제시하였지만 그러한 환경에 대해 대응하는 구체적인 방향을 제시하지는 못하였다. 성공하기 위해서는 이 3가지 전략 중에서 하나를 분명하게 선택해야 한다.

제8절 전략적 제휴를 통한 마케팅

1. 전략적 제휴의 의의와 특징

1) 전략적 제휴(strategic alliance)의 의의

　전략적 제휴란, 두 개 이상의 기업이 법적으로나 경제적으로 독립성을 유지하면서 자신들의 경쟁적 우위를 확보하려는 경영전략
　광의의 전략적 제휴 - 합작투자, 기업의 합병 등 모든 형태
　협의의 전략적 제휴 - 특정 목적을 달성하기 위한 전략적 의도에 의해 협력기업들 간에 한시적으로 비지분적 동맹관계를 맺는 것

〈기업합병, 합작투자, 전략적 제휴와 라이선싱의 정의와 특징 비교〉

(1) 기업합병 M&A	(2) 합작투자 joint venture	(3) 전략적 제휴 strategic alliance	(4)라이선싱(기술제휴) Licensing
경영환경의 변화에 대응하기 위하여 기업의 업무 재구축의 유효한 수단으로 행하여지는 기업의 매수·합병. 서로의 경영권의 관계	공동투자의 기업설립 2개국 이상의 기업·개인·정부기관이 특정기업체 운영에 공동으로 참여하는 해외투자방식	기업 간 상호협력관계를 유지하여 다른 기업에 대하여 경쟁적 우위를 확보하려는 새로운 경영전략.	라이선싱은 상표 등록된 재산권을 가지고 있는 개인 또는 단체가 타인에게 대가를 받고 그 재산권을 사용할 수 있도록 상업적 권리를 부여하는 계약
<특징> 서로의 경영권에 관여함 투기를 목적으로 하는 단기수익추구형 경영방식의 개선을 위한 경영다각화형	<특징> 서로의 경쟁우위 확보 공동투자에 의한 기업설립 전체 참여자가 공동으로 소유권을 분담하여 상대방 기업이 소유하고 있는 강점을 이용할 수 있고 위험분담	<특징> 한시적, 비지분적 동맹관계 목표: 특정 목적 달성 서로의 경영권에 관계하지 않음 쌍방의 전략적 의도 기술제휴와 인수합병의 중간적인 형태	<특징> 일방적일 수 있음(기술이나 상표를 빌려주고 로열티만 받음) 법적으로 독점성·배타성이 보장되는 법적 권리로 독점적 이익
사례-1 대아건설 경남기업	사례-2 LG필립스LCD 일본 NEG	사례-3 다음(daum) LG전자	사례-4 엔씨소프트 더나인

<사례1> 기업합병

(1) 대아건설, 경남기업 합병
[한국경제 2004-07-01]

　코스닥기업인 대아건설이 거래소기업인 경남기업을 합병한다. 경남기업 대주주인 대아건설은 이사회를 열어 보통주 1주에 경남기업 0.750주의 비율로 통합하기로 결의했다.

　존속법인은 경남기업이며, 합병 후 거래소에서 거래된다. 합병등기 예정일은 오는 10월 1일, 합병기일은 2004년 9월 22일이다. 오는 20일 현재 주주로서 주총일이 8월 18일 이전에 합병반대 의사를 밝힌 주주는 매수청구를 할 수 있다. 매수청구권 가격은 경남기업 3천8백86원, 대아건설은 2천7백원이다.

　대아건설은 작년 8월 워크아웃 중인 경남기업의 채권단 보유한 지분 83% 중 51%를 주당 4천6백92원에 인수, 최대주주가 됐다. 이어 작년 12월 경남기업을 5대1로 감자시켰다.

　대아건설은 "건설경기가 침체를 보이는 상황에서 영업경쟁력 강화를 위해 합병을 결정했다"며 "양사의 공사실적을 상호 보완해 공공공사는 물론 해외건설에도 진출할 계획"이라고 밝혔다. 합병소식으로 경남기업은 이날 장중 상한가를 기록했다가 급락하는 등 주가가 하루 종일 출렁거렸다. 종가는 전날보다 3.0% 오른 3천8백95원. 대아건설은 합병공시가 난 오후 1시께 전날보다 0.6% 하락한 2천9백10원에서 매매가 정지됐으며, 5일부터 거래가 재개된다.

(2) 합병의 효과
[이데일리 2005-02-04]

　경남기업, 합병영향. 작년 매출·이익 확대

　경남기업(000800)이 작년 대아건설과 합병에 따른 영향으로 이익규모가 크게 늘었다.

　경남기업은 작년 영업이익이 138억 2881만 원으로 전년대비 143.08% 증가했다고 4일 밝혔다. 매출액은 6143억 8974만 원으로 전년대비 25.67% 증가했다. 경상이익과 당기순이익은 각각 202억 2581만 원, 166억 2958만 원으로 전년대비 38.58%, 78.72% 각각 늘었다.

　경남기업은 "지난 2003년 실적은 경남기업의 피흡수 합병법인인 대아건설만의 실적"이라며 "작년 실적의 경우 경남기업과 대아건설의 합병에 따라 회사의 매출규모가 커지고 이익도 늘어났다"고 말했다.

　※국내 기업과 국제 기업 간의 합병 사례들로 있지만, 일단 기업 합병의 개념을 쉽게 설명하고자 국내 기업의 사례를 이용하였습니다.

<사례2> 합작투자

LG필립스LCD, 일본 NEG와 파주 유리기판 공장 합작 투자

[연합뉴스 보도자료 2005 - 02 - 23]

　세계 굴지의 LCD 메이커인 LG필립스LCD(대표이사 부회장 구본준)와 Global Top 3 LCD 글라스 업체인 일본의 NEG사가 파주 디스플레이 클러스터에 합작 법인을 설립한다. 이로써 LG필립스LCD 파주 디스플레이 클러스터 조성이 가속화될 전망이다.

　LG필립스LCD는 23일 파주 7세대 공장 건설 현장에서 구본준 부회장, 론 위라하디락사(Ron.H Wirahadiraksa) 사장과 NEG의 테츠지 모리(Tetsuji Mori) 부회장, 유조 이즈츠 (Yuzo Izutsu) 사장이 참석한 가운데 파주 디스플레이 클러스터 단지 내에 TFT LCD용 유리기판 후공정 합작 공장을 설립하는 내용의 계약을 체결했다.

　LG필립스LCD와 일본 NEG(Nippon Electric Glass, 일본전기초자)사는 파주전기초자 주식회사(Paju Electric Glass Co.,Ltd.)를 설립하기로 하고, LG.Philips LCD 40%, NEG 60% 등 상호 출자를 통해 초기 자본금 360억 원을 투자하기로 했다.

　LG필립스LCD와 NEG는 오는 3월 파주전기초자의 공식 출범과 4월 공장 건설 착공을 목표로 조직정비를 비롯한 제반 사항을 신속히 처리하기로 합의했다.

　LG필립스LCD는 이번 파주전기초자 설립을 통해 핵심 부품의 안정적인 공급 체계를 구축하고 초대형 유리기판의 현지 조달을 통한 물류 비용 절감 및 초대형 LCD 생산 효율 강화의 이점을 확보할 수 있게 되었으며, 파주 P7 공장의 차질 없는 공사 진행과 성공적인 양산 가동을 통해 42인치 및 47인치 등 초대형 LCD TV 시장에서 확실한 세계 1등을 달성할 수 있을 것으로 기대하고 있다. NEG 또한 안정적인 수요처 확보와 투자 리스크의 분산 효과를 가져오는 Win - Win 체계를 구축하게 되었다.

　NEG의 파주 디스플레이 클러스터 투자는 산업자원부와 경기도의 2년여에 걸친 적극적인 투자 유치 활동과 2004년 11월 경기도와 NEG 간의 투자합의서(MOA) 체결의 결실로 이뤄지게 되었다. NEG가 파주 디스플레이 클러스터에 투자를 하게 됨으로써 차세대 성장동력 산업인 LCD 산업의 핵심 부품 경쟁력을 강화할 수 있게 되었으며, 경기 서북부 지역의 외국인 투자 활성화를 통한 국토균형발전 및 고용 창출에 크게 기여할 것으로 기대를 모으고 있다.

　이러한 첨단 산업 단지의 조성과 외국인 투자 유치는 중앙정부를 비롯, 지방 자치단체의 적극적인 지원과 민간기업의 과감한 투자가 잘 어우러진 성공적인 사례로 평가받고 있으며, 이번 파주전기초자 설립을 계기로 국내외 핵심 부품, 장비, 재료 분야 첨단 기업들의 LG필립스LCD 파주 디스플레이 클러스터 입주가 더욱 가속화될 전망이다.

　한편 2004년 3월 착공한 파주 디스플레이 클러스터는 LG필립스LCD가 입주할 파주 LCD 산업단지 50만 평 부지 조성 공사 진행과 문산 당동 및 선유 지구의 협력업체 단지 조성을 위한 지구 지정 절차 완료 등 조성 진행이 순조롭게 진행되고 있어 2006년 상반기 7세대 LCD 생산라인 가동과 함께 명실상부한 세계 최대 디스플레이 클러스터의 모습을 갖춰나가게 될 예정이다.

\<사례3\> 합작투자

다음 daum – LG전자 전략적 제휴 체결
[프라임경제 2006 – 09 – 28]

　다음커뮤니케이션(www.daum.net)은 LG전자(http://www.lge.co.kr)와 제품 DB 공동 활용에 대한 전략적 제휴를 체결하고, 전문 DB 검색 서비스를 보다 강화한다고 28일 밝혔다.

　이번 제휴에 따르면 다음은 휴대폰을 제외한 LG전자의 전 제품에 대해 매뉴얼, 상품정보, 이미지 / 동영상으로 구성된 쇼룸정보 등 다양한 상품 DB를 통합 및 쇼핑검색을 통해 오는 10월부터 제공하게 된다. 즉 브랜드 제조사가 직접 제공하는 퀄러티 높은 제품 정보로 다음 검색의 객관성과 신뢰성을 보다 강화하게 된 것.

　특히 이번 LG전자와의 제휴는 지난 26일 선보인 쇼핑검색 서비스 '쇼핑하우(http://shopping.daum. net)'와의 연계를 통해 사용자 편의성을 극대화한 점이 돋보인다. 소비자가 구매하고자 하는 상품에 대한 p가격비교 기능 p상품 마니아 카페 및 쇼핑 전문 블로거가 전하는 신뢰도 있는 쇼핑 노하우 p 제조업체가 제공하는 정확한 제품 정보까지 정확하고 다양한 쇼핑 정보를 한자리에서 신속하게 확인할 수 있도록 구성했다.

　예로 LG전자의 대표 제품 중 하나인 트롬 세탁기를 구입하고자 하는 사용자가 다음 검색에서 '트롬 세탁기'라는 검색어를 입력할 경우 상품에 대한 기본 정보와 함께 p제품 상세 이미지 / 동영상, p 사용법에 대한 매뉴얼, p각 온라인 쇼핑몰에서의 가격비교, p사용자가 직접 올린 평가 등을 한눈에 확인할 수 있어 편리하다. 이로써 사용자들은 오프라인 매장을 일일이 돌아다니거나 주변 사람들의 입 소문에 의지하지 않고도, 온라인을 통해 제품에 대한 정보를 매뉴얼에서 사후 관리 서비스까지 원클릭으로 검색할 수 있다.

　다음 최소영 검색본부장은 "향후 다양한 브랜드 제조사와의 제휴를 보다 확대해 신뢰도 높은 양질의 검색 서비스를 제공함으로써, 이용자들의 검색 만족도를 더욱 높여나갈 것"이라고 밝혔다.

　LG전자 한국마케팅부문 경영관리팀 박경준 상무는 "이번 제휴를 통해 LG전자 제품정보가 편리하고 다양하게 제공될 것으로 기대하며 앞으로도 고객지향적인 마케팅 활동에 더욱 노력할 것"이라고 밝혔다.

　※국내 기업과 국제 기업 간의 합병 사례들로 있지만, 일단 기업 합병의 개념을 쉽게 설명하고자 국내 기업의 사례를 이용하였습니다.

\<사례4\> 라이선싱

엔씨소프트, 중국 더나인과 길드워 라이선싱 계약 체결

[연합뉴스 보도자료 2006 - 04 - 05]

글로벌 온라인 게임 퍼블리셔 ㈜엔씨소프트(대표 김택진, www.ncsoft.com)는 중국 최대 온라인 게임 개발 및 운영사인 더나인(The9, www.the9.com)과 길드워(Guild Wars)의 중국 서비스를 위한 라이선싱 계약을 체결했다.

이번 계약을 통해 더나인은 중국 내에서 3년간 길드워 서비스를 위한 독점적인 권한을 갖게 된다. 더나인은 현재 중국에서 다양한 온라인 게임을 서비스하고 있는 중국 최대 규모의 온라인 게임 개발 및 퍼블리셔로 지난 2004년 12월 나스닥에 상장한 바 있다.

더나인의 회장 겸 CEO인 주쥔 대표는 "이미 세계 시장을 통해 작품성과 흥행성을 인정받은 바 있는 길드워의 중국 서비스를 더나인이 맡게 된 것은 필연적이라 할 수 있다. 더나인은 엔씨소프트와 긴밀한 협력을 통해 새로운 스타일의 게임인 길드워를 중국 게이머들도 세계 다른 지역의 게이머들과 동시에 체험할 수 있는 기회를 제공할 것이다"며 이번 계약 체결의 의의를 밝혔다.

엔씨소프트의 김택진 사장은 "더나인은 중국시장에서 이미 온라인 게임 운영사로서의 우수한 능력이 입증된 파트너이다. 이번 제휴를 통해 길드워가 중국 게이머들에게도 좋은 반응을 얻어 다시 한번 세계적인 게임으로 발돋움할 기회를 갖게 될 것으로 확신한다."고 덧붙였다.

※전통적인 기업협력과 전략적 제휴와의 비교

구 분	전통적 기업협력	전략적 제휴
협력 목적	-경제적 보완	-범세계적 경쟁 우위 확보
협력 관계	-주로 선, 후진국 간 수직적 분업 관계 -경쟁 미약	-주로 선진국 경쟁기업 간의 수평적 네트워크 -경쟁 치열, 제휴기업 간에도 부분 경쟁
협력 분야	-기술이전 및 생산하청 등 단순 협력	-기술표준 설정, 기술교환, 공동개발, 생산, 판매 등 광범위하고 복합적

〈전략적 제휴의 성립조건〉

① 전략적 제휴에 참가한 기업 간의 독립성 유지와 공동 목적 추구

② 참여 기업들 간에 성과와 통제권이 공유

③ 참여기업들은 핵심적인 전략이슈에 대해 지속적인 공헌을 해야 함

〈상호간의 이득〉

① 규모의 경제 측면에서 효과

② 시너지 효과 발생

③ 위험 빛 비용 최소화

2) 전략적 제휴의 등장배경

① 글로벌 경쟁 체제로의 변화

정보통신의 혁명적 발달과, 글로벌 기업의 활약 등으로 세계시장이 단일화됨.
이러한 상황에서 살아남기 위하여 경쟁과 협력을 동시에 추구하게 됨.

② 기술융합화의 필요성

신기술에 대하여 유사모방 기술이 등장, 시장은 한 가지가 아닌 다양한 복합적인 기술을 요구하게 됨.

독자적 R&D로는 해결하기 어렵게 되고, 상호보완적 기술을 가진 업체와 협력.

③ 제품 수명주기 단축에 대한 대처

기술개발 비용 상승과 소비자들의 빠른 기호 변화에 따라 전략적 제휴를 통해서 제품개발 시기를 단축하며 독자적인 개발에 대한 소요비용보다 저렴하게 사업에 참여하게 됨.

④ 규모의 경제를 통한 생산비 절감

규모의 증가에 따른 학습효과와 비용절감 효과, 각 기업이 막대한 생산비 투자에 따른 공급과잉을 생산분담 등의 전략적 제휴로 해결하고자 함.

3) 전략적 제휴의 특징

주로 동종기업과의 수평적 형태, 구체적이고 명확한 공동의 목표를 수행하기 위함.
(협력(cooperation) + 경쟁(competition) = coopetition)

① 책임공유

위험과 성과의 공유. 자신이 참여한 만큼 위험과 성과를 분담함. 의사결정권 분담이 기본전제이며 제휴 사업관리에 대한 책임의 공유가 필요함.

② 참여기업의 정체성 유지

제휴참여기업의 업무영역 가운데 일부분만이 관련됨. 각자의 정체성이 유지됨.

③ 지속적인 자원 이전

참여기업은 제휴사업에 자금, 기술, 인력 등 자원을 지속적으로 투입해야 함.

④ 시너지 창출

단편적인 편익의 증진이 아닌, 자원공유를 통한 더 큰 가치 실현을 위함.
한 분야의 성공은 다른 분야에도 영향을 줌으로 분야 간에 의사소통이 꼭 필요함.

교과서 사례 보충 <**KT와 Microsoft, 전략적 제휴**>
2000년 전략적 제휴를 맺은 이후 최근까지의 신문기사 중에서 국제경영에서의 전략적 제휴의 특징을 잘 나타내는 것과 관련된 내용을 모아보았습니다.

한통–MS, 인터넷 사업 공동추진 [한국경제 2000–01–28]

한국통신(사장 이계철)과 미 마이크로소프트(MS)사는 인터넷사업의 개발에서 판매에 이르기까지 전 분야에 걸쳐 전략적으로 제휴, 협력기로 했다. 이에 따라 한국통신은 MS가 보유한 인터넷 관련 기술과 콘텐츠 및 서비스 노하우를 활용하고, MS는 한국통신이 보유한 인터넷 인프라를 활용, 인터넷사업을 공동으로 추진할 수 있게 된다.

[IT] KT–MS 전략적 제휴 체결 [한국일보 2001–12–23]

마이크로소프트(MS)가 세계에서 가장 먼저 닷넷(.net)전략의 막을 한국에서 올렸다. MS는 22일 KT와 인터넷 서비스 제공 등을 주 내용으로 하는 전략적 제휴를 체결함으로써 닷넷전략을 본격 가동했다. (중간생략)

KT의 인터넷폰이 내년 초부터 한글윈도XP에 탑재되면 비슷한 서비스를 기획 중인 새롬기술 등의 다른 인터넷전화업체들이 타격을 받을 수밖에 없다. 또 국내 네티즌들에게 제공될 양사의 공동포털은 다른 포털사이트들에 위협적인 요소로 떠오를 전망이다.

KT-MS 제휴에서 유의할 점 [한국경제 2001-12-25]

정부가 보유한 KT지분 가운데 외국인 한도(49%)잔여분인 11.8%가 해외에 매각됨으로써 민영화는 예정대로 추진될 가능성이 높아졌지만, KT와의 전략적 제휴를 바탕으로 3%의 지분이 마이크로소프트(MS)로 돌아갔다는 것은 여러모로 의미를 따져 볼 필요가 있다.

당사자들만 놓고 본다면 이번 전략적 제휴는 한마디로 KT의 광대역 통신인프라와 MS의 닷넷 간 통합이다. 이를 통해 KT는 MS의 핵심기술력을 활용, 유선전화회사라는 이미지에서 탈피해 인터넷 기업으로 변신을 도모할 것이다. 또 MS는 KT의 통신인프라와 4백만 명에 달하는 초고속인터넷 가입자를 활용, 야심적인 닷넷전략을 구현하려 들 것이다.

KT 표준워드 MS워드 선정 [파이낸셜뉴스 2002-05-28]

KT는 지난해 마이크로소프트사와 전략적 제휴가 체결됨에 따라 최근 사내 표준워드프로세서로 MS사의 MS워드를 선정했다. 이에 따라 앞으로 4만 5000여 명의 KT 임직원들은 각종 보고서나 문서 등 자료작성 시와 결재 등에 MS 워드를 사용하게 된다. MS워드를 표준워드로 채택한 KT 인력관리실 측은 기존에 사용하던 아리랑워드의 공급업체인 핸디소프트사가 아리랑워드의 버전업을 포기했고 대외 업무 시 아리랑워드 파일의 호환성 및 범용성 부족으로 사내 워드를 대체하게 됐다고 밝혔다.

KT, 닷넷기반 차세대운용관리시스템(NeOSS) 개발착수 [디지털타임스 2003-04-18]

KT와 한국마이크로소프트는 17일 경기도 분당 KT본사에서 KT의 차세대 통신서비스 플랫폼인 'NeOSS(New&Next Operations Support System)' 공동 개발을 위한 전략적 제휴를 체결했다. 두 회사는 제휴를 통해 기술인력 지원, 개발자 교육, NeOSS

상품화 및 표준화, 해외 마케팅 등 다방면에서 공조키로 합의했다. 이종락 KT 운용시스템연구소장은 "안정성과 비용 측면을 고려할 때 MS의 닷넷기반이 가장 적합한 것으로 판단했다"며 "이번 프로젝트가 성공하면 KT와 마이크로소프트는 통신분야 닷넷사업의 새로운 비즈니스 모델을 만들 수 있을 것"이라고 말했다.

KT와 Microsoft, 2기 협력 출범 위한 양해각서(MOU) 체결 [연합뉴스 2005-01-05]

－2005년 1월 5일, 대한민국 서울 및 미국 워싱턴 주 레드먼드 동시 발표－

케이티(KT)와 마이크로소프트는 현재의 전략적 제휴 연장을 위한 양해각서(MOU)를 체결하였다고 5일 밝혔다. 2004년 말 체결된 이번 전략적 제휴는 지난 2001년 12월부터 2005년 1월 4일까지 양사 간 진행되어 온 전략적 제휴의 제2기 출범을 의미한다. 양사 합작 R&BD(Research & Business Development) 센터 설립 검토 등을 포함하고 있는 이번 제2기 전략적 제휴를 통하여 양사는 한국 시장에 제공될 새로운 통신기술과 솔루션 개발을 위하여 협력하기로 하였다. 지난 2001년 양사 간 전략적 파트너 관계를 수립한 이후, 마이크로소프트와 KT는 성공적으로 양사의 중요 기술과 인프라 부분에서 협력을 해 왔다.

KT-MS 신성장시장 공략 협력 [디지털타임스 2006-01-16]

연구·사업개발 MOU……네트워크-솔루션 결합

KT가 지난해 1월 MS에서 투자받은 5억 달러 규모의 신주인수권부사채(BW)를 전액 상환하면서 두 회사는 기존 자본제휴 관계를 전략적 제휴 관계로 전환하고, 공동 비즈니스 연구센터 설립 등을 추진키로 했다. 두 회사는 향후 KT의 네트워크 인프라와 MS의 솔루션 기술을 바탕으로 세계 IT시장의 테스트베드인 국내시장에서 차세대 IT시장 주도를 위한 각종 비즈니스모델 및 기술개발을 공동으로 적극 추진하게 된다.

2. 전략적 제휴의 동기와 유형

1) 전략적 제휴의 동기

- 본질적으로 기업이 추구하는 전략적 목표에 달려 있음

① 연구개발 비용 및 위험의 경감

- 연구개발 비용이 대규모화되고 기술개발의 속도가 빨라지면서 개별 기업이 독
  자적으로 전략을 추구하는 것이 힘들어짐.
→ 이러한 부담을 회피하기 위해 현대의 글로벌기업들은 제휴전략을 선호하며 특
  히 경쟁기업 간의 제휴전략이 증가추세를 보임.

② 규모의 경제 달성

- 제휴기업 간 분업의 경제를 통해 전체적인 규모의 경제효과를 제고시킬 수 있음.
→ 상대적인 경쟁우위요인을 특화하여 효율의 증해 및 비용의 하락 등으로 규모
  의 경제를 달성하여 제휴에 참가하지 않은 기업에 대해서 경쟁우위를 확보함.

③ 기술의 신속한 개발 및 확보

- 제품의 수명주기가 단축되고 소비자의 수요변화 패턴이 빨라지면서 신속한 신
  기술·공정 개발과 첨단기술의 신속한 확보가 글로벌기업 성장을 위한 절대적
  요인이 됨.
→ 기업 간 협력을 통한 공동개발이 개발기간을 단축할 수 있으며, 제휴에 참여하
  지 않은 기업들에 비해 상대적인 경쟁우위를 갖도록 함.

④ 시장의 신규진입 및 확대

- 현지국의 관세·비관세 장벽 및 정치적 위험이 기업의 시장 신규진입 및 확대에 걸림돌로 작용. → 이러한 장해요인을 회피하기 위해 현지기업과 제휴를 추진함.
- 국제기업은 시장진입 및 확대를, 현지기업은 기술 획득을 목적으로 함.

⑤ 경영자산의 보완적 공유

- 개별 기업이 자사의 경영 자원만으로 추구하기 힘든 사업의 경우에 기술이나, 생산능력, 재무자원을 상호보완적으로 제공·결합함으로써 사업을 보다 효율적으로 추진.

⑥ 경쟁방식의 조정

- 기업은 중요한 경쟁상황에 영향을 미치고 이를 변화시키기 위해 전략적 제휴 추진.
→ 위협적인 경쟁기업을 동반자로 만들어 직업적인 대결을 피하고, 동시에 기업의 의도에 따라 경쟁업체의 전략에 영향을 미칠 수 있음.
→ 세계시장에서 기업 간의 과도한 경쟁을 방지하고 사업효과를 제고하기 위해 경쟁기업 간에 제휴가 추진되고 있으며, 기업 간의 경쟁방식에 대한 합의하는 제휴도 증가.

〈K. Glaister와 P. T. Buckley의 전략적 제휴의 동기〉

① 위험분담 동기

- 비용과 위험을 제휴관계의 특정 일반이 전적으로 부담하지 않으므로 위험을 헤징하는 메커니즘으로 작용.

② 제품합리화와 규모의 경제 동기

－동일한 산업에 속한 기업들이 기업 전체를 합병함으로써 발생하는 불확실설과 여러 가지 어려움을 피할 수 있도록 하면서도 생산을 합리화하여 규모의 경제 효과나 실행에 의한 학습효과를 취할 수 있게 함.

③ 보완적 기술의 안전과 특허권 교환동기

－서로에게 부족하거나 필요한 기술을 교환하거나 기술에 대한 특허권을 교환하고자 함

④ 경쟁구조 형성동기

－합작투자는 잠재적인 경쟁상대와 동맹함으로써 다른 경쟁기업의 반격능력을 무디게 만들 수 있다.

⑤ 유치국 정부정책에 따르기 위한 동기

－기업이 유치국 정부의 정책에 순응하기 위해 지역회사와 연계관계를 구축한다.

⑥ 사업의 국제적 확장 동기

－해외경험이 부족한 중소기업의 경우 해외 확장전략은 제휴에 의하는 경우가 많음.

⑦ 수직적 통합효과를 얻기 위한 동기

－각 파트너가 생산과 유통에 있어서 하나 혹은 그 이상의 상이한 요소에 공헌하는 수직적 통합의 형태를 많이 띤다.

2) 전략적 제휴의 유형

(1) 제휴의 내용에 따른 유형

① 기술 제휴

- 기업들이 기술 정보를 공유하여 기술혁신에 필요한 기간을 단축하고 시장경쟁에서 안정적 경쟁우위를 구축하게 하고, 자사의 취약 기술을 보완하여 기술개발 효과를 극대화하기 위해 전략적 제휴 추진.
→ 종래의 특허, 상표, 제조 노하우, 엔지니어링 서비스 등의 공여로부터 최근에는 교차 라이선싱, 공동기술개발 위주의 전략적 제휴로 발전.

② 구매 제휴

- 안정적 공급원을 확보하기 위해 제휴 추진하며 이는 부품 및 상호 보완적 공급이나 상호 공급 등의 형태로 나타남.
→ 전통적으로 대기업과 중소기업 간에 이루어지는 하청 및 위탁생산 위주로 존재.
→ 최근에는 대기업 간의 상호 보완적, 쌍방적 제휴도 활발하게 이루어짐.
→ 전 세계적 차원에서 자원조달을 하기 위해 생산위탁, 부품조달, 아웃소싱 등의 형태로 글로벌 소싱을 위한 전략적 제휴가 이루어진다.

③ 생산 제휴

- 생산비의 절감 및 자사제품의 시장지배력을 강화할 목적으로 이루어지며, 참여기업들이 경영자원을 상호 공급하여 공동생산을 수행하는 제휴.
→ 첨단기술 분야보다 성숙기술 분야에 활용된다.

④ 마케팅 제휴

- 상대방의 마케팅 능력을 활용하여 주로 상대국 시장접근 및 판매 강화를 위해

제휴하는 형태.

→ 진입기간 단축, 빠른 재고순환으로 유통 및 보관비용을 절감함과 동시에 고객 서비스 향상으로 효과가 나타난다.

이들 제휴는 개별적으로 이루어지기도 하지만 기술과 생산, 마케팅 제휴가 동시에 복합적으로 이루어지는 사례도 많다. 최근에는 첨단제품을 중심으로 기업 간 공동규격의 제정을 통하여 기업끼리의 기술 및 판매 제휴가 이루어지고 있다.

〈제휴내용에 의한 전략적 제휴의 유형과 특징〉

구 분	구체적 내용	특 징
기술 제휴	공동기술 개발, 기술도입 및 교환 특허공유, 연구 참여	자사의 부족한 기술에 대해 타 기업의 기술, 특허, 노하우를 도입, 공유하여 기술력 격차 해소
구매 제휴	부품조달, 단순외주가공	상대기업에 대한 부품조달 제휴
생산 제휴	공동생산, 생산위탁 및 수탁, 2차 소싱, OEM	생산에서 판매단계까지 지속되는 경우 많음
마케팅 제휴	공동 브랜드, 위탁판매 공동규격 설정	- 판매능력을 활용, 자사 품목의 상호 공동판매 - 판매지역이나 제품의 선택적 활용으로 교차판매

<사례1> 기술제휴

동국제강-JFE 협력 강화 (2006-09-25)

동국제강이 세계 3위 철강회사인 JFE스틸과 상호출자를 통한 전략적 제휴를 강화한다.

동국제강은 내년 1월 착공할 당진 후판공장에 JFE로부터 차세대 후판제품인 TMCP강 기술을 지원받아 고급강 중심의 생산체제를 구축하기로 했다.

JFE스틸은 동국제강이 당진 20만 평 부지에 건설할 150만 톤 후판공장에 차세대 후판제품인 TMCP강 기술을 지원하기로 했다. 동국제강은 JFE스틸과의 기술협력을 통해 후판 생산체제를 고급강 중심으로 전환한다는 계획이다. 동국제강은 당진공장에서 생산되는 후판 제품 중 TMCP강 비중을 50% 이상 유지한다는 계획을 세우고 있다.

<사례2> 구매제휴

삼성전자-벨킨, MP3P 액세서리사업 제휴 (2006-09-18)

모바일기기 액세서리 제조업체인 벨킨은 18일, 삼성전자와의 전략적 협력을 통해 삼성전자 '옙(Yepp)' MP3P 신제품군 'Z5', 'K5' 및 'T'9를 위한 다양한 액세서리 제품군을 출시했다고 밝혔다. 전 세계적으로 1조 5000억 원에 달하는 아이팟 액세서리 시장에서 선두를 차지하고 있는 벨킨은 이번 제휴를 통해 삼성전자 MP3P 전 제품에 대한 액세서리 라인업을 확대해 판매할 예정이다.

이 회사 이혁준 이사는 "삼성전자 MP3P가 성장 가능성이 매우 커 벨킨은 삼성전자와 액세서리사업에서 전략적 제휴를 맺게 됐다"며 "이번 삼성전자와 벨킨의 협력이 향후 MP3P 시장에 큰 영향력을 발휘할 것"이라고 말했다.

<사례3> 생산제휴

손텍, 미 TI사 전자태그 OEM업체로 선정 (2006-06-21)

금속 전자태그(RFID)업체 손텍은 19일 중국 상하이에서 세계적인 반도체칩 제조업체인 미국 텍사스인스투르먼트(Texas Instruments)사와 전자태그 OEM 공급업체 선정과 관련 '월드와이드 파트너십(World Wide Partnership)' 양해 각서를 체결했다고 21일 밝혔다.

손텍의 금속전자태그는 오는 9월부터 미 TI사의 브랜드로 전 세계 시장에 본격적으로 판매될 전망이다. 손텍은 이와 관련, TI사로부터 안정적인 칩 공급을 받는 것은 물론, 안테나 디자인 기술 지원을 받게 된다. 국내 전자태그업체가 미국계 글로벌기업의 OEM 공급 업체로 선정된 것은 이번이 처음이라는 것이 최사 측의 설명.

손텍은 TI사를 통해 오는 2009년에는 약 10억 개 이상을 수출, 연간 80억 원대 규모의 수출고를 올릴 것으로 내다보고 있다.

<사례4> 마케팅 제휴

중소 DTV 4사 '연합 브랜드' 뜬다 (2005 - 10 - 28)

중소 디지털TV(DTV) 4개 업체가 의기투합해 '연합 브랜드'를 만들고 대기업이 주도하고 있는 국내 시장에 도전장을 내민다. 27일 관련업계에 따르면 아프로미디어 · 라딕스 · 커밍LCD · BM데이터통신 등 중소 DTV 4개 업체가 DTV 판매전문업체인 넥시스와 전략적 제휴를 맺고 28일부터 '넥시스'라는 브랜드로 국내 DTV시장을 공략할 계획이다. 이에 따라 중소 DTV 4사는 PDP와 LCD TV 12종을 인치별로 나눠 생산하고, 넥시스는 이들 제품의 마케팅과 판매, AS 등을 담당키로 했다.

특히 위성방송 스카이라이프와 전략적 제휴를 맺고 위성방송 무료이용 패키지 상품을 출시키로 하는 한편 시연차량 20대로 소비자를 직접 찾아가는 마케팅도 적극 펼치기로 했다. e마켓플레이스를 통한 온라인 판매와 함께 인터넷 · 미디어 등에 대대적인 PR광고도 계획 중이다.

(2) 협력의 범위에 따른 유형

① 단순지분참여 제휴

- 지분참여를 통해 기업 간에 연결은 되어 있으나 공동 프로그램 및 업무의 수행은 이루어지지 않는 제휴 형태.

② 단순 업무 전략적 제휴

- 두 개 이상의 기업이 제휴를 통해 특정의 공통된 업무만을 수행하는 제휴의 초기형태.

③ 복수업무 전략적 제휴

- 두 개 이상 기업이 제휴를 통해 두 개 이상의 업무를 수행하는 성숙된 제휴 형태.

<사례>복수업무 전략적 제휴

포스코, 신일철과 전략적 제휴 확대

포스코와 신일본제철은 지난 2000년 8월 주식의 상호보유를 포함한 5년 기간의 전략적 제휴를 체결한 이후 양사 부사장급을 공동 의장으로 하는 운영위원회를 두고 밑에 분야별 전문 Committee와 Working Group을 조직해 기술, 원료, 인사 등 다양한 분야에서 상호협력 사업을 협의하고 추진해 오고 있다.

포스코는 "최근 M&A 활성화로 미탈스틸 등 대형 철강사가 등장하고 중국 철강사의 성장으로 철강 산업 내 경쟁이 심화되고 있는 상황에서 양사가 세계 철강업계의 환경변화에 능동적으로 대응코자 기존의 전략적 제휴를 확대했다"고 밝혔다.

(3) 분업형태에 따른 유형

① 수평적 분업형

- 경쟁관계에 있는 선발업체 간에 상호 대등한 입장에서 취약부문을 보완하고, 위험분산을 도모함.

② 수직적 분업형

- 선·후발업체 간에 다소 종속적인 입장에서 기술 및 생산능력 등의 자산을 상호 교환.

③ 관련산업 다각형

- 제3국 기업에 상호 출자함으로써 전후방 또는 관련 산업의 안정적 확보를 꾀함.

④ 국책·민간 연합형

- 국가와 민간기업이 전략차원에서 국가적 이익증진을 목적으로 공동으로 제휴.

〈분업형태에 따른 제휴전략의 유형〉

형 태		전략 목적	제휴 사례
수평적 분업	보완형	선발기업 간 대등한 입장에서 취약부문 보완	Toshiba의 비메모리기술과 Motorola의 마이크로 프로세서 기술교환
	위험 분산형	선발업체 간 기술, 제품개발에 따른 위험경감	Hitachi와 TI사의 16 / 64M DRAM 공동개발
수직적 분업	생산성 제고형	선발업체는 생산시설 투자부담감소, 후발업체는 생산성 도모	TI사와 Hyundai 간의 256K DRAM OEM생산 공급계약
	팀워크 형성형	선발업체는 자사기술의 시장점유율 확대, 후발업체는 기술습득	Intel의 Mitsubishi에 대한 8, 16bit 마이크로 프로세서 기술공여
관련사업 다각화		해당산업의 전후방 관련산업 및 다른 업종 간 제휴	TI사가 대만 ACER와 1M, 4M DRAM 및 ASIC반도체 합작생산 업체 설립
국책 또는 민간연합		국가전략 차원의 관민합동, 전략차원의 컨소시엄을 통한 위험분산	SEMATECH(미국), JESSI(유럽), TRON(일본)

<사례1> 수직적 분업형

세계 철강 '빅뱅' (2002 – 10 – 29)

세계 2위의 철강업체인 일본 JFE의 키쿠치 타다아키 서울사무소장은 28일 "JFE가 상부 공정을 맡고 한국의 제휴사들이 하부 공정을 담당하는 분업 시스템을 통해 제품의 품질과 생산성을 더욱 개선시켜 나갈 것"이라고 밝혔다.

JFE는 내년에 2천8백만 톤의 철강을 생산해 이중 45%를 수출할 계획이며, 수출량의 75%는 아시아 지역에 공급할 예정이다. 올해부터는 현대하이스코 동국제강 INI스틸 등 국내 제휴업체에 대한 기술 이전에도 적극 나선다는 계획이다.

키쿠치 소장은 "본사에서 파견된 엔지니어 2명을 상주시켜 제휴사들에 기술자문을 해주고 있다"며 "지난주부터 제휴업체의 기술자들을 일본에 보내 기술적 체험을 할 수 있도록 하는 프로그램을 본격 가동하기 시작했다"고 소개했다.

현대하이스코에 대한 기술이전을 통해서 현대·기아자동차와는 차세대 자동차 강판 등의 공동개발과 품질 증대에 노력하겠다는 계획이다.

부동산에 중점 투자할 예정이다. 투자자금은 주로 한국과 미국의 투자자로부터 조달할 계획이다.

<사례2> 관련산업 다각형

굿모닝신한증권, 美 투자회사 코스톤(Corstone)과 중국투자사업 전략적 제휴 맺어

굿모닝신한증권은 9월 12일, 미국계 투자회사인 코스톤(Corstone)과 전략적 제휴를 맺고 향후 중국 관련사업에서 상호 긴밀히 협력하기로 했다.

양사는 이번 전략적 제휴를 통해 올 10월 말 예정으로 중국펀드를 설립하기로 합의했다.

중국펀드는 약 1억 달러 규모로 설정되며, 중국 내 부실채권, Pre-IPO, M&A 및

<사례3> 국책·민간 연합형

한국증권, 베트남투자청 파트너로 (2006 - 09 - 20)

한국투자증권이 해외 금융기관으로는 처음으로 베트남투자청(SCIC)의 전략적 파트너로 선정됐다. 20일 한국증권은 베트남 하노이에서 SCIC와 업무제휴를 위한 양해각서(MOU)를 체결했다고 밝혔다.

양측은 이번 MOU 체결을 통해 ■베트남 자본시장 발전을 위한 자문 및 투자 유치 ■인력파견·교육연수 등의 인적 교류 ■향후 증권사 설립 시 상호협조 등을 추진하기로 합의했다.

이에 따라 한국증권은 베트남 국영기업의 민영화 지분 참여 및 구조조정 시장 진출 등에서 유리한 고지를 점하게 됐으며 베트남 진출을 추진 중인 국내 업체들에도 각종 자문 서비스를 제공한다는 계획을 세웠다.

SCIC는 지난 6월 설립된 베트남 수상의 직속기관으로 싱가포르의 테마섹을 벤치마크해 국가 소유의 모든 기업의 지분을 통합 관리하고 있으며 민영화 지분 매각을 통한 수익을 재원으로 국내외 투자를 계획하고 있다.

(4) 상호의존성에 따른 제휴

① 연속 제휴

- 제휴 참여기업들이 서로 차별적인 핵심역량을 보유하고 있는 경우에 이루어지는 제휴.
- 라이선싱, 프랜차이징, 공급 협정.

② 상호 제휴

- 제휴 참여기업들이 새로운 핵심역량을 창출하기 위해 전략적으로 참여하는 제휴.

→ 이질적인 자원을 투입하여 시너지효과를 달성하기 위한 것이 이에 해당됨.

‒ R&D 협정, 교차 라이선싱, 마케팅 협정, 공동 생산, 컨소시엄.

③ 공유 제휴

‒ 새로운 기업을 만들어 서로 자원을 물리적으로 결합하는 합작투자의 형태.

<사례1> 연속제휴

신한은행, 예금 들고 커피마시고(2006 ‒ 11 ‒ 03)

신한은행이 주요 지점 내 공간을 활용해 프랜차이즈 업체와 제휴 마케팅에 나선다. 신한은행은 3일 서울 남대문로 1가 광교영업부 1층에 58평 공간을 마련해 CJ계열의 고급 커피·케이크 체인인 '투썸 플레이스' 점포를 내고 제휴 마케팅을 실시한다고 밝혔다.

신한은행은 프랜차이즈 업체 임대·제휴를 은행이 직접 소유하고 있는 280여 지점 전체로 확대한다는 방침이다. 고준석 신한은행 자산관리 TF팀장은 "임대료 등 부가 수입을 올릴 수 있고 유동인구가 적은 지역의 점포는 프랜차이즈 업체 입점에 따라 방문고객 수 증가가 기대된다"고 밝혔다.

신한은행과 투썸플레이스는 커피숍과 은행 영업장 사이 공간을 열어 가판대, 공동 창구, 홍보물 등을 배치할 방침이다. 또 커피 매장 안과 커피잔·쟁반 등 비품에 신한은행 상품 광고를 붙이고 커피 매장 이용고객이 바로 옆 은행 창구에서 금융상품에 가입하면 우대·할인혜택도 준다. 은행 영업시간 이후에는 두 점포를 개별적으로 운영해 보안 유지에도 신경 쓸 계획이다.

<사례2> 상호제휴

한미파슨스 ‒ 교보증권, 부동산개발. 투자업무 제휴 (2004 ‒ 10 ‒ 14)

건설사업관리 전문업체인 한미파슨스는 14일 교보증권과 부동산개발 및 투자업무의 협조를 위한 상호 제휴를 맺었다. 두 회사는 교보증권 서울 본사에서 이날 업무제휴 조인식을 갖고 향후 부동산 개발사업과 관련, 적극적인 협력체계를 구축해 나가기로 했다.

한미파슨스는 부동산개발사업의 기획단계에서부터 사업계획서 작성, 설계관리, 발주관리, 시공관리, 유지 및 운영관리에 이르는 총체적인 프로젝트 매니지먼트를 수행하고 이를 토대로 교보증권은 부동산 투자펀드를 운용하게 된다.

---

(5) 교섭력에 따른 유형

① 경쟁기업 간 제휴

-핵심사업을 공유한 강력한 경쟁자 간 제휴 형태.

→ 목표가 상충될 시 전략적, 재무적 목표 달성에 실패할 가능성 높음.

② 상호 보완적 제휴

-서로 보완 관계에 있는 강자 간의 제휴 형태.

→ 제휴 기간 동안 강한 동맹 관계를 유지할 가능성 높음.

③ 매각형 제휴

-상호 양립이 가능한 파트너 간의 제휴 형태.

→ 초기에는 원활한 협력이 이루어지나 장기적으로는 결별 가능성이 높음.

→ 따라서 이들 제휴기업들은 향후에 사업 매각을 위해 협상력 확보에 주력해야 함.

<사례>경쟁기업 간 제휴

윈도·리눅스 손잡는다

마이크로소프트(MS)가 노벨과 손잡고 윈도와 리눅스를 하나의 컴퓨터에서 보다 편리하게 사용할 수 있는 기술을 공동 개발한다.

MS는 이를 위해 노벨과 조인트 리서치 센터를 설립하는 한편 윈도와 리눅스를 함께 사용하기를 바라는 고객들이 노벨의 제품을 사용하도록 추천할 방침이라고 밝혔다. 또 MS는 리눅스와 관련한 특허권 침해 소송도 추진하지 않기로 했다고 덧붙였다.

MS는 당초 다양한 리눅스 운영시스템과 경쟁해 왔지만 최근 리눅스의 인기가 높아지면서 윈도와 함께 리눅스를 사용하게 해달라는 소비자들의 요구를 전격 수용하기로 결정한 것으로 풀이된다.

WSJ는 노벨이 지난 2004년 MS를 상대로 반독점 소송까지 제기하는 등 대표적인 '반(反)MS' 진영에 속해 있었다고 소개하면서 MS와 노벨의 이번 제휴를 이례적인 사건으로 전했다. 이번 제휴로 노벨은 리눅스 개발 및 판매 등에서 경쟁사인 레드햇에 우위를 점했다는 분석이다.

3. 전략적 제휴의 추진과 실천 방안 (GE와 현대카드의 제휴)

1) 전략적 제휴의 계획과 관리

(1) 전략적 제휴의 추진 계획

① 제휴와 관련된 문제점 파악 및 대안에 대한 검토.
② 대안평가 ⇒ 제휴의 비용 예측 (편익의 계량화가 어려워 주관적 평가에 의존할 수밖에 없기 때문에) 협력의 거래비용을 극복할 수 있는 충분한 능력을 갖추고 있는지 면밀히 검토.
③ 제반 위험 검토(협력을 통해 기업의 경쟁우위가 경쟁업체에 이전될 수 있는 위험 검토, 전문가들은 경쟁우위 분야에서의 협력은 포기 권유).
④ 협력기업의 종속성의 정도 검토(어느 기업이 독자적인 목표를 달성하기 위한 행동 대안에 재량권을 지니지 못할 때에 항상 존재).
⑤ 파트너 선정(가장 바람직한 대안으로 결론).

> 현대 카드는 기업의 재무구조 안전성 확보와 중국 진출 교두보를 마련하기 위해 전략적 제휴 필요성 인식

(2) 제휴파트너의 선정

- 목적이 뚜렷하고, 경쟁우위를 지니고 있는 기업을 선정
- 목적과 협력분야에 따라 생산시설, 생산노하우, 범세계적 유통망 등 기준으로 작용
- 장기적으로 전략적 제휴의 성공 위해서는 협력기업들의 전략적 측면이나 조직상에 있어서 고도의 조화가 이루어져야 함

－가장 중요한 기준

＝양립성(compatibility), 능력(capability), 몰입성(commitment)의 3C

① 양립성: 양 기업의 전략, 기업문화, 경영관리 시스템의 측면에서 고려.
◎ 제휴 기업들 간의 목표와 전략의 상충성 검토.
　－참여하려는 목적과 동기
　－기여할 수 있는 주요 경영자원
　－우리 기업의 전략과 상치정도
◎ 기업문화의 양립성
　－기업문화 차이의 따른 문제는 특히 국제적인 전략적 제휴의 경우 더욱 심각.
　　⇒파트너 간의 긴밀한 의사소통 및 공동목표와 책무, 정책의 명확한 설정을
　　통한 해결 가능.
◎ 경영관리시스템의 차이
　－특히, 조직구성원

② 파트너의 능력

－경영자원과 핵심역량의 정확한 파악→자신의 약점을 보완하고 강점을 강화하기
　위해.
－두 기업 모두 취약한 분야에서 상대 파트너가 강한 핵심역량을 가지고 있어야
　바람직.
－기업들의 규모와 핵심역량이 비슷한 수준이 바람직.⇒상대적으로 규모가 작은
　기업은 큰 기업으로부터 인수될 위험이 상존.

(EX) IBM사와 같은 다국적 기업들은 성공적인 조건으로서 기업의 능력과 규모
면에서 동등한 파트너를 선정하는 것이 중요하다는 사실을 강조

③ 몰입성

- 제휴에 임하는 파트너의 자세
- 핵심사업 분야의 전략적 제휴

※**현대캐피털의 전례를 비교하여, GE 소비자 금융을 제휴 대상으로 선정.**
3C에 맞게 현대카드와 GE는 서로를 선정.
* **현대카드:** 적극적으로 국내외 시장은 공략할 수 있는 기반을 마련, GE와의 결합을 통해 교차(Cross-Selling)와 상품 경쟁력 강화로 구체화, 법인 자동차 리스가 강한 GE 일본의 도움, 재무 안정성을 개선 등
* **G   E:** 현대카드와 GE소비자금융의 제휴는 본격적인 아시아 신흥 시장 진출에 앞서 아시아권 내에서 안정적인 수익원을 창출하기 위한 GE의 사전 포석, GE 입장에서는 현대카드-캐피탈과의 제휴를 통해 세계시장에서 자동차할부 시장 진출을 위한 기반을 마련, 외에서 현대차의 위상이 커짐에 따라 현대차의 영업력을 결합하겠다는 의도.

---

(3) 전략적 제휴의 체결협상

- 소기의 결과를 얻기 위해서는 협력을 위한 협상에서 상호간의 이해관계와 목적, 강점 및 약점 등에 대한 세심한 분석 필요.
- 의도하는 방향의 동반관계에 걸맞은 법적 내용과 계약 및 조정내용의 명문화.
  ⇒ 목표에 대한 기대가 동일하다 하더라도, 성과의 규모와 내용, 달성 시기 등에서 차이가 보일 수 있음.
- 관계의 지속 기간 ⇒ 단기인가 장기인가의 판단.
- 협력에 대한 협상에서 소요자원과 필요한 기여의 정도를 명확히 설정.
- 갈등이나 상충관계에 대한 해결방법 명시.
- 협력을 통해 획득한 성과를 어떻게 배분하며 새롭게 개발한 제품과 기술에 대한 사용권을 소유권 명시.
- 종식될 때의 절차와 방법 명시.

- 협상의 관건은 파트너의 독자적인 지위손상이 없이 다른 파트너로부터 배우고 이득을 얻는다는 상호간의 신뢰.

<양사는 증자 및 이후 지분 비율 등 구체적인 수치를 제시>

감자 및 증자를 통해 최종적으로 현대차 기아차 INI스틸 등 현대차그룹이 53%, GE가 43%의 지분을 취득→GE가 현대캐피탈과 전략적 제휴를 체결할 당시엔 GE가 최초 38%의 지분을 취득하고 2006년까지 지분을 43%까지 늘릴 수 있다는 옵션을 뒀지만 이번엔 바로 43%까지 지분에 참여, 경영권은 기존 체제 유지

---

(4) 전략적 제휴의 관리

- 제휴 체결은 끝이 아니라 시작, 특히 제휴의 목적달성을 위해서는 무엇을 얻을 것인지 명확히 설정하고 이를 사업 논리에 따라 접근.
- 효율적인 운영의 핵심 요소: 각자의 목적에 충실, 상호 독립성 유지, 파트너 역할의 정확한 모니터링, 정보흐름의 정확한 파악.
- 협력기업들은 공동목표 추구, 공동 사업 운영, 성과의 공동 배분하기 때문에 분쟁이 발생하면 효율적인 수행이 어려워져.
- 가장 큰 어려움은 협력기업 간의 갈등과 의견 상충⇒끊임없는 협상과 협의의 과정의 필요성 인식.
- 불안정한 관계구조 ⇒ 경영관리능력에 양적, 질적으로 큰 부하 발생.

<전략적 제휴 이후의 관리>

- GE와의 제휴가 마무리된 후에도 맥킨지, 베인앤드 컴퍼니 등으로부터 컨설턴트들을 영입, 현재 현대카드와 캐피탈의 전체 임원 30명 중 7명을 컨설턴트 출신, M카드를 내세운 과감한 마케팅으로 인지도를 부쩍 높인 데다 GE와의 제휴로 재무구조의 안정성도 개선. 5명의 임직원을 한국의 현대캐피탈에 보낸 바 있는 GE는 리스크 관리 등의 업무를 맡을 임원을 현대카드에 파견

---

(5) 제휴 결렬에 대한 대비

- 전략적 제휴는 결국 한시적인 형태.
- 정보 공유와 더불어 유출 금지된 정보의 철저한 통제 실시, 지속적인 경쟁력 유지 위한 대책 마련.

<현대차 그룹과 GE의 계약 내용과 전략적 제휴의 구조로 볼 때 GE가 추가로 지분을 인수할 수 없다는 것이 현대카드의 설명>
- 현대차 그룹과 GE 간 체결한 전략적 제휴 계약서에 의하면 GE는 현대차 그룹의 동의 없이는 어떠한 경우에도 현대카드의 지분 43% 이상을 추가로 취득금지. 또한 GE 측이 인수 예정인 후순위 신주인수권부사채(BW)의 경우에도 GE가 현대카드의 지분 43%를 유지하는 수준에서만 신주인수권을 행사할 수 있도록 되어 있음.
- 현대차 그룹은 GE와의 합의 내용에 따라 이후에도 경영권을 유지할 수 있는 보완장치를 갖고 있음.
- GE가 현대차 그룹과의 관계를 무시하고 현대카드의 경영권을 확보하려는 무리수를 둘 이유가 없고 현실적으로 가능한 방법도 없어.

---

2) 전략적 제휴의 성공을 위한 실천 방안

(1) 실천을 위한 유의 사항

- 만병통치약이 아니며 경영노하우 유출, 상대 기업과의 갈등과 같은 부작용.⇒자사의 핵심역량 취약, 경영진의 명확한 이해 부족 등으로 인해 60~70% 실패.
① 분명한 목표의식을 가지고 출발(제휴 자체가 목적이 아니라 기술 획득, 시장점유율 제고 등을 달성하는 것이 진정한 목적임을 상기 필요).
② 신뢰를 통한 협상(상대 기업이나 자사의 핵심 역량 과대 포장 금지).
③ 상호불신과 기만은 금물(상대기업의 기회주의적 행동을 너무 우려하거나 자사의 이익에만 급급해하는 경우 이것이 상호 불신으로 이어져 제휴는 실패)

④ 자체 핵심역량을 갖고, 협상을 주도(원천적인 핵심역량 보유).

(EX) IBM사는 PC 사업에 진출하면서 핵심 OS는 Microsoft사에 CPU는 Intel 사에 의존하여 결국 PC 사업의 주도권 상실.

⑤ 파트너의 핵심역량 흡수에 매진(효과적인 상대 핵심역량 흡수, 소유할 기술과 의존할 기술 구분도 필요).

⑥ 이질적인 기업문화의 조정에 노력(제휴기업 간의 문화의 조화를 이루지 못하면 인간관계 갈등과 상호 불신이 초래).

⑦ 경영층의 무관심 극복(경영층의 배려와 결단이 필요).

(2) 실천 방안

① 파트너십 문화의 형성

- 제휴의 임무를 능동적으로 지원, 각 파트너 기업이 지니고 있는 고유한 문화를 상호 보완할 수 있는 독자적인 문화 형성해야 함. 기업 간의 문화 차이 극복을 위한 의사결정방법 사전 인식.

② 신뢰구축 및 능동적인 자세

- 진솔하고 원활한 커뮤니케이션을 통해 정보공유를 가능하게 함. 최고 경영자는 관리자를 포함한 구성원들이 스스로 전략적 제휴의 성공에 중요한 역할은 하고 있다는 각 구성원들의 인식과 가시적인 지원 제공 필요.

③ 명확한 전략적 방향성 공유

- 제휴의 목적에 부합하는 공통된 목적을 가지고 있어야 함. 성과의 극대화를 위해서는 구성원 간 제휴목적의 공유 여부가 중요.

④ 핵심역량의 효과적인 활용

－제휴 기업의 자원 및 핵심역량은 상호간에 정확히 이해되어야 하고, 성과 극대화를 위해 효과적으로 활용. 이를 위해 새로운 제품, 기술 등을 전소받고, 유지할 수 있는 프로세스의 명확한 정의와 구축.

⑤ 커뮤니케이션의 활성화

－커뮤니케이션이 직접적인 성공의 핵심요인은 아니라 하더라도 원활한 제휴과정을 위한 원동력이 될 수 있음. 파트너 기업과 접촉하고 정보를 공유.

GE와 현대와의 사례를 본으로 삼아 각 기업의 핵심역량의 우위와 약점을 서로 보완할 수 있도록 세밀한 분석 후에 서로에게 장기적으로 윈윈할 수 있는 전략을 세워서 제휴를 해야 할 것이다.

① 전략적 제휴란 두 개 이상의 기업이 법적으로나 경제적으로 독립성을 유지하면서 자신들의 경쟁우위 요소를 바탕으로 하여 일정 기간 동안 전략적 의도로 상호 협력관계를 형성함으로써 경쟁적 우위를 확보하려는 경영전략이라고 할 수 있다.
② 실질적 또는 잠재적 경쟁관계에 있는 기업들이 사업의 일부 또는 특정 기능부문에 있어서 일시적으로 협조관계를 맺는 것을 말한다.
③ 광의의 전략적 제휴에는 합작투자 및 기업 간의 합병도 포함하나 협의의 전략적 제휴에는 기업들 간에 한시적으로 비지분적 동맹관계를 맺는 것을 말한다.
④ 기업협력 형태 중 기술제휴와 인수합병의 중간 형태로 이해

이러한 전략적 제휴가 성립되기 위해서는,
첫째, 전략적 제휴에 참여한 기업 간에는 독립성을 유지하면서 공동의 목적을 추구해야 한다.

둘째, 참여기업들 간에는 성과와 통제권이 공유되어야 한다.

셋째, 참여기업들은 핵심적인 전략 이슈에 대해 지속적인 공헌을 하여야 한다.

전략적 제휴의 주요 목표는 경영자원의 공유와 위험분산, 신제품 개발과 시장진입속도 단축 즉 시간조절의 경쟁우위, 기술의 표준화를 통한 전 세계적인 산업표준 확립 및 시장퇴출에 있어서 기업조직의 유연성을 확보하는 것이다.

전략적 제휴의 이득을 살펴보면 규모의 경제 측면에서의 효과를 들 수 있다. 경쟁기업 간 제휴를 통해 규모가 증가함에 따라 그에 따른 제반 비용절감 및 학습효과가 크게 발생한다. 또 특정 활동을 수행할 수 있는 능력이나 노하우를 상호 보완적으로 활용함으로써 업무추진에서 수익증대 및 비용절감이 더 크게 나타나는 상승효과가 발생한다. 그리고 전략적 제휴를 통해 기술개발이나 수요변동에 따른 참여기업들 간의 위험 및 비용의 분담효과를 획득하여, 위험 및 비용 최소화를 달성할 수 있다.

이 밖에도 경쟁력 강화 및 창출, 신제품 및 새로운 생산기술 개발, 기초시설의 활용도 증가, 제품라인의 갭 경감, 새로운 시장 진출 등의 이점이 있다.

〉〉〉성공적인 전략적 제휴 사례

정보통신산업 분야에서 성공한 대표적 전략적 제휴의 사례로는 스웨덴의 에릭슨사와 미국의 허니웰사에 전략적 제휴를 들 수 있다. 에릭슨사는 정보통신 분야에서 전 세계적인 강한 기술력을 보유하고 있었으나 미국시장에서는 상대적으로 열세에 놓여 있었다. 반면 허니웰사는 컴퓨터와 자동제어 부문에서는 강한 기술력을 가지고 있었으나 정보통신 분야 기술은 갖고 있지 못했다. 이에 이들 두 회사는 사설 전자교환기 분야에서 전략적 제휴관계를 맺기로 합의하고 1983년 합작투자로 미국에 공동기술개발연구소를 설립하였다. 이 전략적 제휴에서 에릭슨사는 허니웰에게 정보통신분야의 하드웨어 기술을 이전하였고, 허니웰은 에릭슨에게 정보통신장비 판매에 필요한 소프트웨어 디자인 기술을 제공하였다. 이상의 전략적 제휴는 1983년에 시작하여 4년간의 공동연구개발 끝에 소멸되었다. 에릭슨사와 허니웰사는 이 전략적 제휴를 통해 상호 기술을 이전하고 습득하여 사설전자교환기 분야에서 모두 뛰어난 경쟁력을 보유하게 되었다. 전략적 제휴가 끝난 후 이 두 회사는 미국시장에서 치열한 경쟁을 벌이고 있다.

3) 전략적 제휴의 등장배경

① 글로벌 경쟁
② 기술융합화의 필요성
③ 제품수명주기의 단축에 대한 대처
④ 규모의 경제를 통한 생산비 절감

이 외에도 소비자의 욕구와 기호의 범세계적 균질화에 따른 글로벌시장 탄생, 연구개발, 신제품 개발, 제조설비 등 고정비용의 급격한 상승, 국가 간 및 기업 간 기술격차의 해소, 선진국에서의 보호주의자들의 압력 강화, 공기업의 민영화에 따른 새로운 사업기회 출현, 정보통신기술의 발달 등으로 인해 전략적 제휴가 필요하게 되었으며 촉진매개체가 되었다.

4) 전략적 제휴의 특징

협력과 경쟁의 합성어인 coopetition이라는 용어가 제휴의 의미를 적절히 표현하였다.

① 책임공유
② 참여기업의 정체성 유지
③ 지속적인 자원 이전
④ 시너지 창출

4. 전략적 제휴의 동기와 유형

1) 전략적 제휴의 동기

등장배경: 본질적으로 기업이 추구하는 전략적 목표에 따라 기업이 어떠한 사업영역에서, 어떠한 부가가치창출 활동에서, 그리고 어떠한 판매시장에서 제휴를 하는 것이 이득이 있는지 확인하여 제휴.

전략적 제휴의 구체적인 모습에서 드러나는 동기들의 일반적인 종류

1. R&D 비용 및 위험의 경감
2. 규모의 경제 달성
3. 기술의 신속한 개발 및 확보
4. 시장의 신규진입 및 확대
5. 경영자산의 보완적 공유
6. 경쟁방식의 조정

주의해야 할 점: 이러한 동기는 모든 경우를 포함하는 것이 아니며 그 제휴목적 역시 하나만 추구되는 것이 아니라 여러 목적이 동시에 추구되는 하나의 '전략적 묶음'으로 이해해야 한다.

2) 일반적인 전략적 동기들 분석

(1) R&D 비용 및 위험의 경감

－현대 산업의 특성상 연구개발비용의 대규모화, 기술개발의 속도가 빨라짐.

－경쟁기업의 반응을 예측하기가 힘들고 막상 개발이 성공되었다 하더라도 수익
　성이 불확실한 경우가 많음.
－실패 시 그 피해액은 개별기업이 부담하기 어려움.
　결론: R&D 비용 및 위험의 경감을 위해 제휴전략을 선호하며 특히 경쟁기업 간
의 제휴전략이 증가.

(2) 규모의 경제 달성

　제휴기업 간의 분업의 경제로 인해 전체적인 규모의 경제효과를 제고시킬 수 있
다.제휴참가 기업들의 상대적인 경쟁우위의 요소를 특화하여 효율의 증대 및 비용
절감으로 규모의 경제를 이루어 낸다.

(3) 기술의 신속한 개발 및 확보

－제품의 수명주기단축
－소비자의 수요패턴의 빠른 변화
－선두개발의 중요성
－신속한 신기술, 공정개발과 첨단기술의 신속한 확보의 필요성
⇒ 전략적 제휴를 통해 개발기간을 단축시키고 제휴에 참여하지 않은 기업들에
　대해 경쟁우위를 가질 수 있다.

　사례) 독일 지멘스사와 일본 도시바사의 제휴
　독일 지멘스사가 일본 도시바사로부터 1메가비트 D램의 디자인 및 제조기술을
공여받은 제휴.
　당시 지멘스사의 임원인 알프레드 프로메 씨와의 대화
　Q: 당시 지멘스사는 1메가비트 D램의 디자인 및 제조기술을 만들 능력이 없었습
　　니까?

A: 당시 지멘스사가 직접 1메가비트 D램을 개발할 수 있는 능력이 있다는 데는 의심할 여지가 없었다.

Q: 그렇다면 왜 일본 도시바사와 전략적 제휴를 맺었습니까?

A: 직접 개발할 경우 1년이 넘는 시간이 소요되어 제품을 시장에 출시할 때에는 이미 경쟁이 격화되어 가격인하와 그에 따른 수익성 저하를 감수해야만 한다. 뒤늦은 시장진입으로 인해 경쟁에서 밀려나기 십상이다.

(4) 시장의 신규진입 및 확대

- 상이한 여건과 사업착수비용
- 행정적 규제
- 세계경제의 블록화
- 주요시장에의 접근성과 입지구축
⇒ 이러한 장애요인을 피하기 위해 현지기업과 제휴를 추진하고 있으며 이러한 제휴 시 국제기업은 시장진입 및 확대를 목적으로 하고 현지기업은 기술의 획득을 목적으로 한다.

사례1) 폭스바겐 자동차와 일본 부품생산 업체들 간의 제휴

폭스바겐 자동차는 일본 현지생산 자동차 모델인 산타나부속품 70%를 일본 현지 협력업체들로부터 조달받아 이를 조립, 판매함으로써 일본 중형자동차시장으로의 진입에 성공을 거둠.

사례2) 일본 도시바社의 국제적 합작 제휴

미국시장개척 위해 ⇒ 웨스팅하우스社, AT&T, 유나이티드 테크놀로지社와의 제휴
유럽시장개척 위해 ⇒ 올리베티社, 지멘스社와의 제휴

이런 세계적인 합작을 통해 컬러디스플레이 진공관(color display tubes: CDT)의 세계최대시장인 미국과 유럽시장에서 자신의 입지를 강화시키고자 했다. 즉 도시바社는 컴퓨터부품과 부속품에 있어 급속한 신장세를 보이고 있는 미국, 유럽시장에서 활발한 촉진활동을 전개함으로써 세계 CDT시장의 15%점유율 확보를 달성하고자 하는 계획을 세웠다.

(5) 경영자산의 보완적 공유

- 거대화되고 글로벌화되어 버린 현대사회에서 개별기업의 경영자원만으로 추구할 수 있는 사업의 종류가 줄어들었다.
⇒ 기술이나 생산능력, 재무자원, 유통망, 생산기술, 노하우 등을 전략적 제휴를 통해 상호보완적으로 제공, 결합함으로써 사업을 훨씬 효율적으로 추진할 수 있다.

(6) 경쟁방식의 조정

목적: 중요한 경쟁상황에 영향을 미치고 이를 변화시키는 데 있다.
- 전략적 제휴를 통해 위협적인 경쟁기업을 동반자로 만들 수 있다.
- 기업의 의도에 따라 경쟁업체의 전략에 영향
- 경쟁기업의 기술형태를 보고 벤치마킹가능

(7) 그 밖의 동기

① 시장의 방어-현 시장에서 시장위치를 확보하기 위한 제휴
② 글로벌 시장 선점-글로벌 시장에서 선두주자로 부상하기 위한 제휴. 치열한 글로벌경제의 현실은 기업들로 하여금 특정사업을 포기하거나 경쟁자와 손을 잡게 한다.
③ 철수비용 제거-제휴를 통해 기업자신의 유휴설비를 활용하고 낙후된 설비를 개선시키는 등 구조혁신을 꾀할 수 있어 생산성 제고에 도움이 된다.

④ 국제표준규격 확립 촉진 - 글로벌화에 따른 시장통합으로 인해 기술 및 제품표준화의 필요성을 제고시켰다.

국제 전략적 제휴 사례1)

한국 현대자동차와 일본 미쓰비시社의 글로벌 제휴

한국 현대자동차(디자인, 외장) + 일본 미쓰비시社(샤시) ⇒ '에쿠스'

엔진의 설계와 개발은 양사가 공동으로 부담하였고 디자인, 외장 등 자동차의 틀은 현대가, 자동차의 뼈대인 샤시는 미쯔비시가 분담하였다. 에쿠스의 엔진은 미쯔비시의 초대형 승용차인 '드보네어' 신형 개조모델에도 사용될 예정이다. 에쿠스는 이렇게 대등한 입장에서 분업과 협업을 이루어 내었다.

국제 전략적 제휴 사례2)

LG전자와 GE의 제휴

LG전자 + GE ⇒ '광전자레인지'

LG전자가 내놓은 광전자레인지는 미국GE社의 제안으로 시작된 공동개발의 산물이다. 이는 가스, 전자파 대신 돋보기로 모은 빛으로 에너지를 만들어 조리시간을 3분의 1로 줄인 최첨단 제품이다. LG연구소에서 이뤄진 개발작업에 GE연구원이 합류했고 양사는 향후 5년간 LG가 약 4억 달러치의 광전자레인지를 GE에 공급하고 GE는 자사 브랜드로 미국에서 이를 판매하는 계약을 체결했다.

결론 ⇒ 이런 '글로벌 제품'은 단순하청생산의 방식이나 단독개발, 단독수출의 방식이 아니라 제품의 기획과 개발단계에서부터 국내외기업들이 함께 참여하게 된다. 아직까지 전자, 자동차 등 일부 대기업업종에만 국한되어 있지만 기술력이 향상되면 이런 형태의 국제협력이 보다 활기를 띨 것으로 전망된다.

3) 전략적 제휴의 유형

(1) 제휴의 내용에 따른 유형

① 기술제휴

구체적 내용으로서는
- 공동기술개발
- 기술도입 및 교환
- 교차 라이선싱
- 특허공유

기술제휴의 특징: 자사의 부족한 기술에 대해 타 기업의 기술, 특허, 노하우를 도입, 공유하여 기술력의 격차를 해소

　사례: 1) 삼성, LG, 현대, 대우기업이 3년간 공동개발 끝에 HDTV개발.
　　　　2) LG, 금성, 삼성이 전지, 전자제품 분야 특허기술 무상교환

② 구매제휴

구체적 내용으로서는
- 부품조달
- 생산위탁
- 아웃소싱

구매제휴의 특징: 상대기업에 대한 부품 조달 및 공급 제휴, 글로벌 소싱을 위한 전략적 제휴 등장

사례: 1) 대기업과 중소기업 간의 하청 생산방식
    2) 대기업과 대기업 간의 상호보완적 제휴

③ 생산제휴

구체적 내용으로서는
- 공동생산
- 생산위탁 및 수탁
- 2차 소싱
- OEM
- 부품공용화
생산제휴의 특징: 생산에서 판매단계까지 지속적이며 대체로 비용절감을 목적으로 하는 제휴

사례: 1) 주문자상표부착 생산방식(OEM)
    2) 부품공용화를 통한 평균단가 인하
    3) 패스트푸드식 생산방식

④ 마케팅제휴

구체적 내용으로서는
- 공동브랜드
- 위탁판매
- 공동규격 설정
- 교차유통협약

마케팅제휴의 특징: 판매능력을 활용, 자사품목의 상호공동판매나 판매지역이나 제품의 선택적 활용으로 교차판매

사례: 1) 일본닛산자동차와 폭스바겐사의 교차유통협약

　　　2) 신세계백화점과 아우디 코리아의 제휴

⑤ 그 밖의 유형

컨소시엄제휴: 기술개발비용과 사업착수 비용이 막대하여 기업혼자의 힘만으로 감당하기 힘들 때 자금조달과 위험분산의 목적으로 여러 업체가 참여.

ex) 포드 에어로스페이스사－통신위성프로젝트를 따냄.

－공생마케팅제휴: 중소기업들이 추진할 수 있는 제휴로서 공동브랜드 및 판매망 활동.

ex) 국내중소 pc업체들이 공동브랜드로 세계진출－그린pc－

마케팅은 장점의 결합으로, 시너지 효과를 극대화한다.

전략적 제휴(strategic alliance)라는 게 있다. 기업 간 상호 협력 관계를 유지해 다른 기업에 대하여 경쟁적 우위를 확보하려는 경영전략을 말한다. 이러한 전략적 제휴를 통해 제품에 가치를 부여할 수 있고, 시장 접근을 개선할 수 있으며, 설비 및 자원을 보다 효율적으로 사용할 수 있다. 또 기술 향상에 기여하며, 재무적으로도 도움을 준다. 그리고 무엇보다 부족한 전문성을 강화해 새로운 기회를 만들어 준다.

아우디 코리아(www.audi.co.kr)는 BMW, 벤츠와 비교되는 독일계 고급차 브랜드다. 국내에서는 아직 인지도가 낮은 편이지만, BMW와 비교했을 때 안정감과 주행감에서 더 좋다는 사용자들의 평이다. 주로 강남 지역에 집중하던 아우디 코리아는 최근 강북 지역을 공략하기 명동 신세계백화점에서 'A8' 모델을 전시한다고 밝혔다. 이 전시관은 신세계 백화점 본점 1층 내부에 꾸며지며 아우디 갤러리에는 아우디의 106년 역사와 전통을 한눈에 볼 수 있을 것이라고 회사 측은 전했다. 자동차를 백화점에서 판매한다는 것은 매우 이례적인 일이다. 그러나 백화점의 고급 이미지와 고급 자동차의 이미지는 소비자들에게 어필하기 마련이다. 기존의 연구들에

의하면 점포 이미지와 어울리는 제품 구성이 점포의 이익과 직결된다는 결과를 보고하고 있기 때문에 이 전략은 아우디 코리아뿐 아니라 신세계백화점 입장에서도 홍보 효과를 톡톡히 볼 수 있을 것이다. 서로의 장점을 최대한 이용한 윈윈(Win-Win)전략이 아닐 수 없다. 상품에서의 이러한 전략은 주로 같은 회사 제품을 통하는 경우 쉽게 이뤄진다. 특히 수요가 함께 일어나는 경우라면 당연히 고려해 볼만한 사항이다. 전략적으로 기술 개발에서 판매 그리고 사후 서비스까지 원스톱(One-stop)으로 통제할 수 있다는 장점과 함께 소비자들의 요구를 함께 반영할 수 있어, 비용절감은 물론이고 제품의 약점을 보완하는 데 적극적으로 임할 수 있다.

4) 협력의 범위에 따른 유형

(1) 단순지분참여 제휴

지분참여를 통해 연결은 되어 있지만 공동 프로그램 및 업무의 수행은 이루어지지 않는다.

(2) 단순업무 전략적 제휴

두 개 이상의 기업이 제휴를 통해 특정의 공통된 업무만을 수행하는 제휴의 초기 형태, 최근 신용카드사가 보험사, 증권사, 항공사 등과 업무제휴를 맺고 자체카드와 일반신용카드 기능을 합친 제휴카드 발행

(3) 복수업무 전략적 제휴

두 개 이상의 기업이 제휴를 통해 두 개 이상의 업무를 수행하는 성숙된 제휴형태
- **복합제휴:** 처음에 특정분야에 국한되어 협력관계가 이루어지더라도 점차적으로 폭넓은 제휴관계로 발전.

ex) 일본의 제조업체 아지노모트사와 판매업체 다이에사의 제휴

5) 분업형태에 따른 유형

(1) 수평적 분업형

경쟁관계에 있는 선발업체 간에 상호 대등한 입장에서 취약부문을 보완하고 위험분산을 도모한다.

(2) 수직적 분업형

선, 후발업체 간에 다소 종속적인 입장에서 기술 및 생산능력 등의 자산을 상호 교환한다.

(3) 관련 산업 다각형

제3국 기업에 상호 출자함으로써 전후방 또는 관련산업의 안정적 확보를 꾀하게 된다.

(4) 국책. 민간 연합형

국가와 민간기업이 전략차원에서 국가적 이익증진을 목적으로 공동으로 제휴

6) 상호의존성에 따른 유형

(1) 연속제휴

제휴참여기업들이 서로 차별적인 핵심역량을 보유하고 있는 경우 이루어짐

(2) 상호제휴

이질적인 자원을 투입하여 시너지효과를 달성하기 위한 목적

(3) 공유제휴

새로운 기업을 만들어 서로 자원을 물리적으로 결합하는 합작투자의 형태

7) 교섭력에 따른 유형

(1) 경쟁기업 간의 제휴
   핵심사업을 공유한 강력한 경쟁자 간의 제휴
(2) 상호 보완적 제휴
   서로 보완관계에 있는 강자 간의 제휴형태
(3) 매각형 제휴
   상호 양립이 가능한 파트너 간의 제휴로서 초기에는 원활한 협력이 이루어지
   나 장기적으로 결별 가능.

5. 전략적 제휴의 추진과 실천방안

1) 전략적 제휴의 계획과 관리

(1) 전략적 제휴의 추진계획

－제휴와 관련된 문제점 및 가능한 대안에 대한 검토필요
－대안의 평가를 위해 편익, 비용분석
－협력을 통해 기업의 경쟁우위가 경쟁업체에게 이전될 가능성이 있는 제반 위험
  분석
－제휴로 인한 종속성에 대한 위험분석
－바람직한 대안일 시 파트너 선정

(2) 제휴파트너의 선정

－제휴파트너의 선정 시 전략적 협력의 목적과 가능성, 한계 등을 구체화시킨다.

－그리고 얻고자 하는 경쟁우위의 유무가 있는지 없는지 있다면 어떤 경쟁우위가 있는지 확인을 해본다.

전략적 제휴를 위한 파트너의 중요한 선정기준으로 3C가 있는데 양립성, 파트너의 능력, 몰입성 이 세 가지가 있다.

가) 양립성

① 제휴하는 기업들 간의 전략의 일치성 테스트.
  －제휴의 목적과 동기
  －제휴파트너의 경영자원
② 제휴에 참가하는 기업들의 기업문화 차이 확인.
③ 경영관리 시스템의 차이 확인.

나) 파트너의 능력

① 파트너가 갖고 있는 경영자원, 핵심역량 파악.
② 파트너의 규모 평가.

다) 몰입성

① 제휴에 임하는 파트너의 자세.
② 전략적 제휴가 파트너의 핵심사업인지 주변사업인지를 평가.

(3) 전략적 제휴의 체결협상

－동반관계에 걸맞은 법적 내용과 계약 및 조정내용을 명문화
－전략적 제휴의 지속 기간 확정
－각 기업이 부담해야 할 소요자원과 필요한 기여 정도 분명히 해야 함

－갈등이나 이해관계 상충 시 해결방안에 대해 계약에 명시

－전략적 제휴가 종식될 때의 절차와 방법도 명시

(4) 전략적 제휴의 관리

－상호 독립성을 지키면서 파트너의 역할을 정확히 모니터링하고 제휴를 통한 정
  보흐름과 제휴의 효과를 파악

－많은 불확실성 중에서 끊임없는 협상과 합의과정 필요

－불안정한 관계 구조이기 때문에 작은 부분까지 신경을 써야 함

(5) 제휴의 결별에 대한 대비

－전략적 제휴는 한시적 형태이므로 최악의 경우를 대비해 유출하면 곤란한 정보
  를 통제하고 결렬 후를 대비한 대책을 마련해야 한다.

6. 전략적 제휴의 성공을 위한 실천방안

1) 실천을 위한 유의사항

첫째, 분명한 목표의식을 가지고 출발해야 한다.

분명한 목표 설정 없이 협력관계를 맺을 경우 제휴 자체가 어려움.

제휴가 이루어졌다 하더라도 파트나와의 견해 차이로 갈등 증폭의 가능성

기술획득, 시장점유율 제고가 진정한 목적이라는 것을 상기할 필요성

둘째, 신뢰를 통한 협상이 되어야 한다.

자사의 능력을 과대포장하거나 파트너에게 과도한 기대를 하는 경우 협력과정에
서 불신과 갈등이 생성

셋째, 상호 불신과 기만은 금물이다.

상대기업의 기회주의적 행동을 너무 우려하거나 자사의 이익에만 급급해하는 경우 이것이 상호 불신으로 이어지고 결국 제휴는 실패하게 됨.

넷째, 자체 핵심역량을 갖추고 협상을 주도해야 한다.

제휴기업이 이익과 경쟁력의 원천이 지적 재산권 등의 핵심역량의 미보유시 제휴사업의 주도가 어려움

다섯째, 파트너의 핵심역량 흡수에 노력해야 한다.

자사가 내부적으로 소유해야 할 기술과 의존해야 할 기술의 구분 필요

여섯째, 이질적인 기업문화의 조정에 노력해야 한다.

조화가 이루어지지 않을 경우 인간관계 갈등과 상호 불신이 초래

일곱째, 경영층의 무관심을 극복해야 한다.

경영층의 배려와 결단이 필요

2) 실천방안

① 파트너십 문화의 형성

제휴의 임무를 능동적으로 지원하고 각 파트너 기업이 지니고 있는 고유한 문화를 상호 보완할 수 있는 독자적인 문화 형성

② 신뢰 구축 및 능동적인 자세

도덕적 행위 및 상호존중을 통해 형성된 신뢰는 원활한 커뮤니케이션을 통해 정보 공유를 가능하게 하며 동일한 전략적 방향성을 유지하게 함

③ 명확한 전략적 방향성 공유

제휴기업의 구성원은 전략적 제휴의 목적에 부합하는 공통된 목적을 공유

④ 핵심역량의 효과적인 활용

새로운 제품, 기술 등을 전수받고 유지할 수 있는 프로세스가 구축되어야 함

⑤ 커뮤니케이션의 활성화

커뮤니케이션은 원활한 제휴과정을 위한 원동력

국제기업의 전략적 제휴에서 특히 문화적 특성 간의 동질성은 그 성패에 매우 중요한 영향을 미치고 있다. 문화적 일치성이나 상호간의 신뢰감, 권한위임의 공정성 등은 성공한 사례에서 매우 높게 나타나고 있다. 관리기능상의 성공요인으로는 기능별 역량에 주목할 필요가 있다. 제휴기업 간에 서로 보완적 기능을 수행할 충분한 역량을 구축하고 있는 경우에는 성공할 확률이 매우 높게 나타나고 있다. 반면에 계약서 등 법률적 차원에서의 합의내용은 서로의 신뢰가 전제되지 않은 한 성공에 그다지 영향을 미치지 못하고 있음을 알 수 있다. 인적 자원의 구성 및 종업원의 능력은 전략적 제휴의 중요한 동기가 됨에도 불구하고 실질적으로는 전략적 제휴의 성공에 크게 기여하지 못하는 것으로 나타났다. 한편, 제휴파트너 기업 간의 원활한 커뮤니케이션 활동과 정보의 공유도 성공확률에 결정적인 역할을 하는 것으로 나타났다.

이상과 같이 전략적 제휴는 다양한 목적에도 불구하고 현실적으로 많은 제약요인들로 인해 항상 성공하는 것이 아님을 고려하여 서로 신뢰할 수 있는 파트너의 모색과 일단 제휴가 이루어진 경우에는 철저히 상대를 신뢰하고 이를 조직적으로 뒷받침할 수 있도록 다양한 대안을 모색해야 한다.

제9절 글로벌 경영전략과 마케팅

1. 글로벌 전략의 개념과 필요성

글로벌 전략의 필요성을 이해하기 위해서는 제2차 세계 대전 후 일본 기업이 미국의 TV 시장에 진출하여 미국의 TV 생산 업체가 결국 모두 도산하게 된 과정을 살펴볼 필요가 있다.

그 당시 미국의 TV 생산업자는 모두 내수 위주의 기업인 데 비하여, 일본 기업은 전 세계를 무대로 경쟁하는 글로벌 기업이었다. 글로벌 전략을 추구하는 기업과 내수 위주의 기업이 경쟁할 때, 내수 위주의 기업은 불리한 점을 감수할 수밖에 없다.

미국의 RCA나 GE는 미국 내의 내수 시장에만 기반을 두고 있는 기업이었기 때문에 Sony나 Matsushita와 같이 해외 시장에서도 적극 경쟁하는 기업에 비해 가격 경쟁력에서 훨씬 취약하였다.

예를 들면, RCA는 미국 내수 시장에 전적으로 의존하기 때문에 미국 시장에서의 가격 경쟁으로 인한 타격을 100% 고스란히 받지만, 일본 기업들은 미국 시장이 전체 매출의 30% 정도로 한정되기 때문이다.

상호 보조, 즉 시장 간의 이익과 손해를 보전할 수 있는 능력, 그리고 국제 시장에서 보복을 할 수 있는 능력이 글로벌 전략을 성공적으로 수행하는 데 큰 힘이 된다.

글로벌 경영은 기업이 더 이상 한 국가나 지역 단위에서가 아니라 세계를 하나의 시장으로 보고 범세계적 차원에서 사고하고 기업의 활동을 계획, 집행하는 것을 의미한다.

경영 전략이란 경쟁에서 이기기 위한 방책이다.

⇒ 글로벌 경영 전략도 범세계적 경쟁에서 이기기 위한 방법을 강구하는 것이다.

S. Ghoshal은 기업이 글로벌화를 통해 지니게 되는 경쟁우위의 원천으로 국가 간의 차이와 규모의 경제, 그리고 범위의 경제를 제시한다.

- 국가 간의 차이: 글로벌화는 기업으로 하여금 국가 간에 발생하는 노동비용, 자본비용, 여타 생산요소비용의 차이를 활용함으로써 원가를 절감할 수 있게 해 준다.
- 규모의 차이: 규모의 경제 효과와 학습효과 등을 통해 생산량이 매번 두 배로 누적됨에 따라 평균비용이 일정한 비율로 하락하는 경험곡선효과를 얻을 수 있다.

(경험 곡선 효과: 기업의 비용우위를 결정하는 중요한 요인, 경험곡선의 기울기는 생산 공정이 복잡하고, 부품수가 많을수록 상승)

- 범위의 경제: 개별 제품을 별도로 생산하는 것보다 다수의 제품을 연계하여 생산할 때 소요비용이 절약되는 것을 말한다. 한 기업이 두 가지 이상의 제품을 생산하는 것이 별개의 두 기업이 각각 한 제품씩 개별적으로 생산할 때 소요되는 비용의 합보다 작다는 것을 의미한다.

기업의 경쟁 우위는 근본적으로 차별화 우위와 저원가 우위의 두 가지 유형에 귀결된다. 이를 구체화하면,

① 연구개발, 구매, 생산, 마케팅 등 가치 창출 활동에서 갖는 규모의 경제 및 경험곡선효과로 인한 비용절감, ② 한 국가에서 얻은 아이디어, 경험, 노하우 등을 다른 시장국으로 이전할 수 있는 능력, ③ 신제품의 도입을 용이하게 하는 상표의 범세계적 인지 및 품질에 대한 좋은 평판, ④ 위험을 감소시킬 수 있게 하는 자원의 국제적 이전 능력, ⑤ 생산설비나 지식, 브랜드 명과 같은 자산을 여러 사업 또는 시장에 공유함으로써 얻게 되는 범위의 경제효과를 통한 비용 절감, ⑥ 유리한 조건의 노동력과 원자재를 제공하는 지역에 대한 진입의 용이성 등에서 찾을 수 있다.

2. 글로벌 전략의 과제

- 세계 시장의 사고와 행동 필수: 세계를 하나의 단일시장으로 보고 있는 지구 중심적 시스템을 통해 국가경계에 의한 세계시장의 분할은 없어진다. 개별 기업단위의 목표들이 범세계적 목표에 부합하는지를 검토하고 필요한 경우 이를 수정.
- 하나의 개방적 정보 교환체계 및 네트워크 구성: 모든 기업들은 하나의 범세계적 분업과 전문화 세계에 연계되고 상호 긴밀한 협력과 의사소통을 통해 통합

및 비용절감 가능성을 극대화해야 한다.

‒국가 간 회계적 균형 유지: 개별국가나 지역 콘셉트보다는 세계 콘셉트의 최적화를 우선한다는 것이다. 그리고 이것이 보장되기 위해서는 기업 단위들 간에 표출되는 내부적인 경쟁의식 대신에 하나의 개방적인 협력 분위기가 이루어져야 한다.

‒표준화 추구: 개별 시장국에 존재하는 환경상의 차이에 신축적으로 적응할 수 있어야 한다. 제품과 마케팅 프로그램, 경영 및 통제 시스템에서 가능한 한 표준화가 이루어져야 한다. 글로벌 전략의 수립과 수행에는 본사와 자회사 간의 협력이 요구된다.

최근 기업들은 지역별 대응을 요구하는 현지화(localization)와 범세계적 규모의 경제의 활용을 요구하는 범세계화(globalization)를 동시에 경험하고 있다. '상반된 글로벌 경영 환경 변화에 대해 기업들이 어떻게 조화로운 대응을 해나가느냐'가 기업의 글로벌경영 전략 수립에 중요한 과제가 되었다. 글로벌화와 현지화의 압력은 산업과 제품, 또는 국가와 지역에 따라서 다양하다. 이 문제를 극복하기 위해서는 두 가지 압력에 대한 전략적 융통성이 필요하다.

3. 글로벌 전략수립을 위한 주요 요소

1) 핵심역량의 이전가능성

해외에 진출하려는 기업은 무엇보다 먼저 자신이 가지고 있는 핵심역량이 무엇인지, 그것이 세계적인 경쟁자와 비교하여 지속적 경쟁우위를 창출할 수 있는지 검토해야 한다. 핵심 역량에 입각한 글로벌 전략에는 글로벌 기업이 지니고 있는 핵심역량을 해외시장에 이전 가능하다는 것이 전제되어야 한다.

핵심 역량이란 기업이 보유하고 있는 우월적 내부 역량으로서 경쟁기업과 차별화 될 뿐만 아니라 경쟁우위를 창출할 수 있는 능력을 의미한다.

2) 가치사슬의 배치

가치사슬(value chain)이란, 기업 활동에서 부가가치가 생성되는 과정을 의미한다. 1985년 미국 하버드대학교의 마이클 포터(M. Porter)가 모델로 정립한 이후 광범위 하게 활용되고 있는 이론틀이다. 부가가치 창출에 직접 또는 간접적으로 관련된 일 련의 활동·기능·프로세스의 연계를 의미하고 있다.

기업은 가치사슬에 대한 분석을 통하여 가치 활동 각 단계에 있어서 부가가치 창 출과 관련된 핵심활동이 무엇인가를 규명할 수 있다. 또한 각 단계 및 핵심활동들 의 강점이나 약점 및 차별화 요인을 분석하고, 나아가 각 활동단계별 원가동인을 분석하여 경쟁우위 구축을 위한 도구로 활용할 수 있다.

- 한 기업의 활동을 각기 상이하나 경제적 특성을 가진 기능의 집합으로 보는 개념
- 부가가치사슬을 구성하는 각 기능이 경제적 특성을 달리하여 학습효과, 규모의 경제, 범위의 경제에 대한 감응도의 차이 발생
- 각 기능의 경제적 특성에 따라 소비자와 밀착되는 분야와 소비자와 떨어져 실 행할 수 있는 분야가 구별
- 기본적 활동(제품 제조의 물리적 과정과 판매 그리고 구매자에게 전달되는 물 적 유통과정과 A/S 활동이 포함)과 지원 활동(기본적 활동과 다른 지원활동을 보조해 주는 활동으로, 구매되는 투입요소에 대한 조달 지원, 기술, 인적 자원 관리와 기타 회사 전반에 걸친 기능을 포함)으로 구분

3) 진출시장의 선정

진출하는 시장이 전 세계적으로 골고루 퍼져서 지역적으로 균형을 이루는 것이

바람직하다. 기업의 진출대상국으로서 글로벌 차원에서의 전략시장이 선정되는 것이
바람직하다.

4) 진입방식의 선택

해외에 직접 투자를 하는 데 있어서 신설할 것인지 아니면 현지의 기업을 인수할
것인지에 대한 선택문제, 소유전략의 선택문제, 그리고 시기에 따른 진입전략의 선
택문제의 의사결정에 주의를 기울여야 한다.

5) 통제와 조정

일반적으로 글로벌 경영에는 의사결정의 중앙집권화가 필요한 것으로 주장되지만,
이보다 성공적인 글로벌 전략을 수립하기 위해서는 본사와 자회사들 간의 오케스트
라와 같은 용의주도한 공동 작업이 요구된다.

4. 글로벌 경영전략의 모델

1) 통합－적응 모형(integration－responsiveness)

기업이 경영활동을 범세계적으로 할 것인가 지역별로 대응할 것인가 따라 3가지
대응전략으로 구분한다. 기업은 자신이 속한 산업의 특성을 고려하고, 현재 기업이
가지고 있는 핵심역량의 정도를 파악하여 3가지 전략 중 합당한 전략을 수행해야
한다.

① 범세계적 통합전략(global integration strategy)

경영자들이 높은 수준의 범세계적 통합 압력과 낮은 수준의 현지화 필요성을 인식할 경우의 대응전략이다. 기업의 자회사들은 본사로부터 직접 지휘, 통제를 받으며 특히, 생산이나 판매 면에서 자회사들 간에 높은 상호의존성을 갖는다.

② 현지적응전략(local responsiveness strategy)

범세계적 통합 전략과는 정반대의 개념으로 개별 국가의 환경에 맞추어 현지국의 기업처럼 자율적으로 활동한다. 자회사의 자율권을 보장하며, 현지의 경쟁기업과 소비자의 요구에 신속하게 대응할 수 있다.

'철저히 현지화된 밀착 마케팅으로 승부한다.'
현대차의 글로벌 경영을 이끄는 가장 큰 요인은 품질에 바탕을 둔 철저한 현지화 전략이다. 미국, 유럽, 아시아 등 각 권역별로 특화된 전략을 펴는 것은 물론 국가별 문화와 종교 등 특성에 맞춘 치밀한 토착 마케팅으로 시장을 파고들고 있다.
이러한 현지화 전략의 가장 대표적인 사례는 인도다. 현대차가 처음 진출할 당시 인도인들에게는 '현대' 브랜드는 물론 한국이라는 나라까지 낯설기만 했다. 현대차는 이에 따라 진출 초기 인도인들이 신처럼 여기는 영화배우 샤루칸을 광고모델로 영입, 인도인의 뇌리 '현대'라는 이미지를 심기 시작했다. 인도인들만의 독특한 정서를 고려한 공장운영도 성공에 큰 몫을 했다. 인도의 현지 종업원들은 시간 개념이 없어 결근이 잦고, 신분제도와 종교 등의 영향으로 목표달성 의식이 부족하다는 특성을 갖고 있다. 정서적으로 여러 사소한 질책에도 회사를 그만두기 일쑤였다.
현대차는 이에 따라 명확한 지시를 통해 목표의식을 공유하는 한편 각종 포상제도 운영, 신분과 무관한 공정한 대우, 지역친화적인 이미지 구축 등을 통해 그들의 마음을 사로잡았다. 또 인도 정부와의 약속을 지키기 위해 엔진과 변속기 공장을 짓는 동시에 현지 부품업체 개발에도 적극 나섰다. 초기에는 각종 부품의 불량률이 높아 애를 먹었지만 체계적인 기술지도로 이를 극복해 나갔고, 그 결과 90% 이상의 부품을 현지에서 조달하게 됐다. 현대차 관계자는 "마케팅 측면에서도 철저한 시장조사를 통해 배기량 1,000cc 미만의 소형차 시장규모가 훨씬 크다는 결론을 얻고 초기에 액센트로 결정했던 생산모델을 아토즈로 변경했고 결과는 대성공이었다"고 말했다. 현대차는 이어 터키에서도 한국이 한국전쟁과 한일 월드컵 등을 통해 매우 우호적인 국가라는 점을 상기시키면서 마케팅과 연계한 각종 사회공헌 활동을 펼치는 방식으로 현지화를 꾀했다. 지난 1999년 대지진 복구지원 활동을 비롯해 2004년 6월 보훈의 달을 맞아 한국전 터키 참전용사를 대상으로 차량 할인판매 등을 실시했고, 10월에는 터키참전용사 유가족의 한국 방문을 지원해 기업이미지 제고와 동시에 양국 우호증진을 위한 노력을 펼쳤다. 그 결과 터키 총리가 지난 2004년 2월 현대차 울산공장을 방문하기도 했고, 현대차 관계자는 "터키공장은 단순 조립공장이 아닌 자족형 공장으로 확고히 자리잡았다"며 "게다가 수출까지 하는 기업이라는 사실이 터키 국민들에게 인식돼 있어 터키 경제발전에 기여하는 진정한 형제국가의 대표기업 이미지를 구축하고 있다"고 말했다. 현대차는 이 밖에 중국에서도 철저한 현지화 전략과 품질 우선주의 등을 통해 베이징현대차 설립 3년 만인 지난해 전체 브랜드 중 3위를 차지, '현대속도'라는 신조어를 만들어 내기도 했다.

③ 다초점전략(multi-focal strategy)

범세계적 통합전략+현지적응전략

현지 자회사의 자율 경영을 인정하면서 자회사 간의 조정과 상호 협력을 유도하는 절충적인 전략이다.

※ Bartlett과 Ghoshal에 의한 전략모형

① 국제적 전략(international strategy)

글로벌 통합이나 현지적응으로부터 아무런 이득을 얻지 못하는 산업에 적용되는 전략으로서, 본사의 전략과 조직구조, 과정을 해외자회사에게 그대로 이전시키는 것을 특징으로 하고 있다.

② 국가별 전략(multidomestic strategy)

현지 적응의 필요성은 아주 높은 반면, 글로벌 통합이점이 달성될 수 없는 산업에 적용되는 것이 바람직한 전략이다. 현지의 요구에 적응하는 독립성을 지닌 자회사를 설립하게 된다. 주요 경영층으로 현지인을 채용함으로써 현지국 기업의 이미지를 갖게 한다.

③ 글로벌 전략(global strategy)

글로벌 이점의 가능성이 매우 큰 순수 글로벌 산업이 존재할 때 가장 효과적인 전략이다.

④ 초국적 전략(transnational strategy)

높은 비용 절감 압력과 높은 현지적응 압력이 동시에 존재할 경우, 저비용과 차별화 우위를 동시에 달성하기 위해 추구하는 전략이다.

2) 배치-조정 모형(configuration-coordination framework)

기업 활동의 배치와 조정 두 가지 차원에서 기업이 추구할 수 있는 국제 전략의 유형을 나타낸다. 수평축은 오른쪽으로 갈수록 가치 활동의 범세계적 배치가 지역적으로 한곳에 집중되어 있고, 반대편으로 갈수록 가치 활동이 전 세계적으로 분산되어 있음을 보여준다. 수직축은 위로 올라 갈수록 가치 활동에 대한 조정의 강도가 높아짐을 나타낸다.

- 기업 활동을 어떻게 전 세계에 배치(configuration)할 것인가?
- 전 세계에 배치된 활동을 어떻게 조정(coordination)할 수 있을 것인가?

① 단순한 글로벌 전략(simple global strategy)
- 기업-활동의 배치가 지역적으로는 집중되어 있고 기업의 범세계적인 활동을 본사에서 강하게 통제하는 전략
- 전 세계 주요 지역에 소수의 자회사를 설치해 두고 이러한 소수의 자회사를 본국의 본사가 조정 통제하는 체제
ex) 196070년대에 Toyota사와 같은 일본기업들이 주로 채택
② 수출중심 전략(export-oriented strategy)
- 지역적으로 집중화되어 있으나 전체적인 기업 활동의 조정이 약한 수출 위주의 마케팅 전략을 사용하는 것
ex) 과거의 수출 지향적인 한국 기업, 분권화된 마케팅이나 OEM에 의한 수출전략을 추구하는 기업
- 과거의 한국 기업은 한국에서 생산한 후 자신의 브랜드 없이 주로 주문자상표부착(OEM)으로 수출하는 형태로 해외 영업을 해 옴.
③ 국가특유 전략(country-specific strategy)
- 국가별 전략을 추구
- 대표적으로 유럽이나 미국의 전통적인 다국적 기업
- 대체적으로 각국에 자회사를 설치해 두고 자회사의 운영은 자회사에게 일임함으로써 본사와 자회사 간의 긴밀한 협조 관계가 없는 형태
④ 고도의 글로벌 전략(high global strategy)
- 세계 여러 지역에 직접 투자를 통하여 자회사를 설립한 후 강력한 통제로써 이들을 하나의 기업으로 묶는 방법
- 고도의 글로벌 전약을 추구
- 초국적 기업(Transnational Corporation)

기업이 글로벌 전략으로 할 것인가 또는 국가별 전략을 추구할 것인가는 그 기업이 속한 산업의 특성 및 기업이 가지고 있는 능력 등에 따라 좌우된다.

ex1) 윤활유 산업

자동차용 윤활유는 국가마다 운전 기준, 기후, 법률 상황, 유통 경로 등이 다르기 때문에 윤활유의 기본적인 합성 비율과 첨가된 혼합물이 상이하다.

선박용 윤활유 배는 세계 어느 곳이든 자유롭게 다닐 수 있으며, 정박하는 어디에서라도 같은 윤활유를 구할 수 있어야 하기 때문에 글로벌 전략이 필요하다. (Shell, Exxon 등)

ex2) 호텔 산업

일반 호텔 각 국가마다 소득 수준이 다르고 문화적 차이가 존재하기 때문에 국가별 전략을 추구하는 경우가 많다.

특급 호텔 주요 고객들이 전 세계를 여행하며 활동하는 기업 고객이므로 전 세계 어디를 가더라도 동일한 수준의 서비스를 제공할 수 있어야 하기 때문에 글로벌 전략이 필요하다. (Hilton, Sheraton, Intercontinental 등)

3) 종합적 글로벌 전략 모형(total global strategy)

Total Global Strategy 모델은 기업의 내외부적 요인을 고려하여 전략을 선택하고, 전략의 실행에 있어서 다양한 방법을 제시하며, 글로벌 전략을 분석하고 개발하는 데 활용할 수 있는 체계적인 구조를 제공한다.
- 기업의 글로벌화 능력
- 산업의 글로벌화 잠재력
- 글로벌 전략 수단
- 조직화 능력
- 글로벌 전략의 이익과 손실

제10절 해외직접투자 구조의와 마케팅

최근 들어 우리나라의 해외직접투자가 크게 늘어나고 있다. 2002년에 37억 달러였던 해외직접투자액이 지난해 67억 달러로 3년 사이에 거의 배증하였고, 올해 상반기까지의 실적도 46억 달러로 지난해 같은 기간에 비해 56%나 증가하였다.

이처럼 최근 해외직접투자가 금액 면에서 큰 폭의 증가세를 나타내고 있는 것 이외 전체적인 구조에서도 과거와 다른 양상을 보이고 있다. 이 중 몇 가지 특징적인 사항을 요약해 보면, 먼저 최근 들어 해외진출 기업수가 급격히 늘어나고 있는 추세를 보이고 있다는 점을 들 수 있다. 국내 주거래은행에 정식으로 신고된 신설 해외 현지법인의 수는 1999년, 095개에서 2000년 2080개, 2003년 2806개, 2004년 3765개, 그리고 2005년에는 4391개로 2000년 이후 연평균 28.8%의 증가를 보이고 있다. 이는 같은 기간 중 투자금액의 연평균 증가율 15.7%를 크게 웃도는 것으로, 중소기업과 개인 및 개인 기업들의 해외 진출이 크게 증가한 데 기인한다.

둘째, 이처럼 해외진출 기업수가 크게 늘어나면서 해외직접투자의 규모에 있어 양극화 현상이 나타나고 있다. 즉 최근 일부 대기업들은 건당 10억 달러가 넘는 대형 투자를 실행하고 있는데 다른 한편으로는 건당 100만 달러 미만의 소액 투자가 전체 투자건수의 87%(2005년 기준)에 이른다.

셋째, 투자의 중국 집중화 현상이 가속되고 있는 가운데, 베트남, 인도, 브라질 등 신흥 시장으로의 투자 증대도 두드러지고 있다. 중국에 대한 투자비중은 2002년 미국 비중을 상회하였고, 이후 2005년에는 40%를 능가하였는데 최근에는 중국의 임금상승, 외국인투자자에 대한 인센티브 축소, 경쟁가열 등 투자환경이 악화됨에 따라 중국에서 베트남, 인도 등으로 투자처를 옮기는 기업들이 늘어나고 있다. 이러한 결과 개도국에 대한 투자 비중은 1996년 47%에서 2005년 65%로 10년 사이에 18% 포인트 높아지게 되었다.

넷째, 대기업들의 해외직접투자의 전략이 생산비용 절감, 시장 확보 등 전통적인 목적에서 글로벌 경쟁력 창출과 같은 새로운 패러다임으로 전환되고 있다. 2001년 LG전자가 중국 및 인도네시아 법인으로부터 철수하고 네덜란드에 진출한 것은 글로벌 네트워크의 재조정 및 글로벌 자산의 조정이라는 새로운 사례를 보여 준 것이다. 이제 대기업들은 해외직접투자를 글로벌 마켓에서 기업의 생존을 위한 하나의 방편으로 생각하게 되었으며, 이러한 글로벌 마인드에 기반을 둔 해외직접투자 인식이 확산되고 있다. 글로벌 경쟁력 관점에서는 기존의 무역수지 효과보다는 자국기업의 경쟁력 제고와 미래 성장동력 유지가 더 중요하게 인식되고 있다. 해외진출 기업이 투자에 성공하면 세계시장을 대상으로 규모의 경제를 달성하게 되어 원가우위 확보가 가능하게 되며, 이는 궁극적으로 국내고용 창출에도 도움이 된다는 주장이 설득력을 높이고 있다.

국내투자건 해외투자건 투자의 결정은 기업이 한다. 즉 기업들은 각자가 리스크와 수익에 대한 판단 아래 해외투자를 실시하는 것이다. 따라서 그들의 투자활동을 정부가 규제하거나 또는 보조해 주는 행위는 자유시장체제하에서 적합하지 않을 수 있다. 그러나 기업들의 해외투자가 늘어나면서 이것이 국가경제에 미치는 영향도 커지고 있어 정부와 기업은 해외투자에 대한 국가적 책임도 함께 고려해야 할 것이다. 해외투자의 실패는 곧 국부의 유실이라는 점에서 국내투자의 실패보다 국가경제에 더 안 좋은 영향을 준다.

기업들은 해외에서의 사업 성공을 위해 철저히 준비하고 글로벌 역량을 제고해야 하며, 정부는 해외 진출한 기업들이 실질적인 경쟁력을 확보할 수 있도록 지원하는 한편 이들의 해외투자가 국가경제에 긍정적 효과를 극대화할 수 있도록 유도하는 데 최선의 노력을 경주해야 할 것이다. 이를 위해 우리나라 해외직접투자의 동향과 구조 변화 등에 대한 연구에 보다 깊은 관심을 기울여야 할 것으로 생각된다.

1. 해외직접투자 변화

올해 3분기까지의 국내기업의 해외직접투자가 전년 동기에 비해 약 90% 증가한 것으로 조사됐다.

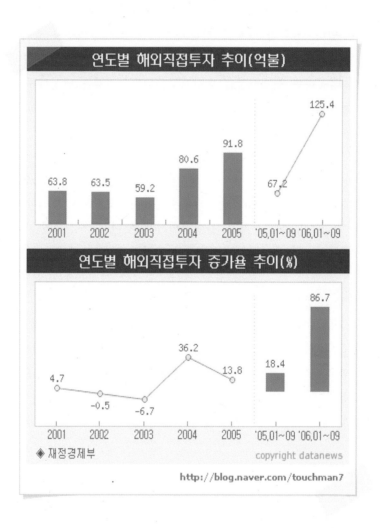

재정경제부(www.mofe.go.kr)가 올해 9월까지의 국내기업의 해외투자에 대해 분석한 <2006년1∼9월 중 해외직접투자 동향>에 따르면, 해외직접투자가 125.4억 달러로 전년 같은 기간(67.2억 달러)에 비해 86.7%나 증가한 것으로 나타났다.

이는 고유가로 인한 해외자원개발 확대, 기업의 글로벌 경영전략 및 개인에 대한 해외투자 규제완화 등의 원인으로 분석됐다.

기업주체별로는 대기업 투자가 제조업(128.6%)과 광업(182.6%)을 중심으로 126.3% 늘었으며, 그 외 중소기업은 45.8%, 개인기업은 49.8% 증가했다.

업종별 동향을 살펴보면, 부동산업이 지난해 같은 기간에 비해 3.8배로 크게 증가했고, 건설업(2.8배)과 광업(1.7배)도 큰 증가폭을 나타냈다.

한편, 국가별 투자는 중국(32.0억 달러)과 미국(14.9억 달러)이 주를 이뤘으나, 그 비중은 1994년 이후 지속적으로 하락하고 있는 것으로 조사됐다.

2. 해외직접투자의 개념

1) 해외 직접투자의 동기

(1) 경쟁우위의 활용

① 기업이 기술, 브랜드, 마케팅 능력과 같은 경쟁우위를 갖고 있을 때, 이를 내수시장뿐 아니라 해외시장에서 활용하면 더 큰 수익 보장.
② 그러나 외국기업은 언어와 문화에 대한 이해의 측면에서 현지기업에 비해 불리하고, 현지국의 유통망, 대정부관계에서 취약함.
→ 외국인 기업이 갖는 불리함 (＝외국인비용: Liabilities of Foreignness)
③ Hyner: 기업들이 독점적인 경쟁우위(Monopolistic Advantage: 외국인 비용을 상쇄할 수 있을 정도의 경쟁우위)가 있는 경우 이윤극대화를 위해 해외직접투자

를 행한다고 주장.

(2) 내부화(Internalization)

① 기업이 해외경영을 하는 데 필요한 지적자산과 원자재 등의 거래를 수행함에 있어서 시장을 이용하는 것보다 기업내부거래를 통해 수행하는 것이 더 효율적이기 때문이다.

② 다국적 기업이 경영자원의 국제간 이동을 보다 효율적으로 수행하는 조직체라는 것을 의미한다.

→ 거래비용이론(Transaction Cost Theory)의 관점에서 설명 가능하다. 시장거래를 기업내부의 거래로 내부화함으로써 시장거래비용을 줄이고 효율성을 높인다.

③ 지적 경영자원은 외국으로 이주하는 데 많은 비용이 수반된다.

④ 내부화 동기에 의해 직접투자는 원자재의 원활한 공급을 위해서도 이루어진다.

(3) 환율위험 및 무역장벽의 회피

① 보호무역 장벽의 우회수단으로 사용한다.

② 직접투자를 통산 생산지역의 다변화는 환율변동의 위험으로부터 기업을 보호한다.

(4) 제품수명주기와 과점적 경쟁

① 제품수명주기 이론(Product Life Cycle Theory)
  : 제품이 시장에 도입되어 사라지기까지는 일정한 수명주기를 가지고 있으며 이러한 수명주기가 국가 간에 시차를 두고 진행되므로 그 과정에서 FDI가 발생한다.

→ 선진국에서 개발도상국으로 생산기지 이동

② 과점적 경쟁이론(Follower / Leader reaction)

: 소수의 기업들이 경쟁하는 상황에서 한 기업이 해외로 진출하면, 다른 경쟁
기업들이 경쟁적으로 FDI를 행하는 직접투자의 패턴설명.

2) 해외직접투자의 방법

(1) Joint Venture

장 점

① 합작기업과 투자자금 및 각종위험을 분담하는 형태
② 합작파트너로부터 현지상황에 대한 정보를 습득
③ 현지 네트워크 형성에 유리
④ 합작 파트너를 가짐으로써 지역사회에 기여한다는 평가
⑤ 현지의 정치적 위험 감소

단 점

① 합작 파트너와 경영전략과 방법에 차이가 있을 경우, 조정하는 데 어렵다.
② 합작파트너에게 자신의 기술이 이전되어 장차 경쟁기업을 만들게 되는 위험
　 존재

(2) 신설투자(Greenfield Investment)

장 점

① 자신이 공장을 짓는 형태로 투자규모에 알맞게 설비규모를 조정할 수 있다.
② 현지 인력을 필요한 만큼 유연하게 선택할 수 있다.
③ 기술이전이 용이하다.
④ 생산라인을 배치할 때, 생산품목을 원하는 대로 선택한다.

단 점

투자기간이 길어진다.

(3) 인수합병(Acquisition)

장 점

① 빠른 속도로 진입이 가능하다.
② 피인수기업이 가진 기술을 습득할 수 있는 좋은 기회를 제공한다.

단 점

① 상당한 인수프리미엄을 제공해야 한다.
② 실패한 기업을 인수할 때는 회생시키기 위한 위험이 따른다.
③ 인수기업을 통합하는 과정에서 상당히 높은 수준의 경영관리 기술이 필요하다.

3) 해외직접투자의 과정

(1) 국가 간의 순차적 진입

기업이 세계의 여러 국가로 진출할 때에 동시다발적으로 진출하기보다는 문화, 언어, 경제적 환경이 비슷한 국가로부터 상이한 국가의 순서로 순차적으로 진입한다.

(2) 사업부의 점진적 확충

경쟁우위가 강한 사업부에 최초의 투자가 이루어지고 점차적으로 경쟁우위가 약한 사업분야로 순차적으로 진입하게 된다. 투자기업 스스로가 강한 경쟁우위를 지니고 있는 경우에는 신설투자가 유리하고, 외국의 경쟁우위를 흡수할 목적이라면 인수합병이나 합작투자가 더 유리하다.

(3) 점진적인 기능심화

기업들이 직접투자를 한 후에 자회사가 추가적인 기능을 더해가는 과정
① 제품을 판매하기 위한 마케팅 단계
② 제품의 단순조립이나 공장 직접 설립 단계
③ 현지에서의 부품구매와 제품 디자인을 수행하며 판매, 생산, 현지부품구매, 현지 디자인 단계
④ 사업의 전 세계적 총괄 단계

제11절 합작투자의 성공과 실패

1. 롯데리아

1) 롯데리아 중국 진출 당시의 환경

(1)국제 통상환경

무역 장벽이 붕괴로 인하여 진출을 용이하게 하였다.

(2)경제적 환경

경제적 환경은 크게 중국과 한국의 상황으로 나누어 볼 수 있다.

한국의 입장에서 보면, 1990년대 중반기로 접어들면서 국내 외식산업은 패밀리 레스토랑을 비롯해 다양한 형태의 외식업체가 붐을 이루면서 시장이 폭발적으로 확대되는 현상이 두드러졌다. 선두업체 간의 경쟁이 심화되면서 고성장은 기대하기 어려운 상황에서 전쟁이라고 표현할 수 있는 국내의 외식시장에서 싸우느니 차라리 새로운 도약을 꿈꿀 수 있는 새로운 시장 개척이 필요하게 되었고 그런 와중에 중국이라는 나라를 주목하기에 이른다.─참고로 92년 8월 1인 당 국민소득 1만 달러의 고비로 햄버거 수요가 줄어들고 있었고 아직은 경영 수지가 좋은 상황이었기 때문에 신규시장개척을 한 것이다.

세계는 왜 중국을 주목하는가?

사회주의와 지속적인 개방 및 기업규제 완화는 세계 7위권인 경제력을 20년 후 세계 최강의 국가로 도약하는 데 밑바탕이 되었고 12억의 인구와 78년 개혁개방 이후 연평균 10% 이상의 성장률을 기록하며 원가를 낮추는 데 절대적인 요소인 양질의 식자재를 값싸게 구입할 수 있을 뿐 아니라 필요한 식자재를 충분히 공급받을 수 있다는 장점, 그리고 저렴한 노동력과 충분한 인력난 이와 같은 것이 중국을 최대 시장으로 만든 원동력이다.

거기다가 매장을 개점할 때 임대보증금이 없어서 월세로 계산하기 때문에 처음에 집세만 내고도 쉽게 들어갈 수 있다. 인건비와 식자재 비용이 적게 들기 때문에 식당을 운영할 때에 직접적으로 많은 장점이 있다.

(3) 법률 정책적 환경

중국 정부는 1978년 대외개방과 함께 대외 개방정책의 구체적인 시행의 일환으로 경제특구의 설치를 통한 대외개방지역 지정 등 외국인 투자유치를 위한 법적, 제도적 정비를 강화하였다.

대외개방은 1992년 덩샤오핑의 남순강화 이후로는 대외개방이 중국전역으로 확대되었다. 중국의 외국인 투자정책은 우리나라와 같이 외자도입에 의한 산업육성 정책이 아닌 다국적 기업의 선진설비와 기술에 의한 자국산업 육성에 초점을 맞추어 추진되었다.

(4) 정치적 환경

중국이 사회주의를 철폐하는 대신 서구 자본주의 경제를 접목시켜 중국식 경제발전을 모색하면서 개혁, 개방 정책을 지속적으로 추진해 왔고, 한국과 중국의 급속한 관계를 개선하고 경제교류의 증대 등 제반 여건에도 한층 성숙돼 가고 있다.

(5) 문화적 환경

중국은 아직 프랜차이즈 개념이 없어서 중국이라는 나라에 진출 시 롯데리아에서는 자의적으로 롯데리아가 추구하는 사업방식을 구축할 수 있었다는 점

(6) 금융 환경

중국에 대한 투자 여건이 호전됨에 따라 중국 측에서도 개방을 검토하고 있었다.

2) 롯데리아 중국 진출 전략

(1) 합작투자

중국에 합작회사로 설립할 '북경 낙천리 식품 유한 공사'(이하 북경 롯데리아) 설립에는 한국 롯데리아와 일본 롯데리아가 투자 총액의 80%인 100만 달러를 각각 50만 달러씩 출자하기로 하고, 중국 측에서는 나머지 20%인 25만 달러를 투자키로 하였다. 북경 롯데리아의 경영은 한국 롯데리아와 중국 측이 공동 운영키로 결정되었다.

(2) 해외 사업부 신설, 중국 진출 본격 추진

1993년 9월 중국 진출에 따른 계약이 이루어진 이후 롯데리아는 중국 내에서의 사업이 초기에 정착될 수 있도록 하기 위해 이를 전담할 조직의 필요성이 매우 커졌다. 또한 장기적으로는 중국을 발판으로 동남아 등지로 사업을 확대할 계획이었으므로 아시아 전역에 걸친 해외사업을 추진해야 하는 입장이었다. 아울러 다점포화 시대를 맞이해 날로 점포가 증가함에 따라 향후 200~300개 점을 종합적으로 관리하기 위한 조직의 확대도 증대되었다. 특히 서울과 지리적으로 떨어져 있는 영호남 지역의 점포 수가 1994년 2월 말 현재 47개 점으로 증가됨에 따라 이 지역을 효율적으로 관리할 조직의 필요성도 커진 상태였다. 이로써 롯데리아 조직은 3부 12과 1센터에서 해외사업부가 신설돼 4부 12과 1팀 1사무소로 확대되었다.

(3) 프랜차이즈

2000년 '북경낙천유한공사'(베이징 롯데리아)라는 현지법인을 설립하고 중국인들을 가맹점주로 계약했다. 롯데리아는 이를 위해 1999년 하반기 테스크 포스팀을 중국으로 파견했으며 50평 크기의 시범 점포를 가동시키기도 했다. 롯데리아 관계자는 "현지인을 가맹점주로 한 프랜차이즈 사업이 직영점포를 운영하는 것보다 단시일 내에 점포망을 늘리는 데 유리하다고 판단했다"고 말했다.

(4) 제품의 현지화와 표준화를 동시에

"현지인의 입맛에 맞도록 오리고기 등을 재료로 한 신제품 햄버거도 개발할 계획이었다. 또 국내서 개발한 팥빙수·불갈비버거·새우버거·불고기버거 등을 중국에 출시해 호평을 받고 있었다. 이들 메뉴 중 가장 인기 있는 제품은 팥빙수로 중국에서는 국내와 달리 계절을 가리지 않고 매출의 15% 이상을 차지할 정도로 폭발적인 인기를 얻고 있다."(2002. 09. 15. 서울경제)

당시 중국의 패스트푸드 시장은 선발업체인 맥도날드와 KFC가 각각 28개 점, 13

개 점의 점포망을 구축, 이미지를 상당히 높인 상태였다. 후발업체인 북경롯데리아에서는 선발업체들을 따라잡기 위한 1996년도의 사업전략으로 점포개발 확대, 고객 다양화를 위한 판촉전략 강화, 햄버거의 품질향상을 비롯해 치킨버거, 화이어 윙, 핫초코 등 신제품 도입을 전개하면서 매니저 기초교육 재정립과 고객서비스 강화를 위한 QCS이념 교육을 강화해 나갔다.

3) 롯데리아 진출의 문제점

= =2003년 2월 8일 중국 롯데리아 최종 철수= =

(1) 외국기업에 대한 불리한 규정

중국프랜차이즈경영협회(中國連鎖經營協會)에 따르면 현재 잠재 투자자들은 중국의 요식업에 가장 큰 관심을 나타내고 있는데, 특히 서양식 패스트푸드점의 경쟁이 더욱 치열해질 전망이라고 한다. 참고로 중국 내에서 패스트푸드점은 현재까지도 외국인 독자법인으로는 불가능하며, 외국 측 최소 지분율 25%, 등록자본금 20만 달러 규정을 지켜야 한다.

(2) 중국에 이미 진출해 있는 맥도날드, KFC 등 다국적 패스트푸드 브랜드에 비해 상대적으로 낮은 인지도로 인한 수익성 악화

롯데리아의 메뉴는 다른 선점 브랜드의 음식과 큰 차이 없이 햄버거와 감자튀김 위주인 메뉴가 별로 특색이 없다는 점이다. 그렇기 때문에 한국에서 온 기업이라는 이미지 외에는 특별히 부각시킨 이미지가 없다. 물론 한류(韓流)를 이용해서 기존에 국내에서 이용하던 인기가수 CD증정 등의 행사와 중국 베이징TV에 한중합작 광고를 실시하는 등 브랜드인지도 확대에 주력했지만 기업인지도 재고에는 실패했다. 이처럼 기업의 낮은 인지도로 인해 패스트푸드를 구매하려는 고객을 유치하지 못하면서 결국 선점기업의 고객을 유치하지 못했다.

옌위(閻宇) 중국요리협회 부회장은 중국에서는 프랜차이즈 음식점을 비롯한 요식업체의 경쟁이 날로 치열해져 기업형 요식업체만 살아남고 군소업체들은 서서히 도태되고 있는 현실이라고 말했다. 그는 브랜드 인지도에서 뒤지는 '롯데리아'가 대형업체의 선전공세를 이겨내지 못한 채 판매부진에 시달리다 중도 하차하게 됐다고 분석했다.

4) 롯데리아 중국 진출 후 관리

(1) 인사관리: 본국에서 관리자 파견, 현지 인력관리. -파견 관리자 교육

북경 롯데리아 3.4호점 개점 준비가 한창 진행되던 1996년 4월 말 북경 주재 요원(김정훈 계장, 류맹기 계장)을 선발 중국 현지에서의 원활한 업무능력을 제고하기 위해 어학 및 실무교육을 실시하였다. 외부 전문강사를 특별초빙, 중국어 교육을 비롯해 각종 주방기기와 POS 시스템 운영 및 관리교육 등을 실시했다고 한다. 김정훈 계장과 류맹기 계장을 북경 주재원으로 증원시켰다. 해외 사업부는 이들을 통해 현지인들을 점포 매니저로 육성해 점진적으로 점포관리 주재원을 축소해 효율적인 인력관리를 도모함과 동시에 육성된 현지인 매니저를 활용 중국 내의 다른 시장 진출시 이들의 경험을 활용한다는 계획을 수립해 놓고 있었다.

(2) 매니저 교육

1992년 이후 가맹점의 급속한 증가로 연수교육 역시 질적, 양적으로 급팽창하였다. 또한 1994년도에는 국내 패스트푸드업계 최초로 북경1호점을 개점함에 따라 중국인 3명을 대상으로 제1회 해외연수생 교육을 실시하였다. 외국인 연수생 배출은 국내 패스트푸드업계 최초의 실적이었다. 뿐만 아니라 연수센터에서는 1995년도에 햄버거대학 개관 및 교육매뉴얼 개정 등 날로 급변하는 소비자 기호와 경영환경 변화에 적응하기 위한 교육체계 재정비에도 남다른 노력을 기울였다. 그리고 1995년도에는 점장 자격제도를 도입해 일선 점포 근무자들의 관리능력 배양에도 힘썼다.

선발업체 맥도날드, KFC를 따라잡기 위해, 점포개발 확대, 고객 다양화를 위한 판촉전략 강화, 햄버거의 품질향상을 비롯해 치킨버거, 화이어 윙, 핫초코 등 신제품 도입을 전개하면서 매니저 기초교육 재정립과 고객서비스 강화를 위한 QCS이념 교육을 강화해 나갔다.(참고문헌: 롯데리아 20년사)

2. 맥도날드

1) 맥도날드 환경

맥도날드는 선발기업으로서 독보적인 위치에 있었다. 그러나 후발기업들과의 경쟁 속(버거킹과 KFC 등의 기업)에서 외국으로 눈을 돌리게 되었다. 국내에서 독보적인 위치에 있었으나 국내에서의 삶에 안주하는 것이 아닌 해외로, 그리고 중국이라는 나라에 눈을 돌렸다.

(1) 국제통상환경

맥도날드가 진출하기 전에는 외국기업에게는 매우 불리한 상황에 있었다. 당시 공산국가에서 허가해 줄 리 없다고 판단하여 포기하고 있는 상태였으나 극적으로 타결하여 1999년에 중국에 진출을 하게 되었다.

(2) 경제적 환경

빠른 경제 성장과 당시 12억이라는 엄청난 인구 연간 10%로 성장하고 있는 시장

잠재력이 밑바탕이 되었으며 저렴한 노동력 또한 중국 진출을 하게 된 이유이다.

(3) 정치적 환경

1990년대 들어서는 동구 사회주의권 붕괴와 중국의 시장경제 체제 도입 그리고 우루과이라운드 체결에 따른 아시아를 비롯한 개도국의 시장개방이 한몫하였다.

(4) 문화적 환경

중국은 아직 프랜차이즈 외식업체가 들어오지 않은 상황에서 맥도날드가 개업 시 크게 성공할 거라고 예상하였다. 맥도날드는 오지에서도 찾을 수 있다는 말과 같이 전 세계적으로 독자적인 브랜드를 구축하고 있었다. 그렇기 때문에 굳어진 브랜드 이미지 그리고 처음 패스트푸드라는 저렴하면서 식사해결을 간단히 할 수 있다는 부분이 중국인들에게 통할 것이라고 생각했다.

(5) 금융 환경

투자여건이 호전이 본격적으로 이루어지는 시기였다.

2) 맥도날드 중국 진출 시 전략

(1) 철저한 사전준비: 시장의 다양성을 이해하고 유연하게 대응

① 다른 나라에 진출할 때보다 사전관찰과 계획수립에 충실
정부의 관리 소홀, 정책 이행의 비일관성, 사회·정치적 압력 등으로 인해 여타 국가들과는 시장여건이 크게 다르다.
② 중국을 하나의 거대한 시장으로 보지 않고, 진출대상 지역별로 특징을 집중 관찰

자원의 현지조달 가능성, 인프라 구축 수준, 지방정부의 특성 등을 중점적으로 고려하였다. 또 지역에 따라 우수 인력의 분포, 사회적 안정성, 자원 조달 코스트, 기술지원 필요성 등에서 현격한 차이를 나타냈다.

③ 본격적인 사업 시작에 앞서 현지 사무소를 설치

현지 사무소를 통해 자사의 존재를 홍보하고 정부 관련자들과 관계를 형성하였다.

현지 조사기관이나 컨설팅 업체 등 제3자에게 시장조사를 의뢰하여 중국 시장에 대한 이해도가 높은 전문가들이 관시 형성에도 도움 제공하였다.

(2) 현지 기업과의 파트너십 구축: 국영기업 합작 등으로 '관시(關시: Guanxi)'

① 시장 진출에 성공한 외자 기업들은 중국 국영기업과의 합작을 선택

중국 측은 선진기술과 경영방법 도입을 위해 외자기업에게 합작 권장하였다.

일부산업에서는 독자진출이 원천적으로 불가능하다.

② 합작이 중국 현지기업에 기술과 경영기법을 이전하는 데 유리

③ 국영기업과의 합작으로 유통개척에 소요되는 시간을 단축

국영기업이 운영하는 배타적, 폐쇄적 유통망은 외국기업이 단독으로 접근하기 어려운 점이 많다. 장기적으로는 글로벌 수준의 공급, 유통망을 구축하여 중국을 아시아 시장의 거점으로 삼으려고 하였다.

1990년에 진출한 맥도날드는 북경 농업국, 중국축산협동조합 등과 합작사를 설립함으로써, 장기계약을 바탕으로 한 육류보급, 재료의 품질 보장 및 정부관할 유통업체 알선 등의 혜택을 누렸다. 중국 입장에서는 생산성 향성을 위한 종자개발, 선진기업의 재료선별 과정과 관리, 유통 시스템을 학습함으로써 농축산업의 세계화 기반을 마련하였다.

(3) 프랜차이즈

① 저렴한 비용으로 위험을 부담을 줄인다.

② 정확하고 면밀한 시장분석과 브랜드를 중국 소비자의 인식 속에 확실히 심을
수 있는 포지셔닝 등의 구체적인 마케팅 全략을 수립하였다.
③ 95년 6월 '연쇄업태 육성정책'을 시행하고, 97년 11월 '프랜차이즈 체인 경영
관리 시행조례'를 공포, 경영방법과 자격요건, 권리의무 등을 규정해 유통의 근
대화를 추진하였다.

(4) 경영의 현지화, 제품의 표준화

'생각은 세계적으로, 맛은 지역 입맛에 맞게'
　해외 진출방식은 미국에서의 사업 확장 방식과 동일했다. 철저한 매뉴얼화에 따
른 제품과 서비스의 균일화와 선진 파이낸싱을 이용한 프랜차이즈 부동산 임대업이
었다. 이와 함께 또 하나 비장의 무기인 '현지화 전략'이 주효했다. "적어도 음식은
각 지역의 고유한 맛을 살려야 한다"는 게 맥도날드의 기본 전략. 맥도날드사는 이
에 "생각은 글로벌하게, 행동은 지역 현실에 맞게(Think globally, Act locally)"를 사
시로 내세운 뒤 각국의 전통 미각에 맞는 신상품 개발에 열중했다. 중국에서는 오
리고기 햄버거 출시, 유대국가 이스라엘에서는 정갈한 비프스테이크를 개발했다. 쇠
고기를 먹지 않는 인도에서는 채소 햄버거를, 말레이시아에서는 바랄 비프스테이크
를 개발해 좋은 반응을 불러일으켰다. 필리핀에서는 맥스파게티 국수를 개발했다.
노르웨이의 맥도날드 체인점은 북해산 연어를 이용한 연어 샌드위치 맥럭을 개발했
다. 맥주의 나라 독일의 체인점에서는 세계 최초로 맥주를 판매하기도 했다.

3) 맥도날드 중국 진출 성공요인

(1) 간단한 메뉴와 점포 간의 동일 품질 유지
(2) 엄격한 점포 운영 기준 설정과 이행(서비스, 청결성 등)
(3) 친절한 종업원

(4) 가족과 아동 대상의 집중적인 대중매체 광고

(5) 표적 시장(가족)의 올바른 선정과 적절한 마케팅믹스 및 매장 위치

(6) 효과적인 해외시장진출과 현지적응의 성공

4) 맥도날드 중국 진출 후 관리

(1) 맥도날드 진출 후 관리 - 제품을 현지에 맞는 입맛에 맞게

맥도날드가 해외에 진출해서 어떻게 관리를 하여서 지금의 위치에 있는지 한국 맥도날드의 경우를 들어 설명하겠다. 한국 맥도날드를 보면 새로운 다양한 메뉴가 자주 나온다. 새 메뉴 개발에 한참 열중했던 1997년 한국의 전통 메뉴 불고기를 햄버거와 접목한, '불고기 버거'를 개발했다. 불고기가 아닌 햄버거로 불고기 맛을 낸 불고기 버거는 당시에 획기적이었다. 불고기 버거는 전체 매출의 35%를 차지할 정도로 크게 히트를 했다. 맥너겟의 경우도 마찬가지였다. 퍽퍽한 닭 가슴살을 싫어하는 한국인의 입맛을 고려해 쫀득쫀득한 닭다리살의 함량을 높였다. 한국 맥도날드는 무엇보다 원재료의 70% 이상을 국내에서 조달함으로써, 한국인의 거부반응을 최소화하는 데도 성공했다. 이것들 외에도 새우버거 그리고 김치버거, 맥빙수가 있다. 새우버거는 유일하게 우리나라에만 있는 메뉴이다.

이와 같은 현지화 전략의 성공은 미국에서의 영업 경험에서 나온 것이다. 크로크는 햄버거의 크기와 함량 등에 대해서는 엄격한 매뉴얼화를 추진하면서도 신제품 개발에 관해서는 체인점 운영자들의 아이디어를 광범위하게 받아들여 탄력적인 전략을 구사했다고 한다. 그 결과 맥도날드의 대다수 신제품은 체인점에서 개발 아이디어가 나왔다. 맥도날드의 간판 상품으로 각국의 경제지표를 비교하는 잣대로도 사용되는 '빅맥'도 체인점에서 만든 작품이었다. 1967년 피츠버그 체인점 운영자인 짐 델리가티는 새로운 메뉴로 고기를 두 겹으로 넣은 햄버거를 만들어 좋은 반응을 얻었는데, 이것이 바로 빅맥의 원조였다. 현지 체인점 운영자들이 내놓는 아이디어

는 일리노이 주에 위치한 햄버거 대학으로 수렴돼 각종 실험과 여론조사를 거쳐 맥도날드의 표준상품으로 채택되어서 세계 전역으로 보급된다. 영업 일선의 아이디어를 최대한 수용하는 탄력적 현지화 전략이 맥도날드 성공 신화의 또 다른 비밀이다.

(2) 맥도날드 진출 후 관리 - 어린이 시장을 공략

맥도날드가 세계시장에서 성공을 거둔 다른 요인은 패스트푸드의 최대 고객인 어린이들을 위해 다양한 프로그램을 다른 패스트푸드보다 한발 앞서 개발한 것이다. 예를 들면, 맥도날드의 '토이(toy · 장난감) 마케팅'을 들 수 있다. 토이마케팅은 패스트푸드업계의 '교과서'로 통할 정도라고 한다. 다양한 장난감을 세트메뉴와 곁들여 판매한 토이 전략은, 어린이 고객을 폭발적으로 끌어들여 경쟁업체들도 잇따라 이를 도입했다. 맥도날드는 토이 전략을 펼치기 위해 세계 최대 애니메이션 업체인 디즈니사와 장기계약을 맺었다. 해마다 발표되는 디즈니사의 애니메이션과 아동 영화에서 개발되는 캐릭터를 이용하는 전략을 지속적으로 추진 중인데, 최근에는 디즈니의 새 영화 "니모를 찾아서" 캐릭터를 이용하여 판매 전략을 펼치고 있다.

토이 마케팅 말고도, 홍콩에서는 어린이 고객을 끌어들이기 위해 어린이들의 생일파티를 TV광고에 크게 부각시켰다. 아이들 생일에 크게 신경 쓰지 않았던 홍콩 사람들은 이제 아이들 성화에 못 이겨 맥도널드 매장을 찾는다고 한다. 나아가 아이들이 좋아하는 스누피 인형이나 헬로 키티 인형을 매장에서 판매함으로써 어린이들을 유혹하는 마케팅을 펼쳤다.

(3) 맥도날드의 진출 후 관리 - 인사관리(교육철학)

한 넌센스 퀴즈를 내겠다. '프레드 터너 맥도날드 명예회장의 최종학력은 무엇일까?' 이 넌센스 퀴즈의 정답은 '햄버거대학 학사'이다. '햄버거대학' 졸업은 터너 명예회장뿐 아니라 맥도날드에 근무하는 모든 임직원의 공통된 최종 학력이다. 이들에겐 공통점이 또 하나 있다. 임직원의 절반 이상이 매장 아르바이트 사원에서 출발한다는 것이다. 매장에서 햄버거를 내주고 돈을 받는 시간제 직원들이 경력을 쌓아 정식직원으로 올라서게 되는 경우가 50%를 넘는다고 한다. 시간제 직원들의 평균 근무 기간도 6개월 이상으로 다른 업체에 비해 훨씬 길다. 맥도날드가 세계 곳곳에 햄버거왕국을 건설할 수 있었던 요인은 두 가지로 나눌 수 있다. 하나는 '맛'이고 다른 하나는 '교육'이다. 맛은 기술에서 나오지만, 교육은 경영철학에서 나온다. 맥도날드의 경영에는 햄버거를 만들어 파는 장사이기에 앞서 '사람에 의한 사업(People Business)'이라는 철학이 깔려 있다고 한다. 맥도날드의 창업주인 크로크는 일찍부터 "맥도날드 직원들에게 트레이닝(훈련)은 하루도 거르지 않고 해야 하는 업무"라고 강조했다. 맥도날드의 직원교육은 세계 114개국 2만 4500여 개의 매장에서 똑같이 이뤄진다. 맥도날드의 유니폼을 입는 순간부터 모든 사람들은 학습자가 돼야 한다. 시간제 직원에게는 비디오교재를 사용한 기초교육을 실시하고 전담 트레이너를 붙여 한 달 동안 일대일 직무훈련(OJT)을 실시한다. 매장 사원들은 단순한 학습자의 위치에서 벗어나 조직 전체의 생산성을 높일 수 있도록 서로 코치를 해주는 교육자도 된다. 이런 훈련과정을 통해 경력을 쌓은 시간제 직원들에게는 정식직원으로 승진할 수 있는 기회가 주어진다. 맥도날드의 상표를 빌려 매장을 개설하는 프랜차이즈 계약에서도 교육훈련은 예외 없이 적용된다. 보통 20년 정도의 장기계약으로 이뤄지는 프랜차이즈의 점주가 되려면 9개월간의 교육과정을 거쳐야 한다. 이 기간 동안 점주는 청소에서 직원관리에 이르기까지 매장에서 일어 날 수 있는 모든 일들을 직접 체험하는 교육을 받는다. 이런 교육훈련의 마지막 코스는 물론 햄버거 대학이다. 미국 일리노이 주에 있는 햄버거대학은 지난 61년 개설된 이래 전 세계 맥도날드 직원들을 위한 최종교육 과정으로 운영되어 왔고 매년 15회에 걸쳐 3000여 명의 졸업생을 배출한다. 햄버거대학의 교육은 매장운영, 인사관리, 품질 및 장비관리, 고객서비스 등에 관한 내용으로 이뤄진다. 실제매장과 똑같은 세트에서 시뮬레이션 위주로 진행된다. 이 교육프로그램에 들어 있는 18개 과목은 미국 내 다른 대학에서도 학점을 인정해 줄 만큼 전문성을 갖고 있다. 맥도날드 서울지역 법인인 (주) 신맥의 신언식 대표를 비롯해 국내 모든 맥도날드 점주들은 이런 과정을 거쳤다. 언제 떠날지 모르는 시간제 직원들에게 투자를 아끼지 않고 특히 현장의 고충을 모르는 사람에게 경영자의 자격을 주지 않는 교육철학이 맥도날드를 지금까지 이끌어온 원동력인 셈이다. 롯데리아와 맥도날드의 성공과 실패의 사례에 대해서 알아보았다. 기존에 자료들과 신문기사 등을 통하여 많은 정보를 얻을 수 있었다. 롯데리아의 실패에서 보듯이 외국투자법인의 제한에 대한 대비를 하지 못하였고 또한 한류만을 보고 시장에 진입한 경우 현지화의 입맛에 맞는 제품을 개발하지 못하였고, 브랜드이미지 제고를 위해 노력했지만 차별화된 우위가 없었던 것이 실패 요인이라 할 수 있겠다. 반면 맥도날드의 경우 현지화에 성공하였다. 현지 입맛에 맞는 제품을 만들고 또한 현지 국영기업과 합작투자를 통하여 단독투자의 발생할 수 있는 리스크를 최소화하였으며 또한 철저한 시장분석을 통하여 현지에 사무소를 설치하고 운영해 나가는 방법도 맥도날드의 성공 이유일 것이다. 해외직접투자를 할 경우에는 철저한 시장조사와 현지화 전략, 차별화된 제품과 현지상황에 맞는 생산과 투자가 이루어져야 할 것이다. 또한 국가의 정치, 문화, 사회, 경제 전반에 대한 차이도 분석하여 투자해야 한다. 과점적 경쟁으로 투자를 하는 것이 아니라 자사의 경쟁우위를 분석하고 시장접근 방법 투자의 위치와 투자방법 등을 토대로 하여 직접투자에 임해야 할 것이다.

3. 현대자동차

1) 현대자동차의 해외직접투자 이유

현지공장 생산은 장점이 많습니다. 또 인건비가 싼 후진국에만 공장을 짓는 것도 아닙니다. 현대자동차 같은 경우는 국내업체로는 최초로 미국에 공장을 짓고 있기도 하다. 일본의 도요다, 혼다 등 유수 자동차 업체들도 모두 미국에 현지공장을 갖고 있다. 미국은 우리나라보다 인건비도 훨씬 높다. 작업자들도 인건비 비교해 볼 때 한국 작업자들에 비해 아주 우수한 편은 아니다. 앨라배마 주에서는 2억 5000만 달러에 달하는 지원까지 현대 측에 해주면서 공장을 유치하고 있다. 그런데도 미국에 공장을 만드는 이유는 뭘까요? 자동차회사뿐만 아니라 그 나라 정부에도 상당히 많은 이득이 있기 때문입니다. 자동차회사 입장에서 보면 일단 관세를 내지 않는 혜택이 있습니다. 모든 제품은 그 생산공장의 위치에 따라 원산지가 정해집니다. 한국산 소나타라도 미국에서 생산하면 MADE IN USA가 됩니다. 따라서 당연한 일이지만 관세가 전혀 없습니다. 또한 인건비가 싼 중국이나 동남아에서 생산할 경우 비용절감 효과가 더 크겠죠. 자동차 회사 입장에서는 물류비용을 절감할 수 있고 차량을 저렴한 가격에 현지에서 판매할 수 있습니다. 또한 여러 가지 세금혜택과 지원을 해당국가 정부에서 해주는 경우가 많습니다. 현지공장이 있는 해당 국가 입장에서는 경제발전에 상당한 도움이 됩니다. 현지의 부품업체를 이용할 경우 산업발전 효과도 막대합니다.

2) 현대자동차 해외직접투자

보통 자동차 회사의 경우 200~300개 정도의 1차 부품업체와 계약을 맺는다. 또한 수천 명의 직원이 고용되어야 하므로 실업률도 개선할 수 있다. 자동차회사에서 이익을 내면 세금은 해당 공장이 있는 국가의 정부로 내게 된다.

〈해외직접투자와 FTA〉

한·미 자유무역협정(FTA)의 1차 본 협상이 순조롭게 마무리되는 등 FTA 협상이 본궤도에 진입했지만 FTA 효과에 대한 국내 찬반논란은 여전히 뜨겁다. 특히 한·미 FTA에 따른 투자확대가 과연 이루어질 것인가와 더불어 설령 투자확대가 이루어진다고 하더라도 한·미 FTA에 따른 미국의 투자는 신규투자보다 인수합병 (M&A)형태로 나타나 고용창출에는 한계가 있다는 지적을 놓고 논란은 더욱 가열되고 있다. 국민적 합의를 통한 공감대 형성이 무엇보다도 중요하다는 점을 감안하면

이에 대한 보다 심층적인 토론과 의견수렴이 필요하다. 먼저 FTA가 외국인직접투자(FDI)에 어떠한 영향을 미치게 될 것인가에 대해서는 아직까지 보편화된 이론은 존재하지 않는다. 왜냐하면 FTA가 FDI에 영향을 미칠 수 있는 메커니즘이 다양할 뿐만 아니라 서로 상반된 방향으로 작용하는 요인이 많기 때문이다. 따라서 이론적인 관점에서 FTA와 FDI의 관계에 대해 단정적인 결론을 내리기는 매우 어렵고, 이는 기본적으로 경험적인 문제임과 동시에 실증분석의 문제이다. 경험적인 관점에서 보면 FTA로 인하여 투자자의 권리 보호와 함께 시장 확대, 시장접근 허용 그리고 유리한 투자환경 조성 등의 요인들이 함께 작용하여 외국인 직접투자는 분명 증가하는 것으로 나타난다. FTA가 보다 큰 공동의 내부시장을 형성함으로써 규모의 경제를 달성하고 거래비용의 절감을 가능케 해 회원국 및 제3국으로부터의 투자를 촉진하는 효과를 초래하게 되는 것이다. 따라서 한·미 FTA가 체결될 경우 회원국인 미국뿐만 아니라 역외국가인 일본으로부터 FDI가 상당히 늘어날 것으로 예상할 수 있다. 왜냐하면 일본과 한국은 매우 가까운 거리에 있기 때문에 일본에서 미국으로 수출하는 운송비용과 한국에서 미국으로 수출하는 운송비용은 거의 차이가 없을 뿐만 아니라 한·미 FTA로 한국에서 미국으로의 수출은 무관세이기 때문에 일본기업의 입장에서는 한국에서 생산하여 미국으로 수출하는 것이 유리해지기 때문이다. 다음으로 미국의 투자는 대부분 M&A 형태로 나타나게 됨으로써 우리경제에 아무런 도움을 주지 않을 것이라는 주장에 대해 살펴보자. 미국의 BEA 자료에 의하면 미국의 해외직접투자는 2004년 2조 640억 달러로 1991년에 비해 약 4배 이상 증가하고 있지만 이 중 주식투자를 포함한 자본투자의 비중은 1999년 17.2%를 정점으로 2002년 8.4%로 꾸준한 감소추세에 있다. 다시 말해서 미국의 해외직접투자는 서비스업에 대한 투자를 중심으로 지속적으로 증가하고 있으나 이러한 투자증가는 자본투자형에 의한 것이 아니라 Greenfield형 투자를 중심으로 이루어지고 있다. 실제로 미국이 FTA를 체결한 멕시코를 비롯하여 캐나다, 이스라엘 등에 대한 투자에서도 M&A형 투자보다는 신규투자가 주종을 이루었음을 상기할 필요가 있다. 설령 미국의 투자가 신규투자가 아니라 M&A 형태로 유입된다고 하더라도 우리경제에 아무런 도움을 주지 않을 것이라는 것은 지나친 주장이다. 외국인직접투자의 효과에 대한 기존의 연구결과에 의하면 외국인직접투자는 단지 자본유입으로 끝나는 것이 아니라 무형자산인 인적 자본의 증가, 기술변화, 다국적 기업을 통한 기업 간·산업 내 파급효과를 야기하여 생산성에 양(+)의 영향을 주는 것으로 분석되고 있다(Grossman and Helpman 1995). 실제로 필자가 한국기업 자료를 사용하여 외국인소유지분율(foreign ownership)과 생산성 간의 관계에 대해 실증분석을 시도해 본 결과, 외국인소유지분율은 생산성 향상에 유의한 영향을 미치는 것으로 나타나 국내기업에 대한 기술이전효과가 있는 것으로 분석되었다. 그러나 우리 정부가 주목해야 할 것은 미국과 FTA를 체결하는 것만으로 외국인직접투자가 자동적으로 확대되는 것은 결코 아니며, 유리한 투자환경 조성을 위한 제반노력이 함께 이루어져야 한다는 것이다. 무엇보다도 현실적으로 직면한 시장개방이라는 환경에서 국내 서비스업의 경쟁력 확보라는 과제를 달성해야 한다. OECD 28개국을 대상으로 하여 FDI를 제한하는 규정(외국인 소유 제한, 인허가 절차, 이사회 구성 제한, 인적 이동 제한, 국산품 사용 부과 등)을 조사(Gloub 2003)하여 그 정도를 산업별로 나타낸 FDI 제한지수(FDI restriction index)에 의하면, 우리나라 제조업의 FDI 제한지수는 0.075로 OECD 평균보다 낮아 전반적으로 규제 정도가 낮은 나라에 속한다. 그러나 서비스업의 경우 제조업과는 달리 규제 정도(0.3949)가 상대적으로 높아 OECD 평균인 0.195보다 높게 나타나고 있다. 이와 같이 국내외기업에 대한 규제가 실재하는 상황에서 국내개혁, 즉 국내산업의 경쟁력 향상 정책이 먼저 실시되지 않고 대외개방이 먼저 이루어지는 경우 국내시장에서 국내기업들의 반경쟁효과를 통한 시장잠식과 더불어 이로 인한 고용감소효과가 있을 수 있다. 따라서 대외개방과 동시에 서비스 부문에 잔존하는 불필요한 규제를 완화하여 국내공급자 간 경쟁을 유도하는 국내개혁이 수반될 때 이익을 극대화할 수 있을 것이다. 한·미 FTA에 따른 경제적 효과를 논의함에 있어서 장밋빛 청사진만을 제시하는 것도 문제지만, 지나친 비관과 억지논리로 일반국민을 호도하는 것 또한 현시점에서 아무런 도움이 되지 않는다. 보다 심층적인 연구와 토론을 거쳐 국민적 공감대를 형성하고 이를 바탕으로 우리의 이익을 극대화하기 위한 전략을 수립할 때이다.

한미FTA 효과: 외국인직접투자-잠재력 세계 18위, 성과는 107위

일산에서 자유로를 타고 20여 분을 달려 경기 파주시 월롱면 일대에 들어서면 산자락 아래 51만 평에 네덜란드 필립스사와 우리나라 LG가 합작해 만든 LG필립스LCD의 세계 최대 LCD(액정표시장치) 생산 단지를 만난다. 인근 당동·선유지구 60만 평에는 디스플레이 부품·장비·소재를 납품하는 40여 개 중소기업들의 입주 공사가 한창이다.

파주LCD 합작공장이 만든 4가지 '아름다운 동행'

LG필립스LCD는 고개 넘어 휴전선이 바라보이는 접경지역에 축구경기장 6개와 맞먹는 규모의 새 공장을 세우는 데만 5조 3,000억 원을 투자했다. 필립스사가 1999년 7,250억 원을 한국에 투자해 LG로부터 LCD사업 지분 50%를 사들인 이후, 7년째 재투자가 이어지고 있다. 그 사이 미국 씨티뱅크도 이 회사 지분 10.21%를 투자했다. 외국자본과 국내 토종 기술이 합작해 만든 이 윈윈 게임은 4만 2,000개의 새로운 일자리를 만들어 냈다.

군사도시 파주가 경제도시로 변모하는 과정을 지켜본 파주 시민들 사이에는 이 합작공장이 만들어 내는 4가지 '아름다운 동행'이 회자되고 있다. 기업과 정부·지방자치단체가 손잡고 만들어 낸 고용창출, 대기업과 중소기업의 동반성장, 외국 자본과 국내 기술의 시너지효과, 위치적으로 남과 북을 잇는 가교라는 4가지 상생효과를 자랑삼아 이야기한다.

론스타보다 GM대우·LG필립스LCD 돋보이는 이유

그러나 안타깝게도 우리 귀에는 이 LG필립스LCD보다 론스타 이야기가 더 가깝고 자극적이다. 한국개발연구원(KDI) 이시욱 연구위원은 "한미FTA가 가져다줄 외국인직접투자(FDI) 증가 효과에 관해 론스타와 같은 투기자본의 해악만 감성적으로 부풀려져 있고, LG필립스LCD나 GM대우와 같은 고용창출 효과와 재투자를 통한 선순환 구조 사례는 외면당하고 있다"고 했다. 미국 GM은 멈춰 섰던 대우차 부평

공장 생산라인을 다시 돌리고 올 5월 구조조정으로 회사를 떠났던 1,725명의 근로자를 재고용했다. 미국 월스트리트 저널은 GM대우를 쓰러져가는 GM의 '새로운 희망'으로 표현했을 정도다. GM은 미국에서 대량 해고를 진행 중이지만 한국 내 GM대우는 2007년까지 30억 달러를 신규투자, 적극적인 고용확대에 나설 계획이다.

중국 추격 동력은 외국인투자를 통한 선진자본과 기술 유치

한국경제의 살길은 큰 시장을 얻어 교역을 확대하고, 지속적인 투자를 유치해 일자리를 만들어 내는 것이라는 데는 이견이 없다. 국내외를 막론하고 투자가와 기업들이 활발히 투자를 해야 양질의 일자리가 생기고 자원이 몰리면서 경제가 생동감 있게 돌아간다.

한국 제조업을 맹추격하고 있는 중국이 고기술 업종의 경쟁력을 확보하게 된 가장 큰 요인도 외국인투자를 통해 선진자본과 기술을 능동적으로 유치했기 때문이다. 우리도 한미FTA와 같은 능동적 개방화 전략으로 해외 혁신자본을 흡수하고 내부적으로 추진하고 있는 제도개선의 동력을 확충해 정체상태에 머물고 있는 투자의 물꼬를 터야 할 필요성이 높아졌다.

한미FTA 체결되면 일본으로부터의 외국인직접투자도 늘어

대외경제정책연구원(KIEP) 이성봉 연구위원은 "외국인직접투자는 생산성 증대와 기술파급 효과를 통해 경제성장에 긍정적 영향을 미치기 때문에 우리경제가 한 단계 도약하기 위해서는 외국인투자 확대가 절실하다"며 "한미FTA는 여러 측면에서 외국인직접투자 증가의 계기가 될 수 있다"고 말했다. 한미FTA를 통해 외국인직접투자가 늘어나는 것은 FTA로 인해 투자자의 권리가 보호되고 시장이 넓어지며, 시장접근이 용이해지고, 유리한 투자환경이 조성되는 등의 요인들이 함께 작용하기 때문이다.

KIEP 이홍식 FTA팀장은 "FTA를 통해 한국과 미국이 관세 없는 하나의 큰 내부시장이 되면 규모의 경제를 달성할 수 있고, 거래비용을 절감하게 해 미국 및 제

3국으로부터의 투자를 촉진하는 효과를 낸다"며 "실증적 분석과 경험적 관점에서 한미FTA를 통해 회원국인 미국뿐만 아니라 역외국가인 일본으로부터 직접투자가 상당히 늘어나는 것도 이 때문"이라고 말했다. 일본과 한국은 지리적으로 가까운 만큼 일본에서 미국으로 수출하는 운송비용과 한국에서 미국으로 수출하는 운송비용은 거의 차이가 없을 뿐만 아니라 한미FTA로 한국에서 미국으로의 수출은 무관세이기 때문에 일본기업의 입장에서는 한국에 공장을 짓거나 합작투자를 통해 제품을 한국에서 생산해 미국으로 수출하는 것이 유리해진다.

총 216.3~318.8억 달러 외국인투자유치 효과

대외경제정책연구원의 시뮬레이션 분석 결과 한미FTA가 체결될 경우 미국으로부터 총 38.6~96.4억 달러, 다른 국가들로부터 178~222.6억 달러의 추가적인 외국인 직접투자 유입을 기대할 수 있는 것으로 나타났다. 기간을 명시할 수는 없지만 다년간에 걸쳐 총 216.3~318.8억 달러 규모의 투자유치 효과가 있는 셈이다. 미국과의 FTA를 체결할 경우 미국으로부터의 투자유치뿐만 아니라 일본과 EU 등 다른 국가로부터의 투자유치 증가 규모가 28~35%로 훨씬 큰 것으로 분석됐다. (한미FTA의 무역 및 투자창출효과와 교역구조에 대한 연구. 박순찬 강문성)

KIEP 무역투자정책실 현혜정 부연구위원은 "한미FTA 체결을 통해 무역 및 투자 자유화에 대한 우리 정부의 개방정책을 대외적으로 확고하게 표방하여 한국경제의 대외신인도가 제고되고 이에 따른 투자위험 감소로 외국인직접투자가 증가할 것으로 전망된다"고 말했다.

NAFTA 이후 미국으로부터의 외국인직접투자 급증

국가신용도가 오르면 외국으로부터 빌려온 돈(외채)에 대한 이자부담도 줄어든다. 칠레의 경우에도 미국과의 FTA 체결로 국가신용등급이 A-에서 A로 상승했고 이에 따라 외국인 직접투자도 44억 달러에서 76억 달러로 2배가량 증가했다.

멕시코의 경우도 1993년 44억 달러였던 외국인직접투자 유입규모가 NAFTA(북미

자유무역협정)이 발효된 1994년 110억 달러로 늘어났고 2001년에는 277억 달러로 급상승했다. 미국으로부터의 직접투자 비중도 1994년 33%에서 1995년 56.8%로 증가한 후 2001년에는 78.2%로 급격하게 늘었다. 캐나다가 미국으로부터 유치한 외국인직접투자의 연평균 증가율도 NAFTA 발효 전인 1990~1993년 0.2%이던 것이 FTA 발효 이후(1994~2004년) 19.18%로 높아졌다.

한미FTA 통해 서비스 경쟁력 향상-외국인투자 가속도

고려대 강성진 교수와 한국은행 금융경제연구원 서상원 과장은 "우리나라와 같이 노동집약적인 제조업이 경쟁력을 잃어가고 고부가가치 제조업이나 서비스업 부문으로의 산업구조 고도화가 필요한 상황에서 첨단분야 연구소나 기업의 유치와 외국인직접투자에 의한 고용증가가 필수적"이라고 했다. (서비스산업의 선진화와 외국인직접투자의 전략적 유치방안)

한미FTA와 더불어 규제철폐, 경영환경 개선 등 다양한 제도개혁이 병행될 경우 외국인 직접투자 증가가 가져오는 국내 산출량 증가와 선진기업의 기술이나 경영노하우 이전, 고용창출 등 다양한 순기능이 발생한다. LG경제연구원 분석결과 최근 5년간 새로 생긴 일자리의 20%에 이르는 약 52만 개가 외국인투자에 의해 창출됐으며 정보통신 항공 금융 등 첨단 고부가가치 산업 및 전문분야 위주로 이뤄졌다.

외국인직접투자 비중 8.1%, 개도국 평균 못 미쳐

하지만 정부의 다양한 투자유치 노력에도 불구하고 중국의 급부상에 따른 상대적 투자매력 감소와 경직된 노사관계 및 경영여건 부족 등으로 인해 우리의 FDI 유치 실적은 여전히 부진한 것이 사실이다.

외환위기 이후 외국인투자가 급격히 증가했지만 국내총생산(GDP)에서 외국인직접투자액수가 차지하는 비중은 8.1%(2004년)에 머물러 개발도상국 평균(26.4%)이나 동아시아국가(28.4%)에도 크게 못 미치는 것으로 나타났다.(유엔무역개발협의회(UNCTAD) 2005 보고서)

국가의 경제규모에 비해 외국인직접투자를 얼마나 받아들였나 하는 정도를 알아보는 척도에서 우리나라는 세계 평균치에도 미치지 못하고 있다.

FDI 잠재력 18위, 성과 순위 107위

UNCTAD가 산출한 외국인직접투자 성과와 잠재력 매트릭스 분석 결과를 보면 한국은 FDI 잠재력은 140개국 중 18위로 높은 반면 실제 성과 순위는 107위로 하위에 머물렀다. 이는 거꾸로 아직까지 우리나라에 투자기회가 많다는 것으로 앞으로 FDI 유입이 증대될 여지가 많은 것으로 해석할 수 있다. 소버린의 SK경영권 분쟁이나 론스타의 외환은행 인수·매각과 같은 투기적자본의 유입과 경영권 위협, 과도한 배당요구 등으로 인해 외국자본에 대한 경계심이 높아지면서, 미국의 투자는 공장 등 제조설비를 신규로 투자하는 그린필드(Greenfield)형이 아니라 주로 인수합병(M&A) 형태로 나타나게 됨으로써 우리경제에 아무런 도움을 주지 않을 것이라는 주장도 나오고 있다. 미국의 해외직접투자는 2004년 2조 640억 달러로 1991년에 비해 약 4배 이상 증가하고 있지만 이 중 주식투자를 포함한 자본투자의 비중은 1999년 17.2%를 정점으로 2002년 8.4%로 꾸준한 감소추세에 있다. 실제로 미국이 FTA를 체결한 멕시코와 캐나다, 이스라엘 등에 대한 투자에서도 M&A형보다는 그린필드형 신규투자가 주종을 이루고 있다.

FTA 더불어 외국인 투자환경 조성 노력 함께해야

KIEP 이성봉 연구위원은 "설령 미국의 투자가 신규투자가 아니라 M&A 형태로 유입된다고 하더라도 우리경제에 아무런 도움을 주지 않을 것이라는 것은 지나친 주장"이라며 "그린필드형은 고용창출과 생산능력 확대라는 측면에서 긍정적이며 M&A형은 기업구조조정을 통한 경쟁력 강화로 긍정적 효과가 있다"고 말했다. 한국개발연구원 이시욱 연구위원은 "증권투자와 같은 외국인간접투자에서 많이 발견되고 있는 외국자본에 대한 부정적 인식을 전환해야 하며 FTA 체결 시 이 같은 투기자본의 유입에 대한 안전장치를 확보할 필요가 있다"고 지적했다. 그는 "우리가 주목해야 할 것은 미국과 FTA를 체결하는 것만으로 외국인직접투자가 자동적으로 확대되는 것은 결코 아니며, 유리한 투자환경 조성을 위한 제반노력이 함께 이루어져야 한다는 것"이라고 강조했다.

*키워드 FDI(외국인직접투자: foreign direct investment): 외국인이 지속적인 경영관계 수립과 장기적 경영이익을 목적으로 국내기업의 주식을 취득하거나 장기차관 도입으로 들여오는 자금. 단기적 금융차익을 위한 증권투자 등 외국인간접투자(foreign portfolio investment)에 비해 안정적인 외환확보가 가능하며 기술 이전과 재투자 및 고용창출 효과가 있다.

〈한미 FTA 이후에 해외직접투자에 대한 정부주장에 대한 반박〉

해외직접투자(FDI: Foreign Direct Investment)는 한나라의 기업이 다른 나라에서 새로운 사업체를 신설 또는 기존 사업체의 인수를 통하여 이를 통제할 수 있는 투자 지분율을 획득하여 장기적인 관점에서 직접 경영에 참여하는 것을 목적으로 하는 투자 행위로서, 즉 해외직접투자는 단순한 자본의 국제적 이동뿐만이 아니라, 생산기술, 경영기법 및 전문인력 등 이동 가능한 각종의 모든 생산요소들을 현지로 이전시켜 현지의 생산요소들과 결합하여 제품의 생산 및 판매활동을 하는 것으로 경영권 통제가 목적이다.

외국인 투자를 둘러싼 미신

외국기업의 직접투자 효과 중 하나를 살펴보면, 직접투자는 국내 회사들이 다국적 기업들이 가진 선진 기술과 경영노하우를 전수받을 수 있는 중요한 통로가 되기도 한다는 것이다. 그러나 유감스럽게도 이미 세계 최고수준으로 외국인투자가 많이 이뤄진 한국경제에서 우리는 그런 사례를 못 봤다. 관련하여 '신자유주의 전도사'로 불렸던 이헌재 전 부총리조차 은행권에서 선진금융기법의 전수는 거의 없었다고 국회에 출석하여 증언한 바 있다. 물론, 당시만 해도 한국사회에 유례가 없었던 '휴대폰 문자메시지로 정리해고 통보하기'(론스타가 최초로 선보인) 같은 사례를 든다면 뭐라 할 말은 없지만. 외환은행, 한미은행, 제일은행, 브릿지증권, 만도기계, 위니아만도, 쌍용자동차, 대우자동차, 하나로텔레콤의 경우처럼 경영권 자체가 외자에 넘어간 경우나, 삼성전자, 현대자동차, 포스코, KT, KT&G 그리고 대부분의 시중은행들처럼 다수지분을 외국인이 소유한 기업의 경우 모두에서 외국자본유입으로 전수된 선진 기술과 경영노하우가 어떤 것이 있었는지 밝혀진 바는 아무것도 없다. 위에서 열거한 사례들은 직접투자(한 기업의 지분 10% 이상을 보유하고 경영권에 영향을 미친다는)인 경우도 있고 간접투자로 분류되는 경우도 있다. 그러나 문제는 어디에 분류되느냐가 아니다. 중요한 것은 이들의 투자 동기다. 이들을 포함하여 지난 몇 년간 한국에 유입된 외국자본의 거의 대부분은 재무적 투자 동기(단기적 자본소득)를 가진 것들이다. 위의 사례 중 아마 대우자동차만이 유일하게 GM이 직접 경영하면서 자동차 생산과 판매 유통을 유지하며 세계적 영업망을 확충하여 장기 경영할 계획으로 투자한 경우에 속한다. 나머지 대부분은 기업경영권을 손에 넣었든 단지 일정지분만을 가지고 배당을 취하는 형태이든 상관없이 단기적 자본소득(기업매매차익, 배당 등)이 투자의 목적이다. 기업을 사고팔아 이윤을 극대화하거나, 일정지분을 손에 넣고 경영에 압력을 가하여 구조조정을 획책한 후 주가를 끌어올리는 수법으로 배당을 높일 목적인 투자자들이 무슨 선진 기술이나 노하우가 있다는 것인지 의문이다. 설령 있다 하더라도 그들이 무슨 동기로 한국기업에 이전한다는 것인지 도무지 납득할 수가 없다.

직접투자는 좋은가

외국인 투자 유입이 일자리를 늘린다는 말은 사실이 아니다. 한국은행의 발표에 따르면 2004년 국내 상장주식 시가총액 가운데 40.1%를 외국자본이 보유하고 있다. 이는 세계 최고 수준이다. 그런데 이들 전체 외국자본의 79%가량은 단기적 시세차익을 목적으로 투자하는 포트폴리투자다. '치고 빠지기'식 투자를 하는 이들 자본은 고용확대와 신기술도입 같은 효과를 내지 않는다. 정부는 이에 반해 나머지 21%가량을 차지하는 외국인직접투자(FDI)는 좋은 투자라고 말한다. 그러나 정부가 말하는 공장설립과 고용창출, 기술유입효과를 낸다는 '그린필드형 투자'는 FDI 가운데서도 절반밖에 안 된다. 나머지는 자산매각과 관련된 인수합병 투자였다. 외환은행을 매입한 론스타도 직접투자이고, 한국에서의 외국인 투자 가운데 최대규모(24억 달러)였던 시티그룹의 한미은행을 인수도 직접투자로 분류되었다. 하지만 이들은 새로 일자리를 만들기는커녕 대량 정리해고를 했고, 비정규직을 늘렸다. 이처럼 직접투자가 곧 고용을 새로 창출하는 투자라고 봐서는 안 된다. 미의회조사위원회(CRS)조차 한국에 들어온 외국인 투자의 많은 부분이 자산을 헐값에 인수하는 데 사용된 '기업구조조정 투자'였음을 지적하고 있다. 이들은 가장 매력적인 자산에 대한 투자가 다 끝난 다음에 급격히 줄어들었다. 한 부연구위원이 언급한 대로 세계은행은 동아시아의 외자유입은 주로 인수합병형태였다고 지적했다. 그러나 더 중요한 언급은 이 같은 외자 유입이 "경제회복에는 별로 도움되지 않았다"고 인정한 대목이다. 이른바 고용창출 형 투자도 문제가 있기는 마찬가지다. 많은 개발도상국들이 수출을 늘리고, 국제자금 조달처를 확보하기 위해 수출지향의 외국인 직접투자를 유치하고자 했다. 이를 위해 자국의 투자제도를 변경했고, 대부분은 규제완화가 이뤄져 '기업 친화적'환경이 조성되었다. 그 결과 1991년부터 1998년까지 외국인 직접투자가 제3세계의 순 자본유입액 중에서 34%로 가장 큰 비중을 차지하기에 이르렀다. 그러나 FDI는 오직 소수의 몇 개 국가들에 집중되는 경향이 나타났다. 미국자본은 북미자유무역협정 지역에, 일본은 동아시아 지역에, 유럽은 중부유럽에 각각 투자를 집중했다. 현재 정부는 멕시코의 사례를 들어 한국도 직접투자가 늘 것이라고 우기는 중이다. 그러나 한 부연구위원이 속한 대외경제정책연구원이 2004년 11월 발표한 연구결과에 따르면 "NAFTA가 투자측면에서 제공한 시사점을 살펴보면, FTA가 반드시 외국인 투자유입을 담보하지는 않는다. 미국과 캐나다의 상호투자는 관세장벽 회피를 위해 투자진출을 도모했던 기업들이 관세장벽 철폐 이후 투자 필요성이 적어지면서 오히려 감소했다" 해외직접투자는 기본적으로 그 국가의 경제성장이 잘 실현되고 있을 때, 즉 경제성장률이 증가하고 있을 때 일어나며, 그 역이 아니다.

경제성장률이 둔화되고 투자가 축소되고 있는 상황에서 외국인 투자유치 확대를 통해 경제난국을 풀어간다는 발상자체가 넌센스다.

대형실직을 막아낼 수도 있다

그린필드형 투자조차 노동자의 삶에 좋은 영향을 미치지 않는다. 직접투자가 늘었다 해서 이것이 노동자들의 생활수준 상승, 경제적 안정, 복지의 향상을 낳는다고 보기 어렵다. 이들이 들어오기 위해서 시장개방을 위해 자국경제의 자유화와 규제완화를 통해 실업이 늘어나고, 대체로 수입의존적인 산업이기 때문에 산업연관이 낮고, 기법이나 기술을 전수하는 경우도 거의 없었다. 중국의 외국인직접투자가 생산능력을 확대시킨 것은 사실이지만 고소득층을 더욱 부유하게 만들었고 노동자들의 생활수준은 더욱 하락했다. 국가가 취한 자유화 정책의 결과 국유기업들이 1998년부터 2004년까지 해고한 노동자가 3천만 명이나 된다. 국유기업에서 해고된 노동자들 가운데 2,180만 명 이상이 현재 정부의 평균최저생계수당에 의존해 생존을 이어가고 있다. 외국계 기업의 지배 아래 수출품생산이 늘어나면서 새 고용기회가 생기긴 했지만 이런 일자리의 대부분은 임금이 매우 낮다. 결국, 정부 측의 직접투자 확대 전망은 거짓이거나, 이미 실패가 입증된 미신에 지나지 않는다. 한국은 "자본시장 발달은 더딘 편", "FTA체결로 외국인투자가 증대되면 자본시장 발달을 촉진시켜 경제에도 긍정적인 영향을 가져다 줄 것으로 기대" 2005년 세계은행과 국제개발은행(IBRD)의 자료에 따르면, 투자자의 권리 확대 보호를 위한 협정의 체결이 직접투자를 유발하지 않았다. OECD가입국과 31개의 개도국 사이에 체결된 협정결과를 분석한 이 결과에 따르면 어떤 의미 있는 직접투자의 증가도 없었다. IMF와 세계은행의 연구 결과를 보더라도 투자자유화를 위한 조치가 이뤄졌다 해서 이것이 곧 외국인 직접투자로 이어진다는 보장은 없다. 세계은행의 2003년 보고서에 따르면 "양자 간 투자협정을 통한 강력한 투자보호조치가 이들 국가들에 대한 신규투자의 증가로 귀결되고 있다고 보기 어렵다"고 지적하고 있다.

자본시장 발달(동북아 금융허브)이 경제에 순기능

한국을 동북아 금융 중심지로 육성하여, 궁극적으로 세계적인 금융 중심지로 육성한다는 발상이다. 이 계획은 2002년 7월 '동북아 비즈니스 중심 국가 실현방안'에 포함된 것을 시작으로, 2003년 2월 참여정부가 출범하면서 12대 국정과제에 포함되었고, 2003년 12월 대통령 국정과제 회의에서 '동북아 금융허브 추진전략'이 확정되었으며, 물류중심의 선진통상국가계획이 비현실적임이 분명해지자 정부는 더 한층 매달렸었다. 막대한 규모의 연기금과 퇴직연금, 400조에 달하는 부동자금으로 외국 자산운용사들을 유인하여 한국에 지점과 지사를 설립도록 하는 한편, 토종 자산운용사와 투기자본(PEF와 KIC)을 육성하여 자금의 중심지로 만들겠다는 발상이다. 이를 위해 정부는 그동안 사모펀드 활성화, 한국투자공사를 설립하고, 자본시장통폐합법 제정을 앞두고 있다. 이런 목표를 가지고 있는 당국자들은 "론스타를 국익적 차원에서 몰아세우지 말자. 한국도 중국이나 아시아에서 돈 많이 벌면 지금 한국 벌어진 과정이 해외에서 반복될 수 있다"고 말하고 있다. 그러나 이 계획은 허무맹랑할 뿐만 아니라 노동자들에게 희생을 강요할 것이다. 미국 측은 한국의 금융허브 계획 지지입장을 밝히면서 이를 위한 자유화 조치를 촉구하고 나섰다. 가장 우선적인 과제가 노동자 해고를 자유롭게 하라는 것이다. "노동시장의 유연성은 다른 무엇보다 금융시장 발전에 중요하다. 한국이 세계적 수준의 지역 금융중심지로 부상하려면 정리해고를 하기 전에 고용주들이 충족시켜야 하는 조건이 너무 까다롭게 되어 있는 현 노동법 조항들을 개정하여 노동시장의 유연성을 확보해야 한다." 영국의 경우 금융허브는 별도의 섬으로 존재한다. 막대한 자금이 들락날락하지만 그 돈은 영국경제의 활력이나 대중의 필요와 무관하게 움직이고 있다. 마치 국내 부동자금 400조가 먹을 게 없어 벽장에서 굶주려 죽은 어린 아이의 비참한 가정과 무관하듯이 말이다. 런던의 금융중심지 시티의 경우 몇 만 명의 고용을 창출했다는 둥의 통계를 대지만 이조차 대부분 파출부나 주변 음식점 세탁소등에 불과하며, 대부분 다른 영역에서 해고된 사람들이 임시직으로 일하고 있는 경우이다. 금융허브는 성공하더라도 엄청난 고소득층을 만들어 빈부격차는 벌려놓을 것이다. 또한 국내외 자산가들의 투자수익의 통로가 될 것이다. 문제는 이 천문학적인 자금이 이동하는 통로는 노동자들의 후퇴하는 생활과 삶으로 이어져 있지 않고, 오직 이들의 삶을 공격하여 그 수익을 올려갈 뿐이라는 점이다. 결국, 금융허브는 부유한 개인들의 자산가치 보존, 축적하는 곳. 기업 자체를 사고팔거나 환율차익을 이용하여 투기하는 곳이다. 성공 가능성도 희박하다. 런던, 뉴욕과 같은 세계적 금융 중심지는 물론, 도쿄, 상하이, 홍콩, 싱가포르 등에도 뒤져 있으며, 추월할 가능성 거의 없다. "중국 같은 다른 국가들이 동아시아 경제허브와 관련한 더 유리한 패키지를 제시하고 있다."

FDI의 유형은 기업실적에 의미 있는 영향을 미치지 않는다. 공장설립형이든 인수합병형이든 외국인 직접투자의 효과는 비슷하다?

한미FTA의 투자조항은 기업주와 고액투자자인 자산가들에게는 분명한 이득이 될 것이다. 반면 노동자들과 평범한 하층민들에게 외국인 투자의 증대는 그것이 공장설립형이든 인수합병형이든 해가 된다. 그 이유는 대주주와 경영진에게 배타적으로 유리한 기업관행, 노사관행, 사회복지수준의 저하, 공익적 규제의 폐지가 전 사회적으로 확산되는 가운데 이 같은 투자가 이뤄지고, 그 결과 기업하기 좋은 환경으로 변해가기 때문이다. 따라서 진정한 문제는 한미FTA로 인해 기업하기 좋은 나라가 될 수 있다고 할 때, 다시 말해 선진기업환경이 된다고 할 때 이것이 노동자와 다수 보통사람들에게도 똑같이 득이 되느냐 하는 점이다. 정부 측 주장과 관변연구기관에서 내놓는 논문들은 하나같이 기업가와 투자자 그리고 자산가들의 필요에 부합하는 조치가 국가 경쟁력을 강화한다는 논리이며, 그래야만 노동자와 다수 하층민들도 도움이 된다는 것이다. 그러나 신자유주의는 그 자체가 모순적인 효과를 가져온다. 97년 이후 한국사회에서 진행된 구조조정의 결과가 그렇듯이 신자유주의 개혁은 노동자와 하층 시민의 삶을 공격하여 자본 측의 이윤을 만회하기 위한 전략이었음이 확인되었다. 그 결과 한국사회는 기업은 성장해도 고용은 줄어드는 이른바 '고용 없는 성장'을 목도하고 있고, 갈수록 비정규직은 늘고 비용을 절감한 기업의 주가는 올라 거액 자산가들과 기업주들은 득을 보고 있다. 그래서 빈부격차가 늘고,

양극화는 심해진다. 그러므로 이처럼 엄연하게 존재하는 모순(사실은 신자유주의와 한미FTA의 진정한 효과)인 노동자를 포함한 하층민 다수의 이익과 기업주와 자산가들의 서로 상반된 이해관계를 보지 않고, 추상적으로 한미FTA나 신자유주의 개혁의 효과를 얘기하는 것은, 결국 노동자와 하층민들의 희생을 강요한 바탕 위에 기업가와 자산가들의 이익을 배타적으로 옹호하는 것에 다름 아니다.

출처: 참세상 칼럼

3) 진출국가의 선정

(1) 진출대상국을 선정하는 목적

적절한 선정기준에 의거하여 기업에게 시장기회를 가장 우선적으로 제공해 줄 것으로 기대하여 기업이 진출하고자 하는 하나 혹은 다수의 국가를 결정한다.

(2) 진출대상국을 선정할 때의 조건

표적 시장의 선정은 기업의 역량과 진출동기에 부합해야 한다.

(3) 진출대상국의 선정

경제, 정치, 문화, 지리적 조건 등 기업외적인 요인들을 고려해야 하며, 기업이 지니고 있는 경쟁적 역량을 가장 잘 유지, 개선, 확대시킬 수 있는지의 여부에 따라 이루어져야 한다.

표적국가의 파악 및 선정

① 해외 진출을 위한 잠재적 진출 대상국은 세계에 존재하고 있는 국가 수만큼이나 많지만 실제 기업이 추구하는 목표를 달성할 수 있는 기회가 어느 나라에

서나 주어지는 것은 아니다.

⇒ 해외시장을 지향하는 대부분의 기업에게는 해외 및 잠재국가 중에서 기업의 조건에 가장 부합하는 국가를 발견해 내는 것이 그 일차적 과업이다.

② 현실적으로 가끔 우연한 혹은 비합리적인 동기나 자극이 특정 국가에 진출하는 계기가 되는 경우가 있으나, 이는 위험부담이 너무 크다.

③ 표적국가에 대한 검토: 기회) 시장매력성 – 얼마나 많은 가능성이 있는가.

시장장벽 – 진출하기에 어떤 어려움들이 있는가.

④ 어떤 요소들을 표적국가 선정을 위한 평가기준으로 이용할 것인지는 진출기업이 추구하는 목표와 제공하는 제품, 경영자원 및 경쟁적 역량, 진입방식 관련 요인 등과 함께 검토되어야 한다.

진출국가의 선정절차

① 표적국가 선정절차의 기본적인 목적은 진출해야 할 시장을 진출하지 않아야 할 시장과 구분하여 실질적으로 진출할 국가를 파악해 내는 데 있다.

② 표적국가 선정을 위한 의사결정은 국내의 환경요인과 진출할 국가의 환경요인 뿐만 아니라 개별 기업의 내적 요인, 즉 추구하는 목표와 동기, 특히 개입하고자 하는 방식과 수준에 따라 달라질 수 있으나, 어떤 경우든 의사결정의 과정 자체는 본질적으로 다르지 않기 때문에 지금 설명하는 선정절차는 어떠한 형태의 진출기업에든 근본적으로는 동일하게 적용될 수 있다.

③ 200여 개가 넘는 세계의 모든 국가나 지역을 진출대상국으로 삼아 이에 대한 심층적인 평가를 한다는 것은 의미가 없으므로, 표적국가 선정은 하나의 단계적인 절차에 따라 이루어지는 것이 보다 타당하고 비용이나 시간 면에서도 효과적.

④ 경영여건상의 이유 때문에 근본적으로 고려대상에서 제외되어야 할 국가를 추려냄 ⇒ 진출대상 국가들에 대해 표적국가를 평가하기 위한 기준들을 설정하여 과다한 비용이나 노력을 투입하지 않고서도 유망한 국가들을 신속하게 가려내

는 목적의 개략적 분석이 이루어짐 ⇒ 선정된 국가에 대해 보다 근원적인 세부 분석이 행해진다.

가. 예비선정 단계

특정 요소에 근거하여 특별한 검토 없이 일별하여 고려대상이 될 수 없는 국가들을 제외시킨다.

　㉠ 진출여부와 관계되는 장기적인 기업여건을 중심으로 한 관점에서 판단하여 기업의 활동 자체나 추구하는 목적에 부합하지 않는 제반 요인이 주된 의사결정 기준으로 이용된다.

　⇒요인: ⓐ 제품관련 요인−기후, 문화, 사회간접시설 등의 조건으로 인해 지금은 물론 가까운 장래에도 기업이 제공하는 제품에 대한 수요가 없다고 판단될 경우. ⓑ 기업 스스로가 설정한 기준이나 지침−기업이념이나 국가정책의 영향을 반영한 것일 수도 있고, 정치적 안정성이나 시장규모 등의 요인에 임계치하는 경우

　㉡ 기업은 예비선정 단계에서 비용상의 이유 때문에 가능한 한 많은 국가들을 제외시키려 할 것이지만, 이는 시장기회와 잠재력이 큰 시장을 간과하는 오류를 범할 수 있기 때문에 문제가 될 수 있음 ⇒ 예비선정 단계에서는 가급적 적은 수의, 매우 확실하고 기업에게 중요한 제외 기준에 한정하는 것이 바람직하다.

나. 중간선정 및 전략적 분석단계

예비선정 단계에서 간추려진 국가들을 개략적이나마 일정 기준에 의해 평가하고, 이에 따라 정밀분석을 위한 대상국을 추려 내는 단계이다.

　㉠ 평가기준: 일차적으로 시장매력성과 시장장벽을 나타내는 요소들.

　다양한 기준요소가 평가를 위한 대상이 될 수 있음.

　적절한 일련의 기준(sets of criteria)을 찾아내는 것은 개별 기업의 과업.

　동일한 산업에 속하는 기업이라고 하여 동일한 기준을 이용해야 하는 것 아님.

개별 기업 및 제품의 특성과 추구하는 목표, 시장진입 방식에 따라 달라짐.

⇒ 시장매력성이나 시장장벽을 평가하는 데 적합한 기준요소들이 기업특유의 상황에 따라 설정되고, 각 요소에 대해 상대적 중요도에 따라 가중치가 부여되어야 한다.

Ⓛ 이 단계에서 이루어지는 의사결정은, 극히 제한적이고 불충분한 자료에 의존하기 때문에 진출을 통해 얻게 되는 경제적 효과를 예측하는 것은 큰 의미가 없다.

다. 최종선정 및 정밀분석 단계

선정된 대상국들에 대해 보다 면밀하고 심층적인 평가가 이루어짐.

㉠ 비용과 시간이 가장 많이 소요.

Ⓛ 경제성 및 수익성 분석이 주된 내용이 되며 필요한 경우 시장조사를 통한 분석이 보완. 경제성 및 수익성 분석의 특징: 기업 목표체계의 각 구성요소들이 기업에 얼마나 기여하는지 검토하는 것. 각 진출대상국에서 발생되는 이익과 비용에 대한 정확한 추정이 가능한 경우에만 이용.

이러한 분석기법을 이용해 종국에는 진출대상국의 우선순위 표가 작성되고, 이러한 작업의 결과는 최고경영층의 최종적인 의사결정을 위한 중요한 자료로 제시된다.

Ⓒ 표적대상국을 평가하는 데에는 이 밖의 다른 절차와 방법들도 이용될 수 있으며, 이 절차들은 기업이 추구하는 목표, 의도하고 있는 국제시장의 개입방법과 정도, 평가과정에 투입할 수 있는 시간, 비용, 노력 등에 따라 단순화 또는 복잡화될 수 있다.

㉣ 어떤 분석과 선정절차이든 가장 중요한 것은 이 과정이 순차적으로 행해져야 하며 진출대상국 평가를 위한 기준요소들은 특정 기업 및 제품시장과 관련이 있는 것이어야 한다는 것이다.

4) 표적국가 선정기법

(1) 표적국 선정을 위한 방법

① 느낌, 직관 혹은 경험에 의한 접근방법: 주먹구구식 방법이지만 실질적으로 흔히 사용되고 있는 접근 방법.

② 분석적 접근방법(analytical approach): 선택할 대체안, 환경상황 및 결과에 대한 계량화가 가능하다는 것을 가정하고 있으므로 최적안을 계산해 낼 수 있다.

　필요한 자료를 계량적으로 처리할 수 있는 높은 수준의 정보를 전제.=>국가에 대한 정밀분석에 더 적합하다.

　투자회수기간법, 내부수익률법, 순현가법, 종가법 등 여러 가지 투자안을 위한 평가방법들이 사용된다.

③ 휴리스틱 접근방법(heuristic approach): 분석적 방법에 비해 비교적 정보에 대한 요구수준이 낮다.

　상황 관련 결과들을 계량화해야 할 필요성이 훨씬 적기 때문에 이 방법은 다음 단계의 더 세밀한 검토를 위하여 여러 진출대상국 중에서 비교적 적은 노력과 비용으로 기업의 사업비회를 보장하는 시장여건들이 충분히 존재한다고 여겨지는 국가를 간추려 내기 위한 개략적 분석에 주로 이용된다.

가. 체크리스트법(check list method)

- 표적국가 선정범위를 축소시키기 위해 고려대상에서 제외되는 국가들을 가려내는 데 사용.
- 몇 개의 기본적인 요구조건과 관련하여 국가들을 검토하는 데 역점.
- 요구조건들은 거시 혹은 미시적 환경요인 중 중요하다고 판단되는 변수들이 그 대상이 됨.
- 장점: 신속하고 단순하며 비용이 적게 듦.
- 단점: 대상국가 범위를 축소하여 보다 세밀한 분석을 하기 위한 보조수단으로

서의 역할에 한정.

나. 순차적 평가방법(sequential rating method)

- 일정 기준에 의하여 국가를 점차적으로 제외시키는 방법.
- 체크리스트법과 같이 중요한 거시적 및 미시적 요소들을 평가기준요소로 정하고 이들을 중요도에 따라 우선순위를 정하여 순위대로 배열, 각 기준요소에 대해 최소 혹은 최대 임계치를 정하고, 이 값에 미달, 초과하는 국가들을 순차적으로 제외.
- 의사결정상의 질을 높이기보다 이 방법의 이점을 상쇄하기 때문에 너무 많은 기준들이 설정되어서는 안 됨.
- 선정기준들은 해당 제품과 밀접한 연관이 있고 가능한 한 통계자료 등 2차 자료원을 통해 파악될 수 있는 것이 바람직하다.

다. 가중평가법(weighted scoring method)

- 국가들을 평가하는 데 기준이 될 수 있는 중요한 요소들을 선정하여 이들 요소의 중요도에 따라 그 각각에 가중치를 부여하고, 이들 각 요소에 따라 개별 국가를 평가한 후, 각국의 가중평가치의 합을 구함으로써 가장 유망한 국가를 찾아내는 방법.
- 대상국들의 우선순위를 정하거나, 미리 각 요소에 대한 임계치를 설정하여 이 값을 충족시키지 못하는 국가는 다른 요소에서 평가점수가 높아도 선정대상에서 제외되기도 함.
- 평가를 위한 기준요소들로서는 주로 거시적 환경요인들이 그 대상이 되며 이외에도 사업의 기회 및 위험과 관련된 변수들이 포함될 수 있다.
- 가중치 부여 기법: 가장 중요하다고 생각되는 요소에 최곳값을 부여하고 이를 기준으로 순차적으로 가중치를 할당.

각 요소들을 종류에 따라 군집화했을 경우 군집별로 비율을 정하고 그 가중비율을 다시 부분요소에 할당.(요소별 가중치의 합이 100%가 되게 하는 게 편리.)

- 각 요소의 가중치 X 개별 국가의 평점＝각 기준 요소별 국가의 가중평가 점수
  가중평가점수의 합＝해당국가의 총 평가 점수
- 장점: 시간과 비용을 절감하면서 실질적으로 이용하기에 용이하고 특히 주요
  변수들이 그 중요도에 따라 모두 고려될 수 있다.
- 단점: 가중치 및 평가등급을 정하는 데 있어서 주관에 의존한다는 것과 모든
  영향변수들이 포함될 수 없다는 한계점.

기준요소들의 다중공선성(multicollinearity) 문제가 극복되기 어렵다.

산출된 평점이 수학적 정확성과 확실성을 보장하는 것이 아님.

라. 포트폴리오 분석

- 개별 국가 내지 개별 국가 내의 시장 간 상호의존성을 고려하여 한 국가만을 선
  정하지 않고 특정 국가집단을 선정할 때 사용하는 방법.
- 포트폴리오 분석은 대체안들 사이에 상호의존성이 존재하고 있어 한편에서 위
  험이 증가하면 다른 한편에서는 이를 보상할 수 있을 만큼의 높은 수익성을 실
  현한다는 사실을 전제.
- 목적: 여러 표적대상국 중에서 위험과 기회의 최적조합을 구성해야 한다는 관
  점에서 가장 바람직한 국가집단을 결정.
- 유망국가의 우선순위를 정할 때 유용하며, 다수의 해외시장에 대한 의사결정을
  할 때에도 중요한 역할을 한다.

5) 해외시장 확대전략

기업이 해외시장에 진출하는 데 있어서 우선 특정 표적국가에 진출하여 점차적으
로 그 범위를 확대해 나갈지, 아니면 다수 국가에 동시에 진출할 것인지, 그리고 점
진적으로 진출할 경우 어느 국가를 우선할 것인지 등에 대한 의사결정이 전략적으

로 이루어져야 한다. 국제적인 시장 확대 전략이 어떻게 수행될지는 해외시장에서 추구하는 목적과 환경여건도 중요하지만, 무엇보다 기업이 지니고 있는 경영자원과 경쟁적 우위성에 달려 있다.

이에 따라 진출국가 범위와 관련된 공간적 확대 측면뿐만 아니라 진출시기와 관련된 동태적 측면에서도 해외시장개척의 방법과 순위가 정해질 것이다.

(1) 진출국 범위의 확정

① 집중적 확대전략: 선정된 국가들이 매력적일지라도, 지리적으로나 심리적으로 본사국과는 거리가 먼 경우에는 오히려 인접한 국가나 본사국과 유사한 국가를 개척하는 것이 더 유리할 수 있다. 이 경우 본사국에 인접해 있거나 본사국과 유사한 국가에 먼저 진출하는 전략이다.

－문제점: 이웃 나라가 반드시 매력적인 시장이라고 볼 수는 없으며, 다른 경쟁기업이 이미 그 시장을 주도하고 있을 수도 있다. 또 본사국과 유사한 배경을 가진 국가의 경우에도 표면상의 유사성 때문에 시장에 내재해 있는 실질적인 이질성을 간과함으로써 현실적으로 기업 활동에서 당면하게 되는 어려움이 있다.

② 초점형 확대전략: 오늘날 많은 범세계적 산업영역에서 물리적 거리나 문화적 차이가 더 이상 특별한 진입장벽으로 작용하지는 않고 있다. 이 전략은 장소와는 상관없이 덜 매력적인 시장은 피하고 가장 매력적인 시장에 우선적으로 진출하고 이를 거점으로 하여 인접국으로 시장 확대를 해 나가는 것이다.

③ 기반형 확대전략: 위의 두 가지 전략의 혼합형태.

(2) 진입시기의 선택

진입 시기에 대한 전략으로는 폭포형 전략과 분사형 전략, 그리고 이 두 가지 형을 혼합한 전략형태가 있다.

① 폭포형 전략

기업이 하나씩 하나씩 순차적으로 해외시장에 진입하는 것이다. 기업이 처음 본사국 외의 다른 한 국가에만 진출하고, 그 다음 또 다른 국가로 진출하는 방법으로 계속해서 진출국가 수를 넓혀 나가는 형태로 다수 국가에 진출하기까지는 오랜 기간이 걸린다.

폭포형 전략의 이점

ⓐ 중소기업이든 대기업이든 국제화의 초기에 많은 해외시장에 동시에 진출하기에는 그 기반이 되는 경영 자원의 제한성으로 인해 무리가 따를 수밖에 없다. 그러므로 단계적인 해외시장 진입 및 개척은 이런 부담을 경감시켜 주면서 해외사업을 확장할 수 있는 기회를 제공하고, 조직 면이나 경영자원 면에서 해외 사업 확장의 여력이 생기게 된다.

ⓑ 진출대상 국가에 대해 충분한 검토가 이루어지고 필요한 경우 진출을 포기할 수도 있기 때문에 해외 시장 개입에 수반되는 위험을 감소시킨다.

ⓒ 신제품도입을 성공시키는 데에도 매우 유용하다.

ⓓ 모든 시장에서 진입하기 위한 조건이 가장 좋은 상태에 있을 때 진출함으로써 수요나 투자환경, 기술상태 등에서의 국가 간 차이를 적극적으로 활용할 수 있고, 각 국가에의 진입이 시기적으로 상호 연계성 없이 이루어지기 때문에 국가 특성이나 여건에 맞게 진입할 수 있다.

ⓔ 장기적으로는 다수 국가에 진출하게 되기 때문에 범세계적인 활동의 조정 및 통합이 필요하지만, 분사형 확대전략의 경우에 발생할 수 있는 시간적 압박을 덜 받는다.

폭포형 전략의 단점

ⓐ 시장기회의 시기를 놓칠 수 있다.

ⓑ 후발기업으로서 이미 진출한 경쟁기업보다 불리한 위치에 놓이게 될 가능성이

있다.

② 분사형 전략

표적국가를 점진적이 아니라 비교적 짧은 기간 내에 동시적으로 개척해 나가는 전략이다.

분사형 전략을 쓰는 이유

ⓐ 많은 산업분야에서 오늘날 제품 및 기술의 수명주기가 단축되는 현상을 보이고 있다. 이러한 산업에서는 가까운 장래에 출현할 차세대 제품이 해외시장을 순차적으로 개척할 여유를 주지 않기 때문에 기업들은 세계의 주요 시장에 이들 제품을 거의 동시에 출시하지 않을 수 없다.

ⓑ 제품 내지 기술수명주기는 단축된 반면, 연구개발에 대한 시간과 비용은 증대되고 있다. 특히 제품수명주기의 단축은 결과적으로 증대된 연구개발비를 시장으로부터 회수할 수 있는 시간을 단축시킨다. 그러므로 가능한 짧은 기간에 많은 시장에 진출하는 것이 이러한 비용을 회수할 수 있는 큰 기회가 될 것이다.

ⓒ 주요 국가에 조기 진출하여 양호한 이미지를 구축함으로써 기업은 최초 진입자 우위를 갖게 되고, 후발 기업에 대한 시장장벽을 마련할 수 있다.

ⓓ 다수국에 동시에 진출함으로써 경쟁상황과 경기상황이 나라마다 다르기 때문에 발생하는 판매 및 수익의 차이를 통해 안정적인 성과를 기할 수 있고, 특히 위험분산 효과를 얻을 수 있다.

6) 진입방식의 결정

선정된 진입방식은 조직구조, 해외활동의 법적인 형태를 결정하고, 통제의 종류와 정도, 투입되는 경영자원의 규모, 시장진입과 관련되는 위험 정도 등에 영향을 미친다.

(1) 진입방식의 종류와 분류

기업의 해외시장 진입방식의 유형과 관련한 기준－자원의 종류와 이전 정도, 가가치 창출의 비중, 투입자원의 회임, 소유 정도, 통제 정도, 위험 정도, 유연성 정도 등.

〈소유권 및 통제 정도에 따른 분류〉

기업의 해외 사업 유형	**\<수출\>** －대개 일회성 거래의 형태를 띠며 단기적. －기업의 통제력이 약한 반면 위험은 적고, 유연성이 높음.	간접수출 직접수출 해외마케팅 자회사를 통한 수출
	\<계약\> －일명 중간방식이라고 하기도 함. －주로 외국의 현지기업과 계약체결, 운영. －대체로 수출보다 더 장기적인 관계. －통제와 위험을 공유, 소유권도 분할됨.	라이선싱 프렌차이징 관리계약 계약생산
	\<해외직접투자\> －일명 내부조직방식이라고도 －소유권 비율에 따라 분류. －단독투자는 기업측면에서 통제의 강도가 가장 큰 형태. －자금과 인력을 많이 투입해야 하고, 그만큼 위험도 크며, 유연성이 낮음.	합작투자 단독투자

－이러한 자원개입에 따른 소유권 및 통제 정도는 **내부화 수준**을 나타냄.
  (내부화: 시장거래를 내부조직으로 대체하는 경제적 행위)
－높은 소유권 및 통제의 수준을 유지하기 위해서는 더 높은 자원개입과 관리가 요구, 그에 따른 위험부담도 높아진다.

(2) 진입방식의 결정을 위한 고려 요인

가. 기업내적 요인

① 기업규모
- 규모는 기업의 자원가용성에 대한 지표.
- 자원가용성의 증대는 장기적으로 기업의 국제적 개입수준의 고도화를 위한 기초가 됨→기업이 성장하면서 점차 내부화 정도가 더 높은 진입방식을 활용할 것임.

② 국제적 경험
- J. Johanson과 J. Vahlne의 국제화 이론: 국제적 경험은 기업의 시장 활동에서 발생하는 비용과 불확실성을 감소, 기업이 해외시장에 더 많은 자원을 투입하게 한다.
- 기업의 규모가 크고 경험이 풍부할수록 위험에 대한 대처능력이 증대, 진입방식을 선택할 수 있는 폭도 넓어진다.

③ 제 품
   ⓐ 제품의 물리적 속성-제품의 생산입지를 결정하는 매우 중요한 요소
   ⓑ 제품의 특성(복잡or단순)-유통채널의 선택에 영향을 미친다.

제품차별화 우위를 통해 기업은 비교적 높은 가격을 책정함으로써 높은 수익 실현, 경쟁 업체의 진입을 제한하는 진입장벽 구축, 고객의 욕구를 더 잘 충족시킴으로써 경쟁적 지위 강화.⇒기업에게 자연적으로 독점을 부여→내부화 수준이 높은 진입방식을 활용하려 할 것이다.

나. 기업외적 요인

① 본사국과 현지국 간의 사회·문화적 거리
- 문화, 경제수준 및 체제, 사업관행 등에 있어서의 국가 간 차이에 대한 지각

이 클수록 기업은 단독투자를 꺼리고 내부화 수준이 낮은 합작투자를 선호.
- 다른 조건이 동일할 경우 본사국과 현지국 간의 지각된 차이가 크면 기업은 상대적으로 자원 투입의 필요성이 적고, 유연성이 높은 진입방식을 택하려 한다.

② 국가위험과 수요의 불확실성
- 해외시장은 일반적으로 국내시장보다 더 위험한 것으로 인식.
- 다른 조건이 같다면 국가 위험이 큰 시장에서는 기업이 상대적으로 적은 자원투입이 요구, 유동성과 유연성에 있어서 유리한 방식, 즉 내부수준이 낮은 진입방식 선호.

③ 시장규모와 성장률
- 국가와 시장의 규모가 클수록, 그 성장률이 높을수록 기업은 그 시장에 개입 수준을 높이려 하고, 더 큰 영향력과 통제력을 행사할 수 있는 완전독립자회사를 설립하거나 합작투자에 다수지분으로 참여하게 될 것이다.

④ 직·간접적 무역장벽
- 제품이나 부품의 수입에 대한 관세나 수량제한 → 현지생산이나 조립공장의 설립
- 제품 및 무역에 대한 규제, 통관양식과 절차, 현지공급업체의 선호 등도 진입방식의 선택과 기업운영에 대한 의사결정에 영향을 미친다.
- 현지공급업체에 대한 선호나 국내제품 구매경향 → 합작투자나 현지기업과의 계약방식 선택
- 제품규제나 규격이 제품의 적용과 수정을 필요로 함 → 현지생산이나 조립생산 및 마무리 작업을 위한 공장 설립.
⇒ 직·간접적인 무역장벽들은 현지시장에서 조달과 생산, 마케팅 등 다양한 기능을 수행하는 데 영향을 미친다.

⑤ 경쟁의 강도
- 여타 조건이 동일할 경우 현지국에 경쟁이 심할수록 기업은 수출과 같이 자원투입과 위험부담이 낮은 진입방식을 선택하는 것이 더 합리적이다.

⑥ 이용 가능한 수출중간상의 부족

- 현지국에서 활용할 수 있는 주요 수출 중간상의 수가 적을 경우 중간상은 기회주의적 행동을 할 가능성이 높음→(이런 기회주의적 행동의 범위 축소를 위해) 수출보다는 오히려 직접투자 등 내부화 수준이 높은 진입방식 선택이다.

다. 경영층의 태도

① 위험회피
- 의사결정자가 위험기피형이라면 수출이나 라이선싱과 같이 자본과 경영자원이 적게 투입되는 진입방식이나 위험을 공유할 수 있는 합작투자 등 선호 → 국제적인 기업 활동의 성장을 더디게 하고 기회를 상실하게 하는 결과를 가져올 수도 있다.

② 통제
흔히 자원의 투입 정도와 밀접히 연관되어 있다.
ⓐ 간접수출과 같이 자원투입이 없는 진입방식 → 기업이 해외사업에 대한 조건을 거의 통제 못한다.
ⓑ 라이선싱이나 계약생산 → 경영층은 품질수준에 상응한 생산을 보장받을 필요가 있다.
ⓒ 합작투자 → 국제적 기업 활동에 대한 경영통제의 행사를 제한, 파트너의 목적과 목표가 다른 경우 이것이 심각한 갈등의 원천이 될 수 있다.
ⓓ 완전소유자회사 → 가장 큰 통제력을 제공하지만, 상당한 수준의 자원투입을 요구한다.

③ 유연성
- 단독투자 → 비용이 가장 많이 들고 유연성이 가장 적으며, 단기간에 변경하기가 매우 어렵다.
- 계약을 통한 진입방식이나 소수지분합작투자 → 훨씬 더 신축성이 있으나 급변하는 시장 여건에 맞추어 자사의 전략을 신속하게 적용하거나 변경하는 데에는 한계가 있다.

라. 거래특유의 요인

① 노하우의 암묵적 성격

 -기업으로부터 이전되는 기업 특유의 노하우나 무형자산이 암묵적인 성격을
  지니고 있을 경우, 이런 노하우를 외부의 시장거래를 통해 이전하는 데에는
  높은 거래비용과 함께 여러 가지 어려움과 문제가 발생 → 기업은 직접투자와
  같이 내부화 수준이 높은 진입방식을 더 지지.

② 기회주의적 행동에 의한 거래비용

 -거래비용의 절감을 위해 거래를 외부시장에서 행하는 것보다는 기업내부조직
  을 통하여 수행하는 것이 더 유리하다는 거래비용이론에 근거한 것.

 -현실세계에서는 거래 당사자 간에 어떤 형태로든 마찰이 있게 마련이며 이것
  이 거래비용을 야기한다.

어떤 형태로든 마찰 → 기회주의적 행동(각 거래 당사자는 제한된 합리성, 더 나아
가 기만적으로 자신의 이익을 추구하는 기회주의에 따라 행동함) ⇒ 정보의 비대칭
성과 불확실성이 야기되고, 이것이 거래비용을 발생시킴 → 기회주의의 위험을 방어
하기 위해 다양한 형태의 안전장치 혹은 지배구조 마련.

 -기업은 시장실패로 발생하는 거래비용이나 제반위험을 피하기 위해 안정성이
  있는 내부시장을 창조하려 한다.

 -외부시장을 통한 거래비용이 기업내부조직을 통한 통제비용보다 크다면 기업
  은 해외직접투자를 통해 경영활동을 내부화하려고 할 것이다.

※ E. Anderson과 H. Gatignon이 다국적 기업에 대해 이들이 진입방식의 선택과
관련하여 내린 결정에 대해 15년에 걸쳐 실증적으로 조사한 결과 대부분의 다국적
기업들이 ① 연구 개발 집약적인 사업의 경우, 높은 브랜드자산을 가진 사업인 경
우, 해외시장진입에 대한 경험이 풍부할 경우 → 완전소유자회사 형태의 진입방식을
선택하고, ② 위험이 높은 국가에 진입하는 경우, 사회·문화적으로 거리가 먼 국가
에 진입할 경우, 외국인의 자산소유에 대한 법적 제한이 있는 경우 → 다른 기업과
의 제휴방식을 선호한 것으로 나타났다.

4. 미원의 인도네시아 공략

1) 해외시장진출 동기

미원(Miwon) 상표로 국내 조미료 시장을 선도하여 왔던 대상(구미원)은 1970년대 접어들면서 국내시장에서 경쟁업체인 제일제당과 치열한 경쟁을 벌이고 있었다. 또한 전량 수입에 의존하던 조미료의 주원료인 당밀(Molasses)의 국제가격이 폭등하기 시작함으로써 일본과 영국의 대기업들이 전 세계적으로 거의 독점하고 있던 당밀시장에서 물량확보에 많은 어려움을 겪고 있었다. 이와 같은 내외적인 환경변화에 따라 대상은 주원료인 당밀의 안정적인 확보와 해외시장 개척, 장기적으로는 원료 거점을 중심으로 세계 MSG 시장에서 경쟁력을 제고시키고 기업의 국제화를 도모할 목적으로 해외진출 전략을 고려하게 되었으며 이에 따라 1970년 3월에 해외조사단을 동남아 현지에 파견하였다.

해외시장 조사 대상국으로는 당밀이 많이 생산되는 태국, 필리핀, 인도네시아, 말레이시아 등이 있었으나, 시장조사결과 인구도 많고(당시 1억 8천만 명) 인건비가 저렴하고 정치적으로도 안정적인 인도네시아를 최적 투자 대상국으로 선정하였다. 인도네시아의 조미료 시장을 보면 정경 유착이 심하고, 국내 시장과 인도네시아 시장을 비교해 보았을 때, 현재 인구 대비로 인도네시아 조미료 시장은 아직 저개발 단계에 놓여 있으므로 시장 잠재력이 크다고 볼 수 있다.(표적국가 선정) 한편 인도네시아 소비자들에게 조미료를 판매하기 위해서는 막대한 양의 판촉물이 필요한데 70년대 초의 우리나라 상황과는 비교도 안 될 정도로 심하다고 한다. 당시 인도네시아는 대만계의 사사와 세계 최대 조미료업체인 아지노모토가 양분하고 있었는데, 대상이 진출하자마자 정부 및 관청을 통한 방해공작이 대단하였다. 현재 인도네시아의 조미료 산업에서 미원의 경쟁 업체는 아지노모토(AJINOMOTO), 사사(SASA)가 주를 이루고 있었다. 현재 인도네시아에서 아지노모토사는 일본에서 진출한 회사로 현재의 시장점유율에서 3위를 차지하고 있는 회사이다. 또 사사는 대만계 현지 업체로 시장점유율 2위를 차지하고 있다.

2) 현지 마케팅 전략

미원이 진출하기 전까지 아지노모토는 직판의 형식을, 사사는 대형 대리점을 통한 판매방식을 취하고 있었다. 미원은 인도네시아의 전 국토가 섬으로 이루어져 있기 때문에 운송과 관리에 어려움이 많다는 점에 착안하여 이들과 다른 방식으로 시장에 침투하기로 결정했다. 첫째, 호별 방문판매 제도로 판매 초기 단계에서는 한국인 판매원이 직접 가정을 방문하여 서투른 인도네시아어로 제품을 선전 판매하였으며, 그 결과 제품 이미지 구축에 커다란 성공을 이룩할 수 있었다. 둘째, 500개의 군소 대리점 조직을 통하여 판매하는 방법을 사용하여 왔는데, 가급적으로 퇴사한 현지 직원의 대리점 개설을 지원하여 왔다. 그 결과 대리점과 항상 좋은 관계를 유지할 수 있었다. 끝으로, 자동차를 이용하여 전국 방방곡곡을 마이크를 들고 순회함으로써 전시 효과와 더불어 광고를 위한 보조 판매촉진 방안을 활용하였다. 미원이 사용한 광고 수단은 주로 간판 광고, 팜플렛, 신문광고 등이었다.

3) 유통 조직 관리

인도네시아인들은 대다수가 이슬람교도로 시간관념이 희박하고 성취욕에 대한 집념이 약한 편이어서, 부단한 교육 훈련 설득과 아울러 과감한 권한 이양을 통하여 책임감을 불러일으키는 것이 선결 과제였다. 이러한 관점에서 중간 관리자급을 현지인 체제로 육성, 부문별로 명확한 책임과 권한을 이양해 나갔다. 또한 제안 제도를 실시하여 심사 결과 포상을 하여 참여 의식을 고취시키는 데 노력하였다. 점차 모든 일선 관리 업무가 현지인 중심으로 이루어져 89년 말에는 전체 종업원 751명 중 한국인은 15명으로 2%밖에 되지 않았다.

4) 제품 및 가격 전략

판매에서는 우선 열대성 기후에 적합하고 현지 소비자들이 선호하는 굵은 입자의 조미료를 개발하여 일회용 설탕 봉지 크기의 포장으로 제품을 다양화하였다. 또한 고가 정책을 통하여 최초급 품질이라는 이미지 부각에 노력하였다. "미원" 상표의 이미지 제고를 위해 현지에 학교 및 사원을 건립해 기증했고, 상수도와 전기를 설치해 공급하는 한편, 도로포장과 방역 사업의 지원, 수라바야 공대에 장학금을 제공하는 등 인도네시아의 사회복지에도 많은 투자를 진행시켜 현지 토착화된 기업의 이미지를 심어 놓고 있었다. 그 결과, 생산량도 진출 초기보다 크게 늘었으며 시장 점유율도 74년 미원이 진출할 당시 아지노모토 55%, 사사 35%에서 87년 이후 미원이 선두에 나서기 시작해서, 89년 말에는 미원 40%, 아지노모토 28%, 사사 27%로 역전되었고, 당기 순이익도 84년 12만 달러에서 88년 99만 달러로 늘어나는 등 경영 상황이 호전되었다.

5) 연구 개발 전략

최첨단 신기술은 자체적으로 연구, 개발해 내야 한다는 인식하에 연구 개발비를 현재 매출액의 1%에서 2% 수준으로 끌어올리는 방안을 갖고 있다. 식품 회사의 이익이 매출액의 1% 미만이므로 이익의 2배 이상을 연구 개발에 투자하는 것이 된다. 또 국내 호법지역에 1백억 원을 들여 독립 연구소를 건립할 예정이다. 앞으로의 연구 개발 방향은 '인간의 건강'에 기여할 수 있는 상품 개발이며, 이를 위해서 매년 일정품목을 면밀히 분석, 개선하는 상품 혁신운동을 강화할 계획이다. 이와 아울러 기능성 식품보다는 단계가 높고 치료제의 역할도 하는 "설계 식품" 연구에도 투자할 방침이다.

6) 미원 인도네시아 진출 이후

이러한 노력으로 대상은 80년대 접어들면서 인도네시아 조미료시장은 대상, 아지노모토, 사사가 삼분하게 되었고, 80년대 후반부터 현재에 이르기까지 대상은 시장점유율 1위를 기록하고 있다. 인도네시아 초기의 해외현지법인인 P.T MIWON INDONESIA는 1998년에는 약 6,500만 달러의 매출액과 종업원 800명을 거느리는 기업으로 성장하였고, 베트남, 미얀마 등에 자회사를 설립하여 동남아 지역을 총괄하는 동남아 총괄 체계를 구축하여 이 지역에 대한 사업을 적극적으로 추진하고 있다. 그리고 유럽 미주 중국 등지에 8개 공장과 10여 개 현지법인을 운영함으로써 전 세계 87개국으로 그 손을 뻗치고 있다. 미원은 이와 함께 발효 및 첨단 생명 공학 기술을 근간으로 동남아에 핵산류 페닐알라닌 아스파탐 라이신과 같은 아미노산류 제품을 생산하는 바이오 메카도 구축한다는 중장기 전략을 진행 중이다. 뿐만 아니라 미원은 오는 2000년까지 남미 동유럽 러시아, 아프리카 지역에도 각각 생산 거점을 확보 북미자유 무역지대(NAFTA) 유럽연합(EU) 러시아, 아프리카 시장을 공략하는 등 조미료 생산·판매의 글로벌 네트워크를 구축한다는 계획 아래 지구촌시장을 위한 비전을 펼쳐 나가고 있다.

5. 진로소주의 일본 진출－(주)진로 재팬

1) 해외시장진출 배경

1977년부터 국산양주의 시대가 개막되었다. 정부는 국산양주 시장을 육성하여 외국산양주 수입을 줄일 목적으로 1976년부터 주류 수출 실적에 따른 원료의 수입, 가공 비율을 인상하였다. 또한 국산양주의 개발을 촉진하기 위해 국내 생산이 가능한 주류의 수입을 제한하는 조치를 취했다. 또한 이후 82년까지 국내경제는 유례를 찾아보기 어려운 장기불황에 빠져들게 되었다. 이와 같은 국내외 경제 환경이 악화된 상황에서 수출용 진로소주는 1979년에 일본시장에 첫 선을 보이게 되었다. 기업성장을 위해서는 사업다변화와 함께 해외시장을 개척해야 한다는 전사 차원의 전략추진이었다.

2) 시장 환경 조사(표적국가 선정)

(1) 문화적 환경

거리의 근접성

일반적으로 해외시장진출을 바라는 기업들은 자국과 가까이 위치해 있는 국가나 언어가 비슷한 국가의 시장에 우선적으로 진입하게 된다. 사업 환경과 문화가 다르면 기업들은 위협과 불안감을 느끼기 때문이다. 이런 점에서 일본은 지리적으로 근접하고 통제가 용이하고 관리하기가 편하다는 장점을 지니고 있었다.

비슷한 생활양식

일본은 같은 한자문화권 및 쌀 소비 문화권에 속해 있고, 소주라는 독특한 주류를 소비하고 있어 한국의 입장에서 볼 때 매우 유리하다. 왜냐하면 주류소비문화에 관한 소비자들의 관심사항이나 구매 특징 등에 있어서 동일한 소비자 그룹을 형성할 수 있어 국내의 전략을 수용할 수 있는 장점이 존재했다.

표적 소비자층이 존재

특정시장에 자사제품을 가장 처음으로 소개할 수 있는 능력을 지닌 개인이나 조직을 표적그룹으로 선정하여 이들을 대상으로 집중적으로 포지셔닝하는 전략은 신시장에의 성공적 진출을 위해 종종 사용된다. 즉 해외에 있는 근로자들이나 해외 이주자들을 표적소비자층으로 선정하여 이들을 대상으로 포지셔닝 전략을 실행하는 것이다. 처음 일본에 상륙한 진로 소주도 재일 동포들을 주 고객으로 포지셔닝했다.

즉 재일 동포들의 존재는 진로가 일본시장에 진출함에 있어 일종의 불안감 해소 및 촉매 역할을 했다.

(2) 경제적 환경

일본의 주류시장 규모

일본의 인구는 약 1억 2천5백만 명으로 한국의 2.8배에 해당하며, 주류시장의 볼륨도 한국의 약 4배에 해당한다. 또한 일본인의 일인당 주류소비량은 81리터로 우리나라의 일인당 57리터에 비해 많은 편이다. 또한 가장 관심사인 소주시장은 매년 성장 중에 있다. 이런 점에서 일본은 진로가 진출하기에 아주 매력적인 시장이었다.

일본의 유통구조

- 영세한 소매업체 중심의 유통시스템: 일본에는 다른 나라에 비해 상대적으로 도.소매업체수가 많으며 이는 유통시스템의 비효율성을 보여주는 것으로 받아들여졌다.
- 다단계의 유통경로: 제조업체에서 소매점으로 바로 연결되는 제품은 일부에 지나지 않고 대개가 도매점을 거친다.
- 제조업체는 계열화를 통한 유통전반을 장악하고 있다.

3) 현지 마케팅 전략

(1) 제품 전략

제품의 이미지 개선 시도

일본 현지에서 진로는 소주가 아닌 "진로"라는 이미지를 강조함으로써 제품 이미지 개선을 시도하였다. 현재 진로는 일본 내 평론가들에 의해서 '진로는 소주라는 주종을 떠나 "진로는 진로"라는 독자적인 장르를 형성하고 있다.'고까지 평가받고 있다. 인지도 조사를 해 보아도 진로가 소주가 아니라는 소비자 응답이 많다. 즉 일본 소비자들에게 진로는 소주도 아니고, 위스키도 아닌 그냥 진로일 뿐이라는 독자적인 영역을 구축해 가고 있는 것이다.

제품의 현지화

진로는 일본으로 소주를 처음 수출할 때 일본인 취향에 맞게 일본 수출용 소주를 따로 개발하였다. 일본 애주가들은 단맛이 나는 소주를 싫어하기 때문에 국내 시판용의 10분의 1에 불과할 정도로 당도를 크게 낮추었다. 또한 소주를 다른 음료와 칵테일해서 마시는 습성을 겨냥해 담백하면서도 순수한 맛을 내어 칵테일하기에 적당하게 개발하였다. 이처럼 현지에 맞도록 철저하게 품질을 적응시켜 수출용 진로 소주를 따로 개발하였다. 또한 제품 디자인도 현지화하였는데, 투명한 초록색 병에 빨간색의 'JINRO'가 새겨진 노란색 라벨을 채택함으로써 이국적인 느낌과 고급스러운 인상을 풍기게 하였다. 이처럼 진로는 맛뿐만 아니라 용기와 로고 라벨 디자인 등 제품을 현지화하였다.

신제품 개발

일본은 '진로 캔'도 선보였다. 맥주처럼 마실 수 있는, 젊은 사람들을 겨냥한 상품이었다. 역시 다른 상품보다 가격은 높게 책정하였음에도 불구하고 각 편의점에서 '진로 캔'의 매출은 1위를 기록하였다. 단순하게 진로 소주만을 고집하지 않고 각 시장에 알맞은 상품은 계속 개발해야 한다.

(2) 가격 전략

고가격 고품질 정책

일반적으로 국내기업들은 미국이나 EU, 일본 등 선진국 시장에 진출할 때 저가격

정책을 사용하는 데 반해, 진로는 고가격 고품질 전략을 채택함으로써 일본 시장에서 우위를 차지할 수 있었다. 시장에서 일단 저급품으로 인식된 제품은 품질이 아무리 향상되어도 중급품이나 고급품으로 전환되기가 어렵다. 가능하다 하더라도 엄청난 광고비와 마케팅 노력 및 시간이 필요하다. 이런 점을 고려해 처음부터 고가격 고품질 정책을 고수하기로 하였다. 또한 일본 소비자들이 품질에는 까다롭지만 가격에는 덜 민감하다는 사실을 파악하고 시장 점유율 확대보다는 이익극대화에 목표를 두어, 고가격 고품질 전략을 택하였다. 진로 소주는 다른 일본 소주보다 가격이 13~16% 정도 비싼데, 이런 고가격은 "위스키에 가까운 고급 소주"라는 이미지를 뿌리내리게 하였다. 불황으로 양주 마시기가 부담스러운 애주가들에게 "양주 같은 소주"라는 별명으로 불리게 된 것은 이런 고가격 고품질 정책의 성공을 단적으로 보여주고 있다. 이와 같은 고가격 정책과 함께 고급 제품의 이미지를 남기도록 브랜드 관리를 하였다.

(3) 촉진 전략

매체를 통한 촉진

고액의 TV광고비를 치루면서 일본 업체와 광고 전면전을 펼쳐 소비자 인지율을 높였다. 이미지 제고를 위해서 "진로는 어디까지나 진로", "누구나 즐겁게 마시는 술"이라는 광고 전략을 세웠다. 또한 비록 진로 소주가 한국 고유의 상표이긴 하지만 전 세계 사람들이 즐겨 마시는 술이라는 것과 고가격의 고품질이라는 것에 초점을 맞추어 '탈 소주, 무국적, 고가격' 소주임을 강조하였다. 이로써 진로의 진로로서의 이미지가 일본인들에 인식될 수 있었다.

소비자 촉진

일본 라디오 방송과 공동 개최한 '진로 징글벨 파티'나 2백 개 슈퍼마켓에서의 시음행사, 신주쿠에서의 진로 캔 페스티벌 등 대대적인 판촉행사를 벌임으로써 진로 브랜드를 홍보하고 소비자의 구매 욕구를 촉진시켰다. 또한 100여 가지에 달하는 진로 칵테일을 개발하여 소주를 칵테일하여 마시는 일본인들의 술을 마시는·습성을 소비 촉진으로 이용하였다.

1:1 접촉시도

일본 진출 초기에는 1:1로 직접적인 대면접촉을 통한 인적 홍보로 제품의 인지도를 향상시키고 제품을 판매하였다. 제조업체가 직접 판촉에 나서는 한국식 영업방식 채택한 것이다.

직영 한식당 및 음식점을 통한 홍보

진로 소주를 쉽게 접할 수 있도록 기회를 제공하고, 불고기나 갈비 등과 소주를 연관시켰다. 또한 한식당의 고급화를 통해 진로소주의 고급화에 대한 홍보도 꾀하였다.

대거래선 촉진

대거래선 촉진을 통해 판매 물량의 증가를 꾀하였다.

(4) 유통 전략

도매상들과의 반영구적 신뢰관계 구축

일본에 진출하는 외국기업이 가장 어려워하는 부분은 일본시장의 복잡한 유통구조와 유통업자의 배타성과 폐쇄성이다. 일본 도매상들은 오랜 기간에 맺어진 신뢰관계를 존중하기 때문에 외국제품이 아무리 좋아도 선뜻 취급하려 하지 않는다. 진로는 처음 진출 시 인연을 맺은 도쿄 인근 이바라기현의 가시마 주류도매회사라는 지방 도매상과 지금까지도 좋은 관계를 유지하고 있고, 매출액 상승 시 다른 유통업자의 유혹에도 불구하고 지금까지 20년 이상 한결같이 똑같은 유통망을 유지함으로써 타국에서 온 이질감을 신용과 신뢰로 바꾸어 일본 유통업자의 배타성과 폐쇄성을 극복하였다.

중간상들에 대한 충분한 이윤 보장

절대적 고가격이 아닌 타사보다 높은 최고 가격이라는 상대적 고가격으로 인한 일본 제품과의 가격차를 유통업체들에게 인식시킴으로써 "진로 소주를 많이 팔면 팔수록 이익이 많이 남는다."는 자극을 주었다. 이처럼 중간상들에게 충분한 이윤을 보장함으로써 탄탄한 유통경로를 구축하였다.

점진적인 판매 확대를 위한 시장 침투

진로의 이미지를 소주에만 한정시킨다면 장기적 수요확대가 어렵기 때문에, 대형 주류도매업체 3개와 손잡고 이를 통해 일본 시장을 직접 파고드는 전략을 세웠다.

직판 체제 구축

진로는 2001년 5월 20여 년 정도 쌓아 온 신용과 진로 소주에 대한 일본인들의 사랑을 바탕으로 진로가 직판체제로 전환하였다. 일본시장에 성공적으로 동화되었기에 아무런 제약이 없었으며 이로써 진로는 유통 비용을 절감하는 결과를 얻게 되었다. 체매출 총액(소매업체매출에서 차지하는 비율)이 일본의 경우는 아직까지도 여타 선진국보다 2~3배가량 높은 실정이다.

4) 진로그룹의 해외진출 전망

지난 1968년 베트남을 시작으로 해외시장 개척에 나선 진로는 동남아를 출발점으로 73년 서독에, 75년 미국에 이어 79년 일본시장에 진출하기 시작했으며 아르헨티나, 호주, 브라질, 캐나다, 중국, 독일, 괌, 이태리, 인도네시아, 멕시코, 네덜란드, 뉴질랜드, 필리핀, 싱가포르, 베트남, 카자흐스탄 등 전 세계 80여 개 국가에 진로소주를 수출하고 있다. 수출액은 85년 207만 달러에서 91년 506만 달러, 93년 1,042만 달러, 97년 4천만 달러로 급상승했으며 '98 무역연도(무역협회 기준: '98. 7.~'99. 6.)에 총 5천3백만 달러를 수출, 국내 주류업계 최초로 수출 5천만 달러를 달성한데 이어 01년에는 7천만 달러 수출 탑을 수상했다. 한국의 주류업계를 이끌어온 진로의 양조(酒造)기술은 이미 오래전에 국제적으로도 인정을 받았다. 1980년 제11회 국제주류품평회(IWSC) 6개 부문 금메달 수상과 제18회 몽드셀렉션 8개 부문 금상 수상에 이어 1982년에는 제20회 몽드셀렉션에서 아시아 최초로 '국제최고 품질대상'을 수상하였다. 세계적 브랜드로 자리잡은 진로는 1995년부터 세계 유수의 위스키, 보드카, 럼, 진 등의 판매량을 훨씬 앞질러 2000년 단일 브랜드로 당당히 전 세계 증류주 부문 판매량과 판매성장률 부분에서 2위, 판매액 기준으로 세계 8위를 차지하였고, 이어 2001년에는 세계 증류주 시장 판매량 1위에 오르는 성과를 올렸다. 특히 일본에서의 진로소주의 활약상은 눈부시다. 지난 1998년 일본 시장 내 86개 희석식 소주 업체 중 단일브랜드로 1위에 오른 진로소주는 1999년, 2000년, 2001년, 2002년 5년 연속 1위를 차지하고 있다.

6. "초코파이"의 중국 진출 -(주)동양제과

1) 해외시장진출

1990년대 중반부터 제과부문의 글로벌 비즈니스를 적극적으로 추진해 온 오리온 그룹은 현재 동양제과를 중심으로 해외사업부문에서 괄목할 만한 성과를 보이고 있다.

동양제과는 1995년 수출 1천만 달러 탑을 수상한 이래 지속적으로 수출물량 및 지역을 확대하며 제과수출사업을 강화하는 한편, 해외 생산 현지화 작업을 적극적으로 추진하는 글로벌 네트워크 구축에 역량을 기울여 왔다. 현재 동양제과는 중국

하북성 랑팡 경제 기술 개발구에 현지법인인 오리온식품유한공사(Orion Food Company., Ltd)를 통해 연산 2,000만 달러가 넘는 대규모 초코파이 및 카스타드, 껌 공장을 운영하고 있으며, 중국 화남권의 중심인 상해에도 3년간 4,000만 달러를 투자해 대규모 종합제과공장을 건설한다는 계획으로 2001년 7월 착공식을 거행, 2002년 6월 완공을 목표로 하고 있다. 동양제과의 중국 현지법인은 중국 진출 2년 만에 흑자를 기록함으로써 중국에 진출한 해외 글로벌 기업 중 가장 성공한 사례로 손꼽히고 있다. 동양제과는 향후 중국에서의 성공적인 안착을 통해 러시아를 중심으로 한 동구유럽권, 베트남을 중심으로 한 동남아시아권역에도 생산공장을 건설해 현지 네트워크를 더욱 강화해 나감으로써 오는 2004년까지 제과 해외사업에서 1억 달러의 매출을 달성한다는 계획이다.(폭포형 전략) 현재 동양제과는 오리온초코파이를 비롯한 50여 종의 제품을 동남아시아, 유럽, 남미, 오세아니아, 아프리카 등 50여 개국에 수출하고 있습니다.

2) 현지 마케팅 전략

수출 포커스 정책

'주력시장과 주력제품에의 집중화'라고 말할 수 있는 이 정책은 국내 1위의 경쟁력을 갖고 있는 초코파이를 전략상품으로 선정하고, 본격적인 초코파이 수출 강화에 들어가게 했다. 이에 따라 러시아, 대만, 중국을 주력시장으로 각종 시식회, 판촉행사, 광고 등의 마케팅 전략을 강화해 나가기 시작했다. 또한 기존 'CHOCOLATE-PIE' 'ORION CHOCO-PIE' 등으로 다양하게 주문되어 제작, 수출되던 초코파이의 명칭을 'ORION CHOCO PIE'로 통일했으며, 패키지도 내수용과 같은 BLUE 계통에서 RED 계통으로 MAIN COLOR를 변경해 단일 디자인을 도입했다. 또한 표기도 기존 영어와 아랍어에서 중국어, 러시아어를 추가로 제작 표기하기 시작했다. 이와 함께 제품도 12개입 1종에서 6개입 및 10개입으로 2종을 추가해 각국의 요구에 부응하는 다양화 정책을 펴나갔다.

글로벌화 전략

94년까지 초코파이의 수출 성공 가능성을 모색한 동양제과는 95년에 들어서면서 초코파이에 대한 글로벌 전략을 본격적으로 추진하기 시작한다. 동양제과의 이해 수출기본 전략은 첫째, Sole Agent System(By Different Country &Item), 둘째, Direct Business(With Local Distributor), 셋째, Long Term Business(Based On Mutual Credibility)로 요약된다. 이러한 기본전략에 따라 동양제과는 수출코스트를 낮추어 가격경쟁력을 강화하고, 바이어 관리에 성공적으로 대처하는 한편, 물류의 단일체제를 구축함으로써 초코파이의 글로벌화 전략을 단계적으로 추진해 나가기 시작했다. 우선 동양제과는 '95년 초코파이 수출규모를 '94년 478만 달러에서 '95년 741만 달러로 55%를 UP시켰다.(실제 95년 초코파이 수출은 1,400만 달러에 달했다) 수출국가도 10개국에서 20개국('95년 말 기준 32개국)으로 늘리며 잠재적 유망 신 시장을 적극적으로 개척해 나가기 시작했다. 또한 지역전문가를 양성, '지역팀제'를 구축하며, 언어권별 인력을 보강해 나가는 한편, 무역업무의 자동화 시스템을 구축해 나갔다.

시장 개척

동양제과는 시장을 개척할 때, 수출 주력지역과 초코파이 아이템을 결부시킨 것이다. 초코파이가 국내에서 가장 잘 먹혀들었던 우리의 70년대 국가를 수출 중점지역으로 선택한 것이 그것이다. 개발도상국에 진입해 있거나 강대국이지만 경제적으로 선진적이지 못한 나라들 예를 들면, 중국, 러시아, 동남아, 몽골, 동구 등과 같은 나라를 주요 타깃으로 잡았다는 것도 초코파이가 세계화 제품으로 자신감을 가지는 데 큰 기여를 하였다. 개척시장을 정한 다음에는. 각종 식품 전시회에 참가해 제품 알리기에 주력하는 한편, 자체적으로 초코파이 시식회를 개최하며, 적극적인 시장개척을 추진한 것이다. 또한 현지문화에 대한 이해가 시장개척에 절대적이라는 방침에 따라 '문화감수성 교육'이라는 자체개발 교육프로그램을 실시하기 시작했다. 이 교육은 그 나라의 역사, 문화, 생활방식, 관습, 종교, 언어 등을 총망라한 교육내용으로 현지문화를 이해하는 데 필요한 모든 사항을 교육시키는 것이다. 해외마케팅을 강화하기 시작한 94년부터 동양제과는 많은 시장개척 비용을 투자했다. 96년 12월 동양제과는 그동안 러시아에서 수출이 편중된 극동지역의 한계를 넘어 모스크바를 중심으로 한 시베리아, 동구 쪽으로의 시장 확대를 위해 모스크바 TV에 초코파이 광고를 시작했다. 95년 2월엔 중국 천안문 광장에 초대형 초코파이 입간판을 설치했으며, 베이징 중심가의 대형슈퍼를 통해 시식회도 자주 가졌다. 또한 동남아시아의 베트남, 미얀마, 인도네시아 등지에서도 각종 박람회 및 전시회에 참가하며 초코파이 알리기에 주력했다. 이제 이 나라 어디를 가도 초코파이를 볼 수 있게 되었으며, 모르는 사람이 없게 되었다.

3) 초코파이 중국 진출 이후

"초코파이, 중국 파이류 중 브랜드 지명도 가장 높다"
"브랜드 지명도 10.5%, 시장점유율 53.5%로 98년 이어 2년 연속 1위"

오리온초코파이(好麗友·派)가 중국 중앙TV(CCTV)와 인민일보가 공동으로 실시한 『1999년 전국 도시 소비자 조사』에서 파이류 브랜드 지명도 10.5%(98년 14.1%), 시장 점유율 53.5%(98년 10.9%)로 98년에 이어 연속 2년간 1위를 차지했다. 특히 이번 조사에서는 오리온초코파이의 시장점유율이 지난해 10.9%에 비해 무려 42.6%나 증가한 53.5%를 기록했다. 99년 중국현지 법인인 OFC와 OFS는 1,100만 달러의 매출과 90만 달러의 순이익을 기록했으며, 이는 98년 대비 각각 55%, 1,875% 성장한 수치다. 금년 매출은 1,600여 만 달러 규모가 될 것으로 전망하고 있다.

7. 유엔에스, 해외시장진출 추진

1) 초저온 글로브 밸브 CE인증

유엔에스가 최근 해외시장진출을 위해 초저온 글로브 밸브 CE인증을 획득한 데 이어 다른 밸브류도 추가로 CE인증을 진행 중이다.

고압가스 특정설비 전문제작업체인 (주)유엔에스(대표 노지형·전영철)가 최근 독일 TUV로부터 초저온 글로브 밸브에 대해 CE인증을 획득했다고 밝혔다. 이번에 CE인증을 받은 초저온 글로브 밸브는 사용압력이 20kg / ㎠~60kg / ㎠까지 사용이 가능하며 −196~60℃까지 광범위하게 사용할 수 있다. 따라서 산업용 초저온가스인 산소, 질소, 아르곤, 에틸렌, 이산화탄소, LNG 등에 사용할 수 있다.

유엔에스는 서남아시아, 유럽시장 등을 비롯한 해외사장 진출을 위해 CE인증을 획득했으며 조만간 TYPE밸브도 CE인증을 추가할 계획이다.(폭포형 전략)

이 회사의 이광우 팀장은 "우리 회사의 초저온 글로브 밸브는 정밀 주조로 설계해 기밀성이 뛰어나 고객들로부터 호평을 받고 있다"고 말했다. 그는 또 "ASME 기준을 만족하는 제품으로 유로의 방향, 압력손실 등을 최대한 줄일 수 있도록 제작한 것이 특징"이라고 말했다. 한편 유엔에스는 초저온 밸브류를 비롯해 레귤레이터, 이코노마이저, 가스믹서기, 기화기, 등 기존 제품과 함께 다양한 신제품 개발로 명실상부한 초저온 관련 전문 메이커로 성장하고 있다.

2) 마케팅믹스의 통합: 전략적 응용

(1) Winsor Premium

① 환경변화의 파악
  − 시장의 악화(가격하락 / 지위하락)

→ 위스키대중화 / 시장리더십 / 프리미엄시장 보호

→ 신제품 개발

② 표적시장의 확인

－시장세분화: standard / premium

－고객의 세분화: 전통, 보수 / 현대, 개방

③ 마케팅목표 설정

: 제품개념설정과 구매 장애요인 규명

④ 개념전달활동과 구매전환활동을 수행하기 위한 마케팅믹스의 설계

－마케팅 전략은 마케팅믹스 요소들의 통합운영

－마케팅믹스의 핵심기준: 시너지 효과, 일관성, 상호보완성

(2) 제품, 유통, 그리고 촉진의 포함

① 제품, 유통 촉진 간의 시너지효과 증대 → 상품의 혜택 상승

② 생성된 혜택(편익)에 걸맞은 가격 산정

－제품요소, 유통요소, 촉진요소 간의 시너지효과 증대

(3) 가격에 대한 결정

가. 수용 가능한 가격범위의 확인

① 대안적 경쟁제품(상품)의 선정

② 제품의 가격범위와 세 가지 마케팅믹스요소들에 의해 제공되는 혜택

나. 일정한 범위 내에서의 가격결정

① 경험

② 면접과 설문조사

③ 과거자료의 통계분석

④ 실험

(4) 다른 마케팅믹스요소들과 가격의 통합

가. 모든 믹스요소의 통합

－긍정적인 시너지 효과: 투입－산출 단계적 형태
－부문통합→믹스통합

나. 적용사례: Gross pen vs BIC ball

(5) 마케팅믹스의 이론적 통합

① 고객을 위한 가치창출과 마케팅믹스
  －최종사용자와 제품 간의 관계 < 마케팅시스템 안의 모든 고객과 공급자 간의
    관계
② 새로운 마케팅믹스개념의 필요성
  －기존마케팅의 문제점
    a. 기업과 최종고객 간의 관계로 한정→SCM
    b. 기존: 수요창출→마케팅믹스가 기업의 이윤에 연결되는 구조나 과정
③ 최종고객을 위한 마케팅믹스(상위마케팅믹스)와 중간고객을 위한 마케팅믹스(하
    위마케팅믹스)
  －상위 마케팅믹스: mix of mixes
  －하위믹스요소들에 대한 순차적이고 조화로운 관리

제12절 경쟁적 마케팅관리

1. 경쟁에 대한 접근 시각

사업성공: 고객의 현재 및 미래욕구에 대한 이해 → 독특한 가치 제공
경쟁자에 비해 효과적으로: 경쟁자의 행동＝기업시장환경 중에서 직접적 / 즉각적

마케팅 전략≒**경쟁적 마케팅 전략**(competitive marketing strategy)
경쟁우위(competitive advantage): 4의 비교

경쟁의 장점
- 전체산업수요의 확대: KAL vs ASIANA
- 산업수요확대에 따른 마케팅비용 공유: 단위당 마케팅비용 절감효과
- Bench marking: 경쟁자의 마케팅에 대한 시장반응 관찰 및 분석

폐쇄적인 zero-sum game → 동태적인 개방체계
경쟁자지향적 → 고객지향적

2. 경쟁자와 경쟁환경의 분석

1) 경쟁환경 분석의 틀

- 경쟁환경: 본질적인 과업의 관점에서 파악되어야

－마케팅 성과

  A. 개념전달활동: 소비자의 욕구를 만족시키는 제품개념의 효과적 전달

  B. 구매전환: 자원의 소유 / 얼마나 효과적으로 활용

A. 개념전달활동

a. 소비자들이 인식하고 있는 제품 간의 유사성 확인

b. 어떠한 제품들을 서로 대체하여 구매하는가

B. 구매전환

a. 제품 간의 유사성

b. 거래를 원활하게 하기 위해 필요한 자원3)의 소유 정도

c. 자원의 효과적 이용 정도

표 39. 경쟁환경 진단

제품개념의 유사성		운영자원의 유사성	
		유사하지 않음	유사함
	유사하지 않음	*I. 거리가 먼 잠재적 경쟁*	*II. 자원에 기초한 잠재적 경쟁*
	유사함	*III. 제품개념에 기초한 잠재적 경쟁*	*IV. 즉각적인 경쟁*

\<Daniel C. Smith(1990), Product Class Competition as Sources of Innovative Marketing\>

---

3) 자원의 종류

  기능적 자원(functional resource): 제품을 만들어 내기 위한 필요한 기본적인 투입물, 원재료, 재무자원, 경영자질

  전환적 자원(transformational resource): 기본투입물을 완정된 제품으로 변환시키는 것, 생산기술, 공정개선능력, 노동, 설비

  거래적 자원(transactional resource): 거래를 하는 데 직접적으로 사용되는 것, 유통경로, 판촉전략

2) 경쟁환경의 분석과정

- 경쟁적인 제품군의 확인: 자사사제품과의 개념 / 운영자원
- 경쟁제품을 제공하는 기업의 파악
- 경쟁환경의 분석: 개념전달활동 / 운영활동
- 경쟁환경 분석에 기초한 마케팅 전략의 개발

A. 경쟁적인 제품군의 확인

a. 제품 유사성[4]: 지각적 / 기능적 / 개념적 유사성 파악
b. 운영자원의 유사성 검토: 경쟁분석

B. 경쟁제품을 제공하는 기업의 파악

a. 소비자를 이용하여 잠재적 경쟁기업 발굴
b. 제품 → 연상되는 기억

C. 경쟁환경의 분석

a. 경쟁의 구조 파악
b. 마케팅 전략 개발의 방향 설정
c. 기업 간의 전체적인 유사성
d. 구매전환활동에서의 경쟁상황 분석: IRS[5]

---

4) 유사성
   지각적 유사성(perceptional similarity): 동일한 욕구를 충족하진 않지만 제품특성을 공유하는 정도에 기반을 둠, 제초기 / 오토바이: 동일한 부품, 차고보관, 기능적 유사성: 특정욕구의 확인 → 가능한 한 많은 제품 제시: 욕구에 대응되는 제품들, 개념적 유사성: 상위차원의 욕구(high-order needs): 기능적 요구 → 특정욕구
5) 자원유사성 지표(Index of Resource Similarity)
   - 개별자원으로부터의 분리: 개별 부분으로 나누기 - 자원의 이용가능성: 분석된 자원들의 소유 및 이용가능성: 이용가능성(AOR, Availability Operating Resources) 계산

D. 경쟁환경 분석에 기초한 마케팅 전략의 개발

a. 실제적 경쟁자: 경쟁우위에 초점

b. 잠재적 경쟁자:

　→ 마케팅 관습으로부터의 탈피: 새로운 전략

　→ 잠재시장 발굴: 새로운 시장진입

c. 지각적 개념적 유사기업

　→ 혁신적인 포지셔닝 기회 발견

d. 구매전환활동 과업 분석

　→ 혁신적인 아이디어 발굴: Heinz 용기

e. 기업분석: 새로운 포지셔닝의 기반 발굴

f. 새로운 시장진입 용이

3. 시장위치별 경쟁적 마케팅 전략의 수립

1) 시장선도자[6]의 경쟁전략

－시장지배력: 가격변경, 신제품 도입, 제품규격 선도

A. 전체 시장규모의 확대: 시장지배력＋이익 증대

a. 새로운 사용자:

b. 새로운 용도

c. 사용량 증대

---

6) 시장선도자: 표적시장에서 가장 큰 시장점유율 획득, 마케팅 활동을 통해 다른 경쟁기업을
　선도해 나가는 기업

B. 시장점유율 방어(유지)

a. 위치방어(Position Defense): 요새화 전략

→ 현재 위치와 제품 방어: 마케팅 근시안

→ 제품이나 사업의 다각화: 시너지 효과 추구

b. 측면방어(Flanking Defense) 전략: 약점 및 취약부분 대응

c. 선제방어(Preemptive Defense) 전략: 강점의 강화

* 관련사업의 다각화: 방어의 폭 확대

* 마케팅 근시안 탈피: 방어의 중심 보강

→ 기업의 역량 분산의 위험성

d. 반격방어(Counteroffensive Defense): 경쟁자의 상황에 따라

* 가격인하, 제품개선, 이벤트

* 모방전략의 이용: 모방시기의 파악이 중요

* 유사한 제품을 이용 / 상표명 이용

e. 동적방어(Mobile Defense) 전략

* 진입장벽 강화가 일반적 → 제품과 서비스의 개발

f. 축소방어(Contraction Defense) 전략

역의 축소

경쟁자들의 반독점에 대한 규제나 조치 가능성
시장점유율 증대에 따른 비용증대

수익성 확보 지향

A. 시장점유율의 증감에 따라 단위당 생산원가 절감
B. 고품질 차별화된 제품 생산 가능: 소모비용 이상으로

2) 시장도전자[7]의 경쟁전략

－전략 목표: 점유율 증대를 통한 수익 증대
－시장선도자를 공격 / 자신과 비슷한 규모 또는 작은 기엽 공격

A. 정면공격(Frontal Attack)

a. 제품라인의 확장, 유통커버리지 확대
  * positive－sum → zero－sum: 상대방의 강점 공격
  * 주로 모방전략: 가격중심적 전략에 대응 준비

B. 측면공격: 목표 기업의 방어가 약한 곳으로 침투

  a. 기습적: 타이밍과 방향에 대한 예측 어려움

C. 포위공격(Encirclement attack): 경쟁자의 여러 곳을 동시에

D. 우회공격(Bypass Attack): 정면대결 회피

a. 비관련 다각화
b. 새로운 지리적 시장 진출

E. 게릴라식 공격(Guerrilla Attack)

a. 소규모의 불규칙적인 공격

---

7) 시장도전자: 시장점유율을 증대시키기 위해 시장선도자에게 도전하여 적극적인 공격전략
  시도

3) 시장추종자[8)]의 경쟁전략

－시장 선도자: 신제품에 대한 정보 제공 → 교육: 마케팅비용 증대
－시장추종자들의 직면문제
  A. 현재 고객의 유지
  B. 기존 소비자들의 전환

4) 시장적소자[9)]의 경쟁전략

－이상적인 적소시장
  a. 수익성을 높이기에 충분한 시장규모와 구매력 보유
  b. 성장잠재력 보유
  c. 마케팅활동이 가능하도록 필요한 기술과 재원 보유
  d. 소비자의 애호도 구축
  e. 주요 경쟁자의 공격으로부터 방어할 수 있는 능력보유

A. 전문화: 적소시장의 전문적인 아이디어

a. 최종용도 전문가
b. 수직적 수준의 전문가
c. 고객규모면의 전문가
d. 특정고객 전문업체
e. 지리적 전문업체
f. 제품 또는 제품계열 전문업체

---

8) 시장추종자: 시장선도자의 마케팅믹스나 전략 모방을 통해 위험 없는 점유율 유지
9) 시장적소자: 세분시장이나 틈새시장을 표적시장으로 공략: 대기업과의 경쟁을 피하고 적소시장에서의 시장 선도자

g. 제품-특성 전문업체

h. 주문생산식 전문업체

i. 품질·가격 전문업체

j. 서비스 전문업체

k. 경로 전문업체

적소시장의 창조

적소시장의 확대

적소시장의 보호 및 방어

4. 해외직접투자

1) 해외직접투자의 개념과 특성

(1) 해외직접투자의 개념

해외직접투자란, 생산요소(자본, 경영능력, 기술, 상표 등)를 복합적으로 해외에 이전시키는 경영활동을 말한다.

세계에서 활동 중인 한민족 경제인들의 잔치인 세계한상대회가 진행 중……이 자리에 참석한 해외 한민족 경제인들은 한상이 우리나라의 세계화 통로 역할을 할 것이라며 정부와 경제단체의 관심을 촉구. 전 세계 130여 개국에 걸쳐 6천만 명이 활동 중인 중국 '화상'의 경우 3조 달러에 달하는 막대한 유동자금으로 중국 경제 발전에 기여하고 있음. 또 최근 빠르게 성장하고 있는 인도의 경우도 2천만 명의 '인상'들이 해외직접투자의 1/3을 차지하고 있음. 이처럼 해외 동포 경제인들의 역할이 날로 커지고 있지만, 아직 우리 정부나 경제 단체들의 관심은 멀기만 함. 해외

동포 기업인들은 이번 세계 한상대회에 지난해보다 두 배 이상 많은 인원이 참석하며 빠르게 성장하고 있지만 정부와 국내 경제단체들의 관심과 지원이 필요하다고 입을 모았다.

(2) 해외직접투자의 특성

직접적인 영향력을 행사하여 경영을 지배
포괄적·종합적인 투자활동
고도의 국제화 단계로 가는 기본 조건
의사결정의 거점을 현지로 이동

2) 해외직접투자의 동기와 유형

(1) 해외직접투자의 동기

① 자원추구 동기: 저렴한 지역을 찾아 투자하는 것
② 시장추구 동기: 규모나 잠재력이 클 경우
　　운송비나 커뮤니케이션비가 클 경우
　　무역장벽을 회피하기 위해
　　인접한 제3국에 진출하기 위해
③ 생산효율추구 동기: 규모의 경제 효과·범위의 경제효과를 실현하기 위해
　　ex) 다국적 기업의 해외직접투자는 효율적인 입지선정 내지 지역적인 배치를
　　비용상의 효율성을 달성→노동집약적 산업에서 많이 나타남.
④ 전략적 동기: 선도시장에 직접투자
　　상호투자(견제 효과 및 시장 점유율 유지의 측면)

(2) 해외직접투자의 유형

가. 소유형태별 분류

① 단독 투자: 95% 이상의 주식을 소유
② 합작 투자: 다수지분, 동등지분, 소수지분

나. 투자방식에 따른 분류

① 신설에 의한 직접투자: 미국 South Carolina에 있는 Fuji사
② 인수에 의한 직접투자: 인수 또는 매수로서 다른 기업의 주식이나 자산을 매입하여 경영권을 장악

다. 투자주체에 따른 분류

① 민간 투자: 대부분의 일반 기업
② 공공 투자: 투자의 규모가 크고 투자의 소요기간도 장기간

라. 결합형태에 따른 분류

① 수직적 투자: 원가상의 우위나 생산의 효율성을 높이기 위한 투자 방법 → 요소집약도가 다르기 때문
② 수평적 투자
  −수요차별화가 이루어진 경우 신축적으로 대응하기 위해
  −수송비 부담이 클 경우
  −현지국 정부의 무역장벽을 회피하기 위해
③ 다각적 투자

마. 자회사의 독립성에 따른 분류

① 독립형 자회사

② 독립채산형 자회사

③ 결합형 자회사

3) 해외직접투자와 소유형태

(1) 단독투자

일반적으로 단독투자 형태의 해외시장진출은 기업이 강력한 독점적 우위를 소유하고 있는 경우나 제품의 생산과정에서 모기업이 자회사에게 원자재를 공급한다든지 또는 그 반대의 경우 등에 주로 활용된다.

- 전 세계적으로 통일된 마케팅 전략을 이용하는 경우
- 생산비 절감을 위해 범세계적인 시야에서 생산설비를 합리화하거나 집중화할 필요가 있는 경우
- 원료 및 자원생산에 있어 국제적 과점기업의 전략 활용되는 경우
- 기술, 마케팅노하우, 경영능력 등 기업 특유의 지적 자산을 시장을 이용해 거래하기보다는 기업내부 거래를 통해 수행하는 것이 더 효율적인 경우 등

가. 단독투자의 장점

① 기업의 경쟁적 우선요인(기술)이나, 노하우의 유출을 방지.

② 해외 자회사의 활동과 종류에 강력한 영향력을 발휘.

③ 생산 시스템의 글로벌화.

④ 자사의 경영능력의 종합적 이전 가능.

⑤ 신속한 의사결정이 가능.

⑥ 세계적으로 통일된 이미지 구축 및, 시장지위 증대에 기여.

⑦ 현지 자회사 자체의 새로운 가치 창조.

나. 단독투자의 단점

① 많은 자원을 필요로 하며 높은 비용 부담과 시간이 필요하다.
② 발생할 수 있는 위험에 대해 모기업이 모두 부담해야 한다.
③ 현지국의 문화 또는 경제에 대한 위협으로 여겨질 수 있다.

4) 해외단독투자의 성공사례

E-MART의 중국 진출 -신세계

상하이 동북부 이민허루에 들어서면 낯익은 간판이 하나 눈에 들어온다.

노란색 바탕에 검은색 글씨가 선명한 "E MART"가 그것. 옆에는 이마트의 중국식 이름인 "역매득"(중국발음 이마이더)이 나란히 걸려 있다. 매장풍경도 친근하다. 위협감을 주지 않는 눈높이 진열장과 종업원의 노란색 옷 등이 일산과 창동의 이마트와 같다. 홍보물과 상품포장이 중국어로 됐다는 게 다를 뿐이다.

(1) 현지 마케팅 전략

한국적인 것으로 승부를 건다는 전략, 즉 상하이시민의 소비패턴이 우리나라와 비슷하게 발전하고자 함이다.

① 제품(Production)

상하이 사람들도 우리와 같이 쇼핑하러 와서 먹고 즐기는 등의 공간을 원한다. 대부분 맞벌이 부부인 이들은 하루에 1주일 쇼핑을 끝내며, 편의점이 백화점을 압박하고 있는 것도 한국과 비슷하기 때문이다. 또한 신선한 야채로 주부를 끌어들여 추가 쇼핑을 유도하는 전략이 상하이에서도 빛을 발한다.

② 유통(Place)

상하이 이마트의 또 다른 성공 요인으로는 지리적 위치. 이마트는 이웃의 여러 상점들과 어울려 시너지 판매 효과를 내는 대형 쇼핑센터의 핵심지역에 둥지를 틀었다. 이마트 위층에는 가전 및 가구 전문 매장이, 옆에는 홈인테리어 전문매장이 포진해 있다. 이들이 내구소비재를 공급한다면, 이마트는 생필품을 제공하는데, 이는 "원스톱 쇼핑"을 제공한다는 전략이다. 게다가 이민허루 주변은 중산층 집결지역으로 할인매장 수요가 몰려 매장은 언제나 인산인해다. 이마트의 성공에는 상품조달 노하우도 큰 힘이 됐다. 20여 명에 달하는 최고수준의 현지 유통 전문가(바이어)들을 배치, 저가 고품질 제품을 찾고 있다. 이들에 대해서는 급여를 아끼지 않는다.

③ 상호명

이마트와 발음이 비슷하면서도 뜻이 통하는 이름을 찾기 위해 중국인을 대상으로 앙케트에 투자. 수개월간의 작업 끝에 얻은 이름이 이마이더이다. 이마이더스란, 중국말로 쉽게 사서 이득을 얻는다는 뜻으로 공짜를 좋아하는 중국인 문화에 쉽게 접근하게 되었다.

(2) 이마트 상하이점 현황

상하이 이마트의 매출액대비 순익은 1% 남짓으로 아직 만족스런 수준은 아니다. 상하이점은 그러나 돈으로 환산할 수 없는 효과를 보고 있다. 중국최대 소비시장인 상하이에서 선진업체와 어깨를 나란히 경쟁하고 있다는 사실은 큰 수확이다. 상하이점은 중국유통시장 공략의 노하우를 하나하나 쌓아가면서 이마트의 중국 진출 교두보로서 터를 다지고 있다.

- 개점: 97년 2월
- 자본금: 5백10만 달러
- 합작형태: 99% 이마트 소유. 사실상 단독기업

- 실적: 99년 매출 3억 5천만 위안
- 종업원: 4백여 명(사무관리 60명, 영업·판매 3백40명)

"진로소주"의 일본진출 - (주)진로재팬

(1) 해외시장진출 배경

1977년부터 국산양주의 시대가 개막되었다. 정부는 국산양주 시장을 육성하여 외국산양주 수입을 줄일 목적으로 1976년부터 주류 수출 실적에 따른 원료의 수입, 가공비율을 인상하였다. 또한 국산양주의 개발을 촉진하기 위해 국내 생산이 가능한 주류의 수입을 제한하는 조치를 취했다. 또한 이후 82년까지 국내경제는 유례를 찾아보기 어려운 장기불황에 빠져들게 되었다. 이와 같은 국내외 경제환경이 악화된 상황에서 수출용 진로소주는 1979년에 일본시장에 첫선을 보이게 되었다. 기업성장을 위해서는 사업다변화와 함께 해외시장을 개척해야 한다는 전사 차원의 전략추진이었다.

(2) 시장 환경 조사

가. 문화적 환경

① 거리의 근접성

일반적으로 해외시장진출을 바라는 기업들은 자국과 가까이 위치해 있는 국가나 언어가 비슷한 국가의 시장에 우선적으로 진입하게 된다. 사업환경과 문화가 다르면 기업들은 위협과 불안감을 느끼기 때문이다. 이런 점에서 일본은 지리적으로 근접하고 통제가 용이하고 관리하기가 편하다는 장점을 지니고 있었다.

② 비슷한 생활양식

일본은 같은 한자문화권 및 쌀 소비문화권에 속해 있고, 소주라는 독특한 주류를 소비하고 있어 한국의 입장에서 볼 때 매우 유리하다. 왜냐하면 주류소비문화에 관한 소비자들의 관심사항이나 구매 특징 등에 있어서 동일한 소비자 그룹을 형성할 수 있어 국내의 전략을 수용할 수 있는 장점이 존재했다.

③ 표적 소비자층이 존재

특정시장에 자사제품을 가장 처음으로 소개할 수 있는 능력을 지닌 개인이나 조직을 표적그룹으로 선정하여 이들을 대상으로 집중적으로 포지셔닝하는 전략은 신시장에의 성공적 진출을 위해 종종 사용된다. 즉 해외에 있는 근로자들이나 해외 이주자들을 표적소비자층으로 선정하여 이들을 대상으로 포지셔닝 전략을 실행하는 것이다. 처음 일본에 상륙한 진로 소주도 재일 동포들을 주 고객으로 포지셔닝했다. 즉 재일 동포들의 존재는 진로가 일본시장에 진출함에 있어 일종의 불안감 해소 및 촉매 역할을 했다.

나. 경제적 환경

① 일본의 주류시장 규모

일본의 인구는 약 1억 2천5백만 명으로 한국의 2.8배에 해당하며, 주류시장의 볼륨도 한국의 약 4배에 해당한다. 또한 일본인의 일인당 주류소비량은 81리터로 우리나라의 일인당 57리터에 비해 많은 편이다. 또한 가장 관심사인 소주시장은 매년 성장 중에 있다. 이런 점에서 일본은 진로가 진출하기에 아주 매력적인 시장이었다.

② 일본의 유통구조

－영세한 소매업체 중심의 유통시스템: 일본에는 다른 나라에 비해 상대적으로 도·소매업체 수가 많으며 이는 유통시스템의 비효율성을 보여주는 것으로 받

아들여졌다.

- 다단계의 유통경로: 제조업체에서 소매점으로 바로 연결되는 제품은 일부에 지나지 않고 대개가 도매점을 거친다.
- 제조업체는 계열화를 통한 유통전반을 장악하고 있다.

(3) 현지 마케팅 전략

가. 제품 전략

① 제품의 이미지 개선 시도

일본 현지에서 진로는 소주가 아닌 "진로"라는 이미지를 강조함으로써 제품 이미지 개선을 시도하였다. 현재 진로는 일본 내 평론가들에 의해서 "진로는 소주라는 주종을 떠나 '진로는 진로'라는 독자적인 장르를 형성하고 있다"고까지 평가받고 있다. 인지도 조사를 해 보아도 진로가 소주가 아니라는 소비자 응답이 많다. 즉 일본 소비자들에게 진로는 소주도 아니고, 위스키도 아닌 그냥 진로일 뿐이라는 독자적인 영역을 구축해 가고 있는 것이다.

② 제품의 현지화

진로는 일본으로 소주를 처음 수출할 때 일본인 취향에 맞게 일본 수출용 소주를 따로 개발하였다. 일본 애주가들은 단맛이 나는 소주를 싫어하기 때문에 국내 시판용의 10분의 1에 불과할 정도로 당도를 크게 낮추었다. 또한 소주를 다른 음료와 칵테일해서 마시는 습성을 겨냥해 담백하면서도 순수한 맛을 내어 칵테일하기에 적당하게 개발하였다. 이처럼 현지에 맞도록 철저하게 품질을 적응시켜 수출용 진로 소주를 따로 개발하였다. 또한 제품 디자인도 현지화하였는데, 투명한 초록색 병에 빨간색의 'JINRO'가 새겨진 노란색 라벨을 채택함으로써 이국적인 느낌과 고급스러운 인상을 풍기게 하였다. 이처럼 진로는 맛뿐만 아니라 용기와 로고 라벨 디자인 등 제품을 현지화하였다.

③ 신제품 개발

일본은 '진로 캔'도 선보였다. 맥주처럼 마실 수 있는, 젊은 사람들을 겨냥한 상품이었다. 역시 다른 상품보다 가격은 높게 책정하였음에도 불구하고 각 편의점에서 '진로 캔'의 매출은 1위를 기록하였다. 단순하게 진로 소주만을 고집하지 않고 각 시장에 알맞은 상품은 계속 개발해야 한다.

나. 가격 전략

① 고가격 고품질 정책

일반적으로 국내기업들은 미국이나 EU, 일본 등 선진국 시장에 진출할 때 저가격 정책을 사용하는 데 반해, 진로는 고가격 고품질 전략을 채택함으로써 일본 시장에서 우위를 차지할 수 있었다. 시장에서 일단 저급품으로 인식된 제품은 품질이 아무리 향상되어도 중급품이나 고급품으로 전환되기가 어렵다. 가능하다 하더라도 엄청난 광고비와 마케팅 노력 및 시간이 필요하다. 이런 점을 고려해 처음부터 고가격 고품질 정책을 고수하기로 하였다. 또한 일본 소비자들이 품질에는 까다롭지만 가격에는 덜 민감하다는 사실을 파악하고 시장 점유율 확대보다는 이익극대화에 목표를 두어, 고가격 고품질 전략을 택하였다. 진로 소주는 다른 일본 소주보다 가격이 13~16% 정도 비싼데, 이런 고가격은 "위스키에 가까운 고급 소주"라는 이미지를 뿌리내리게 하였다. 불황으로 양주 마시기가 부담스러운 애주가들에게 "양주 같은 소주"라는 별명으로 불리게 된 것은 이런 고가격 고품질 정책의 성공을 단적으로 보여주고 있다. 이와 같은 고가격 정책과 함께 고급 제품의 이미지를 남기도록 브랜드 관리를 하였다.

다. 촉진 전략

① 매체를 통한 촉진

고액의 TV광고비를 치루면서 일본 업체와 광고 전면전을 펼쳐 소비자 인지율을 높였다. 이미지 제고를 위해서 "진로는 어디까지나 진로", "누구나 즐겁게 마시는 술"이라는 광고 전략을 세웠다. 또한 비록 진로 소주가 한국 고유의 상표이긴 하지만 전 세계 사람들이 즐겨 마시는 술이라는 것과 고가격의 고품질이라는 것에 초점을 맞추어 '탈소주, 무국적, 고가격' 소주임을 강조하였다. 이로써 진로의 진로로서의 이미지가 일본인들에 인식될 수 있었다.

② 소비자 촉진

일본 라디오 방송과 공동 개최한 '진로 징글벨 파티'나 2백 개 슈퍼마켓에서의 시음행사, 신주쿠에서의 진로캔 페스티벌 등 대대적인 판촉행사를 벌임으로써 진로 브랜드를 홍보하고 소비자의 구매 욕구를 촉진시켰다. 또한 100여 가지에 달하는 진로 칵테일을 개발하여 소주를 칵테일하여 마시는 일본인들의 술을 마시는 습성을 소비 촉진으로 이용하였다.

③ 1:1 접촉시도

일본 진출 초기에는 1:1로 직접적인 대면접촉을 통한 인적홍보로 제품의 인지도를 향상시키고 제품을 판매하였다. 제조업체가 직접 판촉에 나서는 한국식 영업방식을 채택한 것이다.

진로 소주를 쉽게 접할 수 있도록 기회를 제공하고, 불고기나 갈비 등과 소주를 연관시켰다. 또한 한식당의 고급화를 통해 진로소주의 고급화에 대한 홍보도 꾀하였다.

④ 대거래선 촉진

대거래선 촉진을 통해 판매 물량의 증가를 꾀하였다.

라. 유통 전략

① 도매상들과의 반영구적 신뢰관계 구축

일본에 진출하는 외국기업이 가장 어려워하는 부분은 일본시장의 복잡한 유통구조와 유통업자의 배타성과 폐쇄성이다. 일본 도매상들은 오랜 기간에 맺어진 신뢰관계를 존중하기 때문에 외국제품이 아무리 좋아도 선뜻 취급하려 하지 않는다. 진로는 처음 진출 시 인연을 맺은 도쿄 인근 이바라기현의 가시마 주류도매회사라는 지방 도매상과 지금까지도 좋은 관계를 유지하고 있고, 매출액 상승 시 다른 유통업자의 유혹에도 불구하고 지금까지 20년 이상 한결같이 똑같은 유통망을 유지함으로써 타국에서 온 이질감을 신용과 신뢰로 바꾸어 일본 유통업자의 배타성과 폐쇄성을 극복하였다.

② 중간상들에 대한 충분한 이윤 보장

절대적 고가격이 아닌 타사보다 높은 최고 가격이라는 상대적 고가격으로 인한 일본 제품과의 가격차를 유통업체들에게 인식시킴으로써 "진로 소주를 많이 팔면 팔수록 이익이 많이 남는다."는 자극을 주었다. 이처럼 중간상들에게 충분한 이윤을 보장함으로써 탄탄한 유통경로를 구축하였다.

③ 점진적인 판매 확대를 위한 시장 침투

진로의 이미지를 소주에만 한정시킨다면 장기적 수요확대가 어렵기 때문에, 대형 주류도매업체 3개와 손잡고 이를 통해 일본 시장을 직접 파고드는 전략을 세웠다.

④ 직판 체제 구축

진로는 2001년 5월 20여 년 정도 쌓아 온 신용과 진로 소주에 대한 일본인들의 사랑을 바탕으로 진로가 직판체제로 전환하였다. 일본시장에 성공적으로 동화되었기에 아무런 제약이 없었으며 이로써 진로는 유통 비용을 절감하는 결과를 얻게 되었다. 체매출총액(소매업체매출에서 차지하는 비율)이 일본의 경우는 아직까지도 여타 선진국보다 2~3배가량 높은 실정이다.

(4) 일본진출 현황

- 79년 진출시작 / 86년 동경사무소 개설
- 88년 현지법인으로 전환(진로 재팬): 김치, 불고기, 진로소주 SET화
- 93년 8위 / 94년 6위 / 95년 4위(업체로 5위) / 96년 2위
- 98년 86개 희석식 소주업체 중 단일브랜드로 1위 차지(364만 상자 판매)
- 99년, 00년, 01년 1위(일본시장 4년 연속 1위)
- 2000년 직판체제 전환, 2002년 550만 상자 판매목표
- 도쿄 등 수도권에서의 진로소주의 소비자 인지율 92% 이상
- 진로소주는 일본소주보다 13~16% 고가

(5) 진로Japan의 성공요인

가. IMF위기 극복

진로 Japan은 지난 97년 4월 서울본사의 부도로 한때 자금조달에 위기를 맞았고 이로 인해 몇몇 거래은행이 여신을 회수하거나 대폭 축소해서 어려움이 컸다. 설상가상으로 한국 내 IMF까지 매섭게 몰아닥쳤다. 그러나 인지도 높은 자체브랜드로 탄탄한 현지영업기반을 확보하고 있었던 것이 위기 극복의 결정적 이유가 됐다. 진로Japan의 건실한 재무구조와 탄탄한 유통망 그리고 밝은 영업전망이 위기 극복의 고리였다. 이러한 위기 극복은 진로Japan의 실력과 능력으로 인정되었다.

나. 두터운 신용관계 구축

일본시장에서 성공할 수 있는 대전제는 무엇보다도 신용과 품질이다. 이 두 가지 덕목은 일본뿐만 아니라 세계 어디서나 성공을 보장해 주지만 특히 일본에서는 기

본적인 비즈니스 덕목이 충족되지 않고서는 어떠한 기발한 마케팅 노력과 기법도 통용될 수 없다. 진로의 경우 신용을 중시하는 일본인의 상인 정신에 따라 주류 판매업자와 두터운 신용관계를 쌓았고 중간상에게 거의 반영구적인 파트너십을 보장해 주었다. 즉 불경기이든 호경기이든 시장 환경변화에도 불구하고 계속적인 제품 공급 및 거래관계를 유지하고 중간상에게 불리한 계약 변경도 강요하지 않았다.

다. 수용력(receptivity)과 혁신성(Innovation)

진로가 일본 소비자의 기호를 수용하고 거기에 맞는 혁신제품으로 시장진입에 성공할 수 있었던 요인은 무엇보다도 일본 내 혁신자 및 혁신제품의 초기 채택자들의 호의적 태도 및 구전효과를 제고시킨 데 있다고 볼 수 있다. 혁신자와 초기 채택자가 중요한 이유는 이들의 기호가 매우 까다롭고 비판이 날카롭지만 일단 이들의 구미와 마음에 들면 다른 어떤 소비자보다도 확산과 전달 효과가 크기 때문이다. 이에 진로는 우선적으로 일본시장에서의 혁신자나 초기수용자를 파악하고 그들을 접촉하고 설득하는 일에 많은 노력과 투자를 하였다. 그리고 이러한 혁신의 연장선상에서 진로소주 맛뿐만 아니라 용기도 위스키를 연상시킬 정도로 품위 있고 차별화된 디자인으로 바꾸어 '진로는 진로'라는 독자적인 영역을 구축했다.

라. High−Price 전략

일본에서 고가전략이 성공하기 위해선 일단 품질이 우수해야 하는데 진로소주의 경우 일본소주회사들도 인정할 정도로 품질에 대해선 이미 정평이 나 있다. 이 때문에 품질 걱정은 필요 없는 대신 '진로는 비싸지만 좋은 소주'라는 이미지를 심는데 마케팅을 집중하였다. 일본 진출 후 지속적인 고가정책을 유지하였으며 TV, 신문, 잡지 등을 통해 이 같은 이미지를 광고해 왔다. 이와 같은 고가전략은 일본 소비자들에게 위스키에 가까운 고급주류라는 이미지를 뿌리내리게 했다.

마. 성공적인 유통 진입(가시마 주류와의 만남)

진로가 처음 일본에 진출할 때 맺은 회사는 도쿄 인근 이바라기현의 가시마주류라는 회사이다. 진로는 1977년 이후 이 회사와 인연을 맺고 79년부터 일본에 진로소주를 판매하기 시작했다. 90년 이후 급성장의 기틀을 마련하면서 진로와 판매계약을 맺으려는 문의가 잇따랐지만 진로는 가시마와의 거래를 끊지 않았다. 이 결과 신뢰관계를 중요하게 생각하는 일본의 유통망을 뚫을 수 있었다.

바. 권한 위임과 현지화 전략

진로는 일본시장에 관한 한 진로재팬에게 절대적인 경영을 위임하고 있다. 즉 진로재팬은 그동안의 좋은 경영성과로 인하여 본사로부터 인사나 마케팅 분야 등에서 절대적인 권한을 위임받아 현지의 시장 환경 변화에 능동적이고도 즉각적으로 대처하고 있다. 일본시장은 일본인에게 맡긴다는 현지화 전략도 진로재팬에 근무하는 일본인의 의욕을 북돋우고 있다. 이러한 현지인 중심의 경영활동은 현지사원에게 동기부여는 물론이고 업무의 영속성을 가능하게 하는 요인으로 작용하고 있다.

사. 운과 기회 이용

진로는 일본 내 소주 붐이 분 것이 일본시장에서의 판매량 증대에 한몫했다. 즉 1997년에 이어 1983년에 2차 소주 붐으로 일본 주류시장이 위스키에서 소주로 판도의 변화가 일어나 주류시장에서 소주의 비율이 점차 높아졌다. 이러한 소주에 대한 전체 수요증가와 더불어 진로에는 88서울올림픽이 좋은 기회였다. 서울올림픽을 계기로 한국의 대표적 음식인 불고기, 김치와 더불어 소주가 인기를 끌게 되며, 진로는 이 기회를 놓치지 않고 이용하였다.

(6) 진로Japan이 당면하고 있는 문제점

가. 최근 (주)진로의 인수문제

㈜진로를 모태로 하는 진로그룹은 IMF의 파고를 이기지 못하고 지난 98년 부도가 났다. 그러나 다른 재벌과 달리 그룹 해체의 비운은 피한 채 화의(和義)를 인가받아 현재까지 회생의 길을 모색하는 중이다. 화의는 채권자들의 합의로 부채 상환일정을 조정하는 등 채무자의 부채 상환 부담을 덜어주는 제도. 대기업으론 진로그룹이 화의 기업 1호를 기록했다. 진로는 당시 이자만 갚고 원금은 2003년부터 5년간 갚는 조건으로 화의를 인가받았다. 이후 진로 채권의 일부는 자산관리공사를 통해 골드만삭스에 매각됐다.

또한 최근 세계 2위의 주류업체인 얼라이드 도멕(Allied Domecq)이 진로 인수전에 참여하겠다고 공식 발표했다. 얼라이드 도멕의 국내 자회사인 "진로발렌타인스"의 데이비드 루카스 사장은 25일 "진로는 현재 아시아 시장에서 매물로 나와 있는 가장 가치 있는 주류업체 중 하나"라며 "진로 인수를 적극 추진하겠다"고 밝혔다. 이에 이어 진로 인수전에는 얼라이드 도멕 외에도 국내외 10여 개 기업이 관심을 보이고 있는 것으로 전해지고 있다. 매각 주간사를 통해 진로 인수에 관심을 갖고 있는 기업을 조사한 결과, 국내기업으로는 롯데, 두산, 대한전선, 하이트, CJ, 동원 F&B가, 외국 기업으로는 얼라이드 도멕과 디아지오, 아사히, 기린 등이 외국계 투자펀드로는 뉴브릿지캐피털과 CVC 등이 거론되고 있다.

이와 같이 진로는 7년 부도위기를 거칠 정도로 회사가 흔들거리기도 하였으며, 현재 또한 M&A 얘기가 불거져 나올 만큼 재무구조가 튼튼하지 못하다는 것이 제일 큰 문제점이다.

나. 일본 시장 강력한 경쟁자의 출현(두산 경월그린소주)

진로소주는 두산소주 경월그린보다 16년이나 일찍 일본에 발을 들여놓았지만 계속적으로 시장을 경월소주에게 내어 주는 상황이다. 2003년부터 주류BG가 국내 기업 중 소주 수출 1위를 기록해 경월그린의 인기를 증명하기도 했다. 산토리의 판매 실적에 따르면 96년 70만 상자를 판매한 이래 급성장하여 2000년에는 198만 상자, 2001년 267만 상자, 2002년 326만 상자, 2003년에는 394만 상자로 대폭 성장해 왔다. 현재 경월그린은 일본의 47개 도도부현 중 26개에서 가장 높은 판매를 기록하는 소주가 되었다. 두산의 이 같은 성장에는 지난 95년 일본진출과 동시에 TV, 잡지, 지하철 광고 등을 통한 브랜드 이미지 강화와 희석식 소주의 최대 시장인 동북부지역(도쿄, 홋카이도, 센다이 등)을 중점적으로 한 지역차별화에 따라 일본 전역을 상대로 한 다양한 마케팅이 적중했기 때문이다. 또 가정용 대용량제품(70%)을 주력으로 출시한 데 이어 대관령 청정수만을 사용한 깨끗한 이미지가 일본인들에게 강하게 작용하였다. 특히 경월그린 소주의 일본 현지 판매대행을 담당하는 대형 주류업체인 산토리사의 유통망과 제품력이 결합해 시너지 효과가 극대화되고 되었다.

이와 같이 진로소주는 일본시장에 일찍 진출하여 뛰어난 현지화 마케팅으로 계속 1위를 고수하다가 Me-Too전략을 사용하여 공격적 마케팅을 펼친 두산소주에게 시장점유율을 뺏기고 말았다. 이것이 두 번째 문제점이라고 하겠다.

다. 본사와 일본지사와의 마준한 성장률을 보여 온 진로소주는 지난 2001년 379만 1000상가에서 2002년 361찰, 유통망 부족

일본 내에서 20년 동안 꾸만 9000상자, 2003년 350만 4000상자로 해마다 줄어들고 있는 실정이다. 특히 해외 수출 비중까지 떨어져 두산과의 폭이 점점 좁혀져 가고 있다. 진로소주의 이 같은 감소에는 법정관리기업인 진로가 그동안 인수합병(M&A) 절차 과정에서 들려온 잡음과 본사와 일본 현지회사인 진로재팬(JJI)과의 마찰로 공조체계가 무너졌기 때문으로 풀이된다. 또 진로재팬이 일본전역을 상대로 한 유통망 부족이 최대의 걸림돌로 작용해 매출에 지대한 영향을 미치고 있다.

라. 진로그룹의 해외진출 전망

지난 1968년 베트남을 시작으로 해외시장 개척에 나선 진로는 동남아를 출발점으

로 73년 서독에, 75년 미국에 이어 79년 일본시장에 진출하기 시작했으며 아르헨티나, 호주, 브라질, 캐나다, 중국, 독일, 괌, 이태리, 인도네시아, 멕시코, 네덜란드, 뉴질랜드, 필리핀, 싱가포르, 베트남, 카자흐스탄 등 전 세계 80여 개 국가에 진로소주를 수출하고 있다. 수출액은 85년 207만 달러에서 91년 506만 달러, 93년 1,042만 달러, 97년 4천만 달러로 급상승했으며 '98 무역연도(무역협회 기준: '98. 7.~'99. 6.)에 총 5천3백만 달러를 수출, 국내 주류업계 최초로 수출 5천만 달러를 달성한 데 이어 01년에는 7천만 달러 수출탑을 수상했다. 한국의 주류업계를 이끌어온 진로의 양조(酒造)기술은 이미 오래전에 국제적으로도 인정을 받았다. 1980년 제11회 국제주류품평회(IWSC) 6개 부문 금메달 수상과 제18회 몽드셀렉션 8개 부문 금상수상에 이어 1982년에는 제20회 몽드셀렉션에서 아시아 최초로 '국제최고 품질대상'을 수상하였다. 세계적 브랜드로 자리잡은 진로는 1995년부터 세계 유수의 위스키, 보드카, 럼, 진 등의 판매량을 훨씬 앞질러 2000년 단일 브랜드로 당당히 전 세계 증류주 부문 판매량과 판매성장률 부분에서 2위, 판매액 기준으로 세계 8위를 차지하였고, 이어 2001년에는 세계 증류주 시장 판매량 1위에 오르는 성과를 올렸다. 특히 일본에서의 진로소주의 활약상은 눈부시다. 지난 1998년 일본시장 내 86개 희석식 소주업체 중 단일브랜드로 1위에 오른 진로소주는 1999년, 2000년, 2001년, 2002년 5년 연속 1위를 차지하고 있다. 금년도에는 550만 상자를 판매목표로 직판 체제를 통해 유통망에 대한 직접관리를 실시하고 있으며 오사카, 후쿠오카, 센다이, 간신에쓰, 나고야, 홋카이도 등에 지점을 개설함으로써 전국적인 영업망을 구축하고 있고, 자체 유통망을 활용한 주류관련 식품개발과 한국식품의 고급 이미지 정착을 위한 활동도 계획하고 있다.

즉 앞으로 진로가 위기를 딛고 나아가야 할 방향은 이렇다.

① 시장 개발전략(Market Development Strategy)－다양한 수출시장 확대

현재 진로는 중국시장을 세계 제2의 거점시장으로 삼는다는 전략 아래 본격적인 현지화 전략을 추진하고 있다. 또한 미국을 새로운 수출 지역으로 선정하여 시장에

발을 들여놓음으로써 새로운 가능성을 보여주고 있다. 무엇보다도 세계 각국에 퍼져 있는 해외 교포들의 소비 시장을 고려해 볼 때 우선적으로 접근할 수 있는 표적시장이 존재하는 것으로 인식할 수 있다. 일본 시장 진출 성공의 교훈인 철저한 현지화 전략으로 세계 80여 개국의 해외시장진출의 성공으로 이어질 때에야 비로소 그 성과를 인정받을 수 있을 것이다.

② 시장 침투전략(Market penetration strategy)-유통과정에서의 공략

현재 전 세계의 점포형태는 대형할인점이나, 24시간 편의점 형태로 많이 변경이 되어 있는 상태다. 즉 새로운 유통질서의 변화가 일어나고 있는 할인점 등의 가격인하 등 소비자가 민감한 반응을 보이는 사안에 대비하여야 한다. 이와 같이 소비자들의 생활 일부인 이런 점포들을 중점적으로 관리하고 다양한 전략을 구사하여야 한다.

③ 제품 개발전략(Product Development Strategy)-브랜드 인지도 상승에의 노력

최근 일본소비자 조사 결과는 진로의 인지도가 90%에 달하는 것으로 나타나 있다. 그러나 지금까지 진로는 진로 소주 외에는 일본 소비자들의 인식에 뚜렷이 남는 다른 제품을 선보이지 못했다. 물론 소주 외에 매실주, 인삼주 등을 갖추고 있기는 하지만 어떤 의미에서는 구색제품에 불과할 수 있다. 새로운 다른 제품을 개발함으로써 또 다시 성공을 거둔다면 "일본소주의 최고의 브랜드는 역시 진로다"라는 것을 확인시키고 그런 이미지가 소비자의 머릿속에 각인될 것이다. 또한 중국으로 진출한 지 얼마 되지 않은 관계로 진로에 대한 중국소비자들의 인지도 면에서 매우 낮은 편이므로 중국에 대한 다양한 정보를 알아내서 확실한 현지화 전략을 세우는 것이 무엇보다 중요하다고 하겠다. 우선 중국소비자들에게 진로에 대한 이미지를 각인시키고 어느 정도 인지도를 높인 다음 다양한 제품 마케팅에 주력해야 할 것이다.

"대우전자"의 동유럽진출 - 대우

(1) 해외시장진출 배경

대우전자의 동유럽 및 폴란드 투자에 관한 관심은 89년 베를린 장벽붕괴 이후 동유럽 경제의 유럽연합화가 진행되면서 나타나기 시작했다. 대우전자는 자본주의 경제의 도입과 함께 시장 잠재력 및 투자 유망성이 큰 동유럽 지역에서 경쟁 기업보다 먼저 시장 기반을 선점하기를 원했다. 또한 고용확대를 위해 각국 정부가 적극적인 외국인 투자 유치 정책에 나서고 수입 규제를 강화함에 따라 현지 생산·판매 체제를 구축해야 할 필요성이 높아지고 있었다. 여러 동유럽 국가 중에서 폴란드는 정치·경제가 안정되어 있고 시장 잠재력이 높으며 인력도 우수한 편이다. 그리고 동유럽 경제의 중심지이며 기술력도 있기 때문에 동유럽 국가 중 투자 유망성이 매우 높은 곳으로 평가되었다.

(2) 현지 마케팅 전략

① 제품 전략

대우전자의 제품 전략은 선진국 기업이 판매하고 있는 다기능 고급제품이 아니라 기본 기능에 충실한 제품을 개발하고 복잡한 기능의 삭제에 따르는 가격 거품을 제거함으로써 적정한 가격으로 제품 차별화를 이루려는 전략이다. 다시 말해 소비자에게 필요 없는 기능은 삭제하는 대신 대우가 자신 있는 기술을 바탕으로 고장률이 낮은 기본 사양 품목을 개발하자는 것이다. 이는 곧 중·고급 품질 수준에 경쟁력이 있는 가격으로 고부가가치의 제품으로 승부를 걸겠다는 전략이다. 따라서 대우전자의 표적 시장은 최고급 제품을 구매하는 고소득 계층 소비자가 아니라 시장 경제 전환 후 소득이 크게 늘어난 중·상류 계층인 것이다. 또 대우전자는 단기적인 영업실적보다는 브랜드 이미지 투자를 통한 장기적 시장 기반을 구축하는 데 주력하였다. 이를 위해서 우선 브랜드 인지도를 높이는 데 주력하였다. 이러한 노력은 특히 현지 대우 자동차 광고와의 상승 작용으로 더욱 효과를 거두고 있다. 이와 병행하여 대우전자는 주문자 상표 판매를 가급적으로 지양하고 대우 브랜드의 판매를 확대하고자 노력하였다. 동유럽 시장 진출 초기인 93년에 브랜드 판매 비율이 30~40%에 그쳤으나 97년까지 70% 수준으로 끌어올리겠다는 것이 대우의 전략이었다.

② 유통 전략

대우전자는 본부의 현지화를 통해 통합 2소싱과 통합 마케팅으로 생산과 판매의 효율성을 제고시키는 전략 사업 단위별 운영 전략을 수행하고 있으며 여기에는 미주 전략사업단위, CIS 전략사업단위, 유럽연합 전략사업단위가 포함된다. 따라서 유럽연합 전략사업단위에서 유럽지역의 모든 생산과 판매법인을 관장하고 계획, 집행, 통제에 관한 권한을 위임받고 있다. 현지에서 대우전자의 유통 전략은 대우 브랜드의 판매를 늘리기 위해서 직접 유통을 늘리고 있는데 현지 판매법인에 2~3명의 주재원을 파견하고 현지 판매 관리인 30~40명을 고용함으로써 판매를 일임하고 있다. 현지 딜러들은 자체적으로 5~6개 정도의 매장을 가지고 있는데 그들이 현지 소매업자들을 통해 일반 매장에 공급하기도 한다. 한편 애프터서비스는 현지 판매법인이 1~2개의 서비스 대행사와 계약을 맺어 이 대행사가 애프터서비스 센터를 관리하도록 하고 있다.

③ 촉진 전략

대우전자의 촉진 전략은 풀(Pull)전략에 중점을 두고 있다. 구체적으로 대우의 촉진 전략은 대우의 인지도를 높이는 데 있으며 현지에서의 광고·촉진을 효율적으로 펼치기 위해 현지 에이전트를 적극 활용하는 전략을 사용했다. 주로 광고 메시지는 탱크주의를 앞세우며 인쇄, 방송, 옥외 광고, 전시회 등의 광고 매체를 통해 브랜드 인지도를 높이는 데 주력하였다. 대우의 브랜드 인지도를 높이는 데 주력하였다. 대우의 브랜드 인지도는 대우 자동차 현지 광고와의 상승 작용으로 더욱 효과를 거두고 있다고 한다. 최근에는 현재의 광고 범위를 좀 더 넓혀 제품별 광고 쪽에 많은 관심을 기울이고 있는 실정이다.

④ 가격 전략

유럽에서 대우전자의 가격 전략은 저렴한 가격에 양질의 제품을 공급하는 것이다. 이 전략은 동유럽 시장 점유율을 늘려 장기적으로 승부하겠다는 전략이다. 앞에서 설명한 바와 같이 대우는 제품이 가지는 본연적 기본 기능에 충실한 제품을 적정한 가격으로 책정하여 제품의 가치를 높이는 전략을 사용하였다. 따라서 가격 수준도 선진국 제품과 현지 제품 사이의 중간 수준으로 책정된 것이었다. 구체적인 가격 결정은 해외 현지 법인의 자율에 맡겨져 있으며 최종 소비자 가격은 딜러와 소매업자가 자율적으로 책정하게 되어 있다.

(3) 대우전자의 성공요인

① 대우 브랜드에 대한 촉진 활동의 성공

마케팅 측면에서 보았을 때 95년은 유럽 진출 후 꾸준히 전개해 온 대우 브랜드에 대한 촉진 활동이 일정한 성과를 드러냈다고 볼 수 있다. 여러 매체를 이용한 과감한 광고 전략이 현지 소비자들에게 '대우 = 탱크주의'라는 강력하고 우호적인 인식을 심는 데 일조했다.

② 기본 기능에 충실한 제품의 개발

동유럽 시장의 소비자 욕구와 기호를 감안하여 큰 효과를 얻었으며 무엇보다도 소위 '탱크' 제품의 개발이 대우가 현지에서 성공할 수 있었던 큰 요인이라 할 수 있다.

③ 동유럽지역본부의 현지화 노력

지역팀별 운영전략과 전략사업단위별 운영전략을 이용한 본부의 현지화 노력이 성과를 거두었다고 볼 수 있다. 현지 통합 소싱과 마케팅을 통해 생산과 판매의 효율성을 제고시킬 수 있었다는 점이 성공의 포인트이다. 특히 현지 마케팅, 현지 생산법인, 현지 판매법인, 현지 현금 흐름, 현지 재투자, 현지 판매 조직만, 딜러 등과의 유기적인 관계를 위한 대우전자의 투자는 국내 다른 기업에서 찾아보기 힘든 과감한 노력으로 평가된다.

(4) 현재 동유럽 진출 현황

대우전자는 가정용 전자 및 전기 제품을 국내와 해외 시장에서 생산하는 제조업체로서 95년 매출액이 40억 달러를 넘어서고 있으며 해외 판매법인 25개소, 해외 생산 법인 20개소, 지사 및 연구소 30개소의 네트워크를 구축하고 있다. 대우전자는 해외 영업을 6개의 지역별 운영팀 즉 미주, 중국·일본, 중동·아프리카, 아시아, 유럽 및 CIS로 차별화하고, 3개의 전략사업 단위 체제를 축으로 하여 통합 글로벌 소싱과 마케팅을 통해 영업의 효율성을 극대화한다는 전략을 추진하고 있다. 유럽지역을 담당하는 운영 5팀은 서유럽 중심의 유럽 연합과 동유럽권을 중심으로 한 CEFTA로 구분하여 운영을 하고 있는데 그러면서도 유럽 연합지역과 CEFTA 간의 상호 연계를 가지고 생산·판매 활동을 하고 있다. 특히 컬러 TV 생산에서는 폴란드의 뎀풀 공장, 프랑스의 뎀사 공장, 루마니아의 데롬 공장이 해외 부품 업체 및 본국의 구미공장과의 상호 긴밀한 조달 체계를 통해 생산비를 절감하고자 하고 있다.

5) 해외단독투자의 실패사례

(1) 단독투자의 실패 사례

까르푸는 전 세계에 무려 만 개가 넘는 매장을 갖고 있는 세계 2위의 유통업체, 그러나 한국에서는 맥을 못 추고 추락.

실패 원인 가운데 첫 번째는 주 고객층인 주부들의 욕구를 채워주지 못함

저가 정책을 고집하며 높은 천장과 희미한 형광등으로 대변되는 창고형 매장에

연연해 쇼핑과 여가시간 활용의 두 가지 욕구를 채우려는 한국 주부들을 끌어들이지 못함

두 번째는 소비자의 감성을 자극하지 못했다는 것이 가장 중요한 실수

이와 함께 까르푸는 외국계 유통회사로서 우리나라의 음식문화에 대한 이해가 부족했다는 평가

채소와 곡류를 많이 소비하는 우리나라에서 까르푸는 공산품 중심의 매장을 운영하면서 상대적으로 신선 식품류 제공에 소홀함

5. 합작투자

1) 합작투자의 의의와 동기

합작투자란, 상이한 국적을 가진 2개국 이상의 기업체, 개인 또는 정부기관이 공동소유권을 갖고 영구적인 기반 위에 특정 기업체를 공동으로 운영하는 것을 말한다.
  - 공동소유의 대상: 주식자본, 채무, 무형고정자산(특허권, 의장권, 상표권, 영업권 등), 경영 및 기술노하우, 유형고정자산(기계, 설비, 투자 등)이 있다.

2) 합작투자와 전략적 제휴와의 공통점과 차이점

  - 공통점: 두 개 이상의 기업이 공동의 목적과 이익을 실현하기 위해 경영자원을 결합하고 협력한다는 의미.
  - 차이점: 합작투자가 자본참여와 별도의 독립법인체 설립을 전제로 하고 있다는 점에서 차이

3) 합작투자의 방식, 파트너, 소유지분면

－방식: 신설방식, 기존 현지법인의 일부 소유권을 취득하는 방식
－파트너: 일반적으로 현지기업, 현지국 정부 혹은 다른 외국기업, 이들의 혼합형태.
－소유지분
　동등지분형식: 두 투자기업이 각각 소유지분의 50%를 가짐.
　다수지분의 합작투자방식: 동등지분 형식의 구조적 문제점으로 인해 다수지분 형식을 선택.

4) 단독투자와 국제합작투자

국제합작투자는 단독투자에 비해 현지자회사에 대한 통제보다는 오히려 파트너의 공헌이 필요한 경우에 이용되는 전략이라고 할 수 있다.
　－단독투자: 현격한 기술격차를 이용하여 해외에 진출했던 1950년, 60년대 방식
　－국제합작투자: 경쟁이 격화되고 신기술이 지연되는 등 독점적 우위의 확보가 어려워짐에 따라 오늘날 합작투자가 성행

5) 합작 투자의 목적

① 생산시설을 확장해 나가려는 많은 다국적 기업들의 해외 신 시장(신흥시장에 진입하기 위한 가장 적절한 수단).
② 기업 간 협력차원에서 자원공유를 통한 투자위험의 감소, 경쟁 및 위험의 회피 등을 목적

합작투자를 선호하는 이유

표면적인 이유: 현지국 정부가 단독투자를 규제하기 때문에 차선책으로 선택.

근본적인 이유: 이 방식이 근본적으로 파트너 기업들이 지니고 있는 강점을 이용하고 위험을 부담함으로써 상호가의 약점을 보완하면서 시너지효과를 얻는 상호이익적인 해외투자방식이기 때문.

합자투자의 이점

① 투입자본의 절감과 경영활동상의 위험분담
② 인적 자원을 위시한 경영자원의 절약
③ 현지 합작 파트너를 통해 낯선 환경에 대한 신속한 적응과 지식 및 경험부족의 보완
④ 정부 및 국민과의 관계개선과 국제기업의 이미지개선
⑤ 현지국 정부가 제공하는 자본조달, 세제, 과실송금 등의 각종 혜택이용 등

6) 합작투자의 문제점과 성공요인

(1) 합작투자의 문제점

완전한 통제권을 가지지 못하고 기업을 공동으로 운영해야 하기 때문에 발생한다. 이해상충, 의사결정과정 지연, 의견충돌이나 갈등 야기 → 기업목표, 전략, 자원배분, 이전가격결정, 이익배당, 기술, 브랜드명과 같은 주요 자산의 소유권과 같은 문제들로 발생하는 갈등이다. → 갈등이 심화되면 당사자들은 분쟁해결을 위해 합의된 메커니즘을 통해 갈등을 해소하도록 노력해야 한다(상호 수용된 해결방법이 문제를 해결하지 못하면 합작투자기업은 해체로 끝남).
 - 합작투자의 불안정성: 합작투자기업이 대부분 일정 기간이 지나면 해체되거나 합작투자 관계가 결별되는 것

－합작투자의 불안정성이 조장되는 경우

① 합작투자의 목적이 불분명한 경우
② 파트너의 목적인 시간이 지나면서 변경되고 이것이 원래의 합작투자 구성요인
   에 합치되지 않을 경우
③ 개별 합작파트너들이 바람직하지 못한 지배권을 과도하게 추구할 경우
④ 합작투자의 이익이 공평하게 배분되지 못했을 경우

(2) 합작투자의 성공요인

① 적합한 파트너의 선정
② 명확한 목표의 설정
③ 문화적 차이의 극복
④ 최고경영층의 몰입
⑤ 점진적 접근

7) 해외합작투자의 성공사례

배스킨라빈스

배스킨라빈스 사례는 오늘날 시장에서 성공하기 위해서는 소비자 행동에 대한 고찰이 얼마나 중요한지를 잘 보여 주고 있음. 1985년 타깃 마케팅의 개념이 없던 한국 시장에 소비자 마인드를 가지고 꾸준히 소비자를 분석하고 그에 맞는 전략을 구축해 온 것은 오늘의 성공의 주요인이라 확신. 베스킨 라빈스 IMF 이후 소비심리의 회복을 마케팅 전략에 적극 반영. 캠페인 결과

(1) 광고 회상 장면 문구

많지 않은 매체량에도 불구하고 강력한 제품력과 이에 기초한 콘셉트를 앞세운 광고로 베스킨 라빈스31은 소비자 인지도와 선호도 그리고 매출액까지 계속적인 기록 경신을 해갔습니다. 서울지역에서만 고급아이스크림 브랜드 선호도에서 92.2%라는 놀라운 조사결과를 보여주었고 매출도 예상폭을 뛰어넘는 정도로 성장해 갔습니다. IMF 이후 매출이 급감하고 경쟁사들이 무너져 가는 상황에서 보여준 믿음과 신뢰는 '골라먹는 재미가 있다'캠페인이 성공한 데 있어 무엇보다 중요한 요소가 되었습니다. 유사업종은 패스트푸드 업계뿐 아니라 거의 모든 해외 브랜드들이 국산을 외치며 단기적인 이미지 변신을 통한 매출 급감방지에 노력을 기울이는 상황에서도 BR코리아는 장기적인 브랜드 관리에 대한 소신을 일관했기 때문입니다. 결국 광고주의 안목과 신뢰가 성공한 광고캠페인 성공적인 브랜드 자산의 축적에 가장 큰 역할을 했다고 할 수 있습니다.

(2) 매출액

아이스크림의 97년 대비 3 / 4분기 매출액을 보면 8월 115%, 9월 128%, 10월 142%로 갈수록 그 차이가 커지는 현상을 나타내고 있습니다. 더욱이 아이스크림 케이크의 경우는 더욱 그러한 현상을 보였습니다. 97년 대비 8월 153%, 9월 191%를 기록하더니 10월에는 214%를 기록하여 놀라운 매출 신장률을 보이고 있습니다.

6. 소유정책의 딜레마

단독투자방식과 합작투자방식에는 각각의 장점과 단점이 있기 때문에 그 선택은 간단하지 않다. 그러나 기업으로서는 사정이 허락하면 해외자회사의 통제를 확보하고자 하기 때문에 합작투자방식의 경우라도 과반수 소유방식을 선택하고자 하기 때문에 기업은 해외사업의 경험을 축적함에 따라 단독투자방식을 지향하게 된다. 그런데 기업이 단독투자방식을 통해서 해외자회사의 통제를 확보하면 투자수입국 측에 있어서는 심각한 문제가 발생할 가능성이 있다. 따라서 많은 투자수입국에서는 족주의 고양과 함께 외국지업에 대해 출자비율의 제한 등 엄격한 규제를 취하게 되었다. 이런 경향은 특히 개도국에 있어서 현저한데 그런 의미에서 기업은 해외자회사의 소유정책 결정에 자사의 전략만이 아니고 현지국의 외자정책도 충분히 고려해야 하는데, 여기에 기업 소유정책의 어려움이 있다.

7. 해외직접투자가 현지국에 미치는 영향

1) 현지국에 의한 혜택

(1) 자원이전효과

자본, 기술 및 경영자원을 공급함으로써, 현지국에 긍정적인 기여를 하여 경제성장을 촉진할 수 있다.

① 자본: 다국적 기업은 규모가 크므로 현지국 기업보다 쉽게 자본시장에서 돈을 빌릴 수 있다.

② 기술: 기술은 경제발전과 산업화를 촉진한다. 특히 자원과 기술이 부족한 저개발 국가의 경우 외국인 직접투자가 기술을 제공하여 경제성장을 촉진할 수 있다.

③ 경영: 다국적 기업의 현지자회사에서 경영훈련을 받은 현지인력은 현지국 기업에게도 중요한 인적 자원의 역할을 하게 될 것이며, 이들을 통한 파급효과도 대단하다. 또 다국적 기업이 현지 공급업자, 유통업자 등에게 경영기법을 개선하도록 자극할 경우 비슷한 파급효과가 기대될 수 있다.

(2) 고용효과

① 직접효과: 다국적 기업의 자회사가 현지인을 고용할 때 고용효과가 일어난다.
② 간접효과: 투자의 결과로서 현지공급자가 고용을 늘릴 때와, 다국적 기업의 종업원들에 의해 현지국 소비가 증가함에 따라 일자리가 생길 때 일어난다.

(3) 국제수지효과

① 다국적 기업이 해외자회사를 설립할 때 초기 자본유입이 있다.(일회성)
② 외국인직접투자가 수입상품의 대체로 이어진다면 국제수지 개선에 도움이 될 수 있다.
③ 다국적 기업이 현지자회사를 통해 제3국에 상품을 수출할 때 현지국의 국제수지 개선에 도움을 준다.(예: 미국에서 이루어지는 일본자동차회사의 직접투자는 상당 부분 일본으로부터의 수입을 대체)

(4) 경쟁 및 경제성장 효과

외국인 직접투자로 인해 소비자 선택의 폭이 넓어질 수 있으며 이는 현지시장의 경쟁수준을 높여 상품가격을 낮추는 결과를 가져와 소비자의 경제적 복지를 향상시키는 데에 도움이 될 것이다. 경쟁사보다 우위를 점하기 위해 기업은 공장이나 시설, 연구개발에 자본투자를 하게 될 것이고 이는 장기적으로 생산성을 향상, 제품혁신, 경제성장을 촉진하는 결과를 가져올 것이다.

2) 현지국 발생비용

(1) 경쟁의 역효과

① 현지국 정부는 다국적 기업의 자회사가 현지의 토착경쟁기업보다 더 큰 경제

적 파워를 가질 수 있다는 점을 우려한다. 다국적 기업의 자회사가 시장을 독점하게 되면 독점가격을 책정할 수 있게 되고 이는 현지국의 경제복지에 나쁜 영향을 주게 된다.

② 또 하나는 유치산업과 관련된 것인데 특히 개발도상국의 경우, 현지산업이 세계시장에서 경쟁할 수 있을 단계까지 발전할 수 있도록 외국인 직접투자가 제한되어야 한다는 논리의 주장이 있다.

(2) 국제수지의 역효과

① 투자로 인한 초기 자금유입은 한 번뿐인 데 반해, 모회사로 보내는 이익금의 유출은 지속적으로 이루어져, 결국 국제수지에 역효과를 줄 가능성이 있다.

② 다국적 기업의 자회사가 해외로부터 상당량의 부품을 수입함으로써 이것이 국제수지에 나쁜 영향을 줄 수 있다는 것이다. 이에 다국적 기업은 현지화 비율을 높이는 것으로 대응하기도 한다.

(3) 국가주권의 위협

외국인직접투자로 인해 얼마간의 경제적 독립성을 상실할 수 있다는 점을 염려한다. 이는 현지국의 경제에 영향을 줄 수 있는 중요한 결정이 현지국정부가 통제할 수 없는 해외본사에 의해 이루어질 수 있다는 것이다. 60~70년대 유럽의 여러 국가들은 미국의 다국적 기업들에 의한 대유럽투자가 그들 국가의 주권을 위협할 것이라 생각했다. 다국적 기업들이 유럽에 자산을 소유함으로써 유럽 국가들에게 압력을 행사하리라는 것이 주된 두려움이었는데 많은 학자들은 이러한 우려는 어떤 한 국가가 그 자신이 손해 보지 않고 다른 국가를 협박하여 양보를 구하는 것이 불가능하므로 비합리적이라고 주장했다. 현실적으로는 이들 다국적 기업의 투자가 고용증대를 가져오고 유럽경제를 부흥시킴으로써 서로 상대방 시장에 교차적으로 투자하는 것이 가능하게 되었다.

3) 현지국의 정책

(1) 외국인직접투자 촉진

외국기업에게 유인책을 제공하는 것이 일반적이다.

세제상의 혜택, 저금리 융자 및 보조금 지급 등 직접적인 유인책과 행정적 편의 제공 등이 있다.ex)영국과 프랑스 정부가 일본의 TOYOTA 자동차회사의 투자를 유치하기 위해 더 나은 인센티브를 제공하면서 서로 경쟁, 폴란드와 슬로바키아 간에 기아자동차 유럽공장을 유치하기 위한 경쟁에서 슬로바키아가 기아자동차의 다양한 요구를 들어줌으로써 유치에 성공)

2006 외국인 투자 유치 보고회

－북한 핵은 이미 시장에 반영된 사안이라고 평가. 대신, 우리 투자환경 자체를 돌아보라고 주문. 한국의 투자 매력도는 세계 23위, 외국인 투자 비중도 세계 평균의 3분의 1 수준. 먼저, 중앙부처와 각급 지자체로 얽혀 예측이 힘든 집행 시스템을 지적. 치열한 국제 경쟁도 강조, 언어소통 같은 생활환경, 특히 세제, 노사 관리, 금융 서비스를 망라한 경영환경에 대한 만족도가 낮음.

⇒ 해외직접투자의 방향성을 제시해 주고 있다.

(2) 외국인직접투자 규제

① 소유제한－특정분야에 외국기업의 투자를 금지하거나 제한한다. 이러한 분야는 국가안보와 직결되거나 국가 경제 및 사회에 중대한 영향을 미칠 가능성이 있는 산업분야로써 전기, 수도, 항공, 통신, 방송, 금융 산업 등이 이에 해당한다. 또는 현지투자자가 참여해야 하는 합작투자만 가능하게 하는 나라도 있다.

(예: 미국 항공산업의 경우 외국기업의 소유는 25% 이하로 제한)

② 성과요구－현지부품의 사용, 수출, 기술 이전, 현지인의 최고경영층 참여 등을

조건으로 하기도 한다. 또는 외환규제를 통해 과실송금에 대해 규제를 가하기도 한다. 이러한 규제 역시, 혜택은 최대화하고 비용은 최소화하려는 목적의 일환이다.

8. 해외직접투자의 현지국 영향 관련 사례

1) 현지국의 외국인 직접투자 촉진

인도 정부, 해외투자 규제 완화

뮤츄얼 펀드는 10억 달러까지 투자 가능

인도 재무장관(Jaswant Singh)은 최근의 루피화 절상추세와 증가일로에 있는 700억 달러의 외환보유고에 힘입어 인도회사, 개인 및 뮤츄얼펀드의 해외투자 규제를 대폭 완화하는 경제개혁조치를 지난 10일 발표했다. 이 조치에 따르면 1월 10일부터 인도 증권거래소에 상장된 회사와 뮤추얼 펀드는 해외 증권거래소에 상장된 외국회사(단, 인도 상장회사에 10% 이상의 지분을 가진 회사에 한함)에 대해 10억 달러까지 투자가 가능하며, 또한 ESOC(Employees Stock Option Scheme)에 의거한 기존의 2만 달러 송금한도도 철폐한다고 발표했다. 또한 인도회사들의 미래의 외화자금 요구에 부응할 수 있도록 ADR과 GDR이익금을 해외에 보유할 수 있도록 허용했으며 또한 수출대금 외화계정 보유자(EEFC: Export Earners Foreign Currency)들에 의한 무역관련 대출과 선수금에 대한 한도도 철폐한다고 발표했다. 또한 인도기업들이 해외지사원들의 주거목적용으로 구입하는 부동산에 대한 투자도 허용하며, 인도 내 자산의 해외 이체와 관련해서는 1백만 달러까지 이익금의 송금을 허용한다고 발표했다. 인도 정부에서는 여러 부문에서의 개혁정책을 가속화시키기 위한 일련의 조치들을 1개월 이내에 발표할 예정으로 있으며 이 가운데서도 인프라 특히 항만, 공항 및 항공사, 진행 중인 고속도로 프로젝트 등을 활성화시킬 수 있는 주요 조치들을 1개월 내에 발표할 예정으로 있어 많은 관심을 끌고 있다.

베트남

전 세계에서 몇 안 되는 사회주의 일당 체제를 유지하고 있는 베트남이 경제 성장을 위한 대변혁을 시도하고 있다. 베트남 정부는 외국기업에 대한 각종 규제를 철폐하고 자본가를 공산당원으로 영입키로 하는 등 빈곤 탈출을 위해 몸부림을 치고 있다. 한국이 상대적으로 강한 정보기술(IT) 분야나 건설 분야의 베트남 진출 기회도 늘어날 전망이다.

외국인 투자 규제 철폐

19일 쩐 딩 키엔 베트남 기획투자부 차관은 공산당 제10차 전당대회 자리에서 "도이모이(개혁)를 가속화하기 위해 외국인과 기업에 대한 각종 규제를 철폐해야 한다"며 "이번 전당대회에서 이를 중점적으로 다룰 것"이라고 밝혔다. 베트남은 1986년부터 도이모이를 추진한 이후 빠르게 성장, 2001~2005년에는 연 평균 7.5%라는 놀라운 경제 성장률을 보였다. 키엔 차관은 또 "오는 7월 발효되는 새로운 투자법에 이미 외국인 투자폭을 크게 늘렸다"며 "토지 임대와 서비스 부문에서 외국인 차별을 없앴고, 앞으로 통신 및 항공 분야의 차별도 철폐할 것"이라고 강조했다. 외국인에 대한 점진적인 규제 완화로 베트남은 올 1분기에 16억 3000만여 달러의 외국인 직접투자(FDI)를 유치, 지난해 같은 기간보다 24.4% 늘어나기도 했다.

한국 기업들도 베트남으로

이 같은 변화는 한국 기업에도 기회다. 코트라(KOTRA)에 따르면 한국의 지난해 베트남 투자 실적은 2004년보다 53.9% 늘어난 5억 8000만여 달러 수준으로 외국인 투자국 중 세 번째를 차지했다. 과거 제조업 중심의 베트남 투자가 서비스 분야로 이동하고 있다. 누계 기준으로는 제조업 비중이 73%나 차지하고 있지만, 제조업과 서비스 분야가 각각 49%로 동일한 비중을 보인 것이다. 코트라 관계자는 "베트남의 개방 물결에 따라 IT, 건설 등 수요가 높아지는 업종을 중심으로 한국 기업의 진출이 더 늘어날 것"이라고 전망했다.

현지국의 외국인 직접투자 규제,
러시아 유전에 투자하는 것은 푸틴에 놀아나는 것?

유전 등 에너지분야에서 외국 투자자에게 유인책을 제시하는 최근 러시아 정부의 해외자본 유치정책은 과거의 예를 볼 때 신뢰할 수 없는 것이라고 영국 경제주간지 이코노미스트가 최신호(15일자)에서 보도했다. 블라디미르 푸틴 대통령이 외국인 투자에 대한 제한을 완화하겠다고 밝히고 있으나, 정작 당국은 정치논리에 따라 오락가락하는 정책만을 반복해 왔을 뿐이어서 각별한 주의가 요구된다는 내용이다. 한마디로 푸틴 대통령의 말이라도 액면 그대로 믿지 말라는 경고이다. 이 잡지는 러시아 최대 민간 정유회사였던 유코스 사태를 단적인 예로 들었다. 구정권과 유착하며 탈세까지 한 기업을 제재하는 것은 당연하다는 푸틴 대통령의 주장에 대해 서방은 정치적 음모가 깔린 괘씸죄라고 판단했다. 여기에는 유코스의 유전에 투자했다 유코스가 파산하면서 한 푼 보상도 못 받고 투자금을 날린 데 대한 불쾌한 감정이 깔려 있다.

유코스 사태 이후 러시아의 외국자본이 이탈하기 시작한 것은 당연했다. 푸틴 대통령은 유코스에 2004년 말까지 무려 280억 달러(28조 원)의 세금을 추징토록 한 뒤 유코스가 세금을 못 내자 개발 중인 유전을 몰수했다. 사태가 심각해지자 푸틴은 올 초 "유코스 사태가 재발되지 않을 것"이라며 투자자 달래기에 나섰다. 그러나 그것도 잠시뿐. 2월 석유 등 전략자원을 국유화하겠다고 선언해 투자자들을 다시 한 번 어리둥절케 만들었다. 석유 천연가스 금 동광 등의 개발 자격을 러시아 지분이 51% 이상인 기업에 제한하겠다는 것이다. 이로 인해 외국기업의 유전 및 천연가스 독점개발은 사실상 불가능해졌고, 사할린에 투자한 자본들은 부랴부랴 헐값에 회사매각을 추진하는 등 엄청난 타격을 입었다. 한 달 만인 지난달 이번에는 국영

에너지기업에 대한 투자제한을 완화하겠다고 다시 말을 뒤집었다. 세계최대의 천연가스생산업체인 가즈프롬에 대한 외국인 지분확대를 허용하겠다는 것이다. 이 회사의 미국 예탁증서(ADR)만 보유할 수 있도록 한 규정에서 앞으로는 러시아에서 거래되는 가즈프롬 주식도 매입할 수 있도록 외국 투자자에게 허용했다. 미개발 자원에 대해서도 지분 소유 규정을 완화할 계획이라고 밝혔다. 이코노미스트는 "러시아의 에너지 분야는 서방의 군침을 돌게 할 만한 무한한 개발 잠재력을 갖고 있으나 정치논리에 따른 반 시장친화적 정책이 이 가능성을 희석시키고 있다"고 전했다. 이 잡지에 따르면 러시아의 원유 매장량은 200억 톤 정도로 세계 최고수준이다. 천연가스 부존량도 236조㎥에 이르러 세계 부존량의 32% 정도를 차지한다. 대부분이 미개발상태다. 최근 몇 년간 사할린 등 비교적 접근이 용이한 지역은 지난해 드러난 외국인 투자액만 17억 달러(1조 7,000억 원)에 이르는 등 서방의 에너지 각축장이 돼왔다. 이 잡지는 "러시아가 석유가격 폭등 등 유리하게 전개되고 있는 국제에너지 환경을 경제성장으로 연결시키기 위해서는 시장의 신뢰를 얻기 위한 정책이 우선 선행돼야 한다"고 지적했다.

9. 해외시장진출전략

1) 진출국가의 선정

진출대상국을 선정하는 목적: 적절한 선정기준에 의거한 평가를 통해 기업에게 가장 좋은 시장기회를 제공해 줄 것으로 기대하여 기업이 진출하고자 하는 하나 혹은 다수의 국가를 결정하는 데 있다.

경제, 정치, 문화, 지리적 조건 등 기업외적인 요인들을 고려하면서 기업이 지니고 있는 경쟁력 역량을 가장 잘 유지, 개선, 확대시킬 수 있는지의 여부에 따라 이루어져야 한다.

2) 표적국가의 파악 및 선정

기업의 새로운 시장 개척에는 많은 비용이 소요되고 해외에서의 기업 활동에는 위험 부담이 크므로 해외표적국가 선정을 위한 합리적인 기준을 마련하고 적합한 선정방법을 택하여 이들 국가를 면밀히 분석·검토할 필요가 있다.

표적국가에 대한 검토는 일차적으로 기회와 위험 측면에서 이루어져야 함. 이에 대한 지표로는 시장 기회를 의미하는 시장 매력성, 진입장벽과 위험을 의미하는 시장장벽이 주로 이용된다.

이들 요소들은 기업이 추구하는 목표와 제공하는 제품, 경영자원 및 경쟁적 역량, 진입 방식 관련 요인 등과 함께 검토되어야 한다.

〈사례 1〉 "미원"의 인도네시아 진출 - (주)대상

(1) 해외시장진출 동기

미원(Miwon) 상표로 국내 조미료 시장을 선도하여 왔던 대상(구미원)은 1970년대 접어들면서 국내시장에서 경쟁업체인 제일제당과 치열한 경쟁을 벌이고 있었다. 또한 전량 수입에 의존하던 조미료의 주원료인 당밀(Molasses)의 국제가격이 폭등하기 시작함으로써 일본과 영국의 대기업들이 전 세계적으로 거의 독점하고 있던 당밀시장에서 물량확보에 많은 어려움을 겪고 있었다. 이와 같은 내외적인 환경변화에 따라 대상은 주원료인 당밀의 안정적인 확보와 해외시장 개척, 장기적으로는 원료 거점을 중심으로 세계 MSG 시장에서 경쟁력을 제고시키고 기업의 국제화를 도모할 목적으로 해외진출 전략을 고려하게 되었으며 이에 따라 1970년 3월에 해외조사단을 동남아 현지에 파견하였다.

(2) 시장조사

해외시장 조사 대상국으로는 당밀이 많이 생산되는 태국, 필리핀, 인도네시아, 말레이시아 등이 있었으나, 시장조사결과 인구도 많고(당시 1억 8천만 명) 인건비가 저렴하고 정치적으로도 안정적인 인도네시아를 최적 투자 대상국으로 선정하였다. 인도네시아의 조미료 시장을 보면 정경 유착이 심하고, 국내 시장과 인도네시아 시장을 비교해 보았을 때, 현재 인구 대비로 인도네시아 조미료 시장은 아직 저개발 단계에 놓여 있으므로 시장 잠재력이 크다고 볼 수 있다. 한편 인도네시아 소비자들에게 조미료를 판매하기 위해서는 막대한 양의 판촉물이 필요한데 70년대 초의 우리나라 상황과는 비교도 안 될 정도로 심하다고 한다. 당시 인도네시아는 대만계의 사사와 세계 최대 조미료업체인 아지노모토가 양분하고 있었는데, 대상이 진출하자마자 정부 및 관청을 통한 방해공작이 대단하였다. 현재 인도네시아의 조미료 산업에서 미원의 경쟁 업체는 아지노모토(AJINOMOTO), 사사(SASA)가 주를 이루고 있었다. 현재 인도네시아에서 아지노모토사는 일본에서 진출한 회사로 현재의 시장점유율에서 3위를 차지하고 있는 회사이다. 또 사사는 대만계 현지업체로 시장점유율 2위를 차지하고 있다.

〈사례 2〉 "진로소주"의 일본진출 – (주)진로재팬

(1) 해외시장진출 배경

1977년부터 국산양주의 시대가 개막되었다. 정부는 국산양주 시장을 육성하여 외국산양주 수입을 줄일 목적으로 1976년부터 주류 수출 실적에 따른 원료의 수입, 가공비율을 인상하였다. 또한 국산양주의 개발을 촉진하기 위해 국내 생산이 가능한 주류의 수입을 제한하는 조치를 취했다. 또한 이후 82년까지 국내경제는 유례를 찾아보기 어려운 장기불황에 빠져들게 되었다. 이와 같은 국내외 경제환경이 악화된 상황에서 수출용 진로소주는 1979년에 일본시장에 첫선을 보이게 되었다. 기업

성장을 위해서는 사업다변화와 함께 해외시장을 개척해야 한다는 전사 차원의 전략 추진이었다.

(2) 시장 환경 조사

가. 문화적 환경

거리의 근접성

일반적으로 해외시장진출을 바라는 기업들은 자국과 가까이 위치해 있는 국가나 언어가 비슷한 국가의 시장에 우선적으로 진입하게 된다. 사업환경과 문화가 다르면 기업들은 위협과 불안감을 느끼기 때문이다. 이런 점에서 일본은 지리적으로 근접하고 통제가 용이하고 관리하기가 편하다는 장점을 지니고 있었다.

비슷한 생활양식

일본은 같은 한자문화권 및 쌀 소비문화권에 속해 있고, 소주라는 독특한 주류를 소비하고 있어 한국의 입장에서 볼 때 매우 유리하다. 왜냐하면 주류소비문화에 관한 소비자들의 관심사항이나 구매특징 등에 있어서 동일한 소비자 그룹을 형성할 수 있어 국내의 전략을 수용할 수 있는 장점이 존재했다.

표적 소비자층이 존재

특정시장에 자사제품을 가장 처음으로 소개할 수 있는 능력을 지닌 개인이나 조직을 표적그룹으로 선정하여 이들을 대상으로 집중적으로 포지셔닝하는 전략은 신시장에의 성공적 진출을 위해 종종 사용된다. 즉 해외에 있는 근로자들이나 해외이주자들을 표적소비자층으로 선정하여 이들을 대상으로 포지셔닝 전략을 실행하는 것이다. 처음 일본에 상륙한 진로 소주도 재일 동포들을 주 고객으로 포지셔닝했다. 즉 재일 동포들의 존재는 진로가 일본시장에 진출함에 있어 일종의 불안감 해소 및 촉매 역할을 했다.

나. 경제적 환경

일본의 주류시장 규모

일본의 인구는 약 1억 2천5백만 명으로 한국의 2.8배에 해당하며, 주류시장의 볼륨도 한국의 약 4배에 해당한다. 또한 일본인의 일인당 주류소비량은 81리터로 우리나라의 일인당 57리터에 비해 많은 편이다. 또한 가장 관심사인 소주시장은 매년 성장 중에 있다. 이런 점에서 일본은 진로가 진출하기에 아주 매력적인 시장이었다.

일본의 유통구조

- 영세한 소매업체 중심의 유통시스템
  : 일본에는 다른 나라에 비해 상대적으로 도·소매업체 수가 많으며 이는 유통시스템의 비효율성을 보여주는 것으로 받아들여졌다.
- 다단계의 유통경로
  : 제조업체에서 소매점으로 바로 연결되는 제품은 일부에 지나지 않고 대개가 도매점을 거친다.
- 제조업체는 계열화를 통한 유통전반을 장악하고 있다.

3) 진출국가의 선정절차

(1) 예비선정 단계

- 일차적으로 경영여건상의 이유 때문에 근본적으로 고려대상에서 제외되어야 할 국가를 추려내는 단계
- 의사결정기준으로 사용되는 제반요인으로는 두 가지 유형이 있음
① 제품관련요인: 기후, 문화 혹은 사회 간접시설 등의 조건으로 인해 지금은 물론 가까운 장래에도 기업이 제공하는 제품에 대한 수요가 없다고 판단될 경우

② 기업 스스로가 국가들을 제외시키기 위해 사전에 간단한 기준이나 지침을 설정한 경우
- 시장 기회와 잠재력이 큰데도 불구하고 이를 간과하는 오류를 범할 수 있으므로 가급적 적은 수의, 매우 확실하고 기업에 중요한 제외 기준에 한정하는 것이 바람직하다.

(2) 중간선정 및 개략적 분석 단계

- 시장 매력성과 시장장벽을 나타내는 요소들을 평가기준으로 하여 예비선정 단계에서 간추려진 국가들을 면밀히 검토하는 단계
- 시장 매력성이나 시장장벽을 평가하는 데 적합한 기준요소들이 기업특유의 상황에 따라 설정되고, 각 요소에 대해 상대적 중요도에 따라 가중치가 부여되어야 한다.

(3) 최종선정 및 정밀분석 단계

- 선정된 국가에 대해 보다 근원적인 세부적인 분석이 행해지며, 시간과 비용이 가장 많이 소요된다.
- 경제성 및 수익성 분석이 주된 내용이며 필요한 경우 시장조사를 통한 분석이 보완됨.
(경제성 및 수익성 분석: 기업목표체계의 각 구성요소들이 기업에 얼마나 기여하는지를 검토하는 것으로 각 진출 대상국에서 발생되는 이익과 비용에 대한 정확한 추정이 가능한 경우에만 이용될 수 있다)

기업이 추구하는 목표, 의도하고 있는 국제 시장의 개입방법과 정도, 평가과정에 투입할 수 있는 시간, 비용, 노력 등에 따라 단순화되거나 세밀해질 수 있다. 중요한 것은 이 과정이 순차적으로 행해져야 하며 진출대상국 평가를 위한 기준 요소들

은 특정 기업 및 제품 시장과 관련이 있는 것이어야 하는 것이다.

4) 표적국가 선정기법

(1)표적국 선정을 위한 방법

① 느낌, 직관 혹은 경험에 의한 접근방법
　－두 방법에 비해 비과학적이나 흔히 사용된다.
② 휴리스틱 접근방법(heuristic approach)
　－분석적 방법에 비해 비교적 정보에 대한 요구수준이 낮다.
　－개략적 분석에 주로 이용
③ 분석적 접근방법(analytical approach)
　－필요한 자료를 계량적으로 처리할 수 있는 높은 수준의 정보를 전제로 한다.
　→ 국가에 대한 정밀분석에 더 적합함.
　－투자회수기간법, 내부수익률법, 순현가법, 종가법 등 여러 가지 투자안을 위한
　　평가방법과 불확실성 상황에서 적용되는 전통적 의사결정규칙, 의사결정수 기
　　법 등에 이용된다.

이러한 접근 방법에는 체크리스트법, 순차적 평가방법, 가중평가법, 포트폴리오
분석 등이 이용된다.

① 체크리스트법(check list method)
　－몇 개의 기본적인 요구조건과 관련하여 국가들을 검토하는 데 역점을 둔다.
　－장점: 신속, 단순, 저비용
　－단점: 세밀한 분석을 위한 보조수단의 역할에 한정
② 순차적 평가방법(sequential rating method)

- 일정기준에 의하여 국가를 점차적으로 제외시키는 방법.
- 너무 많은 기준들이 설정되어서는 안 됨(이점을 상쇄시킬 수 있다).
- 선정 기준들은 해당 제품과 밀접한 연관이 있고 가능한 한 통계자료 등 2차 자료원을 통해 파악해야 한다.

③ 가중평가법(weighted scoring method)
- 시장선정을 위해 여러 국가들을 평가하는 데 기준이 될 수 있는 중요한 요소들(주로 거시적 환경요인들, 그 외 사업의 기회 및 위험과 관련된 변수들 포함)을 선정하여 이들 요소의 중요도에 따라 그 각각에 가중치를 부여한다.
- 장점: 시간, 비용 절감, 중요도에 따라 모두 고려될 수 있다.
- 단점: 가중치 및 평가등급을 정하는 데 주관에 의존
   모든 영향변수들이 포함될 수 없다.
   산출된 평점이 수학적 정확성과 확실성을 보장하지 못한다.

④ 포트폴리오 분석(portfolio analysis method)
- 개별 국가 내지 개별 국가 내의 시장 간 상호의존성을 고려하여 한 국가만을 선정하지 않고 특정 국가집단을 선정할 때 사용하는 방법
- 목표: 여러 표적대상국 중에서 위험과 기회의 최적 조합을 구성해야 한다는 관점에서 가장 바람직한 국가집단을 결정하는 것이다.
- 유망국가의 우선순위를 정하거나 다수의 해외시장에 대한 의사 결정을 최적화하는 데 유용하다.

〈사례 3〉 "대우전자"의 동유럽진출

(1) 해외시장진출 배경

대우전자의 동유럽 및 폴란드 투자에 관한 관심은 89년 베를린 장벽붕괴 이후 동유럽 경제의 유럽연합화가 진행되면서 나타나기 시작했다. 대우전자는 자본주의 경

제의 도입과 함께 시장 잠재력 및 투자 유망성이 큰 동유럽 지역에서 경쟁 기업보다 먼저 시장 기반을 선점하기를 원했다. 또한 고용확대를 위해 각국 정부가 적극적인 외국인 투자 유치 정책에 나서고 수입 규제를 강화함에 따라 현지 생산·판매 체제를 구축해야 할 필요성이 높아지고 있었다. 여러 동유럽 국가 중에서 폴란드는 정치·경제가 안정되어 있고 시장 잠재력이 높으며 인력도 우수한 편이다. 그리고 동유럽 경제의 중심지이며 기술력도 있기 때문에 동유럽 국가 중 투자 유망성이 매우 높은 곳으로 평가되었다.

(2) 현지 마케팅 전략

제품 전략

대우전자의 제품 전략은 선진국 기업이 판매하고 있는 다기능 고급제품이 아니라 기본 기능에 충실한 제품을 개발하고 복잡한 기능의 삭제에 따르는 가격 거품을 제거함으로써 적정한 가격으로 제품 차별화를 이루려는 전략이다. 다시 말해 소비자에게 필요 없는 기능은 삭제하는 대신 대우가 자신 있는 기술을 바탕으로 고장률이 낮은 기본 사양 품목을 개발하자는 것이다. 이는 곧 중·고급 품질 수준에 경쟁력이 있는 가격으로 고부가가치의 제품으로 승부를 걸겠다는 전략이다. 따라서 대우전자의 표적 시장은 최고급 제품을 구매하는 고소득 계층 소비자가 아니라 시장 경제 전환 후 소득이 크게 늘어난 중·상류 계층인 것이다. 또 대우전자는 단기적인 영업실적보다는 브랜드 이미지 투자를 통한 장기적 시장 기반을 구축하는 데 주력하였다. 이를 위해서 우선 브랜드 인지도를 높이는 데 주력하였다. 이러한 노력은 특히 현지 대우 자동차 광고와의 상승 작용으로 더욱 효과를 거두고 있다. 이와 병행하여 대우전자는 주문자 상표 판매를 가급적으로 지양하고 대우 브랜드의 판매를 확대하고자 노력하였다. 동유럽 시장 진출 초기인 93년에 브랜드 판매 비율이 30～40%에 그쳤으나 97년까지 70% 수준으로 끌어올리겠다는 것이 대우의 전략이었다.

유통 전략

대우전자는 본부의 현지화를 통해 통합 2소싱과 통합 마케팅으로 생산과 판매의 효율성을 제고시키는 전략 사업 단위별 운영 전략을 수행하고 있으며 여기에는 미주 전략사업단위, CIS 전략사업단위, 유럽연합 전략사업단위가 포함된다. 따라서 유럽연합 전략사업단위에서 유럽지역의 모든 생산과 판매법인을 관장하고 계획, 집행, 통제에 관한 권한을 위임받고 있다. 현지에서 대우전자의 유통 전략은 대우 브랜드의 판매를 늘리기 위해서 직접 유통을 늘리고 있는데 현지 판매법인에 2~3명의 주재원을 파견하고 현지 판매 관리인 30~40명을 고용함으로써 판매를 일임하고 있다. 현지 딜러들은 자체적으로 5~6개 정도의 매장을 가지고 있는데 그들이 현지 소매업자들을 통해 일반 매장에 공급하기도 한다. 한편 애프터서비스는 현지 판매법인이 1~2개의 서비스 대행사와 계약을 맺어 이 대행사가 애프터서비스 센터를 관리하도록 하고 있다.

촉진 전략

대우전자의 촉진 전략은 풀(Pull)전략에 중점을 두고 있다. 구체적으로 대우의 촉진 전략은 대우의 인지도를 높이는 데 있으며 현지에서의 광고·촉진을 효율적으로 펼치기 위해 현지 에이전트를 적극 활용하는 전략을 사용했다. 주로 광고 메시지는 탱크주의를 앞세우며 인쇄, 방송, 옥외 광고, 전시회 등의 광고 매체를 통해 브랜드 인지도를 높이는 데 주력하였다. 대우의 브랜드 인지도를 높이는 데 주력하였다. 대우의 브랜드 인지도는 대우 자동차 현지 광고와의 상승 작용으로 더욱 효과를 거두고 있다고 한다. 최근에는 현재의 광고 범위를 좀 더 넓혀 제품별 광고 쪽에 많은 관심을 기울이고 있는 실정이다.

가격 전략

유럽에서 대우전자의 가격 전략은 저렴한 가격에 양질의 제품을 공급하는 것이다. 이 전략은 동유럽 시장 점유율을 늘려 장기적으로 승부하겠다는 전략이다. 앞에서 설명한 바와 같이 대우는 제품이 가지는 본연적 기본 기능에 충실한 제품을 적정한 가격으로 책정하여 제품의 가치를 높이는 전략을 사용하였다. 따라서 가격 수준도 선진국 제품과 현지 제품 사이의 중간 수준으로 책정된 것이었다. 구체적인 가격 결정은 해외 현지 법인의 자율에 맡겨져 있으며 최종 소비자 가격은 딜러와 소매업자가 자율적으로 책정하게 되어 있다.

(3) 대우전자의 성공요인

대우 브랜드에 대한 촉진 활동의 성공

마케팅 측면에서 보았을 때 95년은 유럽 진출 후 꾸준히 전개해 온 대우 브랜드에 대한 촉진 활동이 일정한 성과를 드러냈다고 볼 수 있다. 여러 매체를 이용한 과감한 광고 전략이 현지 소비자들에게 '대우＝탱크주의'라는 강력하고 우호적인 인식을 심는 데 일조했다.

기본 기능에 충실한 제품의 개발

동유럽 시장의 소비자 욕구와 기호를 감안하여 큰 효과를 얻었으며 무엇보다도 소위 '탱크' 제품의 개발이 대우가 현지에서 성공할 수 있었던 큰 요인이라 할 수 있다.

동유럽지역본부의 현지화 노력

지역팀별 운영전략과 전략사업단위별 운영전략을 이용한 본부의 현지화 노력이 성과를 거두었다고 볼 수 있다. 현지 통합 소싱과 마케팅을 통해 생산과 판매의 효율성을 제고시킬 수 있었다는 점이 성공의 포인트이다. 특히 현지 마케팅, 현지 생산법인, 현지 판매법인, 현지 현금 흐름, 현지 재투자, 현지 판매 조직만, 딜러 등과의 유기적인 관계를 위한 대우전자의 투자는 국내 다른 기업에서 찾아보기 힘든 과감한 노력으로 평가된다.

(4) 현재 동유럽 진출 현황

대우전자는 가정용 전자 및 전기 제품을 국내와 해외 시장에서 생산하는 제조업체로서 95년 매출액이 40억 달러를 넘어서고 있으며 해외 판매법인 25개소, 해외 생산 법인 20개소, 지사 및 연구소 30개소의 네트워크를 구축하고 있다. 대우전자는 해외 영업을 6개의 지역별 운영팀 즉 미주, 중국·일본, 중동·아프리카, 아시아, 유럽 및 CIS로 차별화하고, 3개의 전략사업 단위 체제를 축으로 하여 통합 글로벌 소싱과 마케팅을 통해 영업의 효율성을 극대화한다는 전략을 추진하고 있다. 유럽지역을 담당하는 운영 5팀은 서유럽 중심의 유럽 연합과 동유럽권을 중심으로 한 CEFTA로 구분하여 운영을 하고 있는데 그러면서도 유럽 연합지역과 CEFTA 간의 상호 연계를 가지고 생산·판매 활동을 하고 있다. 특히 컬러 TV 생산에서는 폴란드의 뎀풀 공장, 프랑스의 뎀사 공장, 루마니아의 데롬 공장이 해외 부품 업체 및 본국의 구미공장과의 상호 긴밀한 조달 체계를 통해 생산비를 절감하고자 하고 있다.

(출처: '해외에 진출한 우리기업의 사례')

〈자료 1〉 SKT·KTF 등 해외 진출 본격화······ '이동통신 월드 리더를 꿈꾼다'

[주간한국 2006-05-30 11:33]

"국내 경쟁 구도서 탈피, 잠재력 큰 해외 시장 선점에 역량 모아"
"레드오션을 벗어나 블루오션으로"

국내 이동통신사들의 해외 시장 진출이 본격화하고 있다. 이미 포화상태에 이른 국내 시장의 치열한 경쟁 구도를 탈피, 아직 개척 여지가 많은 해외 시장에서 새로운 성장 동력을 찾아 나선 것이다.

올 1분기 기준 국내 이동전화 가입자 수는 3,890여 만 명으로 전체 인구의 80%

선에 도달했다. 이러다 보니 현재 이동통신 업계에서는 신규 고객 창출은 갈수록 버거운 반면 서로 경쟁사 고객을 뺏어오는 쟁탈전만 불꽃을 튀기고 있다.

해외 시장 진출은 바로 이런 난국을 벗어나 성장을 이어가기 위한 돌파구인 셈이다.

SKT, 이동통신 본고장 상륙

SK텔레콤은 이동통신 거대 시장인 미국에 상륙 깃발을 꽂았다. 현지 인터넷서비스 업체(ISP)인 어스링크와 지난해 1월 공동 설립한 합작 법인 힐리오(Helio)는 5월 19일 로스앤젤레스의 파크 하얏트 호텔에서 개통식을 갖고 미국 전역에 이동통신 서비스를 본격 시작했다.

미국은 800억 달러 이상의 엄청난 이동통신 시장을 가진 데다 이동전화 보급률이 선진국 중에서도 비교적 낮은 72%에 그쳐 성장 잠재력도 크다. 게다가 아직까지 대부분 사업자들의 서비스가 음성통화에 치우쳐 있어 데이터 서비스 시장의 확대 가능성도 무궁무진하다.

이런 까닭에 미국에 진출한 SKT의 공략 초점은 우선 멀티미디어 중심의 무선콘텐츠 서비스이다. 이미 SKT는 현지 고객들이 접해본 적이 없는 '킬러 콘텐츠'를 무기로 다른 사업자들과 차별화된 경쟁력을 확보한다는 전략을 세워 놓았다.

SKT가 미국 고객들에게 제공할 특화 서비스로는 모바일 블로그, 무선 인터넷이며 현지 한인 동포들을 위해 한글 단문문자서비스(SMS)와 게임, 음악, 뉴스, 코리아타운 정보 등 한국형 콘텐츠도 서비스한다.

모바일 블로그는 6,800만 명의 가입자를 보유한 미국 최대 업체인 마이스페이스(MySpace)닷컴의 유선 블로그 서비스를 휴대폰으로 제공하는 것. SKT는 또 야후와 손을 잡고 검색, 뉴스, 금융, 메일, 메신저 등의 무선 인터넷 서비스도 제공할 계획이다.

SKT는 미국 시장 조기 정착을 위해 소매 유통망을 활용하는 것은 물론 온라인 마케팅도 적극 활용하기로 했다.

힐리오 자체 웹사이트뿐만 아니라 야후, 마이스페이스 등 전략적 파트너들과 공동 마케팅을 펼쳐 고객들에게 효과적으로 다가선다는 계획이다. SKT는 2009년까지 미국 시장에서 가입자 330만 명, 연 매출 24억 달러를 달성한다는 야심찬 목표를 세우고 있다.

SKT의 해외 진출은 이미 수년 전부터 베트남, 몽골, 중국 등 아시아권에서 먼저 신호탄을 쏘아 올렸다.

SKT가 2000년 LG전자 등과 합작 설립한 SLD텔레콤은 2003년 코드분할다중접속 (CDMA) 이동전화 서비스를 베트남에서 시작한 후 올 3월까지 약 44만 명의 가입 자를 확보했다. SKT는 2008년까지 가입자를 무려 400만 명 선으로 늘린다는 계획 이다. SKT의 베트남 사업은 이동통신 사업자뿐 아니라 단말기, 장비 업체들이 공동 으로 해외 진출에 성공한 사례로 꼽힌다. 이 같은 공동 진출은 투자 부담과 리스크 를 줄여주는 것은 물론 이동통신 관련 산업 전반의 동반 성장을 가져온다는 점에서 바람직한 해외 진출 전략으로 평가되고 있다. SKT는 1999년 몽골에 처음 진출할 때도 국내 업체와 현지 업체를 아우른 컨소시엄을 구성해 사업권을 따낸 바 있고, 이번 미국 본토 상륙도 필링크·이노에이스 등 무선 인터넷 솔루션, 콘텐츠 관련 중소 IT업체 23곳과 손을 잡고 추진했다. 세계 최대 규모의 중국 시장은 SKT의 궁 극적인 공략 대상이다. SKT는 중국 2위 이동통신업체인 차이나유니콤과 긴밀한 협 력 관계를 맺고 향후 본격적인 중원 진출을 노리고 있다. 이미 양측의 합작기업인 '유니에스케이'는 2004년부터 'U족부락'이라는 브랜드를 내세워 중국 무선 인터넷 시장에 뛰어들었다. SKT의 해외 진출은 단순한 시장 확대만을 꾀하는 것은 아니다. 세계적인 메이저 업체로 발돋움하는 것이 궁극적인 꿈이다. 김신배 사장은 평소 SKT의 장기적인 청사진과 관련해 "비록 세계에서 가장 큰 회사가 아니더라도 세계 에서 가장 강한 '월드 리더'로 도약할 수 있도록 역량을 더욱 집중시켜 나갈 계획" 이라고 강조했다.

KTF, 컨설팅 수출에서 거점 확보로

국내 2위 이동통신 사업자인 KTF의 해외 진출 발걸음도 최근 몇 년 사이 부쩍 바빠지고 있다. 지금까지 글로벌 사업은 주로 해외 사업자에 대한 컨설팅을 제공하는 등 수출 방식에 치중했다. 2003년 처음으로 인도네시아의 신생 CDMA 사업자인 Mobile-8에 네트워크, 마케팅, 무선 인터넷 등 컨설팅을 해준 이후 인도의 릴라이언스, 러시아의 NTC 등에 잇달아 컨설팅 서비스를 제공했다. 호주의 1위 사업자인 허치슨에는 망 관리 시스템 수출과 함께 11년간의 유지 및 보수 계약도 체결했다.

그러나 최근 들어 KTF는 현지 합작법인 설립을 통해 거점을 확보, 지속적인 수익을 창출할 수 있는 방향으로 해외 진출 전략을 수정해 나가고 있다. 지난해 인도네시아에 '프리콤스'라는 합작법인을 세워 무선 인터넷 서비스 시장 진출에 박차를 가하고 있는 것도 그중의 하나다. KTF는 기존 진출 지역을 중심으로 사업을 확대하는 한편, 향후에는 미주와 유럽 지역에도 거점을 확보한다는 계획이다. KTF는 해외 사업자들과 연합 전선을 구축하는 데도 열성적이다. 지난 4월 아시아·태평양 지역 8개국의 7개 대형 이동통신사들이 출범시킨 '아시아 태평양 모바일 연합체(Asia Pacific Mobile Alliance)'에 KTF는 한국 대표로 참여했다. 이 연합체는 국제 로밍 서비스 활성화 등을 목표로 결성됐다. 이에 앞서 3월에는 일본 최대 이동통신업체인 NTT도코모와 함께 사업협력 추진 기구를 공식 발족시켜 해외 시장 공동 진출을 모색하고 있다. 두 회사는 3세대 이동통신으로 불리는 광대역 코드분할다중접속(W-CDMA) 네트워크와 글로벌 로밍 등 5개 분야에 대해 긴밀하게 협력해 나갈 계획이다. KTF 관계자는 "NTT도코모와의 협력은 곧 상용화될 W-CDMA 서비스의 조기 정착과 양국 간 글로벌 로밍 서비스의 품질 향상에 목적이 있다"며 "멀리 내다보면 중국을 포함한 거대 아시아 시장을 공략하는 공조 체제 구축이라는 의미도 빼놓을 수 없다"고 말했다. 한편 SKT와 KTF에 밀려 3위에 처져 있는 LG텔레콤은 국내 시장 점유율 확대가 당면 과제인 탓에 아직 두드러진 해외 진출 움직임은 없는 실정이다. 하지만 지난해 말 국내 무선 인터넷 콘텐츠 업체들과 공동으로 태국, 캄보디아 등지에 콘텐츠 수출을 개시한 것을 보면 글로벌 사업에 대한 '워밍업'은 시작한 셈이다.

김윤현 기자 unyon@hk.co.kr

〈자료 2〉 화장품업체 한류타고 해외로……더페이스샵 베트남 진출

[파이낸셜뉴스 2005−10−17 22:33]

국내 화장품업체들의 해외진출이 빠른 속도로 확산되고 있다.

내수회복 기대감이 고개를 들고 있지만 여전히 국내 화장품시장은 포화상태라는 판단이 해외로 눈을 돌리게 하는 요인이다. 여기에다 '한류열풍'을 타고 국내 화장품, 미용상품에 대한 이미지가 업그레이드되면서 중국, 일본, 동남아 등의 구매층도 두꺼워지고 있다. 미국, 프랑스 등 전통적으로 화장품 산업이 강한 국가에도 브랜드 홍보를 겨냥, 공격적인 시장 진출이 본격화되는 분위기다.

더페이스샵, 베트남 1호 오픈. 연내 14개국 100개 매장 문 연다

국내 최대 저가화장품 회사 더페이스샵은 17일 베트남 호찌민 시내 젠 플라자 1호점을 오픈하고 본격 베트남 시장 공략에 나섰다고 밝혔다. 젠 플라자는 호찌민시 최대 패션거리 엔짜인에 위치한 호찌민 3대 백화점 중 하나. 더페이스샵은 오는 11월 초에는 호찌민 하이바중 거리에 로드숍 형태로 2호점을 열 계획이다.

더페이스샵 관계자는 "베트남은 전체적으로 농촌 인구가 많긴 하지만 7~8년 전부터 한류붐이 일어난 곳인 만큼 모델 권상우를 내세운 한류 마케팅이 성공할 가능성이 높다"며 "한국에서 온 자연주의 화장품이라는 차별화된 콘셉트로 시장 장악에 나설 것"이라고 밝혔다. 더페이스샵은 이번 베트남 진출뿐만 아니라 올 들어 숨 가쁜 해외진출 행보를 보여 왔다. 지난달 말 미국 뉴욕 맨해튼 미드타운 한복판에 현지 매장을 개장한 데 이어 이달 중순에는 캘리포니아 로스앤젤레스 인근 유명 쇼핑몰인 '패션 아일랜드'에 2호점을 오픈, 연내 미국에서 5호점까지 오픈할 계획이다. 현재 11개국 61개 매장을 연내 14개국 100개 매장으로 늘릴 구상도 가지고 있다.

LG생활건강 · 코리아나, 다시 해외로

상대적으로 해외시장에 소극적이었던 LG생활건강, 코리아나화장품도 최근 크게 달

라진 모습을 보이는 대표적인 업체. LG생활건강은 '오휘' 브랜드로 본격 중국 내수 시장을 파고들 계획인 가운데 지난 15일 중국 상하이에서 공식 런칭 발표회를 가졌다. LG생활건강은 '오휘' 모델 김태희를 중국에서도 적극 활용할 방침이다.

올 초 중국 톈진에 현지법인을 설립, 기반을 다져온 코리아나화장품은 지난 7월 부터 톈진공장을 가동해 제품 판매를 본격 시작했다. 코리아나 관계자는 "3~4년 전 중국 진출을 시도했다가 별 성과가 없어 주춤했지만 최근 분위기는 크게 달라지고 있다"며 "향후 추가 투자계획을 구상 중"이라고 밝혔다. 일찌감치 중국, 동남아 등에 공을 들여왔던 태평양은 이제 프랑스, 미국 시장을 타깃으로 삼고 있다. 태평양이 지난해 4월 프랑스 파리 근교에 3만 평 규모의 초현대식 공장을 준공한 것은 대표적인 사례다. 미국 맨해튼 5번가 세계 최고급 프레스티지 백화점에 입점된 아모레퍼시픽은 태평양의 브랜드 홍보에도 한몫하고 있다는 평가다.

이 밖에 더페이스샵과 쌍벽을 이루는 저가화장품 업체 미샤의 에이블씨엔씨도 최근 중국 진출을 선언, 연말까지 미국, 대만, 홍콩, 멕시코 등 10여 개 국가에 최소 80개 매장을 오픈할 계획에 있다.

jins@fnnews.com 최진숙 기자

10. 해외시장 확대전략

유망한 진출대상국을 선정은 해외시장확대 전략과 연관이 깊다. 국제적인 시장 확대 전략은 해외시장에서 추구하는 목적과 환경여건도 중요하지만, 무엇보다 기업의 경영자원과 경쟁적 우위성에 달려 있다.

1) 진출국 범위의 확정

(1) 집중형 확대전략(concentric expansion)

대부분의 기업들이 본사국에 인접해 있거나 본사국과 유사한 국가에 먼저 진출.
－문제점
① 이웃 나라가 반드시 매력적인 시장은 아니다.
② 다른 경쟁기업이 이미 그 시장을 주도하고 있을 수 있다.
③ 본사국과 유사한 배경을 가져도 시장에 내재해 있는 실질적인 이질성을 간과
   한다.

(2) 초점형 확대전략(focused expansion)

세계적 명성을 획득하기 위해 특정 국가에 진입. 가장 매력적인 시장에 우선적으
로 진출해 이를 거점으로 시장 확대를 해 나감.

(3) 기반형 확대전략(platform expansion)

경쟁우위를 확보하기 위해 전략적으로 중요한 시장, 특히 첨단산업국인 삼각지대
(미국, 유럽, 일본)에 우선적으로 진출하여 이를 기반으로 범위를 넓힘.

2) 진입시기의 선택

진입시기(timing)에 대한 전략적 문제는 개별 국가뿐 아니라 범세계적 관점에서도
고려되어야 함. 기업 최고경영층의 경영철학과 국제화 지향성 및 태도에 따른 국제
화 전략과 밀접한 관련이 있음.
집중화 전략(concentration strategy)이냐 다변화 전략(diversification strategy)이냐에

따라 기업의 국제화가 다양한 양상으로 이루어진다.

(1) 폭포형 전략(waterfall strategy)

기업이 하나씩 순차적으로 해외시장에 진입하여 계속해서 진출국가 수를 넓히는 전략으로, 다수 국가로의 진출은 오랜 기간이 걸림.
- 순차적인 진출 국가 수의 확대의 두 가지 접근 방법
  ① 기업이 다음 단계로 시장을 확대할 때마다 진출 대상국을 새롭게 검토
  ② 해외 진출 첫 단계부터 진출대상국과 시기를 확정
  → 대부분 순서를 미리 정하지 않고 변화된 기업의 내외적 상황을 고려해 결정
- 폭포형 전략의 이점
  ⓐ 경영자원의 제한성에 대한 부담 경감
  ⇒ 해외시장에 동시에 진출하기에는 그 기반이 되는 경영자원이 제한되어 있으므로 단계적인 진입 및 개척은 이에 대한 부담을 경감시키고, 해외사업 확장 기회를 제공하고, 조직 면과 경영자원 면에서 해외사업 확장의 여력을 만든다.
  ⓑ 해외시장 개입에 수반되는 위험 감소
  ⇒ 진출대상 국가에 대한 충분한 검토가 있고 필요할 경우 포기할 수도 있기 때문에 해외시장 개입에 수반되는 위험을 감소시킨다.
  ⓒ 신제품도입의 성공에 유용
  ⇒ 한 국가에서의 신제품의 성공적인 도입으로 다른 국가에서의 성공을 확신할 수 있고, 이러한 경험이 다른 국가에서의 실패위험을 감소시킨다.
  ⓓ 좋은 진입 시기 선택 가능
  ⇒ 모든 시장에서 진입에 가장 좋은 상태에서 진출할 수 있어 국가 간 투자환경이나 기술상태 차이를 적극 활용할 수 있고, 각 국가에의 진입이 시기적으로 연계성이 없으므로 국가 특성이나 여건에 맞게 진입할 수 있다. 현지지향기업 혹은 다국적 기업에게 큰 의미를 가짐.
  ⓔ 범세계적인 활동의 조정 및 통합의 시간적 압박을 감소

⇒ 범세계적 활동은 조정과 통합을 필요로 함. 이러한 조정능력과 수단의 구축에 있어서 시간적 압박을 덜 받는다.

- 폭포형 전략의 문제점
  ⓐ 시장기회의 시기를 놓칠 수 있을 가능성
  ⓑ 후발기업으로서 이미 진출한 경쟁기업보다 불리한 위치에 놓일 가능성
    (특히, 수명주기가 짧은 제품의 경우, 전 세계에 걸쳐 유사한 소비자욕구를 가진 경우)
  ⇒ 타 국가 소비자에게 혁신제품의 신규성 효과를 얻을 수 없고, 경쟁업체에 사전경고가 되어 제품 모방이나 이에 대한 대처가 이루어짐
  ⓒ 잘못된 예측과 판단을 가져옴
  ⇒ 소기의 성과를 달성하지 못했을 경우, 다음 단계의 시장진출을 포기
  → 다음 단계의 국가에서는 성공적인 성과를 실현할 수도 있기 때문에 바람직하지 않음

(2) 분사형 전략(diversification)

: 비교적 짧은 기간 내에 동시적으로 개척해 나가는 것

- 분사형 전략에 따른 지역적 확대의 이유
  ① 많은 산업분야에서 오늘날 제품 및 기술의 수명주기가 단축되는 현상
  ⇒ 차세대 제품이 해외시장을 순차적으로 개척할 여유가 없음
  ② 제품 및 기술수명주기는 단축된 반면, 연구개발에 대한 시간과 비용 증대
  ⇒ 제품수명주기의 단축 → 시장으로부터 증대된 연구개발비를 회수할 수 있는 시간 단축
  ③ 주요 국가에 조기 진출로 양호한 이미지를 구축
  ⇒ 최초 진입자 우위(first mover's advantage)를 갖게 됨
  ⇒ 후발기업에 대한 시장장벽 마련 가능
  ④ 나라마다 다른 경쟁상황과 경기상황에 의해 발생하는 판매 및 수익의 차이

를 통해 안정적인 성과 기할 수 있음(특히, 위험분산효과 획득 가능)

3) 진입방식의 결정

● 선정된 시장진입방식
⇒ 조직구조, 해외활동의 법적인 형태 결정
통제의 종류와 정도, 투입되는 경영자원의 규모, 시장진입과 관련되는 위험 정도
에 영향
● 적합한 시장진입전략의 선택 ⇒ 해외시장에서의 경쟁우위와 기업성공의 초석이 됨

(1) 진입방식의 종류와 분류

● 해외 진출 시 활용 가능한 전략적 대안
⇒ 계약방식: 수출, 라이선스 계약, 계약생산
　 자본참여 정도에 따른 분류: 합작투자, 완전소유 자회사
● 진입방식 유형의 기준
　: 자원의 종류와 이전 정도, 부가가치창출의 비중, 투입자원의 회임, 소유 정도,
　 통제 정도, 위험 정도, 유연성 정도 등
● 자원개입에 따른 소유권 및 통제 정도에 따른 분류
　: 수출방식, 계약방식, 직접투자방식
● 내부화(internalization)
　: 시장거래를 내부조직으로 대체하는 경제적 행위
　ー수출: 외부화 수준이 높은 경우
　 해외직접투자 특히, 단독투자: 내부화 수준이 가장 높은 경우
　 계약방식: 내부화 중간 정도
① 수출방식(export entry modes)

: 수출에 의한 해외사업의 운영은 대개 일회성 거래의 형태로 단기적

　기업의 통제력은 약하지만 위험이 적고 유연성이 높음

- 간접수출
- 직접수출

② 계약방식(contractual entry modes)

　: 외국의 현지기업과 계약을 체결하여 운영하는 방식 일명, 중간방식(intermediate modes)

　수출보다 더 장기적인 관계, 통제와 위험 공유, 소유권 분할

- 라이선싱(licensing)
- 프랜차이징(franchising)
- 관리계약
- 계약생산
- 턴키계약

③ 투자방식(investment entry moeds)

　: 소유권의 비율에 따라 - 단독투자: 기업 측면에서 통제의 강도가 가장 큰 형태

　자금과 인력 많이 투입, 위험도 크고 유연성 낮음 - 합작투자

(2) 진입방식의 결정을 위한 고려 요인

● 일반적으로 진입방식의 선택은 기대되는 수익공헌도에 바탕을 두어야 함

⇒ 쉽지 않음, 특히 필요한 정보가 부족한 국가의 경우 이런 어려움 가중

　대부분의 선택기준들은 정성적인 성격을 지님 → 계량화가 어려움

가. 기업내적 요인

① 기업규모

● 규모: 장기적으로 기업의 국제적 개입수준의 고도화를 위한 기초가 되는 자원 가용성에 대한 지표

예) 규모가 작은 중소기업: 국제사업에 대해 높은 수준의 통제를 원함

⇒ 그러나 투입해야 할 경영자원의 부족으로 수출이나 라이선싱 진입방식을 택함

⇒ 기업이 성장 → 점차 내부화 정도가 더 높은 진입방식 활용

② 국제적 경험

- 경험: 국제사업에 개입하는 범위와 관련

  특정 국가에서나 일반적인 국제환경에서의 사업 활동을 통해 얻을 수 있음

- 국제적 경험: 기업의 시장 활동에서 발생하는 비용과 불확실성을 감소

  그러나 기업이 해외시장에 더 많은 자원을 투입하게 함

- J.Johanson과 J.Vahlne의 국제화 이론

  - 국제시장에서의 불확실성 ⇒ 객관적 지식의 획득보다 해외시장에서의 실질적인 사업 활동을 통한 경험적 지식에 의해 감소됨

  - 해외시장에 여분의 자원 투입 가능성 증대 ⇒ 국제시장에서 갖는 직접적인 경험을 바탕

- 기업의 규모가 크고 경험이 풍부 ⇒ 위험에 대한 대처 능력과 진이방식 선택의 폭이 증대

③ 제품

- 제품의 물리적 속성: 제품의 생산입지 결정에 매우 중요한 요소

  예) 고급시계: 무게에 비해 가치가 높은 제품의 경우 ⇒ 직접수출

  청량음료나 맥주산업: 운송비의 비중이 큰 경우 ⇒ 현지기업에게 라이선싱을 해주거나 직접 생산 공장을 설립

- 제품 설명의 필요성: 유통채널의 선택에 영향

  예) 제품이 기술적으로 매우 복잡하여 서비스가 요구될 경우 ⇒ 판매자회사 설립 등 자체 조직을 통한 유통망을 가짐 특히, 해외시장이 중간상을 가지고 있지 않을 경우

- 물리적 변형, 브랜드명, 광고, 사후서비스 등을 통한 제품차별화

  : 기업의 해외시장 진입으로 발생하는 높은 비용 상쇄

⇒ 제품차별화 우위를 통한 비교적 높은 가격 책정

→ 높은 수익 실현⇒경쟁업체 진입 제한의 진입장벽 구축

→ 고객의 요구 충족⇒경쟁적 지위의 강화

→ 자연적으로 독점 부여⇒독점적 위치의 유지를 위해 내부화 수준이 높은 진입
  방식을 활용하려 함

나. 기업외적 요인

① 본사국과 현지국 간의 사회·문화적 거리

• 본사국과 현지국 간의 사회·문화적 차이⇒기업에게 불확실성 야기

• 불확실성⇒기업이 원하는 진입방식에 영향

• 문화, 경제수준 및 체제, 사업관행에 있어 국가 간 차이에 대한 지각이 클수록
⇒단독투자를 꺼리고 더 큰 유연성을 제공할 수 있는 내부화 수준이 낮은 합작
  투자를 선호

• 합작투자: 현지파트너의 능력 활용 가능, 시장을 포기할 경우 비교적 쉽게 철수
  가능

• 본사국과 현지국 간의 지각된 차이가 큼
⇒상대적으로 자원투입의 필요성이 적고 유연성이 높은 진입방식 선택

② 국가위험과 수요의 불확실성

• 기업이 당면하는 위험의 정도: 시장 자체의 함수이자 그 시장에 개입하는 방식
  의 함수

• 국가위험이 큰 시장에 투입자원을 제한⇒위험에 대한 노출을 줄이려 함

• 국가 위험이 큰 시장→상대적으로 적은 자원투입 요구
⇒유동성과 유연성에 있어 유리한 방식, 즉 내부수준이 낮은 진입방식 선호

③ 시장규모와 성장률

• 시장규모와 성장률: 진입방식을 결정하는 핵심변수들

• 국가와 시장의 규모가 클수록, 성장률이 높을수록 기업은 개입 수준을 높이려 함
⇒더 큰 영향력과 통제력을 행사할 수 있는 완전독립자회사를 설립하거나 합작

투자에 참여

④ 직·간접적 무역장벽

● 제품이나 부품의 수입에 대한 관세나 수량제한

⇒ 현지생산이나 조립공장의 설립을 진입방식으로 선택하게 함

● 제품 및 무역에 대한 규제, 통관양식과 절차, 현지공급업체의 선호

⇒ 진입방식의 선택과 기업운영에 대한 의사결정에 영향

● 현지공급업체에 대한 선호, 국내제품 구매경향

⇒ 합작투자나 현지기업과의 계약방식을 선택하게 함

특히, 제품규제나 규격이 제품의 적응과 수정을 필요로 할 경우 기업은 현지생산이나 조립생산 및 마무리 작업을 위한 공장을 설립

● 직·간접적인 무역장벽 ⇒ 현지시장에서 조달과 생산, 마케팅 등의 기능 수행에 영향

⑤ 경쟁의 강도

● 극심한 경쟁상황에 놓인 현지시장

⇒ 큰 수익을 내기 어려움

⇒ 많은 투입자원을 필요로 하는 시장진입 기피

특히, 이미 진출한 기업은 유리한 위치에 있을 가능성이 높고 이것이 진입장벽으로 작용

→ 이미 진출해 있는 경쟁자가 많을수록 신규진입 어려움

● 현지국 경쟁이 심할수록 수출과 같은 자원투입과 위험부담이 낮은 진입방식 선택

⑥ 이용 가능한 수출중간상의 부족

● 현지국에 활용 가능한 수출중간상의 수가 적을 경우

⇒ 기회주의적인 행동의 가능성 높음

● 수출보다 오히려 직접투자 등 내부화 수준이 높은 진입방식 선택

⇒ 기회주의적 행동의 범위 축소

다. 경영층의 태도

① 위험회피

• 위험기피형의 의사결정자

⇒ 수출이나 라이선싱 같은 자본과 경영자원이 적게 투입되는 진입방식이나 위험
　을 공유하는 합작투자 선호

• 자원투입의 필요성 적고 위험수준도 낮은 진입방식

⇒ 국제적인 기업활동의 성장을 더디게 하고 기회를 상실하게 하는 결과를 가져옴

② 통제

• 통제: 자원 투입 정도와 밀접한 연관

• 간접수출 같은 자원 투입이 거의 필요 없는 진입방식: 해외사업에 대한 조건
　통제 불가능

• 라이선싱이나 계약생산의 경우: 품질수준에 상응한 생산을 보장받을 필요 있음

• 합작투자: 국제적 기업 활동에 대한 경영통제의 행사 제한, 파트너의 목적과 목
　표가 다른 경우 심각한 갈등의 원천이 됨

• 완전소유자회사: 가장 큰 통제력을 제공하지만 상당한 자원투입 요구

③ 유연성

• 선택하는 진입방식에 따라 유연성에 차이가 남

⇒ 경영층은 진입방식에 따른 유연성 차이를 비교, 평가할 필요 있음

• 단독 투자: 상당한 투자자본과 자원 투입되는 높은 내부화 수준의 진입방식
　비용이 많이 들고 유연성이 가장 적으므로 단기간 변경이 매우 어려움

• 계약을 통한 진입방식이나 소수지분합작투자 같은 중간 수준의 진입방식
　: 훨씬 신축성 있지만 급변하는 시장여건에 신속하게 적응하거나 변경에는 한
　계가 있음

라. 거래특유의 요인

① 노하우의 암묵적 성격
  - 암묵적 지식(tacit knowledge)
  : 언어로 표현하기 힘들고 은유를 통해 전달하는 주관적, 경험적 지식으로 전수가 어려움
  - 명시적 지식(explicit knowledge)
  : 언어로 표현, 전달, 습득하는 것이 용이한 객관적 지식
- 암묵적인 성격을 지닌 기업특유의 노하우나 무형자산
⇒ 노하우를 외부의 시장거래를 통해 이전하는 데에 높은 거래비용(transaction cost)과 여러 가지 어려움과 문제가 발생
⇒ 직접투자와 같이 기업내부로 대체하게 하는 진입방식을 선택하도록 유인
- 암묵적 요소가 많은 특유의 노하우를 가진 기업 ⇒ 내부화 수준이 높은 진입방식 지지

② 기회주의적 행동에 의한 거래비용
- 거래비용 이론: 거래비용의 절감을 위해 거래를 외부시장(market)에서 행하는 것보다 기업내부조직(hierarchy)을 통해 수행하는 것이 더 유리하다는 것
- 거래비용 ⇒ 완전경쟁의 요건이 충족된 시장에서는 발생하지 않음
  - 탐색비용(search costs): 거래대상자를 찾는 데 필요한 비용
  - 계약비용(monitoring costs): 거래조건과 내용을 협상하고 명시하는 계약체결에 드는 비용
  - 실행비용(enforcement costs): 계약조건의 불이행 시에 제재를 가하는 비용
- 거래당사자 간의 마찰: 기회주의적 행동(opportunistic behavior)에 의해 설명됨
- O. E. Williamson: 기회주의적 행동 → 정보의 비대칭성과 불확실성 야기 → 거래비용 발생
- 기회주의 위험(hazard of opportunism)방어: 다양한 형태의 안전장치 혹은 지배구조 마련

⇒ 공정한 거래를 위한 통제메커니즘

● 거래비용 > 통제비용

⇒ 기업은 해외직접투자를 통한 내부화하려 함

● E. Anderson과 H. Gatignon

－완전소유자회사 형태의 진입방식 선택

① 연구 개발 집약적인 사업의 경우

② 위험이 높은 국가에 진입하는 경우

③ 해외시장진입에 대한 경험이 풍부한 경우

－다른 기업과의 제휴방식을 선호

① 위험이 높은 국가에 진입하는 경우

② 사회, 문화적으로 거리가 먼 국가에 진입할 경우

③ 외국인의 자산소유에 대한 법적 제한이 있는 경우

4) 수　출

(1) 수출의 의의와 동기

(2) 수출의 경로

　　① 간접수출　*치루이 '중국판 포니신화' 꿈꾼다*

　　② 직접수출　*SK그룹 '우리도 인도로 간다'*

　　　　　　　　삼성전자, 평판TV・휴대폰으로 유럽 공략 박차

　　　　　　　　현대차, 내년부터 상용차 美 직수출

　　③ 해외자회사를 통한 수출 *한국암웨이, 뉴트리 등 브랜드 경쟁력 강화*

3) 구상무역

(1) 의의와 특징

(2) 증가하는 동기요인

(3) 구상무역의 형태

① 바터무역(물물교환) *中·태국 바터무역 軍장비·과일 교환*

② 대응구매 *"라팔에는 스텔스 기능이 없다" -<보잉사 인터뷰> 미국 정부 압력, 부분적으로 인정*

③ 보상무역 *전략 바꾼 중국 '북한 경제 살리기' 대규모 투자 지배력 키우고 지하자원도 확보*

④ 환매거래

⑤ 쌍무무역협정 *韓美 스크린쿼터 등 현안 놓고 쌍무무역협정 예비협상 중*

⑥ 청산협정

⑦ 스위치무역

⑧ 상쇄무역 *"라팔에는 스텔스 기능이 없다" -<보잉사 인터뷰> 미국 정부 압력 부분적으로 인정*

5) 종합무역상사

(1) 종합무역상사의 의의
  ① 기능
  ② 종합무역상사의 파급효과
(2) 한국의 종합무역상사
  ① 종합무역상사의 의의와 변천과정 *종합상사 수출 실적 비교(03년)*
  ② 한일 종합무역상사의 비교 *한일 종합상사 경영지표 비교*
  ③ 우리가 해야 할 일 *종합상사 생존 몸부림*
          새 성장엔진 찾아라-브랜드 마케팅·소프트웨어 수출입 등

6) 라이선싱

(1) 라이선싱의 의의

(2) 라이선싱의 동기와 문제점

① 경제적 동기 *삼성전자-대만 AUO, LCD·OLED 특허공유 - 크로스라이선스 계약 체결*

② 전략적 동기 *[국방위]"불필요한 무기도입 많다" 여야 한목소리*

③ 정치적·법적 동기 *국내 의류브랜드, 中업체와 라이선스 수출*

(3) 기타 계약방식

① 프랜차이징 *햄버거로 세계 정복한 맥도날드 성공신화*

　　　　　　　한국 맥도날드의 변신, 성공할까

② 관리계약 *에릭슨, 인도 이통시장 공략*

　　　　　　스페인, 유럽·북미기업 집중인수

③ 계약생산 *셀트리온·美 A&G 제휴, 유방암 치료제 개발나서*

　　　　　　코스닥 유망기업 지상 IR] '택산아이엔씨': 디지털시대 선도기업

　　　　　　턴키프로젝트 '불도저한국' 인도지도 바꾸다

　　　　　　휴먼텍코리아, '6500만弗짜리 기술력'의 승리

7) 수 출

(1) 수출의 의의와 동기

가. 수출의 의의

　본국 또는 제3국에서 제품을 생산하여 해외시장으로 이전하여 판매하는 것을 수출이라 한다. 대부분의 경우 기업이 처음 해외시장에 진출 또는 개입하는 최초의 전략이며, 기업이 여러 국가에 직접투자를 수행하여 국제화 수준이 고도화된 경우에도 수출은 항상 상호보완적으로 활용된다.

나. 수출의 동기

① 이익 및 성장의 기회를 추구.
② 기업이 지니고 있는 경쟁우위나 기술우위를 활용하고 지속하기 위해서이다.
③ 규모의 경제를 통한 비용절감.
④ 위험분산을 꾀하기 위해서이다.
⑤ 협소한 국내시장을 극복하기 위해서이다.
⑥ 해외시장의 잠재력을 점검해 보는 좋은 기회이다.
⑦ (다국적 기업의 경우) 자회사 상호간에 원자재나 부품을 공급할 목적.
⑧ 해외생산자회사가 현지국 정부의 수출요구를 만족시키기 위해서.

(2) 수출의 경로

① 간접수출
- 정의: 국내의 중간상이나 외국바이어 등을 통해 수출함으로써 제조업체가 국내에서 요구되는 수출관련 기능을 스스로 수행하지 않으면서 제품을 해외에 판매하는 방법
- 장점: ① 기업이 추가적인 인력이나 고정자본을 투입하지 않고도 수출을 통한 판매이익을 창출 가능.
    ② 대형 중개인을 통해 대행 수출함으로써 해외시장에 손쉽게 접근 가능
    ③ 비용절감효과
    ④ 자금 및 위험 측면에서 유리.
- 단점: ① 기업이 수출하는 제품의 해외마케팅에 대한 통제권을 상실.
    ② 해외경험 및 시장정보의 축적이나 독자적인 해외시장구축이 어렵다.
    ③ 수출중개인이 불리한 거래조건을 강요하더라도 어쩔 수 없다.
    ④ 외국 바이어가 다른 공급처로 전환할 위험이 크다.

치루이 '중국판 포니신화' 꿈 꾼다

한국경제 2006 - 09 - 26 09:03

중국 소형차의 대표선수인 치루이(奇瑞)자동차가 다임러 크라이슬러와 손잡고 '중국판 포니신화'를 꿈꾸고 있다. 치루이의 대표 상품은 한국의 마티즈와 똑같은 모양의 QQ브랜드의 소형차. 이를 다임러 크라이슬러의 브랜드 파워를 이용해 미국과 유럽시장에 본격적으로 수출하겠다는 구상이다. 중장기적으로는 다임러 크라이슬러와 공동생산 및 개발체제를 갖출 계획이다.

25일 블룸버그통신은 다임러 크라이슬러와 중국 치루이가 소형차를 공동으로 생산하고 수출하는 방안에 거의 합의 단계에 이르렀다고 독일 슈피겔지를 인용해 보도했다. 블룸버그는 우선 치루이의 저가 모델차를 크라이슬러가 수출하고, 이후 개발과 생산을 공동으로 한다는 데도 양측이 심도 있는 논의를 하고 있다고 밝혔다. 치루이는 중국 안후이성 정부가 소유한 국영기업체로서 중국 소형차의 대표 브랜드인 QQ를 생산하고 있으며,300~400만 원대에 중동 및 남미시장에 주로 수출하고 있다. QQ는 외관이 한국의 마티즈와 똑같아 짝퉁 논쟁을 불러일으켰다.

치루이는 최근 공격적인 행보로 세계 자동차업계의 주목을 받아왔다. 이탈리아의 자동차 디자인회사를 인수하고 치루이디자인연구원을 설립, 독자 모델에 강한 의지를 보이고 있다. 대우자동차 루마니아공장 인수도 적극 추진 중이다.

치루이의 미국 마케팅 담당업체로 선정된 비저너리는 '한국의 현대차와 기아차가 1980년대에 그랬던 것처럼 고품질 저가격의 소형차 돌풍을 미국시장에서 일으키겠다'는 계획을 밝히기도 했다. 다임러 크라이슬러가 미국시장에서 직접 마케팅을 할 경우 '중국판 포니신화'가 재연될 가능성이 크다는 게 전문가들의 분석이다. (중략)

---

② 직접수출

－정의: 제조업체가 수출관련 업무 및 기능의 전부 혹은 대부분을 직접 수행

－간접수출에 비해 시장개입의 범위가 크게 확대됨.

－장점: ① 해외마케팅활동에 대한 통제가 가능

　　　　② 해외시장에 대한 정보를 비교적 정확하고 신속하게 파악가능

　　　　③ 제품품질 및 마케팅활동을 향상시킬 수 있다.

　　　　④ 제품의 판매촉진, 이미지 제고 등을 적극적으로 추진 가능

⑤ 경쟁력의 강화와 시장개척 능력의 증대를 기할 수 있다.

- 단점: ① 수출마케팅을 위해 초기에 많은 비용소요

② 유능한 전문 인력의 확보가 어려움

③ 외국기업으로서의 불리함을 감수

SK그룹 "우리도 인도로 간다"

[한국경제 2006 - 02 - 21 17:27]

광고글로벌 그룹으로의 변신을 추진 중인 SK그룹이 중국에 이어 인도시장 공략을 본격화하고 있다. SK그룹 관계자는 21일 "지난해부터 꾸준히 인도시장 진출을 타진해 왔던 SK텔레콤이 이달 안에 현지 사무소를 설립키로 했다"며 "현지 이동통신회사 지분에 참여하는 형태로 인도시장을 공략할 계획"이라고 말했다.

인도 이동통신 시장은 오는 2008년 가입자가 1억 4000만 명에 달할 것으로 추정되는 거대 시장으로 타타그룹 릴라이언스그룹 등 인도의 재벌 그룹이 주요사업자다. SK는 지난해 타타의 지분 인수를 추진했지만 주가가 너무 올라 일단 보류키로 한 것으로 알려졌다. SK텔레콤 외에도 SK그룹은 최근 신설된 글로벌위원회의 지휘 아래 각 계열사가 인도 진출을 서두르고 있다. SK㈜는 올 하반기에 완공되는 싱가포르 석유화학 물류기지를 통해 유화제품을 인도에 직접 수출할 계획이다. SKC&C는 인도 현지 정유 및 석유화학업체에 IT기술을 수출하는 방안을 검토하고 있으며 대덕 데이터센터 인프라의 아웃소싱 사업도 추진 중이다. SK네트웍스는 중국에 이어 인도에서도 경정비시설을 갖춘 복합주유소 사업을 추진하고 있다.

삼성전자, 평판TV·휴대폰으로 유럽 공략 박차

[전자신문 2006 - 09 - 08]

광고 삼성전자가 평판TV와 휴대폰으로 루마니아·그리스·터키 등 유럽 IT시장 공략을 강화한다.

유럽을 순방 중인 노무현 대통령 경제사절단의 일원으로 동행중인 이윤우 삼성전자 부회장은 전자신문과의 인터뷰에서 "내년에 휴대폰과 평판TV로 루마니아와 그리스에서 각각 3억 달러와 2억 달러의 수출을 올릴 수 있을 것"이라고 자신했다. 특히 내년 1월 EU 가입을 앞두고 있는 루마니아는 TV 역내 관세가 내년부터 42.5%에서 0%로 낮아지기 때문에 가격 경쟁력을 확보할 수 있는 등 시장 확대 여지가 클 것으로 보고 마케팅을 집중할 계획이다. 이어 터키 등 EU 지역으로 공급을 확대해 나갈 예정이다.

이 부회장은 "지난 6일 오후(현지시각) 루마니아 부쿠레슈티 매리어트호텔에서 열린 한·루마니아 ICT 비즈니스포럼에서 시연한 와이브로의 시장 반응에 따라 와이브로를 시스템까지 통째로 공급할 수 있을 것"이라며 유럽시장에 대한 자신감을 내비쳤다. 이 부회장은 이어 "와이브로는 국가마다 주파수 할당문제가 있어 루마니아를 시작으로 유럽지역 국가별로 (전략을 세워) 수출을 추진할 계획"이라고 덧붙였다.

루마니아는 지난 91년부터 2005년까지 약 15년에 걸쳐 통신망 현대화 계획을 세워 전개해 왔고 최근에도 EU 가입을 추진하면서 각종 인프라 확충에 박차를 가하고 있어 유망한 시장으로 떠오르고 있다. 특히 노준형 정보통신부 장관도 7일 졸트 나기 루마니아 통신정보기술부 장관 등과 가진 1차 협력위원회에서 인터넷 보급률이 낮은 지역에서 초고속·광대역 인터넷을 가장 경제적인 비용으로 제공할 수 있는 와이브로 기술에 대해 설명하는 등 루마니아의 통신망 고도화 투자가 이루어질 때 우리 기술과 기업이 참여할 수 있는 기회를 만들어 갈 수 있도록 노력하겠다는 정부의 뜻을 밝혔다.

이 부회장은 또 "그리스는 평판TV와 휴대폰 수요가 증가하고 있어 성장하는 시장으로 주목하고 있고 루마니아는 그리스보다 인구가 많고 수요확대 가능성이 크다"며 "평판TV는 슬로바키아 공장에서 생산해서 공급하고 휴대폰은 국내에서 생산한 제품을 직접 수출하게 될 것"이라고 말했다. 이에 앞서 삼성전자는 그리스 시장 공략을 강화하기 위해 한국수출보험공사와 도이치뱅크, 현지 유통회사인 포리스 등과 양해각서(MOU)를 교환, 그리스에 휴대폰과 가전제품을 수출할 때 한국수출보험공사로부터 5000만 달러의 수출보험(구매자 신용)을 지원받을 수 있게 됐다. 이에 따라 삼성전자는 연간 1억 달러 규모의 수출지원 효과를 볼 수 있을 것으로 보고 있다.

> ### 현대차, 내년부터 상용차 美 직수출
>
> [로이터 2001 - 11 - 29 14:16]
>
> 현대자동차는 내년 초 미국에 상용차 판매 법인을 설립하고 미국 시장에 상용트럭을 직접 수출키로 했다고 밝혔다. 현대차는 또 다임러 크라이슬러와 공동 개발한 엔진을 탑재한 트럭을 2004년 출시할 것이라고 밝혔다.
>
> 현대차는 98년부터 美 베링사를 통해 미국 시장에 트럭을 판매해 왔으나 베링이 방만한 운영에 따른 경영난으로 금년 6월에 문을 닫자 미국시장에 직접 진출키로 했다고 설명했다. 내년 초 신설되는 상용차 법인은 기존 베링사의 딜러망을 통해 판매를 하게 되며 완성차 판매와 함께 부품, 애프터 및 보증 서비스도 제공할 예정이라고 밝혔다. 또 현대자동차는 미국 상용차 시장의 판매 확대를 위해 국내에 설립된 다임러와의 엔진 합작법인에서 생산한 엔진을 장착한 트럭을 2004년부터 본격 출시된다고 밝혔다. 현대차는 美 베링사를 통해 지난 98년 12월부터 2000년까지 3.5톤, 5톤, 믹서 등 중대형 트럭 등 총 2640대를 판매했다. 한편 현대차는 다임러크라이슬러의 미국 내 현대트럭 독점 판매권에 대해 전혀 사실이 아니라고 밝혔다.

③ 해외자회사를 통한 수출

- 정의: 해외에 제품판매를 담당한 지사나 현지법인을 설치하여 현지유통을 포함한 마케팅활동을 수행하도록 하는 것.
- 장점: ① 현지유통을 직접통제가능
  ② 신속하고 정확한 마케팅조사활동, 촉진활동, 가격정책을 전개가능
  ③ 현지고객서비스의 향상에 기여
  ④ 제품원가, 수입관세, 물적 유통 등 제비용을 절감.
  ⑤ 현지수요에 맞는 마케팅 전략을 강구가능
- 단점: ① 현지중간상 관리가 중요한 과제이므로 상당한 투자와 위험이 수반.
  ② 마케팅관리 능력과 제품지식, 해외적응 능력 등을 갖춘 유능한 인력이 요구.

한국암웨이, 뉴트리 등 브랜드 경쟁력 강화

[파이낸셜뉴스 2006 - 09 - 03 15:24]
한국암웨이는 제품 차별화, 온·오프라인 마케팅 등의 다양한 노력으로 업계 리더로서 자리매김을 하고 있다. 연구·개발 및 생산 시설을 갖추고 있는 암웨이 제품의 품질은 강점이자 주요 차별화 포인트이다. ……(중략)……

제품 확대와 함께 적극적인 브랜드 홍보 및 마케팅 활동을 펼치고 있다. 한국암웨이는 지난해부터 본격화된 주요 제품 브랜드의 홍보 활동에도 박차를 가하고 있다. 2대 브랜드인 건강기능식품 '뉴트리라이트'와 화장품 '아티스트리'의 브랜드 경쟁력을 높이는 데 주력하고 있는 것.

뉴트리라이트는 글로벌 프로젝트인 '팀 뉴트리라이트'의 일환으로 전 세계 스포츠 선수들을 공식 후원하고 있다. 한국암웨이는 100m 세계 신기록을 보유한 아사파 파월(Asafa Powell)이 뉴트리라이트 제품을 섭취하고 있다는 점을 중점적으로 부각시킬 예정이다. 또한 9월 출시하는 토탈 안티에이징 라인을 위해, 제품 체험단을 운영하는 등 다양한 홍보 활동을 전개하고 있다.

온라인을 통한 소비자와의 커뮤니케이션은 암웨이가 사랑받은 이유 중 하나다. 한국암웨이 홈페이지(www.amwaykorea.co.kr)에 가입한 웹 회원들을 대상으로 생일 및 결혼기념 이메일 발송은 물론, 국내유명가수와 클래식 콘서트, 뮤지컬 공연 등 각종 문화공연 초청 이벤트를 실시하고 있다. 처음 방문한 고객도 한국암웨이의 비즈니스와 제품에 대한 정보를 플래시 무비를 통해 흥미롭고 편리하게 검색할 수 있도록 '암웨이타운'을 9월 중순 오픈할 예정이다.

(3) 구상무역

① 의의: 수출과 수입이 연계되는 무역거래.

② 특징: 상품, 용역, 기술의 제공이 반대방향의 상품, 용역, 기술의 제공과 연계. 세계무역의 20% 이상을 차지로 추정.

③ 증가하는 동기요인 - ① 외환의 부족현상 - 외환 없이 수입할 수 있는 방식이기 때문

② 가격구조의 왜곡 - 환율의 과대평가에 따라서 수출이 억제되고 수입이 촉진되

는 데 이런 왜곡현상을 시정 가능

③ 가격 인하의 효과－거래처와의 관계에 신경쓰지 않고 가격 인하가 가능.

　가격정책을 사용할 때와 같은 효과.

④ 구상무역의 형태

ⓐ 바터무역(물물교환)－가장 초보적인 구상무역형태. 두 거래 당사자 간에 재화
　나 용역을 직접 맞교환하는 거래. 상품의 교환이 일반적으로 동시에 이루어짐.

中·태국 바터무역 軍장비·과일 교환

[세계일보 2005－05－02 20:57]

태국이 과일을 주고 중국제 군사장비를 들여오기로 하는 바터(구상)무역을 성사시켜 관심
을 끌고 있다.

태국 정부는 말린 열대과일인 용안(龍眼·longan) 6만 6000t을 중국에 제공하는 대신 무
장병력수송차량(APC) 133대를 가져오기로 했다고 AP통신이 2일 보도했다. 양국 재무장관
이 방콕에서 만나 이 같은 구상무역 협약에 서명할 예정이라고 탁신 친나왓 태국 총리의
고문을 맡고 있는 삼판 분야는 전 국방장관이 밝혔다. 그는 중국에서 들여올 APC가 대당
1700만 밧(1밧 27원)이라며 133대 중 96대는 육군, 24대는 해군, 나머지는 경찰에 각각
배치될 것이라고 말했다.

방콕＝연합뉴스

ⓑ 대응구매－상호간에 동시구매협정을 맺어 수출자가 수출계약가격의 일정비율
　만큼 수입자의 상품을 구매하는 거래형태.

"라팔에는 스텔스 기능이 없다" - <보잉사 인터뷰> 미국 정부 압력 부분적으로 인정

[프레시안 2002 - 03 - 19 10:19]

국방부의 차세대전투기사업(FX사업) 기종 결정이 1주일 앞으로 다가온 가운데 본지는 라팔의 제조사인 다쏘항공의 이브 로빈슨부회장과의 14일 단독인터뷰에 이어, 19일에는 F - 15K의 제조사인 보잉사와도 서면으로 공식인터뷰를 가졌다. 그동안 광고나 홍보 면에서 소극적인 자세를 보인 보잉사가 이런 공식적인 인터뷰에 응한 것은 이례적인 일로 받아들여진다. ……(중략)……

보잉사: 보잉은 이미 대한민국에 28억 달러가 넘는 규모의 절충교역을 제시했다. 여기에는 13억 달러가 넘는 규모의 대응구매물량은 물론, 한국항공우주산업주식회사의 T - 50 고등훈련기 해외시장진입에 대한 협력, 그리고 무엇보다도 중요한 2015년 한국 독자개발 전투기를 개발할 수 있도록 모든 기술지원을 아끼지 않을 것임을 이미 발표한 바 있다.

한국은 보잉의 절충교역안을 통해 연평균 1억 달러에 달하는 보잉사의 군용기 및 상용기 제작 및 조립에 참여하게 되며, 미래에는 잠재적 수익이 더욱 늘게 될 것으로 전망된다. 보잉의 FX 절충교역 프로그램으로 얻을 수 있는 경제적 이익은 28억 달러에 달하며, 장기 개발 계획의 발판을 공고히 함과 동시에 장기적인 또 다른 성장의 기회를 맞게 될 것이다. 한 예로 이 계획안에는 기술 이전 계획이 포함되며 특히 한국 국산 전투기 개발 계획에 중점을 두고 있다 ……(중략)……

ⓒ 보상무역 - 쌍방 간의 거래가 일부는 화폐로 일부는 상품으로 결제되는 바터무역의 특수형태

환거래가 발생하여 대응수입의무를 제3국에 전가할 수 있다.

> **전략 바꾼 중국 '북한 경제 살리기' 대규모 투자 지배력 키우고 지하자원도 확보**
>
> [주간조선 2006 - 03 - 21 15:14]
>
> ……(중략)…… 중국의 속셈은 한마디로 '꿩 먹고 알 먹자'는 전략이다. 이 같은 일련의 흐름은 과거 중국이 북한에 대해 기본적인 원조와 협력에만 그쳤던 것과는 완전히 다른 양상이다. 현재 중국 기업들의 북한 투자는 시작에 불과하며 보상무역 형태를 많이 취하고 있어 엄격한 의미에서는 직접투자라고 하기 어렵다. 하지만 중국기업들의 해외투자 열기와 북한의 중국에 대한 경제의존도가 심화할수록 향후 중국기업들의 대북 투자는 급속히 늘어날 것으로 보인다.
>
> 북한 소비재 시장은 이미 중국제로 넘쳐나고 있다. 중국 제품은 북한 시장의 80% 정도를 차지하는 것으로 추정된다. 평양에 주재하는 중국 기업인만 4000명이 넘고, 중국의 위안화가 정식 화폐로 통용될 만큼 중국 제품이 활발하게 거래되고 있다. 북한 경제는 중국이 없었다면 2000년 이후 줄곧 마이너스 성장을 기록했을 것이다. 지난해 중국의 대북 투자는 2000년 100만 달러보다 50배가 늘어났으며, 북·중 간 교역 규모도 13억 8500만 달러로 북한 총 교역 규모(28억 5700만 달러)의 48.5%를 차지했다. 북·중의 무역 증가는 2000년 이후 북한의 경제성장률을 매년 약 3.5% 증가시킨 것으로 보인다. 이 기간 중 북한의 평균 경제성장률이 2.1%인 점을 감안하면 중국과의 무역이 없었을 경우 북한 경제는 마이너스 성장이 불가피했을 것이다. ……(중략)……

ⓓ 환매거래－수출자가 플랜트, 장비, 기술 등을 수출하고 동 설비에서 생산되는 제품 중 일정량을 구매할 것을 약속하는 거래형태.

환매거래는 구매하는 상품이 최초수입품에 의해 생산되는 산출물인 반면, 대응구매에서는 구매하는 상품이 최초의 수출품과 아무런 관련을 가질 필요가 없다.

환매거래는 주로 장기간에 걸친 프로젝트의 구매와 연관된 구매이며 이러한 과정에서 기술이전이 이루어진다.

환매거래는 구매업자나 구매업자의 하청업자 중 하나는 반드시 수출자의 구매상품 공급업자가 되며, 환매거래의 수출자는 구매품을 쉽게 처분하기 위해서 자기가 제공한 명세서에 따라 생산할 것을 요구할 수 있는 생산과정을 통제할 수 있다는 점에서 차이가 있다.

ⓔ 쌍무무역협정－특정한 두 나라가 상호교역 증진 또는 무역균형 유지를 위하여
일정 기간 동안 교역할 상품 및 가격 등을 미리 약정하는 무역. 수출입결제는
경화로 이루어지나 쌍무지불협정이 체결되는 경우도 있다.

韓美 스크린쿼터 등 현안놓고 쌍무무역협정 예비협상 중

[헤럴드 생생뉴스 2005 - 09 - 14 10:02]

미국산 쇠고기 수입규제 등 현안을 놓고 쌍무무역협정(BIT) 예비협상을 벌이고 있는 것으로 알려졌다.

파이낸셜타임스(FT)가 14일 이 같은 사실을 확인 보도했다. 한국은 미국의 7대 교역국으로, 지난해 양국 간 교역규모는 700억 달러를 넘었다.

FT는 미국은 한국과의 쌍무무역협정 체결이 아시아 진출의 교두보가 될 것으로 여기고 있다고 전했다. 특히 최근 아시아 지역은 역내 무역협정 체결을 활성화하고 있어 미국으로서는 한국 등 아시아 국가와의 쌍무무역협정 체결이 시급한 상황이라고 덧붙였다. 현재 아시아 국가 가운데 미국과 쌍무무역협정을 맺은 나라는 싱가포르와 베트남뿐이다.

FT는 한국과 미국의 협정 체결은 유럽연합(EU)을 곤경에 빠뜨릴 것이라고 분석했다. EU는 약 1년 동안 한국과 무역협정 협상을 벌여 왔다. EU는 만약 미국이 한국과 먼저 협정을 맺게 되면 한국의 민간 항공기, 금융 서비스 등의 시장에서 미국에 선수를 뺏길 것으로 우려하고 있다. 미국의 로브 포트먼 무역대표부 대표와 한국의 김현종 통상교섭본부장은 이미 최근 몇 차례 만나 주요 현안을 논의했다. 한국의 한 관료는 "현재 협상을 진행 중이며, 부시 대통령의 방한 이전에 대체적인 윤곽이 드러날지는 확실치 않다"고 말했다. 미국 무역 관료들도 "아직까지 어떤 결정도 내려지지 않았다"고 밝혔다.

한국 관료들은 미국산 쇠고기 수입규제는 올해 말께 풀릴 것이라고 예상했다. 미국은 또한 한국의 약품 가격 정책이 연구개발비가 많이 들어간 (외국)약품에 대해 충분히 보상(로열티)을 해 주지 않고 있고, 자동차세도 엔진 크기에 따라 부과해 미국 자동차업체들이 불리하다고 따지고 있다.

한국은 이번 협상을 통해 미국의 수입 관세 인하, 반덤핑 규제 완화, 하이닉스 보조금 지급 문제 해결 등을 바라고 있다. 부시 대통령은 11월 아시아 · 태평양경제협력체(APEC) 정상회의 참석차 부산을 방문할 예정이다.

ⓕ 청산협정-쌍무지불협정에 따라 미리 청산메커니즘, 청산통화 등을 약정하고 기간이 만료되면 상호 수출입 금액을 정산하는 형태의 무역거래.

내달부터 한-인도네시아 간 구상무역 시작된다

[한국경제 1999 - 07 - 23 00:00]

내달부터 한국과 인도네시아 간의 구상무역이 시작된다.

23일 산업자원부와 무역업계에 따르면 한국 측 청산은행인 수출입은행과 인도네시아 측 청산은행인 BNI는 최근 은행 간 업무협정서(BPA) 협상을 완료하고 내달 중 조인식을 체결하기로 했다.

양측 구상무역 추진업체인 LG상사 및 이니시어티브사와 코멕신도 및 두마사도 내달 중 기업 간 업무협정(BTA)을 체결하고 시범거래 의향서를 교환하기로 했다. 수출입은행은 인도네시아 BNI 측의 요구를 대부분 수용, 최장 6개월간 LC(신용장)거래를 허용하고 6개월 단위로 청산하기로 했다. LG상사 및 이니시어티브사는 인도네시아에 신발원부자재와 석유화학제품 농기계 의약품 등을 수출하고 철강 타피오카 펄프 유연탄 천연고무 합판 등을 수입할 예정이다. 이들 업체가 수출입은행에 청산계좌를 개설한 뒤 인도네시아 측에 물품을 수입하거나 수출하면 수출입은행과 BNI은행이 그 차액에 대해 6개월마다 정산하는 방식으로 거래하게 된다. 결제기간까지의 차액에 대해서는 리보(런던은행간금리)에 3%를 더한 금리가 적용된다. 양측은 거래한도를 연간 4천만 달러로 정하고 수출과 수입의 차액이 5백만 달러를 초과하지 않도록 유지하기로 했다.

한국과 인도네시아는 지난 97년 말 이후 양국이 외환위기를 겪으면서 교역규모가 급감하자 지난해 3월부터 구상무역을 추진해 왔다. 지난해 6월 한국의 무역협회와 인도네시아 상공회의소 간 구상무역에 관한 양해각서를 체결했다. 양국 간 교역규모는 97년 76억 달러에서 98년 48억 달러로 줄었다. 한국은 인도네시아에 이어 러시아와도 구상무역을 추진하고 있으나 러시아와는 청산은행을 통하지 않고 물품을 맞교환하는 방식을 적용할 예정이다.

정부 관계자는 "한국은 외환보유고가 증가해 구상무역의 필요성이 감소하고 있으나 인도네시아는 사회. 정치적 불안이 지속되고 있어 구상무역이 필요한 상태"라고 말했다.

ⓖ 스위치무역-전문적인 무역상을 통해 구상무역을 하는 방법. 어느 기업에 상호구매협정을 체결하였을 때 수출기업은 수출대금으로 그 나라에서 재구매를 해야 하는 의무를 가지고 있다. 이 경우에 상호구매의무를 중개무역상에게 팔

아서 이를 중개무역상이 훨씬 더 유용하게 활용하는 무역형태이다.

ⓗ 상쇄무역 - 대응구매와 유사하나, 판매대금 중에서 일정부분만 재구매하는 거래형태라는 점에서 다르다. 비교적 최근에 대두된 형태로, 주로 무기 구입과 관련해서 발생한다.

"라팔에는 스텔스 기능이 없다" - <보잉사 인터뷰> 미국 정부 압력 부분적으로 인

[프레시안 2002 - 03 - 19 10:19]

국방부의 차세대전투기사업(FX사업) 기종 결정이 1주일 앞으로 다가온 가운데 본지는 라팔의 제조사인 다쏘항공의 이브 로빈슨부회장과의 14일 단독인터뷰에 이어, 19일에는 F-15K의 제조사인 보잉사와도 서면으로 공식인터뷰를 가졌다. 그동안 광고나 홍보 면에서 소극적인 자세를 보인 보잉사가 이런 공식적인 인터뷰에 응한 것은 이례적인 일로 받아들여진다. ……(중략)……

보잉사: 보잉은 이미 대한민국에 28억 달러가 넘는 규모의 절충교역을 제시했다. 여기에는 13억 달러가 넘는 규모의 대응구매물량은 물론, 한국항공우주산업주식회사의 T-50 고등훈련기 해외시장진입에 대한 협력, 그리고 무엇보다도 중요한 2015년 한국 독자개발 전투기를 개발할 수 있도록 모든 기술지원을 아끼지 않을 것임을 이미 발표한 바 있다.

한국은 보잉의 절충교역안을 통해 연평균 1억 달러에 달하는 보잉사의 군용기 및 상용기 제작 및 조립에 참여하게 되며, 미래에는 잠재적 수익이 더욱 늘게 될 것으로 전망된다. 보잉의 FX 절충교역 프로그램으로 얻을 수 있는 경제적 이익은 28억 달러에 달하며, 장기 개발 계획의 발판을 공고히 함과 동시에 장기적인 또 다른 성장의 기회를 맞게 될 것이다. 한 예로 이 계획안에는 기술 이전 계획이 포함되며 특히 한국 국산 전투기 개발 계획에 중점을 두고 있다 ……(중략)……

---

8) 종합무역상사

(1) 종합무역상사의 의의

- 의의: 대규모의 자본력을 가진 무역상사로서 다종다양한 상품의 수출입을 담당

하며 이를 광범위한 지역에서 취급하는 기업. 수출장려를 목적으로 제도화시킨 간접수출대행회사.

- 특징: 규모의 대형화. 취급상품의 다양화, 기업활동의 범위와 기능의 다양화. 상품부문마다 대단히 엄격한 독립채산제(공기업의 능률적 경영을 도모하기 위하여 그에게 경제적 독립성과 자립성을 인정하는 제도. 즉 공기업을 일반행정조직으로부터 분리된 독립법인 또는 특수법인으로 존치시켜 일반행정조직의 재정적 통제로부터 독립시키는 제도를 말한다.)를 운영. 거래지역이 세계에 걸쳐 다변화. 대규모의 자본조달능력.

① 기능 - ① 거래기능 - 상품의 수요 차이를 조정해서 필요로 하는 곳에 필요로 하는 상품을 판매한다는 의미. 형태에 따라 국내거래, 수출입거래. 3국 간 거래 등으로 구분. 가장 기본적이고 일차적인 기능이자 핵심기능

② 금융기능 - 종합무역상사가 상품거래에 수반해서 국내외 기업에 대해 금융기관으로서의 기능을 수행하는 것. 자금지원뿐만 아니라 원자재를 신속히 조달할 수 있도록 편의를 제공. → 중소제조업자를 계열화 혹인 생산활동 지원

③ 정보기능 - 국내외 관련정보를 다각적으로 수집, 처리하여 자체적으로 활용. 위험을 최소화, 효과적인 전략수립가능.

④ 해외마케팅기능 - 해외진출 초기단계에 많이 활용되며 시장개척 기능이라고도 한다.

⑤ 위험부담기능 - 환위험, 상품거래에 따른 위험과 금융기관이 기피하는 소규모 거래업체에 대해 금융상의 위험을 부담. 다시 말해, 무역 거래 및 국내거래에 있어서 선적지연, 품질 및 규격에 대한 클레임이나 판매대금의 회수불능, 가격변동, 환율시세의 변동 등에 의하여 발생하는 모든 위험과 상품유통에 따른 각종 위험이 위험부담기능에 해당된다.

⑥ 조직화 기능 - 제조업체의 수출에 필요한 프로젝트를 위임받아 관련 기업의 정보, 기술, 인재, 자금 등을 다각적으로 수배하여 신속히 조직하는 기능.

② 종합무역상사의 파급효과

① 수출증대-지정 초기인 1975년에 비해 1990년에는 무려 38배나 증가. 이것은 무역상사와 제조업체와의 분리경영을 통해 전문화 내지 분업화의 이익을 살렸기 때문이다.
② 국제수지개선-수출을 통해 외화획득에 큰 기여를 했고, 상사 또한 흑자를 내어 우리나라의 무역수지, 국제수지에 큰 도움이 되었다.
③ 고용 및 소득증대-제조업을 포함한 다른 산업에도 큰 파급효과를 가져와 전반적인 고용 및 소득의 증가를 가져왔다.
④ 수출지역 다변화-해외조직망의 확충을 통하여 해외시장을 개척, 특히 미개척 국가에 대한 수출을 늘리면서 우리나라의 수출시장다변화에 기여

(2) 한국의 종합무역상사

① 종합무역상사의 의의와 변천과정

설립배경: 군소 및 영세무역업체의 난립으로 인한 과당경쟁 및 출혈수출, 무역의 비전문화로 인한 해외시장변화에 대한 대응력 결여, 해외조직망의 부족으로 인한 해외시장개척 능력의 부족 등 다양한 제약요인들이 수출증대의 걸림돌로 작용. 국제적으로 석유파동 이후 경기침체현상과 신보호무역주의의 대두 등으로 인해 수출증대를 위한 직접지원이 한계에 달하자, 1975년 상공부고시를 통해 종합무역상사제도를 도입.

역할: 수출마케팅 능력의 배양, 중소제조업의 수출창고 역할 확립, 수출업체의 대형화, 정부지원의 축소

종류: 삼성물산, LG상사, 현대종합상사, SK네트웍스, 대우인터내셔널, (주)효성, (주)쌍용

종합상사 수출 실적 비교(03년)

** 삼성 22,471 (13.83%)

** LG 13,561 (8.35%)

** 현대 11,308 (6.69%)　　　⇒7개 회사의 총 금액은 55,807(백만 달러)이고

** SK 4,045 (2.49%)　　　　전체 한국에서 차지하는 비율은 35.35%입니다.

** 대우 2,578 (1.59%)

** 효성 1,218 (0.75%)

** 쌍용 626 (0.98%)

② 한일 종합무역상사의 비교

일본 종합상사: 금융지원과 수출대행을 통한 종합적인 국제활동 능력을 가지고 있으며, 자원개발 및 주요 자재의 안정적 확보를 위한 해외직접투자를 증가. 전 세계에 걸친 해외활동망을 구축하여 일본 내에서 산업정보에 대한 공급기능 역할.

〈한일 종합상사 경영지표 비교〉

	일 본	한 국
업체당 평균매출	73조 3,143억	17조 7,382억
평균당기순이익	1,124억	98억
매출안정성	47%	16.7%
해외영업망	100%	19.2%
e-business	100%	17%

③ 우리가 해야 할 일

글로벌 네트워크를 대폭 강화하고 제품별, 지역별로 제휴.

거래구조의 혁신, 종합무역상사들의 e-상사로의 변신, 투자사업 확대 등을 통한 신경영전략이 요구.

수출 위주의 매출구조에서 탈피. 원자재와 자본재 위주의 수입과 국내유통 등으로 다양화. 마케팅네트워크의 전문화, 차별화.

종합상사 생존 몸부림

[경향신문 2003 - 04 - 15 18:48]

◇ 이제는 마케팅·유통 전문기업＝ 종합상사는 이미 무역중심에서 탈피, 마케팅 또는 유통 전문사로 다시 태어나고 있다. 사업다각화를 통해 새 고부가가치 수익원을 찾다보니 자연스럽게 나타난 현상이다.

LG상사와 대우인터내셔널은 일찌감치 계열사 수출대행에서 벗어나 독자사업을 개발해 성공한 대표적인 사례다. LG상사는 내수유통 전문기업으로의 변신을 꾀하면서도 해외 플랜트·자원개발사업을 개척, 지난해의 경우 이란 사우스파 가스전 개발프로젝트(16억 달러) 등 총 4건 21억 5천6백만 달러어치를 수주했다.

대우인터내셔널은 대우그룹 해체 등 악조건 속에서도 워크아웃 조기졸업을 추진 중이다. 자동차부품 등 경쟁력 있는 8개 분야를 선정해 수출을 촉진하는 한편 미얀마·베트남·인도 등에서의 석유·천연가스 자원개발 등 신규 사업도 적극 추진, '선택과 집중' 전략을 구사하고 있다.

현대, SK 등 나머지 종합상사도 새 수익원 발굴에 가세하고 있다. 현대는 최근 패션브랜드 수입판매·주류 판매·홈쇼핑·광(光)촉매 수입·엔터테인먼트 공급 사업 등 5대 신규 사업 아이템을 확정했다.

SK글로벌의 경우 이미 무역상사에서 종합마케팅사로 탈바꿈을 선언했다. 이어 지난해 인수한 두루넷의 전용회선망을 활용, 임대사업을 추진하는 등 정보통신사업에 진출할 계획이다.

[종합상사 발전 방향] 새 성장엔진 찾아라 - 브랜드 마케팅·소프트웨어 수출입 등

"종합상사의 마지막 승부는 정보기술(IT) 산업에서 결정된다. 몇 년 동안은 고통이 따르겠지만 이를 이겨내고 새로운 성장산업에서 기회를 찾아야 한다."삼성물산에서 20여 년을 근무하며 종합상사의 인터넷사업을 주도적으로 이끌었던 이금룡 이니시스 사장은 "종합상사가 어렵게 된 것은 IT산업의 발전에 제대로 대응하지 못했기 때문"이라며 이같이 강조했다.

이 사장은 "종합상사가 성장하려면 성장산업에서도 한발 앞서나가야 한다. 이를 위해서는 기업주와 경영진이 종합상사가 가진 자산을 잘 활용할 수 있도록 비전을 제시하고 특단의 대책을 마련해야 한다"고 덧붙였다. 현재 하드웨어 수출에 머물고 있는 종합상사는 그보다 더 큰 시장인 소프트웨어의 수출입, 해외컨설팅 등을 할 수 있는 역량을 충분히 가지고 있다는 것이다. 이 기회마저 놓치면 종합상사의 해외사업 기능은 점점 위축되고 주력사업은 건설·패션·유통 등 다른 사업으로 바뀌어 종합상사의 아까운 자산마저 잃게 될 것이라는 지적이다. 종합상사들은 각각 다른 상황에 처해 있고, 생존과 재도약을 위한 방향도 조금씩 차이가 있다. 하지만 종합상사가 공통적으로 가진 강점을 최대한 활용해야 한다는 점에서는 각 사 경영진의 견해는 일치하고 있다.

종합상사들은 브랜드 마케팅에도 눈독을 들이고 있다. 삼성물산이 미국법인을 통해 투자한 패션 브랜드 '후부(FUBU)'가 미국은 물론 세계시장에서 성공을 거둔 것이 대표적인 사례다. 대우인터내셔널도 중소기업으로부터 가전제품을 공급받아 '대우'브랜드를 붙여 판매하는 방식을 활용하고 있으며, 현대종합상사도 엔진오일 등에 자사의 상표를 수출해 지난해 400만 달러 정도를 벌어들였다. 종합상사가 해외공장을 조인트벤처로 경영하는 것도 새로운 수익사업으로 떠오르고 있다. 경영이 어려운 외국회사를 인수해 상사의 글로벌 네트워크를 활용해 상품을 수출, 성공을 거둔 사례들이 삼성물산의 오텔리녹스 사업 등에서 속속 등장하고 있다.

정우택 삼성물산 상사부문 사장은 "종합상사의 수익구조를 고도화시키는 것이 최우선 목표"라며 "기존의 수익성 있는 주력사업을 지속하면서 브랜드사업, 위탁경영사업, 프로젝트 오거나이징, 물류서비스, 해외조달 등의 신사업을 병행해 가고 있다"고 밝혔다. 종합상사에서 잔뼈가 굵은 경영진들의 공통된 지적은 '상사의 강점을 최대한 활용해야 한다'는 것이다. 이를 위해서는 각 사들이 처해진 상황에서 내실 위주의 경영을 펼치되 상사맨들의 도전정신이 사라지지 않도록 적절한 보폭을 유지하는 최고경영자의 리더십이 어느 때보다 절실하다.

9) 라이선싱

(1) 라이선싱의 의의

- 특정 기업이 자신의 특허, 노하우, 기술, 상표 등과 같은 무형의 지적재산권을 일정 기간 동안 다른 기업에게 사용하도록 허용하고 그 대가로 로열티나 다른 형태의 보상을 받도록 체결하는 계약형태.
- 이용: 대체로 높은 생산원가 때문에 제품을 국내에서 생산하는 것이 비효율적일 때

  국내에서 생산하여 운송하는 데 많은 운송비가 소요되는 경우.

  현지 정부의 규제 때문에 현지생산이 불가능한 경우
- 특징: 정상적인 수출업무보다는 많은 위험이 따르지만 해외직접투자보다는 적은 위험을 수반.

  지적소유권을 라이선싱 기업체에게 공여한 대가를 그 기업체에 대한 불입자본으로 활용할 수 있다. 그 성질상 지적소유권을 매도하는 것이 아니라 특정 기간 차용 또는 대여해 주는 것이다.

(2) 라이선싱의 동기와 문제점

가. 라이선싱의 동기

① 경제적 동기

라이선스의 입장: 해외시장에서 전제품을 장기간 생산하는 전략을 채택하기가 곤란할 때 유리.

해외수요가 크지 않거나 기술개발 우위요인이 상실될 가능성이 클 경우에 유리.

라이선스의 입장: 자체 개발보다 기술공여를 통한 라이선싱이 비용이 적게 드는 경우.

교차 라이선싱: 기술변화가 급격한 산업의 경우 서로 기술을 교환.

삼성전자-대만 AUO, LCD · OLED 특허공유 - 크로스라이선스 계약 체결

[디지털타임스 2006-01-13 12:59]

세계 TFT LCD 1위 업체 삼성전자와 세계 3위 대만 AU옵토일렉트로닉스(AUO)가 손잡았다. 12일 삼성전자는 대만 AUO와 TFT LCD와 유기발광다이오드(OLED)의 특허에 대한 포괄적인 크로스라이선스(상호특허 공유) 계약을 체결했다고 밝혔다.

삼성전자 한 고위 관계자는 "1년 전부터 양사 간 특허 협상을 진행해 최근 크로스라이선싱 협상을 타결 지었다"며 이번 합의로 상호간의 기술을 공유하게 됨으로써 양사의 글로벌 리더십과 혁신기술 개발을 강화하게 됐다고 말했다.

이번 합의의 범위는 TFT LCD와 OLED 분야의 특허를 포함하며, 특히 LCD TV 적용을 위한 기술도 해당된다.

삼성과 AUO는 서로의 특허를 활용해 각각의 업계 경쟁력을 강화하고, LCD TV를 비롯한 다양한 TFT LCD 기술 개발에 박차를 가할 계획이다.

삼성전자 측은 "두 회사는 그동안 각각 강력한 특허 포트폴리오를 구축해 왔고, 평판 디스플레이 기술개발에 막대한 투자를 해왔다"며 "이번 계약은 양사의 기술개발 능력 강화에 도움이 될 것"이라고 밝혔다. 또 이번 크로스라이선스를 향후 기술 및 사업 협력을 확장하는 기회로 삼겠다고 덧붙였다.

AUO 측도 "이번 계약은 기술 전략의 일환이며, 삼성전자는 전 세계 선두 LCD 업체 중 하나로 서로에게 배울 점이 많다고 생각하며 이번 교류에 많은 기대를 하고 있다"라고 밝혔다.

삼성전자 관계자는 양사가 보유한 TFT LCD와 OLED 특허에 대해 상호 공유하고 양사 특허가치의 차이에 따른 차액에 대해서는 한쪽이 특허료를 받는 형태로 협상을 타결했다고 말했다. 이에 따라 AUO보다 특허부분에 우위를 가진 삼성전자가 AUO로부터 특허료를 받을 것으로 예상된다.

삼성전자는 지난 2004년 소니와의 포괄적 특허 공유에 이어, LCD 부문에서 세계 3위인 AUO와 크로스라이선싱을 체결함에 따라 세계 LCD 시장의 기술 경쟁이 치열해질 전망이며, 세계 기술주도권 확보에 한 발짝 더 다가서게 됐다.

---

② 전략적 동기

- 전략적 가치가 떨어져 더 이상 개발할 필요가 없다고 판단되는 제품이나 기술은 라이선싱을 통하여 다른 기업에게 이전시켜 이익을 얻을 수 있다.

[동아일보 2001 - 04 - 18 18:40]

18일 국회 국방위에서는 올해 안에 기종이 결정되는 10조 원대의 대형 무기도입사업을 둘러싸고 군 안팎에서 제기된 각종 논란에 대한 추궁이 쏟아졌다. 특히 일부 사업에 대해선 전면 재검토나 일정 연기를 촉구하기도 했다.

▽극심한 사업편중＝여야 의원들은 대형사업을 사전에 조정하지 않고 올해 무더기로 기종 결정이 이뤄지는 탓에 각 군의 치열한 '예산 따내기 전쟁'이 벌어지고 있다고 지적하며, 통합전력 차원에서 우선순위를 가려 추진해야 한다고 주장했다.

한나라당 정재문(鄭在文)의원은 "11조 원에 이르는 무기도입사업이 현 정부의 전적인 책임하에 진행되고 있는데 차기정부는 임기 내내 현정부가계약 확정해 놓은 사업을 그대로 집행할 수밖에 없게 된다"고 주장했다.

민주당 장영달(張永達) 의원은 "환율 상승에 따른 거액의 환차손에 따라 예산부족 사태가 예상되는 만큼 사업 타당성을 놓고 많은 문제가 제기된 대형공격헬기(AHX)사업 추진을 연기하라"고 요구했다.

▽미제무기 도입논란＝일부 의원들은 미제 일변도의 무기도입 가능성을 경계하며 도입선 다변화를 추진해야 한다고 주장했다.

한나라당 강창성(姜昌成) 의원은 "미 정부와 의회가 F15 전투기의 한국판매에 총력전을 펴는 것은 F15 생산라인이 폐쇄되는 것을 막기 위한 것"이라며 "또다시 미제무기를 산다면 한국은 '철 지난 미국 재고무기 처리장'이 되고 말 것"이라고 지적했다.

장영달 의원은 "차기 대공미사일(SAMX)사업은 미국제 패트리어트 미사일 단일장비로 추진돼 사실상 수의계약이 불가피한 만큼 러시아 경협차관상환과 연계해 S300 미사일을 도입하는 문제를 다시 검토해야 한다"고 주장했다.

③ 정치적. 법적 동기

－관세, 쿼터 등의 수입장벽을 피하기 위해 또는 수입제한이나 경쟁의 심화로 더 이상 수출이 어려운 경우, 상대국 화폐의 평가절하가 지속될 경우 라이선싱으로 전환.

－무역제한이나 외국인 소유에 대한 제한을 회피하는 수단도 되지만 상표, 특허, 저작권 같은 무형자산을 보호하는 수단.

국내 의류브랜드, 中업체와 라이선스 수출

[매일경제 2002 - 03 - 29 00:00]

국내 의류업체가 잇따라 중국에 의류 브랜드를 수출하고 로열티를 받는다.

29일 업계에 따르면 의류업체 에스비에프아이앤씨(www.karra.co.kr)와 유아복 전문업체인 베비라(www.babyra.com)는 매출액 대비 일정액의 수수료를 받기로 하고 중국 업체와 라이선스 계약을 체결했다.

국내 의류업체가 해외 라이선스를 도입하는 사례는 많지만 국내 의류브랜드를 로열티 받고 해외에 진출하는 것은 이례적이다. 계약 조건은 중국 텐스엔터프라이즈가 계약금 1억원에 제품 판매액의 3%를 지급하고 카라 한국직원의 출장 및 업무비를 전액 지원키로 했다. 또 한 브랜드 이미지 유지를 위해 디자인과 품질지도, 광고전략 등의 업무는 본사가 관리할 계획이다.

도종현 사장은 "라이선스 매장은 올해 8월 중순 첫 오픈 예정이며 연내 베이징 무역센터 등 최고급 백화점에 4개 매장을 열 계획"이라고 말했다.

이번에 라이선스 계약을 체결한 텐스엔터프라이즈는 91년 설립된 중국패션업계 4위업체로 3개 브랜드를 보유하고 있다.

유아복업체 베비라도 최근 중국핵공업수출입공사(CNEIC)와 '베비라'브랜드에 대한 라이선스 계약을 체결하고 내년부터 사업을 시작한다. 베비라는 매출액 대비 5%를 수수료로 받기로 했으며 내년 10억 원 이상의 로열티 매출을 올리는 것을 목표로 하고 있다. 베비라는 79년 설립된 회사로 베비라, 꼼바이꼼, 디즈니베이비 등 3개 브랜드를 갖고 있으며 출산준비물, 유아의류, 유아용품 등을 생산하고 있다. 또한 현재 전국에 600여 개의 전문점과 백화점을 통해 영업을 하고 있다.

나. 라이선싱의 문제점과 대책

① 통제와 경쟁

기술에 대한 통제가 약화되므로 계약상 품질검사방법, 판매지역제한 등에 대한 규정을 두게 된다.

② 비밀유지

많은 기술이 널리 알려지게 되면 가치가 없어지기 때문에, 기술을 누설하지 않도록 하는 조항을 삽입.

③ 대가지불

대금의 지불방법이나 지불액은 여러 가지 종류가 있고, 계약에 대한 협상은 그 장점에 따라 이루어지는 경향이 있다. 그러므로 기술의 독특성이 높고 다른 기술공급원천이 없다면 라이센서가 유리한 입장에서 지불조건을 협상하게 된다.

④ 관련기업 선호

라이선싱계약은 특히 라이센서기업과 소유관계에 있는 기업들과 더 빈번하게 이루어진다. 왜냐하면 이들 기업이 기술을 더 효율적으로 사용하여 판매고를 높일 수 있을 것으로 생각하기 때문이다.

3) 기타 계약방식

가. 프랜차이징

의의 - 프랜차이저가 프랜차이지에게 상표의 사용권을 허가해 주고 사업체의 조직과 경영방법의 이전을 통해 지속적으로 운영을 지원해 주는 방식이다. 프랜차이징은 라이선싱의 한 형태로 볼 수 있으나, 프랜차이징이 라이선싱의 경우보다는 가맹회사의 운영에 보다 강한 통제를 하기 때문에 가맹회사는 본부의 정책과 운영절차를 따라야 한다.

장점: 저자본을 통한 해외시장진출, 독특한 이미지로 표준화된 마케팅, 고도로 동기부여된 가맹회사, 낮은 정치적 위험

단점: 본부 이익의 한계, 가맹회사의 운영에 대한 완벽한 통제불가, 경쟁사의 양성 가능성, 계약에 대한 정부의 규제

사용: 제품의 수출이 어렵고 해외투자를 기피하며, 생산과정이 쉽게 이전될 수 있는 경우에 적합한 방법.

햄버거로 세계 정복한 맥도날드 성공신화

신동아 2001년 2월

"어디서, 누가 만들어도 똑같은 햄버거맛 낸다" - 맥도날드의 신화는 메뉴를 단순화하고 모든 공정을 표준화하고, 화장실 운영 규칙까지 만든 매뉴얼을 배포함으로써, 어느 곳에서 누가 만들어도 똑같은 햄버거 맛을 낼 수 있게 한 데 있다.

"생각은 세계적으로, 맛은 지역 입맛에 맞게" - 예컨대 유대국가 이스라엘에서는 정갈한 비프스테이크를 개발했다. 쇠고기를 먹지 않는 인도에서는 채소 햄버거를, 말레이시아에서는 바랄 비프스테이크를 개발해 좋은 반응을 불러일으켰다. 필리핀에서는 맥스파게티 국수를 개발했다. 노르웨이의 맥도날드 체인점은 북해산 연어를 이용한 연어 샌드위치 맥럭을 개발했다. 맥주의 나라 독일의 체인점에서는 세계 최초로 맥주를 판매하기도 했다.

"체인점의 아이디어를 최대한 수렴" - 한국 맥도날드의 경우도 새 메뉴 개발에 열중해 1997년 한국의 전통 메뉴 불고기를 버거에 적용한, 불고기 버거를 개발했다. 불고기 버거는 당시 전체 매출의 35%를 차지할 정도로 크게 히트를 했다. 맥너겟의 경우도 퍽퍽한 닭 가슴살을 싫어하는 한국인의 입맛을 고려해 쫀득쫀득한 닭다리살의 함량을 높였다. 한국 맥도날드는 무엇보다 원재료의 70% 이상을 국내에서 조달함으로써, 한국인의 거부반응을 최소화하는 데도 성공했다.

한국 맥도날드의 변신, 성공할까

[내일신문 2005 - 08 - 02 16:42]

……(중략)…… 맥도날드의 또 다른 변화는 한국인의 특성을 반영한 새 메뉴에서 살펴볼 수 있다.

매운맛을 가미한 닭고기 요리 '크레이지 치킨 핫 폴더', 녹차 인기를 감안한 '녹차 맥 플러리' 등이 최근 인기 메뉴다.

특히 1일 전략적으로 선보인 새로운 '해피밀'은 웰빙 문화를 염두에 둔 어린이용 세트 메뉴로 눈길을 끈다. 이 메뉴의 특징은 4가지 버거에, 4가지의 디저트, 5가지 음료수 중에서 각각 1가지 메뉴를 선택, 총 80여 가지의 세트메뉴를 만들 수 있다는 점이다. 유제품, 과일주스, 콘 샐러드 등을 포함시켜 영양식사의 특징을 강조했다. ……(중략)……

나. 관리계약

의의: 해외기업의 일상적인 운영을 관리할 수 있는 권한을 부여받고, 이에 대해 일정한 대가를 수취하는 계약을 체결하는 것이다. 이 권한에는 새로운 자본의 투자, 장기부채의 기채, 배당정책, 기본적인 경영정책, 소유권 등에 대한 결정권한은 포함되지 않는다.

분류: 해외투자기업이 위탁을 하는 경우.

공장 설비를 판매할 기업이 그 사업체를 위탁경영할 경우.

운영이 어려워 방향전환을 위해 해외기업에 위탁경영을 의뢰하는 경우.

사용: 경영층의 특수한 지식이나 경험이 요구되는 전문 서비스업종에 자주 이용된다. 대개 합작투자나 턴키프로젝트의 일환으로 사용된다.

에릭슨, 인도 이통시장 공략

[디지털타임스 2006 - 08 - 28 09:38]

스웨덴의 통신장비 업체인 에릭슨은 인도 최대의 이동통신 사업자 바르티 에어텔에 앞으로 3년간 총 10억 달러 상당의 무선 네트워크 장비와 기술을 공급하기로 했다고 월스트리트저널이 25일 보도했다. 에릭슨은 바르티의 GSM / GPRS 네트워크를 업그레이드하는 한편 관리 서비스도 제공할 방침이다. 작업이 완료되면 바르티는 델리, 펀잡 등 15개 주의 모든 도시에서 이동통신 서비스를 실시할 수 있게 된다. 바르티의 마노즈 콜리 사장은 "내년 3월이면 휴대폰 가입자들은 국제적 수준의 통화 서비스를 이용할 수 있을 것"이라고 말했다.

인도 이동통신 시장은 저렴한 이용료를 내세워 빠른 성장세를 누리고 있다. 분당 통화 요금은 세계 최저수준인 1루피(약 21원)에 불과하다. 에릭슨은 지난 2004년에도 바르티와 4억 달러 상당의 네트워크 구축 관리 계약을 체결한 바 있다.

스페인, 유럽·북미기업 집중인수

[내일신문 2006-10-02 17:27]

10년간 유럽 최고 경제성장률 기록하며 세계경제 파워국가로 급부상
- 유럽 기업들 초긴장 …… '경제 애국주의' 논란 유발하자 EU 나서기도

스페인 기업들이 유럽 및 북미 기업을 인수합병하고 있어 관심을 끌고 있다. 이를 통해 그동안 유럽에서 크게 두각을 내지 못했던 스페인 기업이 글로벌기업으로 부상하고 있는 것. <월스트리트저널>은 스페인 기업의 이런 동향을 분석하면서 "스페인이 서서히 세계경제 파워 국가로 자리매김하기 시작했다"고 보도했다.

◆스페인 기업 '굶주린 포식자'처럼 달려들어=스페인 기업이 세계적인 유수기업을 대상으로 적극적인 인수·합병(M&A) 전략을 구사하면서 글로벌 기업들이 긴장하고 있다. <월스트리트저널>은 "10년 전만 해도 자국과 남미지역 외에는 거의 알려지지 않았던 스페인 기업이 영국·미국의 유수 기업을 잇달아 사들이면서 국제적 인지도를 높이고 있다"고 전했다. 경제전문가들은 스페인 기업의 공격적인 인수합병 전략에 대해 1492년 스페인이 이베리아반도에서 이슬람 세력을 물리친 '재정복'(레콩키스타)에 비유하며 주목하고 있다. 스페인 기업의 인수합병은 특히 정보통신 금융 에너지 부문에서 활발하다.

신문은 "스페인 통신회사 텔레포니카와 건설업체 그루포 페로비알, 교통인프라 전문기업 알베르티스 등이 '굶주린 포식자'처럼 달려들고 있다"고 비유했다. 스페인 '무적함대'를 대표하는 텔레포니카는 2000년 브라질의 대표적 정보통신 기업 텔레코뮤니카시옹 지분 62%를 80억 달러에 인수한 뒤 지난해 10월에는 영국 통신기업 O2를 315억 달러라는 거액을 들여 인수해 세상을 놀라게 했다. 텔레포니카는 같은 해 구체코슬로바키아 국영 통신기업을 사들였고 중국 차이나넷콤(CN) 지분 10%를 매입했다. 이를 통해 텔레포니카는 1억 3500만 명의 가입자를 자랑하는 세계 4위 통신사업자로 부상했다. 건설회사 그루포 페로비알은 영국 브리스톨 공항과 벨파스트 공항을 소유하고 있으며 올해 3월에는 영국 런던 히드로 공항을 관리하는 영국공항공단(BAA)을 인수했다. 스페인 산탄데르은행은 2004년 7월 영국 애비내셔널은행을 167억 8000만 달러에 인수했다. 이는 유럽에서 은행권 인수합병 사상 두 번째로 큰 규모로 기록됐다. 산탄데르은행은 1990년대 말부터 중남미지역에 본격적으로 진출해 현재 세계 9위의 거대은행이다.

◆"스페인경제 탄탄대로는 규제 풀었기 때문" = "오늘날 스페인 기업의 게걸스런 식욕은 급성장하는 스페인경제의 파워를 보여주고 있다"고 <월스트리트저널>은 전했다. 최근 10년 동안 스페인은 평균 3.6%의 경제성장률을 기록했으며 유럽경제가 침체국면에 빠져 있는 상황에서도 올해 3.4% 성장을 무난히 달성할 것으로 전망된다. 독일은 지난 10년 동안 평균 경제성장률이 1.4%에 지나지 않았다. 스페인은 이제 유로를 사용하는 국가 중 가장 빠른 경제성장세를 보여주며 일자리도 활발하게 창출하고 있다. <월스트리트저널>은 "스페인 경제가 탄탄대로를 걷는 것은 정보통신·은행·에너지 등 경제 핵심 부문에서 다른 유럽국가보다 먼저 규제를 풀었기 때문"으로 분석했다. 스페인 기업은 북미 시장에도 적극적으로 진출하고 있다. 산탄데르 은행은 29억 유로를 들여 필라델피아 지역은행 소버린방콥 지분 25%를 획득했다. 얼마 전에는 달라스 금융회사인 드라이브파이낸셜을 6억 5000만 달러에 사들였다. 스페인 은행 BBVA도 캘리포니아와 텍사스 소재 은행들과 인수계약을 마무리했다. 풍력 터빈을 제조하는 가메사는 펜실베이니아에 공장을 건설했으며 페로비알은 미국 시카고와 텍사스, 캐나다에 유료 도로를 운영하고 있다. 미 공군 F-14 톰캣 전투기 비행 시뮬레이터를 제작하는 시스테마스도 최근 세인트루이스에서 인프라관리계약을 체결했다. 스페인 기업이 이렇게 공격적 인수합병 전략을 구사하자 이탈리아를 중심으로 유럽 각국은 보호주의 반응을 보이는 등 긴장하고 있다. 하지만 정작 스페인 국내에서는 독일 에너지그룹 'E.on'이 자국 전력회사 엔데사에 대한 합병을 시도하자 이에 반대하는 목소리가 터져 나오면서 경제애국주의 논란을 유발했다. 결국 스페인은 유럽연합(EU) 집행위원회로부터 '경쟁 및 역내 시장규칙' 위반 판정을 받았다.

다. 계약생산

의의: 국제기업이 해외의 독립제조업체로 하여금 일정한 계약조건에 제품을 생산하게 하고, 이를 현지국 또는 제3국에 판매하는 것이다.

장점: 최소한의 소유자본과 경영자원을 투입하여 현지국에 신속하게 침투할 수 있다.

소유문제를 회피할 수 있다.

마케팅과 A/S에 대한 통제력을 발휘할 수 있다.

사용: 현지국의 시장규모가 작아서 투자할 가치가 없거나, 무역장벽이 존재하여 수출이 어려운 경우에 흔히 이용된다.

셀트리온·美 A&G 제휴, 유방암 치료제 개발나서

[매일경제 2006 − 06 − 08 07:47]

송도신도시의 대표적 외자유치 기업인 셀트리온(대표 서정진)이 미국 생명공학회사와 함께 유방암 치료제 개발에 나선다.

셀트리온은 암 치료제 전문기업인 미국 A&G(대표 지넷 세레로)와 지난달 24일 유방암 세포의 성장을 억제하는 면역단백질 ANTI − GP88 공동 개발 계약을 체결했다고 7일 발표했다. 셀트리온의 대규모 단백질 의약품 생산기술과 A&G의 암 연구 노하우가 시너지 효과를 낼 것으로 기대된다.

이를 위해 셀트리온은 A&G에 대한 지분 투자 200만 달러를 포함해 총 1040만 달러를 투자할 예정이다. 전임상과 임상시험을 거쳐 치료제 개발에 성공하면 셀트리온은 일본을 포함한 아시아 지역에 대한 판권과 전 세계 생산 공급에 대한 우선권을 갖게 된다.

A&G가 발굴한 유방암 치료제 후보물질인 ANTI − GP88은 정상인에게는 나타나지 않지만 유방암 환자 중 약 80%에서 암세포 성장을 부추기는 것으로 알려진 GP88을 억제하는 면역단백질이다. 기존에 널리 쓰이던 유방암 치료제가 20% 환자에게서만 발현되는 물질에 작용한다는 것에 비춰볼 때 치료 효과가 크게 높아질 것이란 설명이다. 전문가들은 외부에서 침입한 이물질이나 암세포 등을 제거하는 면역단백질(항체·antibody)을 이용한 이 같은 방식의 항암 요법이 부작용이 적어 주목받을 것으로 보고 있다. 문광영 셀트리온 이사는 "셀트리온이 미국 A&G와 유방암 치료제 공동 개발에서 세포주 개발, 양산기술 개발, 임상용 물질 공급 등을 담당하게 됨으로써 셀트리온 시장이 확대될 것으로 기대한다"고 밝혔다.

한편 대규모 단백질 제조, 동물세포 대량 배양, 단백질 대량 정제 기술을 갖춘 셀트리온은 지난해 다국적 제약사 BMS와 관절염 치료제 아바타셉트의 장기 공급 계약을 체결한 바 있다. 미국 바이오기업 '백스젠' 등이 2002년 공동 설립한 셀트리온은 내년 상반기에 코스닥 상장을 추진하고 있다. 특히 세계 1위 규모의 계약생산 설비를 갖춘다는 목표로 다음 달 중 송도 공장용지 인근에 12만ℓ 규모의 생산시설 증축을 계획하고 있다.

코스닥 유망기업 지상 IR] '택산아이엔씨': 디지털시대 선도기업

[한국경제 2000 - 03 - 28]

1990년에 컴퓨터 멀티미디어 카드 전문업체로 창업한 택산아이앤씨(구: 택산전자)는 그간 과감한 연구개발 투자를 통해 현재는 멀티미디어 제품은 물론 위성방송수신기 및 위성인 터넷카드까지 개발, 세계적인 기술력을 보유, 21세기 디지털 및 종합멀티미디어 시대를 위해 착실하게 준비되어 있는 벤처기업이다.

이 회사의 주요제품으로는 통신기기 제품(Digital Set Top Box, 위성인터넷 카드), 멀티미디어 제품(VGA Card, TFT LCD 모니터, MP3 Player 등) 등으로 구성되어 있다.

이 회사가 지난 98년 하반기에 개발 완료한 디지털셋톱박스는 현재, Digital Free to Air(FTA), Analogue & Digital Free to Air, Digital CI Box(Common Interface for CAS), Digital CI & Positioner Box, CAS Embedded Box(Viaccess) 등 다양한 모델을 개발완료, 공격적인 마케팅 활동을 전개하고 있다.

특히 이 회사의 위성인터넷카드(Sky2pc & Lan)는 PC에서 위성방송수신은 물론 위성의 초고속네트워크를 통해 초고속인터넷이 가능하게 되는 제품으로서 세계적인 경쟁력을 갖고 있는 제품이다. 또한 이 회사의 VGA Card는 ATI Chip을 내장한 것으로 PC의 Mother Board Slot에 삽입, 컬러모니터와 연결하여 사용하는 Video Graphic 가속기다. 이 회사는 이 제품의 대부분을 삼성전자, 삼보컴퓨터, LG전자, 현대멀티캡, 엘렉스컴퓨터 등 주로 대형 PC 메이커에 안정적으로 OEM(주문자상표부착방식) 공급하고 있다.

<> 시장현황 =이 회사는 LCD모니터 및 MP3 플레이어에 대하여 약 4천만 불 이상의 수출 Order를 확보하고 있으며, VGA 카드 또한 국내 대형 PC 메이커에 안정적으로 공급하고 있다. 위성방송수신기의 경우 유럽, 중동, 북아프리카 및 동남아시아 지역 등에 고정적으로 전량 수출하고 있으며 또한 이 제품은 세계 유수의 방송업자와 여러 건의 Bid를 준비하고 있어서 머지않아 Big Order의 확보가 기대된다. 특히 위성인터넷카드(Sky2 PC & Lan)의 경우 기술 선진국인 일본의 NTTSC, Hitachi에서 이 회사 제품의 기술력을 인정, 안정적으로 공급되고 있으며, 국내에서도 데이터 방송 및 위성인터넷 서비스 업체를 중심으로 활발한 영업활동을 펼치고 있다.

<> 기술개발 현황 =이 회사는 디지털셋톱박스 기술의 선진국인 영국 현지에 기술개발센터를 운영하고 있다.

이 연구센터에서 개발된 제품은 여타 제품과 비교해 성능이 뛰어날 뿐만 아니라 기술개발 초기단계에서부터 현지 위성방송을 이용해 충분한 Field Test를 거치고 있다. - - -중략 - - - - 이 회사의 계약생산 분야의 경우 세계적 기업인 캐나다 ATI 테크놀로지사의 그래픽카드, 삼성전자의 TFT -LCD 컨트롤보드 등의 제품을 수년간 고정적으로 계약생산, 공급하여 오고 있다.

이 회사는 현재 국내 기술연구소를 비롯해 영국의 R&D센터에 총 40명의 연구개발 엔지니어를 보유, 멀티미디어 제품, 디지털셋톱박스 제품, 위성인터넷카드제품, 디지털 통합제품 등 21세기 신제품 개발에 박차를 가하고 있다.

<> 장기비전 =택산아이앤씨는 향후 가전, 컴퓨터 및 통신의 영역구분이 없어지는 통합 디지털 시대에 쉽게 적응할 수 있는 멀티미디어 기술력과 위성통신기기 기술력을 동시에 확보하고 있는 회사이다. 일례로, 위성인터넷카드는 이 회사의 멀티미디어 기술과 위성통신기기 기술이 통합된 첫 번째 제품이다. 이 회사는 현재 통합 디지털 가전기기 분야인 위성방송과 인터넷이 동시에 가능한 인터렉티브 셋톱박스 또는 인터렉티브 디지털TV 등의 제품화에 착수 했다. 이는 스웨덴의 제1방송사인 TV4 및 Open TV 등으로부터 개발요청을 접수받아 제안서를 제출, 제품개발에 총력을 기울이고 있다. 또 향후 10년 안에 도래할 미래형 디지털 가전에 대비하여 지속적인 기술개발에 박차를 가한다는 전략이다. 이를 통해 오는 2002년 국내 디지털방송시대를 준비하는 것은 물론 세계시장에도 인정받도록 한다는 구상이다.

라. 턴키프로젝트

의의: 생산설비 등을 건설하고 설비가 가동되어 생산이 개시될 수 있는 시점에서 소유권을 넘겨주는 계약형태

턴키플러스: 발주자가 직접 운용할 수 있도록 경영자나 작업자의 훈련과 같은 서비스까지 제공하는 경우

단점: 주로 현지국 정부와 체결하는데, 다른 방식에 비해 정치적 위험이 아주 높은 편.

해결책: 중재나 불가항력조항의 설정과 보험을 통해 위험을 회피하거나 컨소시엄을 형성하여 위험부담을 분산시킬 필요가 있다.

제13절 서브프라임 모기지와 마케팅

2007년부터 지금까지 신문을 펴면 어렵지 않게 볼 수 있는 말이 서브프라임 모기지이다. 서브프라임 모기지 때문에 미국 경제가 어려워졌다. 이것이 한국에 미치는 영향은 어떠하다는 등의 여러 기사를 볼 수 있었는데, 서브프라임 모기지란 무엇이고, 왜 경제에 악영향을 끼쳤는지에 대해서 아는 사람은 많지 않다. 따라서 서브프라임 모기지란 무엇이고 왜 경제에 악영향을 끼쳤는지에 대한 정확한 이해가 필요하다. 그리고 세계경제에서 미국이 차지하는 비중은 말로 설명할 수 없을 정도로 막대하다. 특히나 한국은 '미국이 기침을 하면 한국이 몸살을 앓는다.'는 말이 있을 정도로 미국경제에 대한 의존도가 크다. 미국의 서브프라임 사태로 인한 세계경제의 경색, 한국 주식시장의 침체 등을 보면 이런 것들이 증명된다. 앞으로 우선적으로 모기지란 무엇이고 서브프라임 모기지란 무엇인지부터 알아보도록 하겠다. 그리고 본론으로 넘어가서 세계경제를 이렇게 공포의 상황으로 몰고 간 서브프라임 모기지 사태에 대해 자세히 알아보고, 앞으로 이 사태가 어떠한 방향으로 나아갈 것이고 거기에 맞는 우리의 대응방안에는 어떤 것이 있는지 알아보도록 하겠다.

1. 모기지론이란?

모기지론이란 주택을 구입하기 위한 자금이 필요한 자금 수요자가 은행을 비롯한 금융기관에서 낮은 금리로 장기간 자금을 빌리면 은행은 수요자의 수택을 담보로 잡고 주택저당증권(MBS, Mortgage Backed Securities)을 발행한 후, 이를 중개기관에 팔아 대출자금을 회수하는 제도이다. 중개기관은 주택저당증권을 다시 투자자에게 판매하고 그 대금을 금융기관에 지급한다. 보통 주택구입자금대출과 주택담보대출(Home Equity Loan) 두 가지 종류가 있고 대출한도에 제한이 없으며 대출기간이 최장 30년에 이른다는 점이 기존의 주택담보대출과의 차이점이다.

주택자금수요자는 주택을 담보로 하여 주택매입자금을 은행으로부터 차입해 주택을 매입하고, 은행은 대출한 자금에 대해서 주택자금수요자에게 계약 기간 동안 이자와 원금을 상환받는다. 모기지론의 경우 계약기간이 상당히 길고 낮은 금리로 계약이 형성되기 때문에 주택자금수요자가 안정된 수입을 가지고만 있다면 매우 매력적인 상품이다. 왜냐하면 금리가 낮고 일시에 원금을 상환해야 하는 부담이 없기 때문이다. 하지만 은행의 입장에서는 만기가 길어 현금흐름이 장기간이기 때문에 유동성의 문제를 안게 된다. 따라서 은행은 유동성을 확보하기 위해서 SPV(Special

Purpose Vehicle)라는 자산유동화 회사를 설립하여 대출자산을 SPV에 지급한다. 그러면 SPV는 받은 대출자산을 담보로 하여 증권을 발행한다. 이럼으로써 은행은 장기간 동안 발생할 현금흐름을 한 번에 현금화시켜 유동성 문제도 해결하고 재무구조를 향상시킬 수 있게 된다.

2. 서브프라임 모기지

미국의 주택담보대출은 프라임(Prime), 알트-A(Alternative A), 그리고 서브프라임(Subprime) 이렇게 세 개의 등급으로 분리된다. 프라임 등급은 신용도가 좋은 사람, 알트-A는 중간 정도의 신용, 서브프라임은 신용도가 일정 기준 이하인 저소득층을 상대로 한 주택담보대출이다. 이 중에서 서브프라임 등급은 상환 위험이 있기 때문에 프라임 금리와 비교했을 때, 금리가 약 2~4% 정도 높다.

2000년도에 들어서면서 미국은 유동성의 과잉과 저금리 때문에 부동산 가격이 급등하였다. 따라서 모기지론 업체들은 이것을 기회 삼아 서브프라임 등급의 사람들에게도 주택담보대출을 하기 시작했다. 2002년 말 3.4%의 비중을 차지하던 서브프라임 모기지는 2006년 말 13.7%까지 상승한 것을 보면 알 수 있다. 하지만 상승하던 집값이 하락하기 시작했고, 2004년 이후 FRB(미국 연방준비제도이사회)가 정책 목표 금리를 1%에서 5.25%까지 지속적으로 올렸다. 이자율이 상승하자 대출자들은, 특히 서브프라임 등급의 대출자들은 연체율이 약 20%까지 치솟는 등 원리금을 제대로 상환하지 못하는 사태가 발생하게 되었다. 그러다 2007년 4월 미국 제2의 서브프라임 모기지론 회사인 뉴 센트리 파이낸셜(New Century Financial)이 파산 신청을 내는 것을 시작으로 서브프라임 모기지론 사태가 시작되었다.

미국의 서브프라임모기지 사태로 인한 미국 내 체감경기는 우리가 상상하는 이상으로 심각하다고 한다. 한 금융인의 말을 빌리면 월스트리트는 IMF위기 당시의 한국인이 느끼는 정도의 불안과 공포를 느낀다고 하니 미국인의 체감경기가 얼마나 심각한지 잘 알 수 있다.

서브프라임모기지 사태는 미국에서 발생한 금융위기로 2001년 IT거품이 빠지기 시작하면서 당시 FRB의장인 앨런 그린스펀은 금리를 대폭 인하했다. 그러자 서민들은 저금리를 이용하여 집 투기에 집중하였다. 이런 저금리와 끝없는 부동산 가격의 상승이 작년부터 붕괴되기 시작하자 부동산 대출 금융기관들은 굉장한 어려움을 겪기 시작한다. 이렇게 금융위기가 오면서 미국경제상황이 최악으로 치닫자 이에 따라 세계 화폐의 상징인 달러화의 가치 역시 하락하기 시작했다. 이런 사태가 발생한 것은 미국이었고 세계경제의 중심지가 이렇게 흔들리자 세계의 여러 나라가 어려움을 겪는 상황이 발생하였다.

1) 서브프라임 모기지 사태의 원인

서브프라임 모기지는 주택을 가질 수 없었던 저소득층을 위해 개발되었다. 중남미에서 온 이민자, 흑인, 히스패닉 등의 소수이면서 노동자계층이었던 그들은 대출 연체의 이력이 있거나 담보가 존재하지 않았다. 따라서 은행은 위험을 안으면서까지 이들에게 대출을 해 줄 이유는 전혀 없었다. 하지만 미국의 부동산에 자금이 모이면서 금융기관들은 생각을 바꿔하게 되었다. 2000년 IT산업의 거품이 가라앉으면서 경제의 불황의 기미가 보이기 시작했다. 따라서 미국은 경제를 살리려는 방안으로 소비의 증대라는 방법을 선택했다. 왜냐하면 불황이라 하더라도 소비가 늘어난다면 총생산은 유지되기 때문이다. 소비 증대를 위해 FRB는 초저금리 정책을 선택하였고, 사회주의 국가들의 자본주의화로 인해 자금의 유통은 활발해졌다. 그리고 이런 자금은 미국의 부동산 시장으로 투입되게 된 것이다.

이러한 저금리의 정책하에서 금융기관들 간의 대출의 경쟁은 계속 치열해졌고, 따라서 신용등급이 낮았던 서브프라임 계층에게도 대출의 손길이 가게 된 것이다. 경쟁의 치열함에 부동산가격의 상승 역시 서브프라임 계층이 대출을 받을 수 있게 하는 데 한몫을 하였다. 서브프라임 계층의 사람들은 우선 대출로 집을 사고 월급으로 대출금을 갚는다는 생각으로 집을 사기 위해 대출을 하였다. 또한 못 갚더라도 집을 되팔면 부동산 가격이 계속 오르고 있기 때문에 중간에 팔아도 이득이 될 것이라는 계산을 하게 되었다. 하지만 서브프라임 계층이 돈을 빌리기 시작했을 때는 이미 부동산 가격은 최고였다. 또한 낮은 금리를 제시하지만 실제적으로 고금리로 대출을 하는 악덕 대부업자들도 등장하였다.

미국의 금융기술은 세계의 최고 수준을 자랑한다. 이러한 최고 수준은 서브프라임 사태를 확산시키는 역할을 담당한다. 사람들이 돈을 갚지 못할 경우의 위험에 대비하기 위해서 은행은 대출금을 받을 권리를 채권으로 만들어 투자자들에게 파는 방법을 사용한다. 서브프라임 계층이 돈을 갚지 못할 경우에 손해를 보는 것은 은행이 아니라 투자자들이다. 이렇게 은행은 대출금을 받지 못해도 이미 투자자들에게 받은 돈이 있기 때문에 실질적인 위험은 없었다. 이러한 투자자를 유치하기 위해서 신용평가회사들은 부실한 채권에 높은 신용등급을 부여했다. 높은 평가를 얻은 서브프라임 채권 시장으로 세계의 돈이 모이기 시작한다. 이로써 세계의 금융시장이 하나로 묶이고, 미국의 서브프라임 사태는 세계 경제의 위험으로 변한다.

은행은 일단 대출을 해주기만 하면 채권을 투자자들에게 팔 수 있으므로 신용이 낮은 사람들에게도 과도하게 대출을 해주었다. 담보에 대한 정확한 평가를 내려야 하는 은행의 의무는 돈 앞에서 사라졌다. 위험을 없애주는 시스템이 존재했기 때문이다. 이런 정확한 평가가 존재하지 않는 시장에서 개인들은 현실을 외면한 채 집을 2~3채 사들이기 시작했다. 미국 부동산 시장의 거품이 형성된 것이다. 하지만 저금리 시대에 변동금리로 돈을 빌렸던 수많은 개인들은 시간이 지나면서 금리가 높아지고, 반면 집값은 하락하면서 대출원리금을 제대로 갚지 못하기 시작했다.

미국에서 주택을 담보로 돈을 빌릴 때 개인의 신용등급에 따라 이자율이 다르다. 서브프라임 등급의 경우 프라임 등급보다 24% 정도 이자율이 높다. 은행은 대출당시의 집값의 거의 100% 수준으로 돈을 내주었다. 고정금리로 3년 이상 운영되고, 기업 3년 후 변동금리로 전환이 된다. 현재 미국 은행이 대출한 금액은 약 750만 명의 대출자에게 6,000억 달러로 미국 전체 주택담보 시장의 20%를 차지한다.

결론적으로, 서브프라임 모기지의 가장 큰 문제는 변동이자율과 집값의 하락이었다. 초반 3년까지는 고정금리여서 문제가 없지만, 그 이후 금리는 꾸준히 상승하였다. 또한 집값의 거품이 꺼지면서 집값도 내려갔다. 내야 할 돈의 액수도 커지고 주택을 팔아도 그것을 변제할 수 없으니 서브프라임 등급의 사람들은 지불능력을 상실하게 되었다. 이에 따라 서브프라임을 주도했던 모기지론업체들은 부도가 나게 되고, 이 업체에 투자했던 회사들까지도 부도위기에 몰렸다. 실제로 2008년 1월 미국의 초대형 금융회사인 Citi Bank와 Merrill Lynch는 사상 최악의 경영실적을 발표하게 되었다.

2) 서브프라임 사태가 미국 경제에 미친 영향

(1) 금융당국의 저금리 정책과 경제성장

앨런 그린스펀이 임기를 마칠 때, 그에 대한 이야기가 많았다. 그가 연방준비위원장을 맡고 있을 당시 저금리 정책이 미국 경제 성장에 큰 뒷받침이 되었던 것은 사실이지만 지금 벌어지고 있는 서브프라임 사태를 보면 그때의 성장이 과연 진정한 성과로 볼 수 있느냐에 대한 의구심이 든다.

이자율이 낮아진다는 것은 쉽게 말해 돈을 싼 값에 빌릴 수 있다는 것을 의미한다. 높은 이자를 내야 하는 서브프라임 등급의 사람들까지도 그 당시에는 낮은 이율을 적용받을 수 있었다. 그리고 미국 사람들은 대출에 대한 부정적인 인식이 낮다. 이런 복합적인 요소들은 너도나도 대출을 받게 하는 요소로 작용하였다. 우선 모기지론으로 돈을 빌리고, 그 담보분을 제외한 자산가치를 담보로 더 높은 이자율의 Home Equity Loan이라 불리는 대출을 받거나 HELOC(Home Equity Line Of Credit)라는 형태로 대출을 받았다. 대출받은 현금은 사회에서 쓰이고 경제성장을 가능케 했다. 또한 은행들도 더 많은 이자수익을 올리기에 더 많은 대출을 할 수 있었다. 앞서 나온 결과를 봤을 때 이러한 구조는 결코 바람직한 구조라 볼 수 없다.

(2) 미국경제의 경고신호

저금리 정책으로 차용자들과 금융기관의 순환구조는 한계에 도달하게 된다. 처음에는 모든 것이 좋게 돌아가는 듯 보였지만, 그 순환구조는 그리 오래가지 못했다.

서브프라임에 적용되는 이자율로 돈을 빌린 사람들은 슬슬 이자를 갚지 못하게 되었고, 이를 빌려준 은행들은 주택을 공매처분하기 시작한다. 공매처분율은 2006년부터 계속 올라가고 있었고 이는 미국 주택경기의 침체를 가져왔다. 주택경기의 침체는 결국 주택을 담보로 계속 소비가능 현금을 만들었던 미국인들의 소비를 위축시키면서 경제에 경고신호가 들어오기 시작했다.

(3) 파생상품(주택담보부채권)

이번 서브프라임 사태는 은행과 대출자의 문제에 국한된 것이 아니었다. 그 파장이 미국 전체의 채권시장에도 퍼졌고, 증권시장에도 영향을 미쳤다. 메릴린치와 같은 모기지론의 비율이 그리 높지 않은 투자은행도 서브프라임 사태로 인해 역사상 유례가 없는 분기적자를 발표했다.

모기지론은 여러 얼굴로 변했다. 하나의 대출상품이었지만 조금씩 그 모습을 달리하는 파생상품으로 변하면서 이 사태는 커지게 되었다. 파생상품이란 일반적인 금융상품 혹은 다른 파생상품으로부터 새로운 현금흐름을 발생시키는 것을 말한다. 그 대표적인 예가 선물과 옵션이다. 미국에선 모기지론에 대한 파생상품이 굉장히 발달해 있었다. 우선 모기지론을 처음 대출한 대출기관은 다른 금융기관에 이 모기지론을 판다. 이 모기지론을 산 은행들은 모기지론을 담보로 해 새로운 주택담보부채권(RMBS－Residential Mortgage Backed Securities)을 발행한다. 이때 주택담보부채권은 그냥 하나의 채권이 아닌 여러 개의 트렌치(Tranche)로 발행된다.

예를 들어 한 금융기관에서 10억짜리 RMBS를 발행한다면 금융기관은 10억 원의 모기지론을 모기지 은행으로부터 사들인 후, 모기지론 전체의 현금흐름과 위험도를 분석한 후, 각 트렌치의 현금흐름을 결정한다. 트리플A 트렌치로 우선 현금흐름이 배정되고 남는 현금흐름은 그 다음 신용등급인 더블A 트렌치로 배정된다. 이와 같은 현금흐름을 워터폴(Waterfall)이라 한다. 결국 워터폴 구조에서 마지막 트렌치의 경우는 현금흐름이 없을 가능성이 높기 때문에 상위의 트렌치에 비해 높은 수익률을 받는다. 투자은행은 주택담보부채권을 발행함으로써 수수료이익을 챙기고 투자자들에게는 보다 높은 유동성을 지닌 다양한 종류의 모기지 관련 상품을 제공할 수 있게 된다.

(4) 파생상품의 파생상품(부채담보부채권)

일반적으로 부채담보부채권(CDO, Collateralized Debt Obligation)이라 하면 그 담보가 무엇인지에 따라 다양한 이름을 갖는다. 담보가 대여금(Loan)인 경우에는 CLO라 불리고 회사채(Bond)인 경우는 CBO라 불린다. 서브프라임 사태와 직접적인 관련이 있는 CDO는 ABS CDO(Asset Backed Securities CDO)이다.

ABS CDO의 담보는 다양한 ABS 즉 자산담보부채권이다. 위의 3)에서 살펴본 자산담보부채권을 담보로 하여 또 다시 새로운 현금흐름을 만들어 내는 것이다. 서브프라임 모기지사들은 자산담보부채권을 또 다시 모아 신용등급별로 수익률을 다르게 하는 부채담보부채권을 발행하였다. 금융기관들이 이러한 채권을 발행하는 이유는 수수료를 챙기기 위함이었다.

CDO의 발행은 자산담보부채권으로 포트폴리오를 구성하여 각각의 신용등급별로 트렌치를 나누고 각각의 트렌치의 투자자를 모은 후 발행된다. 하지만 문제는 가장 높은 신용등급의 트렌치에 투자자가 없다는 점이었다. 'high risk, high return'의 공식에 따라 사람들은 하위 신용등급의 트렌치에 투자하려 했지 수익률이 낮은 상위 트렌치에 투자하려 하지 않았다. 이때 발행 기관들은 CDO를 발행하기 위해 상위등급의 트렌치엔 자신들이 직접 투자하는 현상까지 발생하였다. 시장논리에 따르면 투자자가 없는 CDO는 발행되지 않았어야 했다. 하지만 금융기관들이 엄청난 수수료를 챙길 수 있는 기회를 그냥 놓칠 리 없다. 그래서 상위등급의 트렌치엔 자신들이 직접 투자하는 일까지 일어난 것이다.

이런 순환구조는 한 곳에서 자금흐름이 막히면 줄줄이 도산하는 결과를 낳기 마련이다. 서브프라임의 주택구매자들이 돈을 못 받기 시작하자 모기지론에서부터 자산담보부채권, 부채담보부채권에까지 부실을 초래하는 일이 발생하였다.

(5) 시가평가의 손실

이번 사태가 터진 후 가장 큰 타격을 입은 기관은 메릴린치와 씨티은행이다. 2006년과 2007년 두 기관은 미국에서 부채담보부채권(CDO) 발행순위에서 1, 2위를 다투던 기관이다. 적자규모순위와 CDO발행순위가 일치했다고 볼 수 있다.

규정상 금융기관은 트레이딩을 하는 것에 대해서는 액면가가 아닌 시가로 평가하게 되어 있다. 시가에 따라 자산평가손실 / 이익을 공시하여야 하는데, 만약 거래량이 많지 않아 시장가가 형성되지 않은 자산에 금융상품에 대해서는 각 금융기관의 측정에 따라 시가를 계산하여 공시한다. 이때, 위에서 말한 신용등급이 가장 높은 CDO의 트렌치에 관한 손실이 가장 큰 부분을 차지했다. 모기지사태가 발생하면서 트리플A였던 신용등급의 트렌치는 더 이상 그 신용등급이 아니었고, 따라서 낮은 신용등급에 따라 계산된 가격은 낮을 수밖에 없어 엄청난 손실을 입을 수밖에 없었다.

3) 서브프라임 사태가 세계 경제에 미친 영향

2007년 6월부터 8월까진 세계의 금융시장은 혼란의 도가니였다. 세계 주식시장에서 주가는 10%의 대폭락을 경험했다. 또한 환율시장에선 달러화의 가치도 계속해서 하락했다. 한국의 경우 8월 16일 코스피지수는 6.93%가 떨어지고, 코스닥지수는 10.15%나 하락했다.

2007년 4월 미국 2위의 서브프라임 모기지 대출회사인 뉴센추리 파이낸셜이 파산을 신청했다. 7월엔 대형 투자은행인 베어스턴스가 자회사인 헤지펀드 2곳을 파산처리했다. 이후 베어스턴스는 JP모건에 인수되었다. 8월엔 프랑스 최대 은행인 BNP

파리바은행이 자사의 3개 자산유동화증권(ABS)펀드에 대한 자산가치 산정 및 환매를 중단했다. 그리고 곧바로 미국 최대 서브프라임 모기지 대출회사인 컨트리와이드 파이낸셜은 은행권의 긴급 자금 지원을 받았다. 영국의 노던록은행은 국유화가 되었다. 이 외에도 골드만삭스, 씨티그룹, 모건스탠리, 메릴린치 등이 서브프라임 모기지에서 파생된 금융상품으로 막대한 피해를 입었다.

대형 금융기관들의 타격도 문제이지만, 그들이 만들었던 파생상품에 세계의 각국 은행, 금융기관들이 투자를 한 것이 세계 경제에 악영향을 끼친 원인이다. 미국 경제가 세계에서 가장 중요한 역할을 하기에 그들만 흔들려도 세계 경제가 어려워지는데 거기에 막대한 자금을 세계 각국에서 투자했으니 그 영향은 이루 말로 다 할 수 없을 정도였다.

2006년의 성과는 엄청나게 큰 액수였기 때문에 2006년 말 2007년 초에 월가의 금융맨들은 엄청난 보너스를 받았다. 하지만 오래 지나지 않아 2월부터 슬슬 위기가 찾아왔지만 그들은 거기에 큰 비중을 두지 않았었다. 현실을 냉정히 받아들이지 않고 외면한 것이다.

중국과 유럽, 뉴욕의 증시가 2007년 초 급락하는 모습을 보였다. 하지만 이때에도 심각하게 받아들이지 않았다. 그리고 주가는 다시 상승국면을 맞는다. 그러다 미국 연방준비제도이사회의 전 의장인 앨런 그린스펀이 미국 경기가 올해 안에 침체에 빠져들 수도 있다는 발언과 함께 GDP성장률, 서비스업 지수 등은 모두 하락하고 있었다. 하지만 이때 벤 버냉키 연방준비제도이사회장은 이것은 예견되었던 일이라며 미국 경기는 양호하다는 자세를 부정했다. 또한 여러 투자회사들도 지금의 주가 하락은 잠시뿐이라며 매수의견을 내놓았다. 결국 2007년 초반엔 낙관론자의 의견이 맞아 들어갔다. 세계의 주가는 계속 성장했기 때문이다. 하지만 모기지와 관련된 회사들의 엄청난 손실액이 발표되고, 뉴센트리 파이낸셜의 파산 신청 등의 악재들이 쏟아져 나왔다.

이런 악재들 속에서 세계는 공포에 휩싸이게 된다. 2007년 8월이 넘어가면서 미국에서도 이런 사실을 받아들이는 입장으로 가게 된다. 연방준비제도이사회는 재할인율을 0.5% 인하한 것이 그 예이다. 하지만 이미 늦은 판단이었다. 작년 7월 종합

주가지수가 2000을 넘었던 한국은 1달도 안 되는 새에 1600대 초반의 지수로 떨어지게 된다. 홍콩의 항생지수 역시 1달도 안 되는 새 10%가 넘는 지수하락을 보였다. 이러한 상황에서 악재들은 독일, 프랑스, 영국 등의 세계 각국에서 쉴 새 없이 쏟아져 나왔다. 이런 상황에 맞춰 연방준비제도이사회에선 재할인율, 정책금리를 꾸준하게 내렸지만 효과를 보지 못하였다.

부실 규모가 계속 커지면서 투자은행들은 자금난에 부딪히지만 신용경색이 진행되는 상황에서 자금조달은 쉽지 않았다. 이때 나타난 것이 아시아의 국부 펀드와 중동의 오일머니이다. 이들은 턱없이 싼 가격에 지분을 인수하거나 높은 이자율을 제시하여 자금을 대 주었다. 예를 들어 씨티그룹은 중동의 오일머니로 부도위기를 넘겼다. 표면상으로 중동은 경영참여의사가 없이 좋은 의미로 돈을 빌려주는 것처럼 보이나, 세계에서 가장 자존심이 센 미국에서 가장 큰 은행 중에 하나인 씨티그룹의 입장에서는 참으로 굴욕이 아닐 수 없었을 것이다.

지난해까지만 하더라도 서브프라임 사태는 미국 경제에 일부분 영향을 주고 끝날 것이라 예견했다. 하지만 지금은 그 애기가 다르다. 미국의 부동산 가격은 오를 기미가 없다. 상품을 판매할 때만 해도 부동산 가격에 대한 일종의 맹신이 있었기에 신용등급의 철저한 조사 없이 당장의 이익에만 급급하여 상품을 판매하였다. 그리고 실제로 이전엔 미국에서 집값이 전국적으로 떨어진 적은 없었다. 하지만 미국 전역에서 집값은 하락하고 있고, 금리는 현재 많이 내리고는 있지만 기준 연도와 비교했을 때보다는 훨씬 높다. 또한 유가가 사상최고치를 경신하며 오일쇼크로까지 불리는 이 상황은 미국의 소비를 감소시키고 있다. 이러한 상황을 토대로 미국의 경제를 생각해 본다면 올해 내에는 미국의 경제상황이 좋아질 것 같진 않다.

또한 여러 수치적인 전망도 경제상황이 당장 좋아지기 힘들 것이라는 의견을 뒷받침한다. IMF는 올해 세계의 경제성장률을 지난해에 발표한 5.2%에서 4.1%까지 내렸다. 그리고 한국은행은 올해 한국의 경제성장률을 올 초 4.7%로 발표했으나 4.5%를 넘기 힘들 것이라는 발표를 하였다. 미국의 경제성장률이나 여러 가지 지수들이 최악의 결과를 보이고 있는데, 경제적인 측면에 있어 미국의존도가 높은 한국으로선 당연한 발표라 할 수 있다. 하지만 그나마 다행인 것은 한국이 서브프라임 모기지 사태에 대한 영향은 아주 크지는 않다는 것이다.

지금 세계 경제는 어렵지만 앞으로 이러한 사태가 재발하지 않는 것이 중요하다. 그러기 위해선 우선 신용등급의 확실한 기준이다. 당장의 돈벌이나 눈앞의 이익 때문에 신용등급을 남발하는 것은 지양해야 한다. 미래의 상황을 고려한 철저한 등급 구분이 이러한 사태를 막을 수 있을 것이다. 또한 자산담보부채권이나 부채담보부 채권에 대한 개별 신용등급 측정이다. 이들은 아무리 신용등급이 좋은 기관에서 만들었다고 해서 그들의 신용이나 위험이 기관과 같이 가는 것은 아니다. 그렇기 때문에 위와 같은 상품에 대해서는 기관과 관계없이 독자적으로 신용등급을 평가하는 제도가 마련되어야 할 것이다.

제14절 피터 드러커의 이론에 의거한 및 혁신전략

사실 혁신에 대한 이론은 매우 방대해서 이 이론들 중에서 어떤 것을 선별하는가 가 우리의 가장 큰 과제였고, 최대한 수업에서 다룬 내용과 중복되는 것을 피하려 했다. 계획서에서 언급했던 것과 같이 경영혁신의 이론을 피터 드러커를 중심으로 서술하려 했으며 피터 드러커가 설명한 이론들 중에서 핵심적인 사항들을 추려내고 자 했다. 또한 혁신과 관련된 조직이론 등은 교재에 자세히 서술되어 있어 되도록 실천적인 방안에서 혁신전략을 수행하는 자세를 전달함에 비중을 두었다.

1. 혁신이란?

우리는 혁신을 크게 두 가지 측면에서 해석했다. 하나는 기존 자원에 가치적 능력을 부여한 측면이고 다른 하나는 잠재력을 높여 더 많은 가치적 능력을 부여한 측면이다. 기존 자원에 가치적 능력을 부여한다는 것은 자원의 생산성을 높인다든지 새로운 용도를 찾아내는 것 등을 의미한다. 반면 더 많은 가치적 능력을 부여하는 것은 물질적인 것뿐만 아니라 영향력, 구매력을 고려한 것을 말한다. 정리해 보면 혁신은 기술적인 것, 물질적인 것을 포함하여 가치를 창출하는 모든 행위를 총칭한다.

2. 혁신의 기회

혁신의 의미를 살펴본 바로 혁신은 거창한 것이 아니라 시장의 움직임을 이해하는 것에서부터 시작될 수 있음을 우리는 알 수 있었다. 위의 의미에서는 사실상 혁신의 기회를 포착하는 것은 약간의 예민함만 있으면 가능하다고 할 수 있다.

우리는 이러한 혁신의 기회를 포착하는 데 도움이 되는 7가지 생각을 소개하고자 한다.

1) 예상하지 못한 일에서 가능성을 보라

전략을 수행함에 있어서 우리가 예상하지 못한 성공 / 실패를 할 수 있다. 이는 단순히 정량적인 Data로서는 해석되지 않는 상황이며, 당황스러운 부분이 아닐 수 없다. 하지만 이러한 상황에 대해서 새로운 현실에 대해 지각하고 이를 혁신으로 활용해야 한다.

KT&G의 Esse 담배의 경우 원래 여성을 타깃으로 출시되었으나 실제 판매에서 오히려 중년남성들의 구매가 더 많은 것을 확인하고 기존의 전략을 수정, 남성에게 어필할 수 있는 광고 전략으로 변경하였던 경우는 이 주장을 뒷받침해 주는 좋은 자료라 할 수 있다.

하지만 이러한 경우에는 정성적인 Data에 대한 이해가 수반되어야 하는 경우가
많으므로 이러한 사항에 대한 신중한 검토가 필요하다.

2) 불일치는 변화의 징후

쉽게 말해서 생산자가 진실이라고 믿는 가치와 기대, 고객과 소비자가 실제로 기
대하는 것 사이의 불일치 현상을 말한다. 1번과 유사한 부분인데, 2번의 경우는 보
다 사회 전반적인 상황에 초점을 두고 있다.

대표적인 예로 닌텐도 Wii를 들 수 있겠는데, Wii가 다른 경쟁 상태에 있는 차세
대 게임기와 비교했을 때 하드웨어적으로 뒤떨어짐에도 불구하고 성공할 수 있는
것은 여타 다른 기업들이 게임기의 핵심 가치는 화려한 그래픽과 킬러 콘텐츠의 확
보에 있다고 본 반면, 실제 소비자의 경우에 이를 핵심 가치로 여기게 되는 부류는
Hard-User에 그치고 스펙트럼상에서도 많은 부분을 차지하지는 않는다.

닌텐도는 이를 파악하고 Soft-User가 중시하는 가치를 파악, 가족과 어울려 편하
게 즐길 수 있는 게임기로 자신들의 포지션을 이끌었고 결국 성공할 수 있었다.

3) 프로세스에서 빠진 부분은 무엇인가

어떤 기술에 기반을 둔 시장이 형성되었을 때 그 시장의 프로세스상에서 고객에
게 부족한 부분이 있을 경우가 있다. 또는 시장에서 원하는 어떤 한 가지가 충족되
지 못하는 것이 발생할 수 있다. 즉 다시 말하면 이러한 필요를 혁신의 원천으로
파악하는 것인데, 그 예로 Cyworld를 들 수 있다.

디지털 카메라가 급속히 퍼지는 시점에서 일반 카메라와 달리 디지털 카메라는
촬영한 사진을 보관 또는 전시, 감상할 마땅한 공간을 확보하지 못하고 있었다. 이
를 Cyworld는 개인 공간에서 손쉽게 게시하고 사람들이 둘러볼 수 있도록 하는 프

로세스를 제공함으로써 자신들의 입지확보에 유리한 방향으로 작용했다.

4) 바뀌는 산업, 변하는 시장

산업과 시장구조는 쉽게 변할 수 있다는 것에서 시작하는 이 개념은 변화에 민감하게 대처할 필요성을 의미한다.

이 경우는 현재 개인병원이 상가에 밀집 형으로 모여 있는 것이 선호되는 시점에서 의료전문 지원 회사 등이 생기는 것으로서 예를 들 수 있다.

5) 인구구조는 지금도 변하고 있다

외부에서 일어나는 변화 가운데 인구구조의 변화가 가장 뚜렷하다. 총인구, 연령구조, 성별구조, 고용 통계, 교육 수준 그리고 소득구조 등 인구구조의 변화가 불러올 결과들을 예측하기란 그리 어렵지 않다. 하지만 경영에서 이러한 수치에 대해 고려를 적극적으로 하지 않는 경향이 있다.

이는 잘못된 것이며 Lead time을 통한 변화의 방향을 예측하고 그에 따른 기회를 찾아내는 것에 적극적일 필요가 있다. 현재 빠른 속도로 증가하고 있는 실버산업의 경우에도 이와 같은 인구구조에 대한 관심을 조금만 기울였다면 성공의 기회로 삼을 수 있었을 것이다.

6) 인식이 변하면 시장도 바뀐다

지각상의 변화는 실질적으로 혁신의 기회를 창출한다. 즉 다시 말해서 지각상의 변화는 새로운 수요를 유발하며 이를 통해 새로운 시장을 창출할 수 있는 것이다. 여기서 사회학자 또는 경제학자가 지각과 관련된 현상을 설명할 수 있는지에 대해서는 중요하지 않다. 중요한 것은 지각의 변화가 실체로서 그대로 남아 있다는 것이며 이는 아주 이색적인 것도 아니고, 절대 파악할 수 없는 것도 아니다. 분명히 구체적으로 나타나며 우리는 그런 현상을 정의할 수 있고, 검증할 수 있으며, 무엇보다 중요한 것은 이용할 수도 있다.

쉽게 생각해서 웰빙열풍과 몸짱열풍을 생각해 보면 된다. 이 시기에 한국판 <Mans Health>가 창간됐으며 수익을 올릴 수 있었다.

또한 위의 사례에서도 보듯이 타이밍이 중요하다. 변화가 포착되면 재빨리 혁신에 착수해야 할지 아니면 이 변화가 일시적인 유행 현상인지를 판단해야 한다.

7) 지식, 변화를 읽는 힘

이는 우리가 일반적으로 이해하고 있던 혁신일 것이다. 즉 전구, 줄기세포 등과 같이 새로운 가치적 능력을 부여하는 것인데, 뒤의 혁신전략에서도 다루겠지만 고려해야 할 사항이 많아지는 어려움과 개발에 대한 Lead Time이 길다는 문제점을 가지고 있다.

3. 혁신 전략

위의 7가지에 기반을 두어 기회를 포착하였으면 본격적인 전략수립에 들어가야 한다. 여기에서 우리는 전략수립에서 고려해야 할 사항을 4가지로 나누어 보았다. 각각의 전략들은 모두 동시에 수행되기에는 한계가 있으며 이 중 어느 한 가지에 포커스를 두어 전략을 수행하는 것이 바람직할 것이다.

1) 고객창조 전략

물리적으로는 아무런 변화가 없는 듯 보이지만, 경제적으로 무엇인가 다르고 새로운 것을 창출하는 것이 이에 해당된다. 여기에는 주로 고객들에게 새로운 효용을 발생하게 하는 것이 포함되며 중요한 것은 여기에 적합한 가치를 매기는 것이다.

즉 다시 말하면 고객이 정말로 구입하는 것이 무엇인가를 알고 고객이 가치로 인식하는 것에 대해 정당한 가격을 제시하는 것에 성공여부가 달렸다고 할 수 있다.

2) 총력 선점 전략

총력 선점 전략은 쉽게 말해 주도권을 목표로 하는 것이다. 많은 사람들이 이 전략이 매우 뛰어난 전략으로 생각하지만 사실 이 전략은 성공 확률이 높지 않다. 다만 이 전략은 야심찬 목표임은 확실하며 매우 깊은 생각과 주의 깊은 분석이 수반되었을 때, 거기에 모든 노력을 그곳에 집중할 때 선점을 이끌어 낼 수 있다.

또한 성공적인 사업으로 정착하고 난 뒤에도 후속작업을 늦춰서는 안 된다. 이는 선발기업의 개념의 위치처럼 현재의 선점위치는 상대적으로 편안하게 진입하게 되는 후발기업만을 만들어 낼 수 있다. 이는 우리가 3번째로 살펴볼 전략에서 설명하도록 하겠다.

3) 약점 공략 전략

이 개념은 우리가 흔히 알고 있는 창조적인 모방으로 이해하면 될 것이다. 과거에 일본 기업들이 미국의 기술을 모방하여 조금 더 고객들이 필요로 할 만한 것을 추가하여 제품을 만들어 냈듯이 이 전략은 기존의 시장에서 빠진 부분을 찾고 이를 충족시킴으로 기존에 있는 제품이나 서비스를 완성시키고 제자리를 잡아주어 성공적인 전략을 이끌어 낼 수 있다. 즉 위에서 살펴본 후발기업으로서의 이점을 노리는 전략이라 할 수 있겠다.

4) 생태학적 틈새 전략

이 전략은 프로세스상에서 극히 미세하지만 중요한 부분을 차지하는 전략으로서 이는 주로 소규모 시장에서 실질적인 독점을 의미한다. 이 전략을 수행하는 분야는 주로 어느 전체적인 제품, 서비스에서 작은 부분에 국한되게 되는데 기계부품의 고무 팩킹 기술 등을 떠올리면 이해가 쉬울 것이다.

여기에서 가장 중요한 점은 이 기술이 프로세스상에서 필수적이어야 하며, 나만이 알고 있는 기술이며, 또한 비용적으로는 전체 프로세스상에서 압도적으로 작은 부분을 차지해야 한다. 그래야만 경쟁자들이 이 시장에 별다른 매력을 느끼지 않으므로 한 기업만이 존재하는 사실상의 독점 상태를 영유할 수 있게 된다.

이 전략에서 가장 큰 문제점은 이 시장에 위치하게 되는 기업은 자신들의 의지와는 상관없이 외부상황에 많은 영향을 받게 되는 것이다. 즉 이 제품은 특정 프로세스에서만 위치하게 되기 때문에 프로세스 전체의 매력이 감소하는 등의 상황에 능동적으로 대처할 방안이 없게 된다. 또한 이 산업의 기술이 전문성을 상실하게 되는 경우에는 가장 심각한 위험을 초래하게 된다.

우리는 앞서 살펴본 혁신의 기회를 포착하여 적합한 전략을 수행할 때 비로소 혁신에 성공한다고 판단하였다. 사실 시장의 상황은 정량적인 측정으로 해석이 불가능한 부분이 많으며 이는 경영자의 세심한 안목이 수반되어야 한다고 생각한다. 위의 전략들을 적절히 사용할 수 있을 때 확실한 혁신전략을 수립할 수 있을 것이다.

제15절 제품 브랜드와 마케팅 전략

1. 제품 개념(브랜드 개념)

1) 제품 개념과 포지션(위상)

(1) 제품 개념

제품 개념이란 제품이 어떻게 고객의 욕구를 충족시킬 수 있는가를 보다 더 구체적으로 소비자들에게 의미 있는 언어로 표현한 것을 말한다.

(2)제품 포지션(제품 위상)

－세부적이고 구체적인 제품의 의미
－경쟁사로부터 자사 제품을 차별화
－자사 제품의 위치를 정립하기 위해

2) 제품 개념의 종류

제품개념	소비자욕구
기능적	고객들에게 내·외적으로 야기되는 기능적 문제들을 해결하기 위한 것
상징적	고객들을 그들이 원하는 집단이나 역할 혹은 자아상(현실적 혹은 이상적)과 연결시켜 주는 것
감각적	감각적인 자극을 통하여 내적으로부터 창출되는 고객들의 욕구를 충족시키기 위한 것

2. 개념전달 차원의 마케팅 목표 설정

제품이나 서비스가 고객의 욕구와 선호에 일치한다는 것을 나타내는 데 관련된 활동들

3. 구매장애 제거 차원의 마케팅 목표 설정

개념전달 활동을 통해서 수립된 고객의 인지를 실제의 거래로 전환시키기 위해서는 거래상에서 나타나는 여섯 가지 장애요인들을 제거시키는 구매전환활동이 필요.

4. 예상재무목표 및 타부서 지원사항의 확인

마케팅관리자는 개념전달활동과 구매장애제거활동의 결과로서 나타날 예상매출액이나 이익목표를 가지고 있어야 함.

1) 포지셔닝(위상정립) 전략

(1) 단기적 포지셔닝과 장기적 포지셔닝

가. 포지셔닝(위상정립)

제품(브랜드)개념을 신속하고 정확하게 전달하기 위한 개념전달목표와, 이를 바탕으로 실제 거래를 하려고 할 때 나타날 수 있는 거래장애를 제거하기 위한 구매장

애제거목표 달성 및 경쟁제품과 가장 효과적으로 차별화시킬 수 있는 위치를 고객의 마음속에 자리매김하려는 모든 노력을 의미한다.

나. 시장세분화

기업과 고객들과의 거래가 가장 효율적으로 수행될 수 있는 시장을 확인·파악해 나가는 것을 말한다.

(2) 포지셔닝의 유형

가. 기능적 편익 혹은 속성에 의한 포지셔닝

미국 승용차시장에서 현대 '엑셀'은 저가격을 강조 / Volvo는 안정성을 강조 / BMW는 'the ultimate driving machine' 우수한 성능

나. 상징적 편익 혹은 속성에 의한 포지셔닝

Godiva Chocolates은 'Make a wish'의 메시지 사용하여 고급브랜드로 포지셔닝

다. 감각적(경험적) 편익 혹은 속성에 의한 포지셔닝

The United Color of Benetton, 초코파이

(3) 포지셔닝의 접근방법

가. 제품포지션의 정립을 위한 질적 방법
나. 제품포지션 정립을 위한 양적 방법

① 소비자태도와 의도에 관한 설문조사
② 다차원 척도법(Multi-Dimensional Scaling: MDS)

- 제품의 포지션을 결정지어 줄 수 있는 핵심적 차원 및 속성들과 이들 차원에 대한 소비자들의 인지도(perceptual map)를 작성하는 기법.
- 다차원 공간에서 소비자의 특정욕구를 만족시킬 수 있는 제품들에 대한 소비자의 인지사항을 지도화하여 핵심속성들의 차원을 규명하기 위한 것.

● 인지도에서 얻을 수 있는 제품개념 정립에 필요한 두 가지
  - 신제품 기회를 확인.
  - 인지도는 어떤 특정 신제품의 개념이 기존제품과 비교하여 소비자에게 어떻게 인지되는지를 알려줌.

● 제품개념을 결정할 시 고려사항
  - 인지도를 도출해 내는 과정에서 신뢰성 있는 두 개의 차원을 추출하기 위해서는 일반적으로 적어도 8개의 제품이 필요
  - 두 차원의 의미를 해석하여 명칭을 부여하는 과정이 상당히 주관적이라는 점
  - 관찰된 유사성(즉 유사성에 대한 소비자의 평가)과 인지도상의 제품 위치를 일치시키기 위해 필요한 차원의 수를 결정하는 것은 매우 복잡함
③ 컨조인트분석
  - 다양한 제품속성과 각 속성의 수준의 상대적 매력도를 평가하여 최적의 속성조합(즉 제품설계)을 도출해 내기 위한 방법
④ 재포지셔닝(Repositioning)
  - 소비자가 기호의 변화, 강력한 경쟁제품의 진입 등으로 기존의 포지셔닝이 경쟁우위를 잃거나 혹은 그 밖의 이유로 기존의 포지셔닝이 기업의 원하는 식으로 되어 있지 않을 때 하는 것이다.

5. 문화 마케팅 전략

21세기는 문화전쟁의 시대라고 한다. 이것은 국가나 기업의 국제경쟁력이 국가나 그 국가의 기업과 제품이 세계문화에 미치는 영향력에 의해 결정된다는 의미이다.

1) 문화의 본질

문화에 대한 정의는 문화를 연구하는 학자들만큼이나 다양하다. 이는 문화의 개념이 광범하고 극히 복합적이며 인간의 생활 전부를 포함하고 있다는 것을 나타낸다.

[문화의 세 가지 공통적인 특성]
첫째, 문화는 사람들에 의해 학습된다.
둘째, 문화는 서로 연관되어 있는 많은 상이한 부문들로 구성되어 있다.
셋째, 문화는 그 사회의 구성원들인 개인들에 의해 공유되고 있다.

문화는 상위그룹과 하위그룹으로 나누어져 있다. 사실 동질적인 문화권은 찾아보기 힘들며, 오히려 한 문화 속에 서로 공통점이 거의 없는 하위문화가 존재하는 것이 일반적인 현상이다.

각 문화권이 지니고 있는 문화적 독특성을 이해하고 존중하는 것은 국제기업에게 성공의 관건이 된다. 그러므로 유능한 국제 경영자가 되기 위해서는 적극적으로 다양한 문화를 경험하고 이해하는 데 노력을 기울여야 하고, 무엇보다 자기문화중심주의에서 탈피하여 문화의 차별이 아닌 차이를, 있는 그대로 인정하는 자세가 중요하다.

2) 문화의 구성요소

(1) 언 어

언어는 사람들 간의 의사소통 도구이면서 동시에 문화를 이해하는 열쇠가 된다. 언어는 한 사회의 문화적 성격과 가치관을 반영한다.

*의사소통 수단으로서의 언어＝언어적 의사소통(음성, 글)＋비언어적 의사소통(묵시적 언어, 몸짓언어)

(2) 종 교

종교는 언어, 물질문명, 교육 등의 외적 현상과 행동을 낳게 하는 근원이다.
특히, 종교적 금기 사항들은 기업의 마케팅 전략이나 경영활동의 현지화를 필요하며 여성의 경제적 역할도 종교와 밀접한 관련이 있다.

(3) 물질문명

물질문명은 인간에 의해 만들어진 기술과 물리적 유형재이다. 물질문명은 한 나라의 기본적인 경제적, 사회적, 금융적, 마케팅적 하부구조의 가용성과 적합성을 나타내고 있다.

(4) 사회조직

사회조직은 가족, 성별, 연령, 정치, 계층, 공동관심사 등에 따라 구성된다. 가족은 가장 기본적인 사회 집단이기 때문에 기업에 상당히 중요한 영향을 끼친다. 또 다른 사회집단 형태는 사회/경제적 계층이다. 이러한 계층이 국제경영자에게 관심의 대상이 되는 것은 사회적 지위나 계층 간의 이동이 가능한지가 기업경영에 큰 영향을 미치기 때문이다.

(5) 교 육

교육은 한 세대에서 다음 세대로 기존의 문화와 전통을 전달해 주는 중요한 수단 중의 하나이다. 국제경영자가 관심을 가져야 할 부분은 교육의 수준과 질이다.

(6) 가치체계

가치체계는 규범과 가치척도를 형성하는 것으로, 이것은 인간의 사회적 과정을 통해 학습된 것이다. 그리고 대개 역사에 기원을 두고 있어 단기간에 쉽게 변화되지 않는다. 기업의 경영활동에 영향을 미치는 가치관에는 직업, 작업, 성취, 이익, 사유재산, 시간, 변화, 위험 등에 대한 태도가 포함된다.

(7) 미적 감각

미적 감각은 하나의 문화가 색상이나 음악, 형상의 관점에서 미와 상품에 대한 선호 경향을 나타내는 생각이나 지각이다.

3) 문화적 지식의 종류

문화에 대한 사실적 지식 - 명확한 객관적 사실에 근거하고 학습해야만 얻을 수 있다.
문화에 대한 해석적 지식(경험적 지식) - 상이한 문화적 특성이나 유형의 뉘앙스를 완전히 이해하는 능력.

가장 이상적인 것은 해외시장에 관해서 이들 두 가지 지식을 모두 갖추는 것이다.

4) 문화적 환경의 분석모형

(1) 문화적 환경에 대한 비교 경영학적 접근방법

문화의 비교연구에 의한 비교경영학적 접근법으로서 '사회구성원의 행동과 태도가 무엇에 의해 결정되는지'에 대한 기준, 국가 간 비교를 하는 연구방법이다.

▶ 문화가 지니고 있는 보편성과 특수성을 근간으로 하여 확산이론에 근거한 문화론적 접근방법
▶ 수렴이론에 근거한 상황론적 접근방법
▶ 문화론과 상황론적 접근방법을 혼합한 절충적 접근방법

① 확산이론(divergence theory): 사회구성원의 행동과 태도가 구성원이 속해 있는 그 사회의 문화에 의해 지배된다는 관점, 현지국 문화에 적합한 경영관리 기법이 매우 중요.
  − 근대화에도 불구하고 국가별로 고유의 전통문화와 가치체계, 사회, 경제, 정치구조가 보존된다는 가설에 따라 국가 간의 문화차이가 미치는 영향력을 중시하는 관점을 갖고 있다.
② 수렴이론(convergence theory): 각국의 경영행동이 전통적인 문화적 요소보다는 환경에 의해 지배된다는 상황론적 관점, 비슷한 경제발전단계는 비슷한 환경을 형성하며 이것이 비슷한 경영행동으로 이어진다는 점을 강조.
  − 근대화와 산업화에 따라 기업경영이 종래보다 많은 측면에서 유사해지며 보편성을 갖게 된다는 가설에 따라 국가 간에도 유사한 문화를 갖게 된다는 관점을 갖고 있다.
③ 절충적 접근방법: 근대화를 향한 수렴압력과 특유의 전통적 문화나 사회, 경제, 정치구조를 독자적으로 유지하려는 확산압력이 동시에 존재 따라 이에 대한 절충적 접근이 필요.

-환경과 문화의 변수 모두를 사용해야 함을 강조. 오늘날 수렴이론과 확산이론의 절충적 관점에서 문화적 환경의 관리가 요구되고 있다.

(2) Kluckhohn모형

문화의 이질성을 구분하기 위하여 문화지향성 또는 가치지향성이라는 관점에서 인간이 지니는 다섯 가지 속성을 기초로 질문, 질문에 대한 사회의 주류의 답변에 따라 문화권을 구분한다.

① 인간 본성은 기본적으로 선한가, 악한가?
② 인간과 자연과의 관계는 어떠한가?
③ 인간관계가 개인주의적인가, 집단주의적인가, 권위주의적인가?
④ 삶의 주 관심사가 과거지향적인가, 현재지향적인가, 미래지향적인가?
⑤ 사람의 행동양식이 정적인가, 동적인가?

위 질문에 대한 답변을 통해 한 문화권 내에 속하는 구성원들의 공통적 가치관과 사고방식을 찾아내고, 이를 문화권별로 비교함으로써 국가 간 문화적 차이를 알 수 있다고 주장한다.

문화의 여러 가지 측면 중 극히 일부만을 보여주고 있기 때문에 각 문화를 비교하거나 한 문화를 이해하는 데에는 이것만으로 부족하나 이 모형의 매력은 이것이 아주 간단하다는 데 있다.

(3) Hall모형

고배경 문화와 저배경 문화로 구분한다.

① 고배경 문화(High-context culture: HCC): 맥락 혹은 배경, 즉 삶의 정황이 보다

중요한 역할을 수행하는 문화로서 의사소통에 필요한 정보가 신체적 배경 혹은 개인의 내부화되어 이루어짐. 책임과 신뢰가 중요한 가치로 작용(서류 < 개인의 말)

② 저배경 문화(low-context culture: LCC): 상황적인 요인보다는 명시적으로 명문화된 문서가 중요한 역할을 하는 문화.

장 점: 각 국가의 문화적 차이를 이해하는 데 kluckhohn모형보다 유용성이 높다.

한계점: 지나치게 기술적이고 주관적.

취약점: 고배경 문화와 저배경 문화를 구분하는 경계가 불분명함.

(4) Hofstede모형

문화적 가치가 기업경영과 소비자 행동에 어떠한 영향을 미치는지에 대한 가장 유용한 정보를 제공할 수 있다.

① 개인주의 대 집단주의(individualism vs collectivism)

개인주의 사회: 개인이 우선이며, 개인의 성취와 독립성을 높게 평가 ⇒ 개인 간의 구속력이 느슨하며 집단에 대한 충성심이 적음. ex)미국, 호주, 영구, 네덜란드, 캐나다 등

집단주의 사회: 소속해 있는 집단의 관심이 우선, 자신을 항상 집단의 일부로 생각 ⇒ 수치심이 개인의 행동에 큰 영향을 미침(한 집단의 실패 ⇒ 구성원들이 개인적인 수치로 받아들임). ex)일본이나 기타 아시아 국가

② 대·소 권력간격(large or small power distance)

권력간격이 큰 사회: 상대적으로 높은 사회적 불평등을 허용, 구성원은 소득이나

권력에서의 많은 차이를 받아들임. 일반적으로 중앙집권과 통제가 강함, 조직구조는 피라미드형⇒부하직원이 상사에게 의존하고 가부장적인 결정을 내리는 상사를 더 선호하는 경향. ex)아프리카, 아시아, 라틴아메리카의 국가, 프랑스, 벨기에, 이탈리아 등

권력간격이 작은 사회: 평등주의가 보편화⇒부하직원이 상사를 두려워하지 않음, 직원들과 상의하는 상사를 더 선호. ex)미국, 영국, 독일, 뉴질랜드, 스칸디나비아 국가 등

③ 불확실성에 대한 회피 정도(strong or weak uncertainty avoidance)

높은 사회: 미래에 대한 불확실성을 제거하기 위해 규칙, 규제, 법, 행동규범에 대한 강한 선호. 직업의 안정성이나 직급의 승진패턴에 높은 가치 부여, 조직에서 오랫동안 근무. ex)일본, 그리스, 포르투갈

낮은 사회: 미래에 대해 별다른 위협을 느끼거나 변화를 두려워하지 않으며 새로운 기회를 찾으려고 노력. 자기와 다른 의견 행동에 대해 관용적, 변화에 대한 저항도 적고 위험을 수용하고 극복하려는 경향이 강함. ex)미국, 싱가포르, 덴마크

④ 남성다움 대 여성다움(masculinity vs feminity)

지배적인 가치가 남성 혹은 여성다운지를 가늠. 남녀 간의 역할구분으로 측정. 남성의 가치관보다 여성의 가치관에서 각 문화 간 차이가 훨씬 더 작음.

남성적인 문화: 남녀 간의 역할이 뚜렷하고 사회가 성과지향적. 성취감, 자기주장, 물질적 성공에 대한 강한 선호.

여성적인 문화: 남자와 여자의 역할이 중첩. 인간관계를 중시하며, 구성원에 대한 배려, 환경보호 및 생활의 질을 중요시, 타협과 협력을 높이 평가함.

⑤ 장기지향성 대 단기지향성(long-term vs short-term)

위의 네 가지 차원개념에 문화적 바이어스가 있다는 비판에 따라 별도의 연구가

이루어져 도출된 결과.

방법론 측면에서 개량적인 분석방법을 도입했기 때문에 kluckhohn모형이나 hall의 모형에 비해서 객관성이 높다고 인정. 국제기업이 국제경영활동을 수행하면서 직면하게 되는 문화적 차이로 인한 문제, 즉 리더십, 조직설계, 동기유발 측면에서 문화권 간에 발생할 수 있는 문제에 대한 해결책을 모색하는 데 도움이 된다.

(5) CIBS(Center for International Business Study)

현지국가(host country)의 문화가 해외자회사의 기업문화에 어떠한 영향을 미치는지를 중시한다. 또한 모국(home county)문화가 핵심을 이루고 있는 다국적 기업의 문화형성에 어떠한 영향을 미치는지에 대한 시사점을 제공한다.

평등성과 계층성, 대인지향성과 과업지향성을 축으로 하여 4가지 유형의 기업문화를 제시하고 있다.

① 가족형(family) 문화
② 에펠탑형 문화
③ 유도미사일형 문화
④ 인큐베이터형 문화

5) 해외문화의 관리

(1) 문화의 변화

문화는 동태적인 특성을 지닌다.

① 경제발전으로 집단주의에서 개인주의로의 이동.(한국, 일본 등)
② 글로벌화로 국가별 문화적 차이 사라짐.(맥도날드, 리바이스, MTV 등)

③ 문화적 뿌리와 고유성을 강조.(이슬람 원리주의, 분리주의 운동 등)

(2) 해외문화에 대한 적응

① 기업이 할 일

각 문화가 국민생활, 기업문화, 경영방식에 어떠한 영향을 미치는가?
문화적 위험을 최소화, 국제 경영활동에서 경쟁우위

② 경영자가 할 일

사고와 행동, 의사결정에 영향 미치는 문화적 편견에 주의
자기문화는 무조건 옳다는 자기중심적 사고 지양

③ 편 견

- 자기준거기준 SRC: 특정상황 해석 시 자신의 문화적 경험, 가치 시스템에 의존하려는 무의식적 경향.
- 자국중심주의: 자신의 문화가 다른 문화보다 우월하다고 믿는 것.

1 단계 - 자신의 관점에서 문제 / 목적을 정의.
2 단계 - 현지 문화의 관점에서 가치판단 없이 문제 / 목적을 정의.
3 단계 - 문제에서 SRC 영향을 분리시키고 문제에 어떤 영향을 주는지 검토.
4 단계 - SRC 영향 없이 문제 재정의. 현지국 경영목적에 부합하는 최적의 상황으로 문제해결.

(3) 해외문화 적응을 위한 훈련

지적 능력 훈련 - 현지 언어 취득 문화 이해 위해 필수적

정서적 능력 훈련 – 이질적인 감수성 이해

관리자가 해야 할 일

- SRC 극복방안 터득
- 개인적 신념체계 심도 있는 점검
- 자신의 고정관념 극복
- 타인의 고정관념에 능숙히 대처

제3장 미래적 마케팅

"마케팅 시스템은 사회변화와 불가분의 관계에 있다. 시대변화와 함께한 세기를 풍미했던 매스 마케팅은 이제 서서히 종말을 고하고 있다. 그러면 현대, 아니 앞으로 다가올 시대를 위한 새로운 전략의 패러다임은 무엇인가? 그것은 바로 불꽃마케팅(PyroMarketing)이다."

힐러리 클린턴 미 상원의원이 자신이 쓴 책 '리빙 히스토리(Living History)'는 엄청난 광고와 퍼블리시티 활동을 통해 단기간에 베스트셀러가 되었다. 미국에서 가장 유명한 여성 중 한 사람이기도 한 그녀의 책은 베스트셀러가 되기에 충분하다. 아니, 베스트셀러가 되지 않았다면 더 이상할 것이다. 하지만 지금 그녀의 책은 어떠한가? 아마존 닷컴에서 그녀의 책은 순위 밖으로 밀려나 있다. 그럼 이제 다른 책 하나를 보자. 이 책은 침례교의 목사가 쓴 'The Purpose of Driven Life(일명, PDL)'이다. 제목에서도 알 수 있듯이 이 책은 인간이 훌륭한 삶을 살아가야만 하는 신의 다섯 가지 목적에 대한 것이다. 언뜻 보아도 그렇듯이, 힐러리 클린턴의 책에 비하면 내용도 종교적인 것으로 일반인들에겐 그리 매력적인 책도 아니다. 그리고 힐러리처럼 저자가 유명인사도 아니다. 더욱이 이 책은 광고도 하지 않았다. 하지만 지금 이 책의 위치는 어떠한가? 이 책은 출판 이후, 거의 2년 가까이 매달 100만 부가 팔렸다. 3년 동안 무려 2,500만 부나 판매되었다. 장기간 베스트셀러 자리를 굳건히 지키고 있다. 이 두 책 간의 판매 차이가 시사하는 것은 무엇인가? 이 두 책의 판매는 어떤 메커니즘상의 차이가 있단 말인가? 'PDL'의 성공비결은 바로 미래 마케팅 패러다임의 방향을 제시한다는 점이다. 이를 좀 더 자세히 살펴보기 위해 먼저 사회변화와 마케팅 시스템의 역동성을 들여다볼 필요가 있다.

매스 마케팅의 시대는 끝났다 매스 마케팅의 시대는 저물고 있다. 하나의 제품을 특정 매체를 통해 모두에게 판매하는 마케팅은 1960년대를 정점으로 조금씩, 감지하지 못할 정도로 변해 왔다. 아직도 상당수 마케터는 그 시대에 통용되던 마케팅 패러다임에 젖어 있으며 그것이 최선의 방법이라고 스스로에게 강화(reinforcement)를 주고 있다. 하지만 변화는 마케터 의지와는 관계없이 일어난다. 사회는 유기체와 같아서 지속적으로 꿈틀거리며 적응, 진화를 거듭하기 때문이다.

컨설턴트인 'Greg Stielstra'에 따르면, 지난 한 세기는 매스 마케팅이 생존하기에 최적의 환경을 제공했다. 산업혁명은 대량생산과 비용절감을 가져다주었다. 많이 생산할수록 기업은 단위당 비용을 낮출 수 있었다. 이는 풍부한 제품의 공급현상을 초래했다. 한편 2차 세계대전은 소비자 수요의 급증을 야기했다. 남자들은 전장으로 나갔고 여자들은 공장에서 군수품 생산을 맡았다. 이들 중 대부분은 급료를 많이 모았다. 하지만 그 돈으로 살 수 있는 것은 별로 없었다. 넘쳐 나는 것은 정부에서 제공하는 군용품밖에 없었다. 전쟁이 끝나자 억눌렸던 수요가 봇물 터지듯 시장으로 흘러나왔다. 하지만 소비자들은 그렇게 이질적이지 않았다. 그리고 지금처럼 다양한 지역에 흩어져 살고 있지도 않았다. 미국의 경우, 인구통계상으로 도시와 시골을 분류한 것은 1870년의 일이며, 1910년쯤까지는 주로 도시지역에 모여 살았다. 그리고 1959년 기준으로 전체 가구의 90%가 TV를 보유했지만 TV 채널은 3개밖에 되지 않았다. 1960년대에는 한 개의 광고가 3개 채널 모두에서 방영되었으며, 3개 채널에 광고할 경우, 전체 미국 여성의 80%에 도달할 수 있었다. 그리고 이들은 지금처럼 광고에 거부감도 별로 가지고 있지 않았다. 광고량이 얼마 되지 않았기 때문이다. 어쩌면 광고는 가볍게 웃으며 볼 수 있는 콘텐츠였을지도 모른다. 우리나라도 미국과 크게 다르지 않다. 새로운 마케팅 패러다임 '불꽃마케팅'하지만 현재는 매스마케팅이 주류였던 시대와는 정 반대의 환경이다(그림 2). 지금도 그때처럼 제품은 여전히 공급과잉의 시대이다. 하지만 선택의 폭은 비교할 수 없으리만큼 넓어졌다. 매장의 선반을 차지하는 브랜드 수는 지난 10년 동안 거의 3배 이상 증가하였다. 그뿐 아니라 주거지역도 급속도로 확산되고 있다. 제품이나 서비스에 대한 고수요, 그리고 매체에 대한 폭넓은 청중 등과 같은 현상은 과거와 다를 바 없지만 지금은 매체의 선택 폭은 상상을 초월할 만큼 다양하다. 인터넷 검색사이트 구글(Google)의 경우, 10만 개 이상의 웹 페이지를 수록하고 있다. 이러한 환경변화는 한두 번 언급된 것도 아니며, 매스 마케팅의 시대가 저물고 있다는 지적도 어제 오늘의 이야기는 아니다. 하지만 그래서 어쩌라는 말인가? 즉 매스 마케팅을 극복할 새로운 마케팅 해결책에 대해서는 구체적인 논의가 부족했던 것이 사실이다. 이처럼 새로운 환경, 변화하는 소비자에 최적의, 그리고 매스 마케팅을 극복할 새로운 마케팅 패러다임에 대해 네 가지 원리를 제시하려고 한다. 그리고 이를 '불꽃마케팅

(PyroMarketing)'이라 명명하고자 한다. 마케팅 과정의 본질은 마케팅 메시지의 송신, 수신, 그리고 확산으로 요약할 수 있다. 이러한 마케팅 과정은 불(fire)의 작용과 매우 흡사하다. 불을 일으키고 그리고 꺼지지 않도록 지키려면 연료, 열, 산소, 그리고 연소반응에 의해 방출된 열이 필요하다. 'PyroMarketing'은 자사 제품을 기꺼이 구매할 준비가 되어 있는 동질적인 소비자를 점화하는 것으로부터 시작한다. 그 다음, 이들의 에너지가 다른 소비자를 점화시켜서 소비가 지속 전파되도록 불을 댕기는 것이다. 즉 'PyroMarketing'에서 소비자는 연료와도 같다. 소비자의 지갑 속에 있는 돈은 바로 연료와도 같은 것이다. 한편 마케팅 활동은, 소비자를 활성화시키는 활성 에너지이다. 마케팅이 가열을 제대로 하면 소비자의 돈, 즉 연료에 불이 붙는다. 그들은 제품이나 서비스를 구매하게 된다. 이때 소비자의 반응은 에너지 출력물이다. 이 출력물은 다름 아닌 긍정적 또는 부정적 구전(word of mouth)으로서 불을 더욱 활활 타오르게 하든지 아니면 꺼트려버릴 수도 있다.

이처럼 마케팅을 불로 비유하자면 다음의 두 가지 유사점에 주목해야 한다.

첫째, 연료인 소비자들의 "점화온도는 제각기 다르다"는 것이다. 어떤 소비자는 아주 약한 에너지에도 불이 붙겠지만 어떤 소비자는 상당히 강력한 에너지가 있어야 불이 붙는다. 광고에 비유하자면, 소수 노출로 구매에 영향을 받거나 또는, 많은 노출로 구매에 영향을 받는 것과 같이 소비자마다 필요로 하는 광고탄력 에너지가 다르다는 것이다. 둘째, 공급과잉, 다양한 선택권에서 소비자의 불을 붙이려면 뭔가 다른 제품 또는 서비스를 필요로 한다는 것이다. 혁신제품이건, 탁월한 서비스건, 또는 차별적인 체험의 제공이건 간에 뭔가 다른 에너지가 필요하다는 것이다. 이를 과정별 원리로 정리해 보자

원리1: 불에 가장 잘 타는 부싯깃만을 모아라

마케팅의 초점을 가장 유망한 소비자에게 집중하라. 그리고 이들을 강력하게 고무시켜라. 엉뚱한 소비자에 마케팅 노력을 절대 분산하지 말라.

원리2: 부싯깃에 불을 붙여라

초점 소비자에게 당신의 제품과 서비스에 대한 체험을 제공하라. 당신의 제품이나 서비스를 이해시키는 데 체험만큼 손쉬운 방법은 아마 없을 것이다. 체험은 마케팅 에너지를 강력하게 만든다. 그러므로 쉽게 불을 댕길 수 있다. 설사 미지근한 소비자라도 강력한 에너지 때문에 불이 붙을 것이다.

원리3: 불이 붙었으면 부채질하라

이제 초점 소비자가 당신 제품이나 서비스에 대해 그들의 주변 네트워크로 구전을 확산할 수 있도록 도구를 제공하라. 초점 소비자를 열정적인 고객 전도사로 만들라. 이제 불은 애초에 부싯깃에 붙인 불보다 더 뜨겁게 타오를 것이다. 불의 에너지가 달라질 것이다.

원리4: 연료를 절약하라

마케팅 과정에서 접촉했던 소비자들의 기록을 잘 관리하라. 매스 마케팅은 광고를 통해 소비자를 찾아 나선다. 하지만 이들은 구매 후에 곧 익명의 무리 속으로 소리 없이 사라져버린다. 신제품을 팔기 위해 매스 마케터는 새로운 사람들에게 계속해서 불을 붙여야만 한다. 엄청난 에너지가 소모된다. 하지만 'PyroMarketer'는 보다 신속하고 용이하게, 그리고 효율적으로 미래 소비자에게 다가간다.

PyroMarketing의 네 가지 원리는 현대 마케팅 환경에 대응하기 위한 체계적 마케팅 사고의 툴을 제공한다는 점에서 매우 유용하다. 나아가 'PyroMarketing'은 '구전 마케팅', '데이터베이스 마케팅'을 하나로 집약한 마케팅 사고 툴로써 첫째 상대적으로 적은 마케팅 비용으로 시장에 진입하고자 하는 기업이나 또는 둘째 제품 특성상 지나친 대중노출이 오히려 미래 성장에 장애가 되는 경우에도 매우 효과적으로 적용할 수 있는 툴이다.

하지만 'PyroMarketing'의 핵심을 잘 들여다봐야 한다. 그것은 바로 에너지 원천, 즉 차별적이거나 혁신적인 제품과 서비스이다. 불씨가 약하면 아무리 좋은 불이라

도 소용이 없다.[10]

미래 마케팅을 이해하기 위해서는 또한 갖추어야 할 용어 이해가 있다. 마케팅 용어인 것이다. 이에 간단히 용어를 설명하도록 하겠다. 용어를 이해하면서 미래 마케팅의 변화 가능성을 예측해 볼 수가 있다.

[마케팅 불변의 법칙]

마케팅은 사회적 상황과 조직의 변화에 따라 변하지만 변하지 않는 것도 있다. 이것을 마케팅 불변의 법칙이라고 한다. 미래 마케팅에서는 이러한 마케팅 불변의 법칙을 잘 활용하여야 할 것이다.

1. 선도자의 법칙

더 좋은 것보다는 맨 처음이 낫다

마케팅에 있어서 기본적인 요소는 최초로 뛰어들 수 있는 영역을 만드는 일이다. 이것이 바로 선도자의 법칙이다. 더 좋은 것을 팔기보다는 처음으로 팔기 시작하는 것이 낫다. 시장을 선점한 사람보다 더 좋은 제품을 갖고 있다고 납득시키기보다 사람들의 기억 속에 맨 먼저 들어가는 일이 훨씬 쉬울 것이다. 최초의 브랜드가 선도적 지위를 차지하는 한 가지 이유는 그 이름이 가끔 동일한 유형의 제품을 나타내는 대명사처럼 되기 때문이다. 만약 어느 영역에서 최초로 제품을 소개할 경우에는 늘 쉽게 일반화시킬 수 있는 이름을 채택해야 할 것이다. 사람들은 실체에는 아랑곳하지 않고 맨 먼저 기억하게 된 최초의 제품을 가장 우수하다고 인식한다.

---

10) http://blog.naver.com/megkis?Redirect=Log&logNo=150003976954

마케팅은 제품과 제품의 싸움이 아니라 인식의 싸움인 것이다.

ex) 현대 자동차: 현대 자동차는 가장 먼저 승용차량을 상용화하였다. 그 이후 지금까지 단 한 차례도 시장점유율 1위 자리를 내준 적이 없는 대표적인 사례라 하겠다.

2. 영역의 법칙

어느 영역에 최초로 들어간 사람이 될 수 없다면 최초로 뛰어들 새로운 영역을 개척하라

잠재고객의 기억 속에 맨 처음으로 들어가지 못했다고 희망을 버릴 필요는 없다. 맨 처음으로 들어갈 수 있는 영역을 찾으면 된다. 브랜드 지향적이고 틀에 박힌 마케팅 사고를 거역하는 것이다. 브랜드를 잊고 영역만 생각하라. 새로운 영역에 맨 처음으로 들어섰다면 그 영역을 널리 알려라. 근본적으로 경쟁상대가 없다. DEC는 잠재 고객들에게 DEC미니컴퓨터를 사야 하는 이유가 아니라 어느 브랜드가 되었던 미니컴퓨터를 사야 하는 이유를 설명했다.

ex) 안철수 바이러스 연구소: 컴퓨터 바이러스 백신 시장을 스스로 개척하고 그 시장에 선도자의 지위로 입성함

3. 기억의 법칙

시장에 먼저 들어가는 것보다 기억 속에 먼저 들어가는 게 더 중요하다

맨 먼저 기억되는 것, 이것이 마케팅의 요체이다. 기억 속에도 맨 먼저 들어가도록 했다는 전제하에서만 시장에 맨 먼저 들어가는 것이 중요한 것이다. 기억의 법칙은 인식의 법칙에서 파생된 것이다. 마케팅은 제품이 아니라 인식의 싸움일진대,

시장보다는 기억이 우선해야 할 것이다. 중요한 것은 그 아이디어나 관념을 잠재 고객의 기억 속에 심어주는 일이다. 사람들은 일단 결심하고 나면 다시는 마음을 바꾸지 않는다. 마케팅에서 가장 단순하고도 가장 낭비적인 일은 사람의 마음을 바꿔보려는 노력이다. 만일 사람들에게 깊은 인상을 심어주고 싶다면, 그 사람의 마음으로 서서히 다가가 오랜 기간에 걸쳐 당신에 대한 호감이 생기도록 해서는 안 된다. 돌풍처럼 몰아닥쳐 그의 마음을 사로잡아야 한다. 잠재 고객의 기억 속에 파고드는 일에서 애플이 지니고 있던 문제점은 단순하고 기억하기 쉬운 이름 덕분에 해소되었다. 반면 애플의 경쟁자들은 어렵고 복잡한 이름을 갖고 있었다.

ex) 한메일: 거의 최초의 한글 메일서비스란 점에서 다른 메일 서비스와 비교하여 선도적인 지위를 차지한 이점이 작용한 것에 더하여 "한메일"이란 쉬운 이름으로 메일을 처음 접하는 이들의 머릿속에 편하게 자리잡았다.

4. 인식의 법칙

마케팅은 제품이 아니라 인식의 싸움이다

마케팅에 종사하는 사람들은 조사하고 진상을 파악하는 일이 중요하다는 선입관을 가지고 있다. 상황을 분석한 뒤 자기가 가지고 있는 제품이 최고라는 지식을 갖고 마케팅이란 경기장 안으로 당당하게 걸어 들어간다. 이것은 환상이다. 객관적인 실체란 없다. 마케팅의 세계에서 존재하는 것은 소비자나 잠재 고객의 마음속에 담겨 있는 인식이 전부이다. 인식만이 실체이다.

인간의 기억 속에서 이식이 어떻게 형성되는지 연구하고 그러한 인식에 마케팅 계획에 초점을 맞춘다면 근본적으로 부정확한 마케팅의 본능을 극복할 수 있다. 제품의 품질만이 마케팅의 성패를 좌우한다는 생각에 젖어 있는 한 좀처럼 성공을 거두기란 쉽지 않다. 사람들은 스스로 믿고 싶어 하는 바를 믿는다. "누구나 다 아는 사실"을 먼저 긍정해야 한다.

ex) 아이리버: MP3CDP가 시장에 등장하면서 많은 기업들이 제품을 동시 다발적으로 출시하였으나 아이리버가 가장 혁신적인 제품이란 인식이 들어선 후 지금까지 아이리버는 고가임에도 불구하고 1위를 지키고 있다.

5. 집중의 법칙

마케팅에 있어서 가장 강력한 개념은 잠재 고객의 기억 속에 한 단어를 심는 것이다

단순한 한 단어나 개념에 초점을 맞춤으로써 기억으로 들어가는 길에 불을 지를 수 있다. 선도자가 심는 단어는 영역을 대변한다. 만약 당신이 선도자가 아닌 경우에 당신의 단어에 집중적으로 초점을 맞추어야 한다. 중요한 점은 그 단어가 그 제품이 속하는 영역에서 유용한 것이어야 한다는 사실이다. 가장 효과적인 단어는 단순하고 이득 지향적인 것이다. 제품의 구조나 시장에서의 요구가 복잡한 것이라 하여도 한 가지 이득에 초점을 맞추는 것이 언제나 효과적이다.

마케팅의 요체는 초점을 좁히는 것이다. 활동 범위를 줄임으로써 보다 강력한 힘을 발휘할 수 있다. 만사를 다 뒤쫓다가는 어느 하나도 제대로 할 수 없다. 그리고 자신의 단어를 갖게 되면 시당에서 그 단어를 지킬 방도를 찾아야 한다.

ex) 삼성: 아마 우리나라 사람들의 머릿속에 삼성은 일류, 1등의 이미지로 대변될 수 있을 것이다. 그리고 이 혜택을 삼성의 모든 계열사가 맘껏 누리고 있다.

6. 독점의 법칙

두 회사가 같은 단어를 잠재 고객의 기억 속에 심을 수는 없다

경쟁자가 잠재 고객의 기억 속에 단어를 심어 놓았는데도 그 단어를 똑같이 심겠

다고 하는 것은 쓸데없는 짓이다. 아타리의 사례나 볼보의 경우와 같이 참패가 수 없이 많음에도 불구하고 많은 회사들이 독점의 법칙을 계속해서 어기고 있다. 사람들의 마음이 일단 정해지고 나면 그것을 바꿀 도리가 없다. 오히려 종종 그 개념을 더욱 중요한 것으로 만들어줌으로써 경쟁자의 힘을 더욱 강력하게 만들어줄 뿐이다.

ex) SKT: 국내 이동 통신 시장을 거의 독점을 하고 있는 SKT는 타사에 비하여 월등하게 "뛰어난 통화 품질"을 가지고 있으며 "가장 쓸모 있는 멤버십" 제도로 사람들에게 최고로 기억되고 있다.

7. 사다리의 법칙

기억 사다리의 어느 가로대를 차지하느냐에 따라 채용해야 할 전략이 달라진다

모든 제품이 동일하게 만들어지지는 않는다. 잠재 고객의 기억 속에는 일종의 분류 체계가 있어서 의사 결정을 할 때 이용된다. 기억 속에는 각 영역별로 제품 사다리가 있고 그 각각의 가로대에 브랜드의 이름이 들어 있다. 기억은 선택적이다. 잠재 고객들은 어떤 정보는 받아들이고 어떤 정보는 거부할 것인가를 결정할 때 사다리를 이용한다. 대체적으로 기억은 그 영역 내의 제품 사다리와 모순되지 않는 새로운 자료만 받아들인다. 그 밖의 다른 것들은 무시해 버린다. 브랜드가 잠재 고객의 기억 속에 있는 사다리에서 차지하고 있는 위치와 시장 점유율은 서로 일치한다. 선도자는 확실하게 2위의 브랜드를, 2위는 3위의 브랜드를 반드시 억누른다.

ex) SKT, KTF, LGT: 이들 이동통신 업체는 전자부터 차례로 1, 2, 3위의 점유율을 기록하고 있다. 이들은 사람들의 인식 속에도 역시 같은 순위로 기억된다.

8. 이원성의 법칙

장기적으로 볼 때 모든 시장은 두 마리의 말만이 달리는 경주가 된다

새 영역의 초기에는 사다리에 가로대가 많게 마련이다. 그 사다리는 점차 두 개의 가로대로 좁혀진다. 마케팅을 장기적으로 관찰해 보면 싸움이 대체로 오래되고 믿을 수 있는 브랜드와 갑자기 부상한 브랜드 간의 혈전장으로 바뀌는 것을 볼 수 있다. 선도자가 45퍼센트, 두 번째 브랜드가 40퍼센트, 세 번째가 3퍼센트를 각각 차지하고 있다.

성숙한 시장에서는 선두를 놓고 각축을 벌이는 1, 2위 간의 경쟁으로 제3인자의 자리가 가장 지키기 힘들다.

개발되고 있는 시장의 초기에는 3위나 4위의 지위도 매력적으로 보인다. 판매고는 계속 증가한다. 상대적으로 덜 까다로운 새로운 고객들이 시장으로 몰려온다. 이들 고객들 모두는 어느 브랜드가 선도자인지 알고 있는 것은 아니어서 흥미 있어 보이거나 마음을 끄는 브랜드를 고른다. 흔히 그들이 고른 제품이 3위나 4위 브랜드일 경우가 나타나곤 한다.

그러나 시간이 지남에 따라 이러한 고객들도 깨우치게 된다. 그들은 선도적인 브랜드가 더 나으리라는 소박한 가정을 근거로 해서 선도적인 브랜드를 원하게 된다.

ex) PS2 & X-BOX: 국내뿐만 아니라 세계적으로 비디오 게임기 시장에는 많은 변화가 있었고 그 과정에서 많은 게임기가 생기고 소멸되었다. 그리고 지금 현재 소니의 PS2가 최고의 지위를 누리고 있고 그 뒤를 MS의 X-box가 미약하나마 뒤쫓고 있다. 앞으로 게임기 시장은 이 두 게임기종 간의 대결 양상으로 흐를 것으로 기대된다. 수많은 비디오 게임기가 있었지만 결국 지금 남은 것은 이 두 게임기뿐이다.

9. 정반대의 법칙

만약 당신이 2인자를 겨냥하고 있다면 당신의 전략은 선도자에 의해 결정된다

선도자의 핵심을 파악한 다음에는 잠재 고객에게 그것과는 정반대의 것을 제시해야 한다. 달리 말해서 더 좋은 것이 되려고 하는 것이 아니라 다른 것이 되려고 노력해야 한다. 그것이 선도자를 따라잡는 길이다.

ex) 다음과 싸이월드: 포탈 커뮤니티 사이트 중 다음을 넘어서는 곳은 없다. 그리고 아직 싸이월드는 2위 사이트가 아니다. 하지만 싸이월드는 다음이 가지고 있는 속성을 정반대로 구성하였다. 카페 중심이 아닌 개인 홈피 중심의 개념으로 다음과의 차별화를 시도하였고 이는 커다란 성공을 거두었다.

10. 분할의 법칙

시간이 지나면 하나의 영역이 분할되어 둘 또는 그 이상의 영역이 된다

선도자의 영역은 이미 뛰어들 수 없는 성격이기 때문에 후발 주자들은 새로운 영역을 분할하여 뛰어든다. 이것은 선도자들이 대개 기존의 선도 영역에 악영향이 미칠 것을 우려해 새 영역에 대응하는 새 브랜드 개발을 두려워하기 때문에 가속화된다.

ex) 백세주: 소주 시장의 황제 진로는 참 이슬로 소주 시장을 모두 차지하였다. 허나 국순당은 백세주로 소주 시장에서 고급의 느낌과 순한 술이라는 또 하나의 영역을 나누어 들어가 소주 시장을 세분화하였다.

11. 원근의 법칙

마케팅 효과는 상당히 긴 기간에 거쳐 나타난다

세일은 고객들에게 정상적인 가격으로 구매하지 않도록 가르침으로써 결국 사업을 위축시킨다. 일시적인 매출 증대를 위해 시도하는 방법들은 모두 마약과 같은 것이다. 과식은 단기적으로는 정신적인 만족감을 주지만 장기적으로는 비만과 기능 저하의 원인이 된다. 따라서 장기적인 안목을 갖춘 자만이 성공적인 마케팅 전략을 수립할 수 있다.

ex) 종합 금융 회사: 현재 4개의 기업을 제외하고는 모두 IMF때 망해버렸다. 이유는 비교적 싼 해외 금리로 자금을 단기 차입하여 국내 기업에 마구잡이로 빌려주었기 때문이다. 싸게 빌릴 수 있으며 단기이기에 빠른 자금 회수가 될 것을 예상하고 단기적인 수익을 노렸지만 장기적으로는 모두 망해버리고 말았다.

12. 계열 확장의 법칙

브랜드가 지니고 있는 이미지를 확대하려는 거역할 수 없는 압력이 존재한다

어느 날 회사는 높은 이윤을 낼 수 있는 한 가지 제품에 집중적인 노력을 경주한다. 다음날 똑같은 회사가 여러 가지 제품에 손을 대러 힘을 분산시키는 바람에 손해를 입는다. 계열 확장은 멸망으로 가는 기업들이 반드시 거쳐 가는 코스이다. 분명한 것은 어느 한 영역의 선도자는 계열이 확장되지 않는 브랜드라는 사실이다. 결과가 정반대라는 증거가 엄청나게 많음에도 불구하고 최고 경영자들이 계열 확장이 효과적이라고 믿는 이유는 그것이 장기적으로는 패자가 되지만 단기적으로는 승자가 된다는 것이 하나의 이유이다. 새로운 시장이 개발될 때까지 기다리던 회사들은 뒤늦게 이 두 개의 선도자의 지위를 이미 다른 사람이 차지해 버렸음을 발견하

는 경우가 허다하다. 그래서 그들은 오래전부터 이용되어 온 믿음직스런 계열 확장 방식에 의존하게 된다.

ex) nc소프트: 리니지 1의 성공 이후 다른 게임은 수익성이 없다고 판단하여 과감히 사업을 접고 오로지 2탄의 개발과 마케팅에 온 힘을 쏟은 결과 유료 온라인 게임부분의 1, 2위를 모두 석권하고 있다.

13. 희생의 법칙

얻기 위해서는 포기해야 한다

희생의 법칙은 계열 확장의 법칙과 정반대되는 것이다. 성공을 누리고 싶다면 당신은 뭔가 포기해야만 한다. 희생할 수 있는 것은 세 가지이다. 제품계열과 목표시장, 지속적인 변화이다.

첫째, 모든 계열을 갖는 것이 패자에게는 사치스러운 짓이다. 성공을 바란다면 제품 계열을 확장할 것이 아니라 축소시켜야 한다.

둘째, 대체 모든 사람의 마음에 들어야 한다는 말이 어디에 적혀 있는가? 구매층의 범위를 좁힌다고 해서 시장 전체를 잃는 것은 아니다.

마지막으로 매년 예산 검토 때마다 전략을 바꾸어야 한다는 말이 대체 어디에 적혀 있는가? 시장의 온갖 급변을 그대로 따르려 하다가는 길 밖으로 떨어져버리고 말리라. 일관된 지위를 유지하기 위한 최선의 방책은 무엇보다도 바꾸지 않는 데 있다.

희생한 사람에게는 좋은 일이 생기게 마련이다.

ex) 해태 전자: 해태는 우리가 잘 알고 있듯이 음료와 스낵 등의 선도적 지위의 식품 제조 업체이다. 허나 과거 해태는 게임기와 오디오 등의 전자 제품 사업에 뛰어들었다가 큰 손해를 보고 어려움을 겪다 전자 부분 사업을 모두 정리하고 지금은 식품 사업에 주력하고 있다.

14. 속성의 법칙

어느 속성이든 반대되고 효과적인 속성이 있게 마련이다

너무도 많은 회사들이 선도자를 흉내 내려 한다. 하지만 선도자와 당당하게 맞설 수 있도록 만들어줄 정반대의 속성을 찾아내는 것이 더 좋다. 여기서 중요한 단어는 '정반대'이다. '비슷한' 것은 먹혀들지 않는다.

가장 중요한 속성을 차지하라. 그러지 못했다면 그보다 작은 속성을 잡아라. 문제는 속성 그 자체가 아니라 속성이 지니는 가치를 극적으로 부각시키는 일이다.

ex) LGT: SKT나 KTF에 비교하여 통화 품질이 떨어진다고 인식이 굳어진 상태에서 LGT가 가장 중요하게 내세워야 할 부분은 저렴한 요금이다. 품질보다는 싼 가격이 중요한 고객은 놓치지 않을 것이다.

15. 솔직성의 법칙

스스로가 부정적이라는 것을 인정할 때
잠재 고객은 당신을 긍정적으로 여길 것이다

우선 부정을 인정한 다음 그것을 긍정으로 바꾸는 것이 잠재 고객의 기억 속에 자리잡으려 할 때 쓸 수 있는 가장 효과적인 방법이라는 사실이 어쩌면 놀랍게 생각될지도 모른다.

무엇보다도 솔직함은 상대방으로 하여금 경계심을 완전히 풀도록 만든다. 스스로가 자신의 부정적인 면을 밝히면 사람들은 그것을 즉각 진실이라고 받아들인다. 반면, 긍정적인 발언은 기껏해야 모호하다는 눈길을 받을 뿐이다. 이런 현상은 특히 광고에서 두드러지게 나타난다. 긍정적인 언급은 잠재 고객이 만족할 때까지 그 진위를 증명해야 한다. 부정적인 발언의 경우 그런 증명은 필요 없다.

16. 단독의 법칙

각각의 여건에서 오직 하나의 행동만이 실질적인 성과를 올린다

성실하다고 성공하는 것은 아니다. 포트폴리오가 반드시 성공적인 투자 기법인 것은 아니다. 단 한 차례의 대담한 공격만이 실질적인 성과를 가져온다. 나아가 주어진 여건에서 실질적인 성과를 가져오는 것은 단 하나의 행동뿐이다.

생각할 수 있는 모든 아이디어를 짜낼 경우 우연히 그럴 듯한 아이디어를 건질 수 있다는 건 이론적으로 가능한 일이지만 그다지 효과적인 방법이 아니다.

17. 예측 불능의 법칙

경쟁자의 계획들을 작성해 보지 않으면 미래를 예측할 수 없다

좋은 단기 계획은 제품이나 회사를 차별화시키는 시각이나 단어를 마련해 준다. 그런 다음 그 아이디어나 시각을 극대화시킬 수 있는 계획을 수립하는 일관된 장기 마케팅 지침을 세우는 것이다. 이것은 장기적 계획이 아니라 지침이다. 장기적인 마스터플랜을 통한다 하여도 미래를 예측할 순 없다.

예측 불능의 사태에 가장 잘 대처할 수 있는 방법은 미래를 예측할 수 있는 추세가 어떠하다는 것을 파악할 수 있는데 그것이 변화를 유리한 방향으로 이용할 수 있는 방법이다. 반면 시장 조사는 과거를 알고 싶을 때에만 유용하다. 미래를 알고 싶다면 추세의 미묘한 변화를 추적해야 하다. 그 결과 어떤 변화를 감지했다면 그 변화에 기꺼이 부응해야 한다. 변화가 쉽지는 않겠지만, 이것만이 예측 불가능한 미래에 대처하는 길이다.

ex) CJ: 제일 제당은 식품 사업업계에서 강자로 군림해 왔다. 허나 사람들이 단순히 맛있고 좋은 것을 먹는 것에서 건강과 생활 그리고 문화에 가치를 두는 시대로

변화하고 있는 것을 감지하여 생활 문화 기업이란 이미지로 과감히 변신을 하였다.

18. 성공의 법칙

성공은 종종 오만으로 이끌어가고 오만은 실패로 이끌어간다

자만은 성공적인 마케팅의 적이다. 무엇보다 절실한 것은 객관성이다. 많은 사람들이 성공하게 되면 객관성을 잃는 경향이 있다. 그들은 종종 시장이 원하는 바를 자신의 판단으로 대체시켜 버린다.

훌륭한 마케터는 자신의 생각이나 가치관을 고객에게 적용시키지 않는다. 그는 언제나 추세에 겸손하게 대응한다. 성공이 누적됨에 따라 GM, 시어즈 로벅, IBM 같은 회사들은 오만해졌다. 그들은 자기네가 시장에서 하고 싶은 일은 무엇이든 할 수 있다고 느꼈다. 성공이 실패로 이끌었다.

ex) 하이닉스: 현대 전자는 삼성에 뒤쳐진 차이를 합병으로 극복하려 했고 그룹 차원에서 이를 본다면 가능한 일이라고 생각했을 것이다. 하지만 이미 악화된 재무구조는 손쓸 수 없는 상태가 되었고 그들이 할 수 있는 일은 법정관리에 들어가는 것뿐이었다.

19. 실패의 법칙

실패는 예상되고 받아들여져야 한다

실수는 늘 존재한다. 요는 똑같은 실수가 반복되지 않고 그 실수가 성공의 추동력이 될 수 있는 경영체계를 확립하는 일이다.

ex) 삼성 자동차: 삼성 자동차의 출발은 실패였다. 아무런 노하우나 기술도 없이

자동차 사업에 단순이 자본만으로 진출이 가능할 것이라는 판단 자체가 잘못된 것이었다. 허나 삼성 자동차는 잘못된 판단의 끝을 유연하게 대처하고 자신의 실패를 받아들임으로 르노 삼성이란 이름으로 살아남을 수 있었다.

20. 과장의 법칙

상황이 언론에 나타나는 것과 정반대인 경우가 종종 있다

기존의 질서를 위협하려 했던 과장은 어김없이 실패했다. 시장의 대변혁을 몰고 온 제품들은 오히려 아무도 예측 못하는 가운데 조용하게 등장했다.

21. 가속의 법칙

성공할 수 있는 계획은 일시적 유행이 아니라 추세를 바탕으로 해서 세워진다

일시적인 유행은 이익을 가져다줄 수도 있는 단기적인 현상이지만 회사에게 큰 보탬이 될 정도로 오랫동안 지속되는 것은 아니다. 더욱이 회사가 가끔씩 일시적 유행을 추세인 양 착각하고 그에 대비하기도 한다. 그 결과 지나치게 많은 인력과 값비싼 생산 설비 과다한 배급망을 확보하는 경우가 종종 있다.

일시적인 유행이 아니라 장기적인 추세의 흐름을 타는 길이 성공의 지름길이다. 제품에 대한 장기적인 수요를 유지하기 위한 한 가지 방법은 그 수요를 백 퍼센트 만족시키지 않는 것이다.

ex) 웰빙: 최근 가장 대표적인 유행이자 추세이다. 기존의 제품들을 건강과 관련지어 개발하여 이 흐름을 탈 수 있도록 노력하고 있다.

22. 재원의 법칙

적절한 자금의 뒷받침이 없다면 아이디어가 살아 이륙할 수 없다

이 세계에서 가장 좋은 아이디어라도 시작하기에 필요한 돈이 없다면 멀리 갈 수 없다. 대단히 위대한 아이디어가 독자적으로 가는 것보다는 1백만 달러의 돈을 보탠 평범한 아이디어가 더 멀리 갈 수 있다. 돈 없이 마케팅의 승자가 될 수 있다는 환상은 버려라. 성공적인 마케팅 전략의 기본 조건은 바로 성공적인 자금 확보를 뜻하기 때문이다. 성공으로 나아가는 길에 아껴서는 안 된다. 더욱 성공적인 마케팅 담당자들은 앞장서서 자신들의 투자에 따른 짐을 진다. 달리 말해 그들은 2, 3년 동안 모든 소득을 마케팅에 재투자함으로써 아무런 이익도 차지하지 않는다.

돈이 마케팅 세계를 돌아가게 만든다. 오늘날 성공하기를 바란다면 그 마케팅의 바퀴를 돌리기 위한 돈을 찾아내야만 하리라.

ex) 만약 TV광고가 없었다면 우리는 인텔칩이 컴퓨터에 들어 있고 그것이 어떤 역할을 하는 것인지 알 수 있었을까?[11]

세계화에 따른 무한경쟁 시장의 가속화 현상에서 우리가 살아남기 위해서는 마케팅은 기업의 사활이 걸린 열쇠입니다. 이젠 사회적 영리 비영리를 막론하고 마케팅의 중요성은 중요란 단어가 무색할 정도로 사회는 마케팅이라고까지 말할 수 있습니다. 예술의 마케팅화······고도화된 정보경쟁력 인재시장에서 사회에서 필요로 하는 사람이 되려면 남과의 차별화를 통한 自身마케팅을 해야 채용되는 시대가 지금입니다. 내가 잘한다고 모셔가는 시대가 아닌······ 내가 잘하는 점을 promotion해야 합니다. 아울러 뭘하든 간에 (아르바이트로 군고구마를 판다 해도) 마케팅 전략 없이는 생존이 불가능합니다. IMC의 개념을 이해하기 위해서는 먼저 IMC가 Marketing과 Advertising 두 학문 분야에서 어떻게 발전되어 왔는지를 간략하게 검토해 볼 필요

---

11) http://kin.naver.com/detail/detail.php?d1id=4&dir_id=408&eid=1tZ3SQ1uxdy++
Kb2FRM0DILN0RDM/r1c&qb=ucy3oSC4tsTJxsM=

가 있다. IMC는 시대의 흐름에 따라 생겨난 개념으로 미국의 마케팅 학계에서는 이미 오래전부터 여러 형태로 언급되어 왔기 때문에 그다지 새로운 개념은 아니며, 전통적으로 마케팅의 기본 지식이 튼튼하고 이를 잘 활용해 온 미국의 대표적인 기업들의 입장에서는 혁명이라 불릴 정도의 놀랄 만한 이론은 아니다(cf. 송현석 1994, p.109).

1960년대에 들어 발전하기 시작한 마케팅의 한 학파(School)인 Managerial School 에서는 마케팅 은 경영자의 활동에 도움이 되는 규범적인 마케팅(Normative Marketing)이 되어야 한다고 강조하면서, 그 일환으로 소위 '4P'라 불리는 Marketing Mix를 제안하였다. 하지만 시간이 흐름에 따라 시장의 변화를 바라보는 마케팅 담당자들의 입장이 제각기 다르게 되고 또한 다른 목적으로 마케팅 기능을 수행하다 보니 '4P' 간에 일관성을 잃게 되어 여러 마케팅 활동에서 통합과 조절이 필요하게 되었다. 따라서 빠르게는 1970년대부터, 본격적으로는 1980년대 이후부터 Managerial School 을 이어가는 학자들이 'Total Marketing Mix' 또는 'Integrated Marketing Mix'라는 개념을 도입하여 통합과 조정을 시작하였다. 예를 들면 어떻게 하면 기업의 가격정책이 광고정책과 일관성 있게 수행될 수 있을까라는 문제를 놓고 가격에 관한 모델에 광고라는 변수를 취하여 고려하고자 하였으며 다른 Distribution 혹은 상품의 속성이라는 변수도 추가하여 고려하는 움직임이 활발하게 진행되었다. 그러나 IMC는 'Total Marketing Mix'란 기존 개념에 Communication이라는 개념을 도입한 것에 지나지 않게 되었다. 그러나 IMC의 개념은 마케팅이라는 학문에도 적지 않은 영향을 끼쳤으며 앞으로도 그 영향이 계속되리라고 추측되는데, 이는 바로 Communication 이라는 생소한 단어가 매스커뮤니케이션학으로부터 도입되어 무엇이 고객에게 커뮤니케이트하는가라는 과제를 다시금 재고하게 만들었기 때문이다. 반면 전통적으로 Mass Communication과 Journalism에 속해 왔던 광고학은 그 영역에 한계를 느끼면서 1980년대에 들어 마케팅에서 그 근원을 찾으려는 움직임이 나타났고, 일부에서는 Advertising이라는 과목명을 Marketing Communication으로 그 타이틀을 바꾸기 시작했다(cf 김충기 1994, p.74). 그러나 막상 광고학에 마케팅을 도입하고 나니 Mass Communication에서 제공하는 광고학의 영역이 생각보다 매우 넓어지게 되었고, 어떤 경우에는 마케팅의 기본 개념들의 생소함으로 인해 이들을 확대 해석하는 경향도 생겨나게 되었다. 이에 따라 Mass Communication을 연구하는 일부 학자들은 마케팅과 유기적인 관계를 가지면서 Marketing Communication을 더욱 발전시켜 나가는 가운데 IMC라는 개념을 제안하게 되었다.

1) IMC의 정의

(1) 목표 수용자에게 영향을 끼칠 목적으로 회사나 상표의 모든 접촉을 고려하여 다양한 설득 커뮤니케이션 형태를 기획하고 시행하는 과정 - 광고학 김광수 저

(2) 예전에 우리가 광고, 홍보, 판촉, 구매, 커뮤니케이션 등을 부분적으로 보던 것을 전체적으로 보기 위한 새로운 방법이고, 출처미상의 정보들을 소비자 입장에서 소비자의 시각으로 보고자 하는 커뮤니케이션의 재정립이다. - Don E.Schultz

(3) 모든 커뮤니케이션 수단의 전략적 역할을 살려서 짜인 포괄적인 커뮤니케이션의 부가가치를 인정하는 것, 즉 각 수단을 포괄해서 명쾌하고 일관성이 있으며 최대 효과를 낳는 커뮤니케이션을 창조하는 것 - 미국광고대행사협의회

2) IMC의 역사

(1) 최초의 통합적인 마케팅의 커뮤니케이션 프로그램은 제2차 세계대전 당시의 개입을 불만스러워하는 국민들의 의구심을 무마시키고 남녀노소 할 것 없이 전쟁에 대한 전 국민의 협조를 얻기 위해 행해진 대대적인 선전 캠페인.

(2) 전쟁이 끝난 후 전 산업부분에 걸쳐 수요급증→대량생산→생산이 기업을 주도. 그 당시 광고는 미국인들이 소유할 수 있는 온갖 좋은 물건들을 보여주는 인쇄된 진열대로서 그들에게 새로운 삶을 과도하게 찬양해 주는 역할을 수행.

(3) 1960년대

4P이론: 소비자보다는 제품지향적인 이론

대중마케팅: 서로 비슷하고 차별화되지 않은 규격화된 대중의 소비자들에게 규격화된 대량생산제품을 팔기 위한 것

(4) 1970 '미래의 충격(Future Shock)' -Alvin Toffler-: 탈대중화(demassification)

1972 '포지셔닝 이론' -Jack Trout, Al Ries-

: 제품을 포지셔닝하는 것은 광고주나 광고대행사가 아니라 바로 소비자들이다.

(5) 1990년대

① 변화된 가족개념(핵가족화): 집단의 영향력을 약화시키고 개인적인 사고를 독려

② 교육수준의 증가(대학진학률 54%): 정교한 정보를 수용, 고급수준의 정보요구, 고급인쇄매체 접함.

③ 여성취업률의 증가: 잠재구매력 존재, 여성의 사회진출로 서비스에 대한 필요 증대.

④ 평균연령의 증가: 장년층(부유한 집단)

⑤ 매체의 다양화, 세분화: 텔레비전 방송망(대중)→컴퓨터에 대한 보편적 접근(개인)

(6) 개념의 변화 4P→4C

4C -Lauterborn-

Consumer: 소비자(consumer)가 무엇을 원하고 필요로 하는지를 연구하라.

Cost: 소비자들 자신이 원하거나 필요로 하는 것을 충족시키기 위해 그들이 치르는 비용(cost)을 이해하라.

Convenience: 구매의 편리성(convenience)을 고려하라.

Communication: 판촉활동이라는 말을 잊어버려라. 1990년대의 용어는 커뮤니케이션이다.

3) IMC의 등장배경

(1) 정보통신산업의 성장, 정보화 사회의 등장으로 탈대량화, 다원적 선택사회(Multiple Option)로 전환→기존의 일대 다수 방식의 광고 형식을 탈피하여 기업들이 새로운 광고전략 및 마케팅 전략 수립의 필요성 체감
(2) 데이터베이스의 발달과 마케터의 수준 향상
(3) 광고비 부담의 증가 및 광고매체의 다양화
(4) 다양한 마케팅 커뮤니케이션 수단의 통합과 기업합병 현상
(5) 소비자의 미디어 선택권의 증대
(6) 마케팅의 국제화

마케팅은 우리의 삶 속에서 아주 중요한 역할을 하고 있다. 제품의 이미지에서부터 그 사람의 품격, 질까지도 마케팅에서 좌우한다.

우리 사람들로 치면 마케팅이 잘된 즉 옷 잘 입는 사람이 성공하는 것과 같은 이치이다. 옷을 잘 입기 때문에 성공한 것인지? 아니면 돈을 잘 벌어서 그래서 옷을 잘 입는 것인지는 논의의 개념차가 있겠지만 마케팅의 눈으로 보면 옷을 잘 입는 사람이 성공을 하는 것이다. 옷을 고급 브랜드만을 고집하여 입었다고 성공하는 것은 아니다. 옷을 정갈하고 깨끗이 입고 다니는 사람은 남들이 함부로 하지 못하고 그로 인하여 신분 상승의 가능성이 높아지는 것이다.

마케팅은 우리 인간의 삶을 전반적으로 움직이는 기술인 것이다. 마케팅을 알면 세계가 보이고 세계가 보이면 삶의 질이 높아질 수 있다. 마케팅에 대한 인식을 긍정적으로 할 필요가 있다.

부 록

마케팅 용어

가격 price: 자신에게 필요한 것을 제공받은 사람이 그에 대한 반대급부로서 상대 방에게 주는 유형적 및 무형적 가치의 총합. 대체로 화폐액으로 표시되며 수강 료, 임대료, 인지, 우표, 월급, 통행료, 수수료, 사례금 등의 명칭이 사용되기도 한다.

가격단계정책 price lining policy: 대체로 소매점에서 품목별로 정확한 가격을 구 사하지 않고 모든 취급품목들을 몇 개의 가격단계로만 구분하여 판매하는 정책. 특히 단 하나의 가격단계만을 가짐으로써 모든 품목을 동일한 가격에 판매하는 정책을 균일가격정책이라고 한다.

가격차별화 price discrimination: 제품 또는 서비스의 원가가 동일함에도 불구하 고 두 개 이상의 (세분)시장에 대하여 다른 가격을 적용하는 일.

가격혜택 price deals: 마케터가 고객들에게 제공하는 가격상의 이득으로서 할인 이나 공제, 하나의 가격으로 두 개 제공(2 for 1 price deals) 등이 있다.

가계구매 family purchase: 가계구성원들의 공통적인 욕구를 충족시키기 위해 공 통적인 재원으로부터 행하여지는 제품구매로써 의사결정단위의 역할분담이 이 루어진다.

가변가격정책 variable pricing policy: 고객과의 개별적인 협상(흥정)을 통하여 가격을 결정하는 정책. 가격차별화로 오인되어 제재를 받을 위험이 있다. ⇔ 단 일가격정책(정찰제)

가설적 구성개념 construct: 태도, 동기, 인지적 디서넌스 등과 같이 객관적 실체 를 관찰할 수 없는 개념들에 대하여 그들에 관한 사고를 돕기 위하여 가설적으 로 창안된 개념들.

가정생활주기 family life cycle: 가정의 형성과 발전과정을 가정의 독특한 욕구와 자금사정을 근거로 하여 단계별로 구분한 것으로서 각 단계별로 욕구, 제품의 구매와 소비패턴, 자금여건 등의 특성을 묘사한다. 또한 비가정형태의 가계를 고려하여 가정생활주기를 수정한 가계생활주기도 있다.

가족상표 family brand: ☞ 통합상표

가치 value: 제품이나 서비스가 소비자의 기본적인 욕구 및 필요를 충족시키거나 문제를 해결해 줄 수 있는 능력에 대한 추정치. 소비자는 그가 지불해야 하는 가격과 이러한 가치를 대비하여 교환여부를 결정하게 된다. ☞ 효용

가치분석 value analysis: 일단 제품을 개발한 후, 제품의 품질에 기여하지 않는 불필요한 원가요소들을 확인해 내고 원가절감을 이룩하면서 제품이 개선될 수 있는지를 결정하기 위한 조직적인 검토.

간격척도 interval scale: 대상들이 갖고 있는 속성내용의 차이에 숫자를 조응시키는 방법으로서 이때 사용된 숫자는 속성내용의 상대적 크기를 나타낼 뿐 아니라 숫자 간의 차이는 속성내용의 차이를 반영하므로 가감산이 가능하다.

감각전이 sensation transference: 제품의 성격을 색채, 디자인, 재질 등과 같은 커뮤니케이션 단서로부터 유추하려는 인지적 성향으로서 제품뿐 아니라 점포나 기업, 사람 등 모든 지각대상에 대하여 나타나는 현상이다.

감성적 동기 emotional motive: 남과 다르게 보이려는 욕망, 준거집단과 동일시되려는 욕망, 다른 사람의 관심을 끌려는 욕망, 남들의 선망을 받으려는 욕망 등 주로 심리적 및 사회적 만족과 관련되는 행동이유. ⇔ 이성적 동기

감퇴적 수요 faltering demand: 잠재고객의 기호변화, 경쟁, 마케팅 환경요인의 변화 등으로 제품에 대한 실제 수요가 이전보다 낮아지고 있는 수요상태이다.

개념시험 concept testing: 신제품개념을 묘사하고 그것에 대한 잠재고객들의 선호나 태도 등의 반응을 평가하는 일로서 신제품개념의 변경 또는 표적시장의 선정에 도움이 된다. 대체로 컨조인트 분석이 널리 적용된다.

개념적 정의 conceptual definition: 하나의 개념을 상호 관련된 다른 개념들로 언급한 것으로서 훌륭한 개념적 정의는 그 개념의 기본적인 정수를 분명하게 묘사하여 그것을 유사하지만 별개의 개념들로부터 구별해야 한다.

개발적 마케팅 developmental marketing: 잠재적 수요상태에서 잠재고객들이 공

통적으로 원하는 바를 충족시키기 위한 수단을 개발하는 마케팅 관리과업이다.

개별상표 individual brand: ☞ 통합상표

개수가격정책 even pricing policy: 고급품질의 가격이미지를 형성하여 구매를 자극하기 위하여 우수리가 없는 개수의 가격을 구사하는 정책. ⟺ 단수가격정책

개재변수 intervening variable: 자극과 반응 사이에 개재되어 있는 변수들로서 자극변수는 일단 개재변수에 영향을 미치고 그 다음 개재변수가 반응변수에 영향을 미치게 된다. 예를 들어, 광고물은 일단 소비자 태도에 영향을 미치고 그러한 태도를 바탕으로 제품구매에 영향을 미친다면 태도는 개재변수이다.

거래경로 trade channel: ☞ 마케팅 경로, 마케팅 경로의 분리

거래점 광고 trade advertising: 재판매업자로 하여금 특정한 생산자의 제품을 취급하고 판매하도록 권유하는 광고로서, 대체로 재판매업자들이 자신의 매출액과 이익을 어떻게 증대시킬 수 있는지를 설명하거나 생산자의 마케팅 활동을 소개한다.

거래점 할인 trade discounts: 중간상인들이 수행하는 기능에 대한 보상으로서 생산자가 제공하는 할인. ☞ 기능할인

거시마케팅 macro(-level) marketing: 마케팅을 사회적 과정으로 파악하는 거시적 관점의 마케팅으로서 '사회 전체의 이질적인 공급능력을 이질적인 수요와 효과적으로 대응시키고, 사회의 장/단기목표를 효과적으로 달성할 수 있도록 전체 경제 시스템의 제품들이 생산자들로부터 소비자들에게 원활하게 흐르도록 하는 사회경제적인 활동'으로 정의된다.

거시세분화 macro segmentation: 산업고객의 규모, 제품사용률, 제품의 용도, 산업분류의 범주, 기업의 구조, 지리적 입지, 최종시장의 성격, 구매상황 등 전반적인 특성을 근거로 하여 산업고객들을 세분시장으로 분할하는 일. ☞ 미시세분화, 계층적 세분화

거시적 환경요인 macroenvironments: 기업의 마케팅 활동에 대하여 외부적 제약으로서 작용하는 시장의 인구통계적 특성, 경제적 특성, 자연적 특성, 기술적 특성, 정치적/법적 특성, 사회적/문화적 특성, 경쟁적 특성. ☞ 환경요인

검증통계량 test statistics: 표본조사의 결과로부터 계산된 통계량으로서 계산된 통계량이라고도 한다. ⇔ 임계통계량

견인전략 pull strategy: 경로전략 또는 촉진전략의 한 형태로서 최종고객에 대한 집중적인 설득(광고)을 통하여 그들로 하여금 마케팅 경로를 통하여 제품을 끌어당기도록 하는 전략대안. ⇔ 후원전략

결합수요 joint demand: 산업고객은 다양한 산업 마케터들로부터 산업용품들을 구매하여 자신의 최종제품을 만들기 때문에 한 산업용품의 수요가 다른 산업용품들의 수요와 공동으로 발생하는 현상.

경로갈등 channel conflict: 경로구성원들 사이에서 나타나는 갈등으로서 마케팅 경로의 동일한 단계에서 활동하는 경로구성원들 사이의 수평적 갈등과 동일한 고객에게 접근하고 있는 상이한 형태의 중간기관들 사이의 형태 간 갈등, 마케팅 경로의 상이한 단계에서 활동하는 경로구성원들 사이의 수직적 갈등 등의 형태가 있다.

경로구조 channel structure: 제품을 최종고객에게 전달하기 위하여 필요한 유통단계의 수와 각 단계를 구성하는 중간상인들의 독특한 형태로서 생산자와 최종고객을 모두 포함한다.

경로의 길이 length of channel: 경로구조에서 생산자와 최종고객 사이에 개재하는 유통단계의 수. ≒ 경로의 수준

경로역학 channel dynamics: 마케팅 환경요인들의 변화에 따라 새로운 형태의 마케팅 중간기관이 출현하여 기존의 중간기관들과 협동 및 경쟁의 관계를 가지면서 마케팅 경로의 기능을 수행해 나가는 현상.

경로조성금 push money: 중간상인에게 자신의 제품을 특별히 진열해 주거나 촉진해 줄 것을 요구하면서 대금의 일부를 감면해 주는 공제로서 촉진공제와 유사하다.

경쟁구조 분석 competitive structure analysis: ☞ 포지셔닝 분석

경험곡선 experience curve: 누적생산량이 증가함에 따라 작업효율이 증대될 뿐 아니라 생산시간이 단축되고 원료의 낭비가 감소하여 단위당 생산원가가 하락

하는 현상을 도식화한 것. ≒ 학습곡선, 학습효과

경험영역 field: 개인이 그의 생애 동안 겪어온 모든 경험의 총합으로서 다양한 상징에 대하여 개인이 부여하는 독특한 의미를 포함하고 있다.

계절할인 seasonal discounts: 에어컨이라든가 수영복과 같이 계절성이 뚜렷한 제품의 마케터가 비수기에 구매하는 고객에게 제공하는 할인.

계층적 세분화 nested approach: 매우 일반적인 것들로부터 조직에 구체적인 특성에 관련되는 것들의 방향으로 세분화 근거들의 계층적 구조를 가정하여 단계적으로 실시하는 시장세분화. ☞ 거시세분화, 미시세분화

고객 customer: 교환에 있어서 마케터의 상대방을 말하며, 자신에게 제공되는 것을 수용하고 마케터가 원하는 것을 반대급부로서 기꺼이 제공하는 측이다. 쉽게 말하여 우리에게 돈을 지불하는 모든 사람은 고객인 것이다. 그러나 특별히 소비자와 구분할 때 고객은 특정한 기업 또는 상표의 구매자이며 소비자는 제품범주의 구매자를 지칭한다.

고객기반 customer base: 제품의 효익을 근거로 하여 원하는 바를 충족시킬 것으로 판단되는 고객들을 집합적으로 지칭하는 개념.

고객유인 가격정책 leader pricing policy: 중간상인이 고객의 내점을 유도하기 위하여 일부 품목의 가격을 한시적으로 인하하는 정책으로서 이때 가격이 인하되는 제품을 전략제품 또는 고객유인용 손실품이라고 한다.

고객유인용 손실품 loss leader: 한시적으로 인하된 가격으로 판매됨으로써 고객들의 점포내방을 유인하여 전반적인 매출액을 증대시키기 위해 선택된 제품. ☞ 고객유인 가격정책

고객제일주의: 마케팅의 모든 활동들을 고객이 원하는 바에 맞추어 조정하고 그들의 문제를 해결하여 고객만족을 충족시키는 일을 마케팅의 1차적 목표로 삼는 정신.

고객지향성 customer orientation: 총체적 마케팅, 목표지향성과 더불어 마케팅개념의 삼대정신을 구성하는 데 고객을 모든 마케팅활동의 초점으로 삼는 정신이다. 대체로 "고객은 왕이다." 또는 "고객은 항상 옳다."는 등의 격언들이 이러한

정신을 반영한다. ☞ 고객제일주의

공생적 마케팅 시스템 symbiotic marketing system: ☞ 수평적 마케팅 시스템 공제 allowances: 제품가격 자체를 낮추는 할인과는 달리, 시장가격은 그대로 유지하면서 단지 일정한 조건하에서만 대금의 일부를 감면해 주는 가격정책. ☞ 중고품 교환공제, 촉진공제(진열공제를 포함), 할려금, 경로조성금

공헌이익: 제품의 판매가격에서 변동원가를 차감한 금액으로서 고정원가를 상쇄시키고 순이익에 기여할 수 있는 부분이다. 공헌이익을 가격으로 나눈 값은 공헌이익률이라고 한다. ☞ 손익분기점

관습가격 customary price: 껌이나 우유, 자장면 등 일부 편의품에 대하여 오랫동안 마케터와 고객들 사이에 공정하다고 인정되어 온 가격으로서 이러한 가격의 변화는 매우 탄력적인 수요변화를 초래하기 때문에 대체로 안정적인 경향이 있다. ≒ 전통가격

관여 involvement: 구매 또는 소비행위가 의사결정자에게 갖는 개인적 중요성 또는 관여성으로서 고가품, 복잡한 제품, 많은 위험을 수반하는 제품, 상표 간의 품질차이가 큰 제품, 자아 이미지에 관련되는 제품 등에서 관여도가 높은 경향이 있다.

광고 advertising: 특정한 후원자에 의해 비용이 지불되는 모든 형태의 비인적 판매제시를 지칭한다. 판매제시란 제품 또는 서비스, 아이디어 등에 관한 것이며 마케터는 TV, 라디오, 신문, 잡지 등의 매체를 통하여 그의 메시지를 고객들에게 제시한다.

광고물 advertisement: 메시지의 창출 → 평가와 선정 → 제작 등의 과정을 거쳐 최종적으로 수신자들에게 노출되는 상징적 표현물.

광고성 advertisability: 광고비 지출에 대한 매출액의 민감도 또는 광고의 판매유발 효과로서 제품에 따라 다르며, 광고성이 낮은 제품에게서 광고효과는 저조할 것이다.

구매단계 buystage: 산업고객의 구매과정을 묘사하는 문제의 인식 또는 예견, 필요한 품목의 특성과 수량의 결정, 필요한 품목의 특성과 수량의 기술, 공급자

탐색과 자격심사, 제안서의 수취와 분석, 제안서의 평가와 공급자 선정, 주문절
차의 확립, 성과의 피드백과 평가 등의 여덟 단계.

구매시나리오 buying scenarios: 제품과 구매조직이 당면하는 구매문제의 특성에
따라 분류한 구매상황으로서 단순재구매, 수정재구매, 신규구매의 세 가지가 있다.

구매시점 촉진 point-of-purchase promotion: 일단 점포를 방문하고 있는 고
객에게 정보를 제공하거나 구매를 설득하기 위해 설계된 모든 판매촉진 자극으
로서 만국기, 가격표, 진열시렁, 포스터 등을 포함한다. ☞ 판매시점 정보관리

구색탐색활동 assortment-search activities: 교환이 원활하게 일어나도록 양과
질의 측면에서 고객들이 원하는 구색을 탐색하여 공급을 조정하는 마케팅 중간
기관의 활동으로서 분류, 축적, 할당, 구색을 포함한다.

구매행렬 buygrid: 산업고객의 구매단계와 구매상황을 결합하여 행렬의 형태로 나
타낸 것으로서 산업 마케팅 전략의 틀로 이용된다. ☞ 구매단계, 구매시나리오

귀무가설 null hypothesis: 모집단 내에서 변수들 사이에 관계가 존재하지 않는다
거나 또는 모집단들 사이에 특성 차이가 없다는 명제로서 통계적 절차를 통하
여 진실여부가 검증된다. 표본조사에서 발견된 변수 간의 관계나 집단 간의 차
이가 단순히 표본오차에 기인한 것이라고 진술하는 명제. ⇔ 대립가설

규범 norms: 구체적인 상황 항서 허용될 수 있는 행동의 방향(범위)으로서 그 사
회의 가치를 근거로 하여 결정된다.

규범적 마케팅 normative marketing: 마케팅 활동이 어떻게 수행되어야 하는지를
규명하려는 접근방법이다.

균일가격 인도정책 uniform delivered pricing policy: 각 고객들이 부담할 수송
비를 평균하여 거리에 관계없이 제품가격에 포함시키고 마케터가 직접 수송업
무를 관장하는 지역적 가격정책. ☞지역별 균일가격 인도정책

균일가격정책 single-price policy: DC 1000이나 8천 냥 하우스와 같이 점포가
취급하는 모든 품목에 대하여 동일한 가격을 취하는 정책. ☞ 가격단계정책

그린 마케팅 green marketing: 환경 컨슈머리즘이 제기하는 기회와 위협들에 적
응하기 위하여 마케팅 활동을 조정함으로써 환경친화적 조직으로 변신하려는

노력.

기각역 rejection area: 표본분포에 있어서 임계통계량보다 극단적인 통계량들의 집합으로서 만일 표본통계량이 기각역에 속한다면 귀무가설을 기각한다. ⇔ 채택역

기관광고 institutional advertising: 제품이나 서비스 그 자체를 구매하도록 잠재고객을 직접적으로 설득하기 위한 것이 아니라, 제품 또는 서비스를 제공하고 있는 기업에 대하여 호의적인 이미지를 형성시키기 위한 광고.

기능할인 functional discounts: 마케팅을 위하여 생산자가 수행해야 하는 기능 중 일부를 중간기관(또는 고객)이 대신 수행하는 데 대하여 제공하는 할인. ≒ 거래점 할인

기술수명주기 technological life cycle: 과학적 성과로서 새로운 기술이 개발된 이래 다양한 제품을 생산하는 데 활용되다가 급기야는 새로운 기술에 의해 대체되어 가는 모습으로서 제품의 수명주기와 유사한 개념이다.

기술적 조사 descriptive research: 마케팅 현상을 묘사하거나 어떤 사상의 빈도를 측정하고 변수들 사이의 연관성을 결정하거나 미래의 마케팅 현상을 예측하려는 조사. 변수들 사이의 연관성을 결정해 주지만 결코 인과관계를 밝혀주지 못한다는 데 유의해야 한다. ☞ 조사설계

기억 memory: 이전의 학습결과들의 총체로서 간혹 장기기억이라고도 부른다. 이에 비하여 단기 기억이란 전체 기억 중에서 특정한 시점에서 당면한 문제를 해결하기 위하여 활동화되어 사용 중인 부분이며 활동적 기억이라고도 한다.

기업광고 corporate advertising: ☞ 기관광고

기업기회 company opportunities: ☞ SWOT 분석 ⇔ 환경기회

기업사명 company mission: 기업이 궁극적으로 추구하려는 존재가치로서 개별 구성원이나 하부조직들이 독립적으로 활동하면서도 그들의 노력이 한 방향으로 모여질 수 있도록 보이지 않는 손으로 작용하며, 간혹 기업사명문의 형태로 명문화되기도 한다.

기업 이미지 통일화 작업 corporate identity program: 소비자는 기업에 관한 여

러 가지 외부적 자극과 제품경험을 근거로 기업 이미지를 형성하는데, 훌륭한 기업 이미지가 소비자의 구매의도를 증대시켜 준다는 점에서 시도되는 기업명이나 심벌마크, 로고 등의 변경 작업.

기업충성 corporate loyalty: 특정한 기업에 대하여 보이는 충성. ☞ 상표충성

기점가격정책 basing-point pricing policy: 균일가격 인도정책을 적용하기 위하여 평균수송비를 계산하는 데 있어서 실제 마케터로부터의 수송비가 아니라 제품이 가장 많이 생산되는 지역(基點)으로부터의 수송비를 고려하는 지역적 가격정책. 대체로 자연생산물의 가격결정에 널리 이용된다. ☞ 균일가격 인도정책

기준가격 base price: 여러 가지 가격구조의 근거로 이용하기 위하여 마케터가 제품의 생산원가와 수요수준, 경쟁자의 가격을 분석하여 관리회계의 측면에서 내부적으로 결정한 가격. 기준가격을 결정하기 위한 방법은 원가지향적 방법, 수요지향적 방법, 경쟁지향적 방법으로 구분된다.

기호화 coding: 마케팅 조사자료의 처리와 분석이 용이하도록 각 응답에 기호(대체로 수치)를 할당하는 일.

기호화 encoding: 커뮤니케이션의 송신자가 자신이 갖고 있는 추상적인 아이디어를 언어적 및 비언어적 상징을 이용하여 메시지로 전환시키는 작업. ⇔ 해독

노출 exposure: 광고물이 시야에 들어오는 것과 같이 개인이 감각기관을 통하여 내부적이든 외부적이든 어떤 자극에 당면하는 현상.

뉴스버타이징 newsvertising: 광고효과를 증대시키기 위해 뉴스거리가 갖는 분위기에 편승하여 실시하는 광고(news와 advertising의 복합어). 예를 들어, 항공기 충돌사고를 표제기사를 싣는 신문의 항공보험의 광고는 효과적일 것이다.

다속성 태도모델 multi-attribute attitude model: 어떤 대상에 대한 전반적인 태도가 여러 가지 속성에 대한 신념들과 소비자의 욕구기준을 반영하는 가중치의 결합에 의하여 결정된다는 견해의 태도모델.

다수의 우 fallacy of majority: 다수의 기업들 전체시장 접근방법(대량 마케팅)을 구사함에 따라 전체시장 또는 큰 규모의 세분시장 내에서 경쟁이 치열하고 오히려 수익성이 낮아지는 현상. ☞ 틈새시장

단수가격정책 odd pricing policy: 경제성의 가격이미지를 형성하여 구매를 자극하기 위하여 단수의 가격을 구사하는 정책. ⇔ 개수가격정책

단순가설 simple hypothesis: 모집단의 특성치를 단일값으로 진술하는 명제. ⇔ 복합가설

단위가격 표시정책 unit pricing policy: 고객들이 상이한 포장규격에 대하여 내용품 표준단위당 가격을 비교할 수 있도록 포장규격의 가격과 함께 그램, 리터, 미터 등 표준단위당 가격을 표시하는 정책.

단일가격정책 one-price policy: 동일한 양의 제품을 같은 조건으로 구매하는 모든 고객들에게 동일한 가격을 부과하는 정책. ⇔ 가변가격정책

단측검증 one-tailed test: 의사결정자의 정보욕구가 모수에 대한 한 방향에 집중되어 있기 때문에 통계량 분포곡선의 한 끝부분만 사용하는 통계적 가설검증. 특히 대립가설이 특정한 값보다 크다는 내용을 포함하면 우측검증, 작다는 내용을 포함하면 좌측검증을 사용한다. ⇔ 양측검증

달러보트 dollar vote: 소비자의 제품선택행동은 결국 유권자가 여러 후보 중에서 적절한 후보를 선택하여 투표하는 것과 매우 유사하므로 소비자는 돈을 갖고 투표행위를 한다고 간주할 수 있다. 따라서 달러보트는 결국 소비자의 선택행동이다.

대량마케팅 mass marketing: 전체 시장 구성원들이 원하는 바가 집군화 패턴을 보이지 않거나 시장세분화의 접근방법이 바람직하지 않을 때 전체 시장에 대하여 한 가지 마케팅믹스를 제공하는 전략이다. 비차별화 마케팅과 제품차별화 마케팅으로 구분될 수 있다. ≒전체시장 접근방법 ⇔ 표적마케팅

대리중간상 agent middlemen: 위탁상, 경매회사, 브로커(조선시대의 거간) 등 ☞ 중간상인

대립가설 alternative hypothesis: 표본조사의 결과를 근거로 하여 귀무가설을 기각할 때 대신 채택하게 되는 가설. ⇔ 귀무가설

도달 reach: 일정한 기간 동안 광고물에 노출되는 상이한 수신자의 수 또는 %. ☞ 빈도, 지알피

도매 wholesaling: 재판매나 사업을 영위하기 위하여 제품을 구매하는 산업고객에게 제품을 판매하는 활동이며, 매출액의 50% 이상을 도매활동으로부터 실현하는 상인중간상. ⇔ 소매

동기 motive: 생체 에너지를 활성화시키고 소비자의 목표를 향하여 그러한 생체 에너지의 방향을 결정짓는 내적 동인. 특정한 여건에서 소비자 행동을 야기하고 그 방향을 결정지을 수 있도록 활성화된 상태의 욕구. 목표지향적 행동의 이유. 자극에 의해 일시적으로 활성화된 욕구 또는 환기된 욕구이며, 그러한 욕구를 충족시키려는 목표지향적 행동을 유발한다. ☞ 본원적 구매동기, 선택적 구매동기, 이성적 동기, 감성적 동기, 애고동기

동기갈등 motive conflict: 소비자가 갖고 있는 다수의 동기들이 동시에 활성화될 때 나타나는 갈등으로서 접근-접근 갈등, 회피-회피 갈등, 접근-회피 갈등으로 구분할 수 있다.

동기계층 motive hierarchy: A.H. Maslow가 동기들이 소비자에게 작용하는 구조를 설명하기 위해 제안한 이론으로서 타고나거나 사회적 교호작용을 통하여 형성된 다섯 가지 범주의 동기들이 작용하는 양상을 보여준다.

동기다발 motive bundling: 한 제품이 동시에 충족시킬 수 있는 다수의 동기들.

동기의 연쇄관계: 하나의 세분된 동기를 성취하는 일은 그 자체가 포괄적인 동기를 성취하기 위한 수단이 된다는 연쇄관계.

동시화 마케팅 synchromarketing: 불규칙적 수요상태에서 바람직한 수요의 시간패턴에 실제수요의 시간패턴을 맞추기 위한 마케팅 관리과업이다.

동질적 선호패턴 homogeneous preference pattern: 잠재고객들이 원하는 바를 반영하는 속성결합이 거의 유사한 모습으로 나타나는 패턴이다. ☞ 시장선호패턴

두려움 소구 fear appeals: 위협적인 상황에 관하여 수신자의 두려움을 환기시켜 메시지의 영향력을 증대하는 방법으로서 너무 강하거나 약한 두려움 환기수준은 오히려 효과를 거두기 어렵다.

디마케팅 demarketing: 초과수요의 상태에서 제품을 획득하려는 잠재고객들의 경쟁을 수수방관하기보다는 고객만족을 보장하고 장기적인 고객관계를 유지 / 개선

하기 위하여 수요를 적정수준으로 감축하고 가용한 제품을 합리적으로 할당하려는 마케팅 관리과업이다. 디마케팅에는 일반적 디마케팅, 선택적 디마케팅, 외견상 디마케팅, 비고의적 디마케팅의 네 가지 기본형태가 있다.

디서넌스 cognitive dissonance: 디서넌스란 두 가지 상반되는 신념 사이에서 느끼는 갈등이지만, 구체적으로 구매 후 디서넌스란 제품을 일단 구매한 후 그러한 선택의 현명함에 대하여 느끼는 회의심을 의미한다.

라이프 스타일 life style: 소비자가 돈과 시간을 어떻게 소비하는가(활동), 자신의 환경 내에서 무엇을 중시하는가(관심), 자신과 주변환경에 관하여 어떠한 생각을 갖고 있는가(의견)의 측면에서 묘사되는 생활양식.

리마케팅 remarketing: 감퇴적 수요상태에서 표적시장을 변경하든가 마케팅 믹스의 요소들을 변경함으로써 수요를 부활시키는 마케팅 관리과업이다.

리포지셔닝 전략 repositioning strategy: 소비자들이 원하는 바나 경쟁자들의 포지션이 변함에 따라 기존제품의 포지션을 바람직한 방향으로 새롭게 전환시키는 전략. ☞ 포지셔닝

마케터 marketer: 교환의 당사자 중에서 교환을 실현시키기 위하여 주도권을 행사하는 측이며 그 상대방은 (잠재)고객이다. 즉 자신이 필요한 것을 얻어내기 위하여 상대방에게 무엇인가를 제공하려는 편은 판매자이든 구매자이든 마케터이다.

마케팅 marketing: 마케팅에 관한 정의는 경제여건과 정의자의 견해에 따라 매우 다양하다. 즉 미국마케팅학회의 1960년도 정의에 따르면 제품과 서비스를 생산자로부터 소비자 또는 사용자에게 흐르도록 하는 기업활동의 수행이며, 그들은 1985년 3월 개인과 조직의 목표를 충족시킬 교환을 야기하기 위하여 아이디어 및 제품, 서비스의 개념화와 가격결정, 촉진, 유통을 계획하고 수행하는 과정으로 재정의 내렸다. 또한 대표적인 마케팅 학자로서 Philip Kotler는 교환과정을 통하여 욕구와 필요를 충족시키려는 인간 활동으로 정의하였고 유동근 교수는 상대방과의 교환이 바람직하게 일어나도록 하기 위한 모든 활동, 상대방과의 장기적이며 호혜적인 교환관계를 개발하고 유지하기 위한 활동, 가치의 자발적인 교환활동, 교환의 잠재력을 증대시키고 실제적 교환으로 구체화시키는 활동

등으로도 정의할 수 있음을 지적한다.

마케팅 감사 marketing audit: 기업의 마케팅 지위에 관한 체계적이고 철저한 자기점검으로서 산업, 기업, 시장, 제품, 가격, 경로, 촉진 등의 분야를 포괄한다.

마케팅 개념 marketing concept: 잠재고객들이 자신의 문제해결에 관심을 갖고 있으며 보다 효과적으로 그러한 문제를 해결해 줄 수 있는 수단을 선호한다고 가정하여 마케팅노력의 초점을 첫째, 잠재고객들의 충족되지 않은 욕구(해결되지 않은 문제)를 발견해 내고 둘째, 그것을 효과적으로 충족시키기(해결해 주기) 위한 수단을 개발하여 셋째, 고객을 경쟁자보다 효과적 및 효율적으로 만족시키려는 마케팅 관리이념이다. ≒ 순매접근방법

마케팅 관리 marketing management: 조직의 목표(이윤, 매출성장, 시장점유율 등)를 효과적으로 달성하기 위하여 상대방(주 고객시장의 잠재고객들)과의 유익한 교환관계를 개발하고 유지하기 위한 프로그램을 계획/실행/통제하는 경영관리 활동이다.

마케팅 경로 marketing channel: 마케팅 흐름이 원활하도록 상호연관성을 갖고 협동하는 기관들의 복합체로서 유통경로라고도 하며, 통상 거래경로를 지칭한다. ☞ 마케팅 흐름, 거래경로

마케팅 경로의 분리: 거래가 이루어지기 위해서는 여러 가지 마케팅 흐름이 원활해야 하지만, 특히 제품 자체를 물리적으로 이전시키고 그러한 제품의 소유권을 넘겨주어야 하는데 이러한 흐름들이 독자적인 경로를 통하여 이루어지는 현상. 이때 제품 자체의 물리적 이전에 관련되는 경로를 물류경로(물적 유통경로)라고 하며 소유권의 이전에 관련되는 경로를 거래경로라고 한다. ☞ 마케팅 흐름, 마케팅 경로

마케팅 관리 이념 marketing management philosophies: 어떻게 해야 교환이 바람직한 수준으로 원활하게 일어날 것인지에 관한 견해로서 마케팅 노력의 방향성을 지침하며 대체로 마케팅 이론의 발전과 경제사회의 변화에 따라 다섯 가지 유형으로 대두되었다. ☞ 생산개념, 제품개념, 판매개념, 마케팅 개념, 사회적 마케팅 개념

마케팅 관리의 목표 goals of marketing management: 마케팅 관리의 목표는 세 수준에서 정의할 수 있는데, 첫째는 일방적인 매출극대화이며 둘째는 소비자 만족을 통한 장기적인 이윤극대화, 셋째는 생활수준의 향상을 통한 장기적인 이윤극대화이다.

마케팅 근시안 marketing myopia: 자신의 고객과 사업영역을 정의할 때 고객의 기본적인 욕구가 아니라 제품이나 기술 자체를 근거로 하는 관점이다. 이러한 관점은 마케터의 시야를 제품에만 집착시켜(product illusion) 간접적인 경쟁을 제대로 인식하지 못하거나 새로운 마케팅기회와 위협을 신속하게 포착하는 일을 방해하며 진취적인 미래지향적 사고를 저해한다. ☞ 보다 나은 쥐덫의 가설

마케팅의 기능 functions of marketing: 마케팅 조직 내에서 마케팅이 수행하는 기능은 실제의 수요를 바람직한 수요에 맞도록 조절하는 기능과 그러한 수요를 충족시키는 기능의 두 가지로 대별할 수 있다.

마케팅 도구 marketing tools: 마케팅 문제를 해결하거나 마케팅 목표를 달성하기 위하여 마케터가 자유롭게 구사할 수 있는 도구로서 대체로 제품에 관한 의사결정(들), 가격에 관한 의사결정(들), 경로에 관한 의사결정(들), 촉진에 관한 의사결정(들)의 독특한 조합을 의미한다. ≒ 마케팅 의사결정 변수, 4P

마케팅 믹스 marketing mix: 마케팅 목표를 가장 효과적으로 달성하기 위한 마케팅 도구들에 관한 의사결정의 조합이다. 대체로 마케팅 환경요인에 적응하면서 잠재고객이 원하는 바를 충족시키기 위한 총체적인 수단으로 간주된다.

마케팅 시스템 marketing system: 마케팅 기능을 수행하는 과정에서 유기적인 관계를 가지면서 작용하는 구성요소들의 조직화된 통일체이다. 이때 구성요소는 본래 시스템에 대하여 하위 시스템이므로 마케팅 시스템은 다양한 수준에서 정의될 수 있으나, 대체로 다음과 같은 하위 시스템들로 구성되는 수준에서 정의되며 하위 시스템들은 지속적인 교호작용을 통하여 유기적인 관계를 유지하면서 마케팅 활동과 성과에 영향을 미친다.

• 마케팅 활동을 수행하는 마케팅 조직(기업, 정부기관, 사회단체 등)

- 마케팅 되고 있는 제품 등의 욕구충족 수단
- 잠재고객(표적시장)
- 마케팅 조직에 납품하는 공급자
- 마케팅 조직과 잠재고객 사이의 교환을 도와주는 마케팅 중간기관
- 마케팅 조직과 이해관계를 갖고 있는 공중
- 이상의 하위 시스템들에 거시적인 영향을 미치는 환경요인들

마케팅 실험 marketing experiment: 한 변수와 다른 변수 사이의 인과관계를 검증하기 위한 조사를 설계하고 이에 따른 실제 조사를 실시한 후, 결과를 분석하는 일. 변수들 사이의 인과적 관계를 밝히기 위하여 분산분석을 적용할 자료를 산출해 준다.

마케팅 의사결정 변수 marketing decision variables: 마케터가 임의로 결정할 수 있는 의사결정의 측면들 ≒ 마케팅도구, 4P

마케팅 전략 marketing strategy: 마케팅 목표를 달성하기 위한 행동방안으로서 중요한 구성요소는 시장세분화를 통한 표적시장의 선정과 목표포지션의 선정, 마케팅 믹스의 개발이다. ☞ 에스티피

마케팅 조사 marketing research: 제품과 서비스를 마케팅 하는 데에 관련된 문제에 대하여 객관적이며 정확한 체계적인 방법으로 자료를 수집 / 기록 / 분석하는 일. 의사결정자의 정보욕구를 진단하고 그러한 정보에 관련되는 변수들을 선정한 후, 유효하고 신뢰성 있는 자료를 수집 / 기록 / 분석하는 일. 마케팅 분야에 있어서 문제 확인과 해결에 관련된 정보를 획득 / 분석 / 종합하기 위한 체계적이며 객관적인 과정. 고객과 환경요인의 변화를 고려한다는 점에서 시장조사보다 포괄적이며 동적인 개념이다. ☞ 시장조사

마케팅 조직 marketing organization: 마케팅 활동의 주체로서 기업, 비영리 조직, 국가 등은 물론이고 개인까지도 포함한다.

마케팅 중간기관 marketing intermediaries: 마케팅 경로에 참여하는 경로 참가자들로서 중간상인과 조성기관으로 구분된다. ☞ 경로의 수준

마케팅 커뮤니케이션 marketing communications: 표적시장으로부터 바람직한 반응을 유도하기 위하여 그들에게 통합된 자극을 제시하며, 현재의 메시지를 수정하고 새로운 커뮤니케이션 기회를 확인하기 위한 경로를 설계하는 과정.

마케팅 흐름 marketing flows: 마케팅의 기본적인 기능은 수요의 조절과 충족인데, 그러한 기능이 원활하게 수용되기 위해서는 마케터와 잠재고객 사이에 제품의 물리적 흐름, 소유권의 흐름, 대금의 흐름, 정보의 흐름, 촉진의 흐름 등이 필요하다.

마크언 mark-on: 마크언 코스트(mark-on cost)의 줄임말 ☞ 마크업

마크업 markup: 판매가격을 결정하기 위하여 제품의 획득가격에 부가되는 금액으로서 마크업 비율은 판매가격 또는 원가를 분모로 하여 계산한다. 그러나 특별한 지적이 없는 한 마크업 비율은 판매가격을 분모로 한 비율을 나타내며 원가를 분모로 한 비율은 마크언이라고 한다.

만족 satisfaction: 하나의 구매에 있어서 희생(제품을 획득하기 위한 지출된 자원)이 충분히 보상되고 있는 상태로서 구매 전의 기대 이상으로 구매 후의 지각이 클 때 나타난다.

망각 forgetting: 자극이 더 이상 반복되지 않거나 다른 제재의 학습을 통하여 이전의 학습내용을 기억 속에서 상실하는 현상. 예를 들어, 제품을 더 이상 사용하지 않게 되거나 제품의 광고가 중단된다면 그러한 제품을 소비자의 기억 속에서 망각될 것이다. ☞ 소멸

매체 media: 메시지를 송신자로부터 수신자에게 전달하기 위한 그릇으로 전달메커니즘을 구성한다. 대표적인 매체로는 TV, 라디오의 전파매체와 신문, 잡지의 인쇄매체가 있다.

매체노출패턴 media exposure pattern: 소비자들이 노출되는 매체의 종류와 정도 등 매체이용 특성으로서 그들에게 도달하기 위한 매체선정의 근거가 된다. ≒ 매체습관

매체수단 media vehicle: 매체가 메시지 전달수단의 일반적인 계층을 지칭하는 데 반하여 매체수단이란 구체적인 상표를 의미한다. 따라서 신문은 매체이지만 동

아일보는 매체수단이다.

매체습관 media habit: ☞ 매체노출패턴

매체지원 media support: 매체가 자신의 고유한 기능적 특성으로 인하여 그에 포함되어 있는 메시지가 고객들에게 효과적으로 노출될 수 있도록 해 주는 지원. ☞ 편집자 지원, 뉴스버타이징

맥락의 원리 principle of context: 소비자가 감각결과를 자극이 제시되는 맥락에 연관시켜 조직하는 현상으로서 예를 들어, 제품은 그것이 제시되는 배경에 따라 매우 다르게 해석될 수 있다.

머천다이징 merchandising: 적절한 시간과 적절한 장소에 적절한 양의 제품을 공급하는 일로서 간혹 마케팅과 혼용되기도 하지만, 오히려 중간상인의 제품관리를 의미한다. 즉 협의의 머천다이징이란 고객수요에 부응하도록 제품의 구색을 갖추는 상품선정활동을 지칭한다.

메시지 messege: 송신자가 갖고 있는 추상적인 아이디어를 여러 가지 상징 또는 상징의 조합을 사용하여 전달 가능한 형태로 표현한 것.

명목척도 nominal scale: 단순히 특정한 속성의 내용을 갖고 있는 대상(들)을 확인하고 나머지 대상들과 구분하기 위하여 각 대상에 숫자를 조응시키는 방법. ☞ 측정척도

명성가격정책 prestige pricing policy: 잠재고객들이 제품가격을 품질의 지표로 해석한다는 전제하에서 수익을 증대시키기 위하여 높은 가격을 구사하는 정책. 이러한 가격정책이 적용될 수 있는 제품을 위풍재라고 하며 이때의 수요곡선은 전통적인 것과 달리, 뒤로 굽는 모습(backward—bending demand curve)을 보인다.

모델 티 model T: 금세기 초 저가격이라는 소비자들의 공통적인 욕구에 소구하기 위해 포드자동차회사가 생산하였던 승용차. 그들은 단일차종의 비차별화 마케팅과 저가격 소구를 통해 초기에는 크게 성공을 거두었지만, 경쟁사인 제너럴 모터스의 시장세분화 및 차별화 마케팅 전략에 의해 결국 실패하였다.

모수 parameter: 모집단의 특성치로서 전수조사를 통하여 측정되거나 표본조사의 결과를 근거로 하여 추정된다. ☞ 모집단

모집단 population: 일정한 특성(들)을 공통적으로 갖고 있는 개체들의 완전한 집합이며 모집단의 특성치를 모수라고 한다. 모집단을 정의하는 데 있어서는 구성원, 표본추출단위, 지역적 범위, 시간적 범위를 포괄해야 한다. ⇔ 표본

목표포지션 target position: 마케팅 목표를 달성하기 위한 최적의 이상적인 포지션. ☞ 포지셔닝

묘사변수: 세분시장들의 특성을 묘사하기 위한 차원들. ☞ 세분시장 프로파일

무상표 no brand: 제품의 상표화가 일반적인 경향임에도 불구하고 상표촉진과 품질유지의 비용을 감당할 수 없거나 절감하기 위해서 또는 제품의 차별화가 불가능한 경우 마케터는 상표설정을 하지 않고 단순히 제품계층 명칭을 사용할 수 있다. ☞ 상표

물가연동 가격결정 escalator pricing: 주문시점과 배달시점 사이의 원가상승분을 물가상승률을 근거로 하여 최종가격결정에 반영하는 정책.

무수요 no demand: 잠재고객들이 무관심하여 제품에 대해 어떠한 부정적 또는 긍정적 느낌도 갖고 있지 않은 수요상태이다.

무작위 보강 random reinforcement: 바람직한 반응에 대하여 보상을 제공하는 방법이 아니라 반응의 요망성에 관계없이 제공되는 보강으로서, 소비자는 우연히 자극에 대한 어떠한 반응이 보강되었다는 이유에서 그러한 반응을 학습할 수 있다.

문화 culture: 사회의 구성원으로서 개인이 획득하는 지식, 신념, 예술, 도덕, 법률, 관습 등의 총체. 한 집단을 이루는 사람들의 독특한 생활방식과 생활을 위한 모든 설계.

문화적 가치 cultural values: 공동체 집단의 정체성 또는 복지에 중요하다고 인정되는 활동, 관계, 느낌 또는 목표들에 관한 보편적인 신념. 개인적으로나 사회적으로 추구될 가치가 있다고 여겨지는 존재의 일반적인 상태. 바람직한 것으로 널리 신봉되는 신념들이며 규범을 통하여 소비자 행동에 영향을 미친다.

물류경로 physical distribution channel: 물적 유통경로의 줄임말. ☞ 마케팅 경로의 분리

물류센터 physical distribution center: 대체로 고객들에게 가까이 위치하며 지속적인 수요에 대응하기 위하여 제품을 일시적으로 보관하면서 제품조달을 신속하게 하고 전체 수송비를 절감하려는 목적의 창고. ≒ 유통창고 ⇔ 보관창고

물적 유통경로 physical distribution channel: 제품의 물리적 이전에 관련되는 마케팅 중간기관들의 복합체로서 원재료의 공급자, 생산자, 고객 이외에도 생산과 소비 사이의 시간적 괴리를 해소하기 위한 창고업자, 공간적 괴리를 해소하기 위한 수송업자들이 포함된다. ≒ 물류경로 ☞ 마케팅 경로의 분리

물적 유통관리 physical distribution management: 제2차 세계대전 중 적시에 원하는 장소로 필요한 군수물자를 공급하기 위한 병참관리에서 개발된 초기의 개념들로부터 유래되었으며, 한 마디로 효율적인 물자흐름체계의 개발과 운용이라고 정의할 수 있다. 따라서 완제품을 생산라인으로부터 고객에게 이전시키는 일과 원재료를 공급자로부터 생산라인에 이르게 하는 흐름을 모두 포괄한다. 또한 물적 유통관리의 기본적인 목표는 특정한 고객서비스의 수준을 달성하면서 공간적 및 시간적 괴리를 해소하기 위해 제품을 물리적으로 이전하는 일에 수반되는 비용을 극소화시키는 것이다.

미끼가격정책 bait pricing policy: 일단 허위 또는 오도하는 광고를 통하여 고객을 점포 내로 유인한 후 보다 비싼 다른 제품을 구매하도록 고압적으로 강요하는 가격정책.

미시마케팅 micro(-level) marketing: 마케팅을 개별조직의 활동으로 파악하는 미시적 수준의 마케팅으로서 충족되지 않은 고객의 욕구를 발견해 내고 그러한 욕구를 충족시켜 줄 제품을 생산하여 제공함으로써 고객만족을 창출하고 조직의 목표를 효과적으로 달성하려는 활동으로 정의된다.

미시세분화 micro segmentation: 구매센터의 지위, 주요 부서들의 영향력, 구매센터 구성원들의 개인적 특성, 구매의 중요성 지각, 구체적인 속성들의 상대적 중요성, 공급자들에 대한 태도, 공급자를 선정하기 위한 의사결정 규칙 등을 근거로 하여 산업고객들을 세분시장으로 분할하는 일. ☞ 거시세분화, 계층적 세분화

미시적 환경요인 microenvironments: 기업의 마케팅 능력에 영향을 미치는 외부

적 행위자로서 원재료공급자, 중간기관, 고객 등. ☞ 환경요인

미탐색품 unsought goods: 소비자들이 제품에 관하여 알고 있는지의 여부에 관계없이 평소 제품탐색 의도를 전혀 보이지 않는 제품으로서 신규 미탐색품과 정규 미탐색품으로 구분된다.

바코드 시스템 bar code system: 유통과정에서 제품취급과 재고관리를 자동화하기 위하여 각 품목의 표찰로서 일정한 코드를 표시한 후 필요에 따라 전자탐지장치로 읽혀 판매 및 재고관리의 효율성을 제고하기 위한 방법. ☞ 판매시점 정보관리

반응전략 response strategy: 잠재고객들이 원하는 바에 따라 마케팅 조직이 반응하는 접근방법으로서 대체로 고객들이 원하는 바를 마케터의 의지대로 변화시키기보다 용이하며 마케팅개념 자체도 이러한 전략적 관점을 반영한다. ⇔ 변경전략

반응탄력성 response elasticity: 자극의 % 변화를 구매량의 % 변화에 연관시킴으로써 특정한 마케팅 자극에 대한 소비자의 민감도를 나타내기 위한 지수.

방어기제 defense mechanism: ☞ 지각적 방어

배경 ground: ☞ 전경

변경전략 change strategy: 신제품이나 새로운 유통방식을 구사하여 잠재고객들의 기호와 구매 및 소비패턴을 변화시키려는 접근방법이다. 예를 들어, 승용차나 노동절약형 가전제품의 보급확대는 소비자들의 라이프 스타일에 커다란 변화를 야기하고 그 결과 그들이 원하는 바도 달라지고 있다.

보강 reinforcement: 그것에 선행된 반응의 강도를 높이고 반응의 재발확률을 증대시키기 위하여 환경적 사상을 조작하는 일로서 긍정적 보강과 부정적 보강의 형태가 있다. 긍정적 보강이란 바람직하고 열망되는 결과(긍정적 보강인자)를 제공하는 일이며 부정적 보강이란 바람직하지 않고 회피되는 결과(부정적 보강인자)를 철회하는 일이다. ⇔ 처벌, 소멸

보강스케줄 reinforcement schedule: 보강을 제공하는 전략적 대안으로서 계속적 보강 스케줄이란 바람직한 반응을 보일 때마다 보강하는 방식이며 간헐적 보강

스케줄이란 바람직한 반응을 보일 경우 중에서 일부에만 보강하는 방식이다.

보관창고 storage warehouse: 생산과 소비 사이의 시간적 괴리를 해소하기 위하여 비교적 장기간 동안 제품을 보관하는 시설로서 주로 계절적 수요에 당면하는 마케터들이 이용한다. ⇔ 유통창고, 물류센터

보다 나은 쥐덫의 가설 the better mousetrap hypothesis: 제품개념을 반영하는 Ralph Waldo Emerson의 충고를 의미하는 데 그는 경쟁자보다 나은 쥐덫을 생산하기만 하면 전 세계의 소비자들이 스스로 몰려와 구매할 것이라고 주장한 바 있다. ☞ 마케팅 근시안

복수유통경로 multi-channel system: 한 기업이 생산하는 제품들이 전혀 상이한 형태와 용도를 갖거나 고객집중도가 매우 다른 지역시장들을 대상으로 하거나 또는 동일한 지역시장 내에서도 거래금액이 크게 다른 고객들을 대상으로 할 때 채택되는 두 가지 이상의 상이한 경로구조.

보상적 모델 compensatory model: 신념/평가모델, 확장된 신념/평가모델, 이상점 모델 등이 대표적이다. ☞ 비보상적 모델

부정적 수요 negative demand: 대부분의 잠재고객들이 제품을 싫어하며 오히려 그 제품을 회피하기 위하여 기꺼이 돈을 지불하려는 수요상태이다.

복수상표전략 multi-brand strategy: 본질적으로 동일한 제품에 대하여 두 개 이상의 상이한 상표를 설정하여 별도의 품목으로 차별화하는 전략.

복합가설 composite hypothesis: 모집단의 특성치를 구간으로 진술하는 명제. ⇔ 단순가설

본원적 구매동기 primary buying motive: 제품범주에 대한 구매이유. 예를 들어, TV나 인스턴트식품을 왜 구매하는지에 대한 해답이다. ⇔ 선택적 구매동기

본원적 수요 primary demand: 제품범주에 대한 수요. ⇔ 선택적 수요

부적세트 inept set: 인지세트를 구성하는 상표들 중에서 불유쾌한 경험이나 부정적인 구전 커뮤니케이션으로 인하여 더 이상의 고려에서 제외되는 상표들의 집합. ☞ 인지세트

분권화 시장 decentralized market: 각 생산자(가계)가 자신의 다양한 욕구를 충

족시키기 위하여 다른 생산자(가계)들을 직접 방문하여 거래해야 하는 교환구조. ⇔ 집중화 시장

불건전한 수요 unwholesome demand: 수요크기의 문제가 아니라 수요 자체가 장기적인 소비자 및 사회복지의 관점에서 불건전하거나 마케터에게 오히려 불리한 수요상태이다.

불규칙적 수요 irregular demand: 일정한 기간 동안의 평균적인 실제수요는 적절하지만, 특정한 시점에서 볼 때 실제수요의 크기가 바람직한 수요의 크기를 초과하거나 못 미쳐서 실제수요의 시간적 패턴과 바람직한 수요의 시간적 패턴이 다른 수요상태이다.

불활성세트 inert set: 인지세트를 구성하는 상표들 중에서 소비자가 긍정적으로도 부정적으로도 평가하지 않은 상표들의 집합. ☞ 인지세트

비교광고 comparative avertising: 제품의 포지셔닝을 위하여 자사상표를 타사상표와 속성별로 비교하는 광고. 주로 시장추종자들에 의해 사용되며 소송의 대상이 되기도 한다.

비보상적 모델 noncompensatory model: 신념점수들을 태도로 전환시키는 데 있어서 한 속성상의 부정적인 평가를 다른 속성상의 긍정적인 평가로 보상할 수 없다고 가정하는 소비자 판단규칙. 대체로 속성결합모델, 속성분리모델, 사서편찬식 모델, 속성제거모델이 태도적이다. ⇔ 보상적 모델

비영리 마케팅 nonprofit marketing: 오늘날에는 기업활동을 중심으로 발전되어 오던 마케팅 개념과 원리들을 기업 이외의 조직들까지 도입하기에 이르렀는데, 비영리 기관이 자신의 목표를 효율적으로 달성하기 위해 마케팅 원리를 적용하는 일을 비영리 마케팅이라고 한다.

비율척도 ratio scale: 대상들이 갖고 있는 속성의 내용에 대하여 차이와 비율을 규정할 수 있는 척도로서 가감승제산이 가능하다. ☞ 측정척도

비차별화 마케팅 undifferentiated marketing: 전체 시장 구성원들이 원하는 바의 차이를 인식하지 않고 한 가지 마케팅 믹스로써 전체 시장에 접근하는 전략이다. ☞ 대량 마케팅

빈도 frequency: 도달된 수신자들이 동일한 기간 동안 광고물에 노출된 평균횟수. ☞ 도달, 지알피

사서편찬식 모델 lexicographic model: 가장 중요한 속성상에서 가장 높은 신념 점수를 차지한 대안을 선택하되, 동점의 대안이 있을 때 그들만을 그 다음으로 중요한 속성상에서 비교하여 대안을 선택하는 소비자 판단규칙.

사업 포트폴리오 business portfolio: 포트폴리오란 본래 증권이나 채권에 대하여 추자한 자산의 목록을 의미하지만, 사업포트폴리오란 기업을 구성하고 있는 전략적 사업단위들의 조합을 의미한다. 이때 전략적 사업단위는 분석의 수준에 따라 사업부나 제품범주, 제품계열, 상표가 될 수 있다. ☞ 포트폴리오분석

상인중간상 merchant middlemen: 자신이 취급하는 제품에 대하여 법적 소유권을 갖는 중간상인으로서 도매상과 소매상을 지칭한다.[통} ☞ 중간상인

사적 상표 private brand: 중간상인이 스스로 생산하든 다른 기업으로부터 납품받아 자신의 확인수단을 부여하는 상표로서 오리지널(orginal) 상표로도 불린다. ☞ 중간상인 상표

사회계층 social class: 한 사회 내에서 사회적 척도상에서 유사한 지위를 차지하는 구성원들의 계층적인 집단.

사회 마케팅 social marketing: 특정한 사회문제로부터 도출된 사회적 목표를 달성하기 위하여 사회적 아이디어를 개발하고 그것을 공중에게 수용시키기 위한 프로그램을 설계/실행/통제하는 일로서 일반적인 마케팅에서와 유사한 의사결정을 필요로 한다. ☞ 아이디어 마케팅

사회적 마케팅 개념 societal marketing concept: 현재 잠재고객들이 원하는 바가 항상 그들의 장기적인 복지나 사회복지와 항상 일치하지는 않으며 그들은 현재 욕구충족과 장기적인 소비자 및 사회복지를 동시에 고려한다고 가정하여 마케팅 노력의 초점을 현재 소비자의 욕구충족뿐 아니라 장기적인 소비자 및 사회복지를 제공하도록 사회적으로 책임 있는 양식으로 행동하는 데 두는 마케팅 관리이념이다. ☞ 그린마케팅, 비영리마케팅

사회적 지위차원: 한 개인의 사회적 지위를 결정짓는 차원으로서 생득적 차원과 성

취적 차원으로 구분되며 각 차원의 가중치는 그 사회의 가치에 의해 결정된다.

사회지향적 마케팅 societal marketing: 사회적 마케팅 개념하에서 사회적 책임을 마케팅 목표의 일부로 인식하고 실시되는 제반 마케팅 활동.

산업고객 industrial customer: 산업시장을 구성하고 있는 고객들로서 다른 제품을 생산하거나 서비스를 산출하기 위하여 산업용품을 구매한다. 대체로 산업체(자기제품 생산자 / 산업사용자 / 산업유통업자), 정부조직, 기관으로 대별할 수 있다. ≒ 조직구매자 ☞ 산업마케팅, 산업용품

산업마케터 industrial marketer: 산업체, 정부조직, 기관 등 산업고객들과 교환관계를 개발하고 유지하려는 산업용품의 공급자.

산업마케팅 industrial marketing: 가계나 최종소비자를 상대역으로 하지 않는 모든 마케팅활동. 산업용품의 제공자(산업마케터)가 산업고객과의 교환이 바람직하고 원활하게 일어나도록 하기 위해 수행하는 제반활동. 교환과정을 통하여 산업체, 정부조직, 기관 내의 구매결정자와 구매영향자의 욕구와 필요를 충족시키려는 활동. ≒ 조직마케팅, 對기업마케팅 ☞ 산업용품

산업용품 industrial goods: 私用을 위하여 최종소비자가 구매하는 소비용품과는 달리, 다른 제품을 생산하거나 서비스를 산출하기 위하여 산업고객들이 구매하는 제품으로서 자본투자품목, 생산자재 및 부품, 소모품과 서비스로 크게 구분할 수 있다. 산업용품과 소비용품을 구분하는 기준은 구매목적이므로 하나의 제품이 구매목적에 따라 다르게 분류될 수 있다. ⇔ 소비용품

산탄식 접근방법 shotgun approach: 고객들이 원하는 바의 차이를 고려하지 않고 전체 시장에서 극대의 매출액을 추구하는 전략. ☞ 대량마케팅 ⇔ 소총식 접근방법

상기 recall: ☞ 회상

상층흡수 가격정책 skimming pricing policy: 신제품에 대하여 대규모 촉진활동을 수행하면서 기준가격보다 비교적 높은 초기가격을 구사하는 정책(초기고가정책)으로서 시장에 경쟁자가 나타나기 전에 신제품 개발비를 빨리 회수하기 위해 채택된다. ⇔ 시장침투 가격정책

상표 brand: 자신의 제품을 확인하고 다른 경쟁자의 제품과 구별하기 위하여 판매자가 사용하는 단어, 상징, 디자인 또는 이들의 결합. 상표의 구성요소 중에서 소리로 표현될 수 있는 부분을 상표명이라고 하며 그 외의 도식적 요소를 상표표지라고 한다.

상표충성 brand loyalty: 특정한 상표를 지속적으로 선호하여 반복구매로 나타나는 현상으로서 단순한 외견상의 반복구매 행동뿐 아니라 특정한 상표에 대한 심리적 개입을 포함한다. ≒ 점포충성, 기업충성

상표확장전략 brand extension strategy: 이미 시장에서 성공을 거둔 기존제품의 상표를 신제품이나 개선된 제품에 활동함으로써 성공적인 상표에 대하여 소비자들이 갖고 있는 호의와 상표충성을 그대로 이연시키고 소비자들의 인지도를 높여 신제품 도입을 용이하게 하려는 전략. 대체로 첨가어+기존상표 또는 기존상표+첨가어의 형태를 가지는 데 복합+미원이나 남양분유+S 등의 예가 있다.

상호마케팅 mutual marketing: 교환의 당사자 모두가 마케터인 상황

상황요인 situational factors: 개인적 특성과 선택대안의 특성으로부터 당연히 도출될 수는 없지만 현재의 행동에 논증 가능하고 체계적인 영향을 미치는, 관찰의 시간과 장소에 대하여 독특한 모든 요인. 소비자가 당면하는 선택대안의 특성뿐 아니라 개별 소비자의 특성에 대하여 외부적인 모든 영향요인. 상황요인은 대체로 물리적 배경, 사회적 배경, 시간적 측면, 과업의 정의, 선행상태 등을 포함한다.

상황적 징후 situational symptoms: 기업이 마케팅 활동을 통하여 성취하고 있는 결과를 나타내 주거나 마케팅 환경의 변화를 암시해 주는 여러 가지 징후.

생산개념 production concept: 잠재고객들이 제품의 특성을 면밀하게 평가하기보다는 단순히 가용하며 자신이 감당할 수 있는 가격의 제품이라면 어느 것이든 선호할 것이라고 가정하며 마케팅 노력의 초점을 대량생산을 통한 가격 인하와 유통효율성의 개선에 두는 마케팅 관리이념이다.

생산지점 가격정책 free-on-board pricing policy: 마케터는 고객이 선택한 수송수단에 선적하는 비용만을 부담하고 일단 선적 후에는 제품의 법적 소유권과

모든 책임을 고객이 부담하도록 하는 공장인도 가격정책.

서열척도 ordinal scale: 대상들이 속성의 내용을 상대적으로 많이 또는 적게 갖고 있는지의 여부에 숫자를 조응시키는 방법으로서 가감승제산이 모두 불가능하다. ≒ 순서척도 ☞ 측정척도

선매품 shopping goods: 소비자들이 여러 점포를 방문하거나 다양한 제품들의 가격수준, 품질, 스타일, 욕구에 대한 적합성을 비교하여 최선의 선택을 결정하는 제품. 다시 동질적 선매품과 이질적 선매품으로 구분된다. ≒ 편의품, 전문품

선일자 현금할인 forward dating cash discounts: 계절성이 있는 제품의 마케터가 비수기에 구매하는 고객에게 대하여 제공하는 할인(계절할인)의 특별한 형태로서 대금청구일을 성수기까지 연기하여 현금할인조항을 함께 적용하는 형태이다. 계절할인과 현금할인의 결합형태.

선택적 구매동기 selective buying motive: 구체적인 상표에 대한 구매이유. 마케팅에 있어서 본원적이라는 수식어가 대체로 제품범주를 지칭하는 데 반하여 선택적이라는 수식어는 특정한 상표를 지칭한다. ⇔ 본원적 구매동기

선택적 수요 selective demand: 특정한 상표에 대한 수요 ⇔ 본원적 수요

선택적 지각 selective perception: ☞ 지각과정

선효과 primacy effect: 메시지의 내용구성과 관련하여 먼저 제시된 내용이 많은 영향력을 가질 때 나타나는 현상. 흥미 있는 주제, 친숙한 주제, 논란의 여지가 있는 주제들은 대체로 선효과를 가지므로 장점 → 단점의 제시가 적합하다. ⇔ 후효과

성장-점유율 행렬 growth-share matrix: 보스턴 컨설팅 그룹(BCG)이 전략적 사업단위들의 매력도를 평가하여 범주화하기 위해 제안한 모델로서 성장전망과 상대적 시장점유율을 양축으로 사용한다. ☞ 포트폴리오 분석

세분시장 market segment: 전체 시장을 내부적으로 유사하고 외부적으로 상이한 하위집단으로 분리하였을 때 도출되는 하위시장. ☞ 시장세분화

세분시장 프로파일 segment profile: 전체 시장 구성원들의 특성에 관련되는 변수들 중에서 시장세분화의 근거로 선택된 변수들을 세분시장 정의변수라고 하며,

일단 세분화가 이루어진 후 각 세분시장의 특성을 묘사하고 비교하기 위하여 사용되는 나머지 변수들을 세분시장 묘사변수라고 한다. 이때 각 세분시장이 묘사변수들에 걸쳐 보여주는 특징비교를 세분시장 프로파일이라고 하는데, 표적시장을 선정하거나 그들에게 적합한 마케팅믹스를 개발하는 데 활용된다.

소매 retailing: 개인적 소비(私用)를 위하여 제품을 구매하는 최종 고객에게 제품을 판매하는 활동이며 매출액의 50% 이상을 소매활동으로부터 실현하는 상인 중간상. ⇔ 도매

소매의 수레바퀴 wheel of retailing: 새로운 형태의 소매상이 처음에는 낮은 수준의 서비스와 저마진으로 저가격을 실현함으로써 시장에 등장하지만, 높은 수준의 서비스를 제공하는 기존 형태의 소매상과 경쟁하고 고객에게 추가적인 만족을 제공하기 위해 어쩔 수 없이 설비를 개선하고 서비스를 확대해야 하므로 그에 따라 가격경쟁력을 잃게 된다. 그러면 다시 적은 서비스와 낮은 가격을 전략적 초점으로 하는 새로운 형태의 소매상이 출현하게 되는데, 이러한 현상을 소매의 수레바퀴라고 한다.

소멸 extinction: 학습자가 기대하는 보강이 충분히 제공되지 않음으로써 반응의 재발확률이 감소하는 현상. 자극에 대하여 학습된 반응이 행하여짐에도 불구하고 보강이 없을 때 학습된 반응의 재발확률이 감소하는 현상. ☞ 보강, 처벌, 망각

소비용품 consumer goods: 개인적인 용도(私用)를 위하여 최종 고객에 의해 구매되는 제품. ⇔ 산업용품

소비자 사회화 consumer socialization: 시장에서 소비자의 기능을 수행하는 데 관련되는 기술, 지식, 태도를 소비자가 획득하는 과정으로서 특히 청소년 시절의 사회화 학습이 중요하며, 도구적 훈련과 모방학습을 통하여 수행된다.

소비자 판단규칙 consumer judgment rule: 신념점수들을 종합하여 태도점수를 결정하는 과정에서 소비자들이 채택한다고 가정되는 모델들로서 신념 / 평가모델, 확장된 신념 / 평가모델, 이상점모델, 속성결합모델, 속성분리모델, 사서편찬식모델, 속성제거모델 등이 있다.

소비자 행동 consumer behavior: 제품을 탐색, 평가, 획득, 사용 또는 처분할 때

개인이 참여하는 의사결정 과정과 신체적 활동. ☞ 소비자 행동모델

소비자 행동모델 consumer behavior model: 소비자 행동에 관계되는 변수들을 확인하고 그들 사이의 관계를 본질적으로 상술하여 행동이 형성되고 영향받는 양상을 묘사하기 위한 단순화된 표상.

소총식 접근방법 rifle approach: 고객들이 원하는 바의 공통점을 물론이고 차이 점까지도 고려하여 각 세분시장별로 최적의 마케팅 믹스를 제공하려는 전략. ☞ 표적마케팅 ⟺ 산탄식 접근방법

속성 attribute: 소비자가 여러 가지 대상의 특성을 지각하는 측면들로서 기능적 속 성과 상징적 속성으로 대별되며 각 속성상의 구체적인 수준의 결합은 바로 그 대상의 특성으로 지각된다. 물론 물리적 및 화학적 측면들도 경우에 따라서는 상징적 속성으로 작용할 수도 있다.

속성결합모델 conjunctive model: 제품의 결정적 속성들에 대하여 수용 가능한 최소수준을 결정한 후 어느 한 속성에서나마 그러한 수준에 미달하는 대안을 제거하는 소비자 판단규칙. ☞ 속성분리모델

속성분리모델 disjunctive model: 제품의 결정적 속성들에 대하여 수용 가능한 최 소수준을 결정한 다음 어느 한 속성에서라도 그러한 수준 이상인 대안을 선택 하는 소비자 판단규칙. ☞ 속성결합모델

속성제거모델 elimination-by-aspects model: 가장 중요한 속성상에서 수용 가능한 최소수준에 미달하는 대안을 제거한 후 다음으로 중요한 속성상에서 수용 가능한 최소수준에 미달하는 대안을 제거하는 과정을 반복하는 소비자 판단규칙.

손익분기점 break-even point: 제품판매로 얻어진 총수익이 고정원가와 변동원 가를 포함한 총원가와 일치하는 매출액 또는 매출단위. 손익분기점을 초과하는 매출에서는 순이익이 발생하고 그것에 미달하는 매출에서는 순손실이 발생한다. ☞ 공헌이익

송신자 communicator: 다른 사람(들)과 공유할 아이디어를 갖고 있는 사람. ⟺ 수 신자

송신자 신뢰성 source credibility: 원천효과를 야기하는 근거로서 대체로 송신자

의 진실성과 전문성, 사회적 지위, 메시지의 내용과 송신자 사이의 지각된 일치성, 어떤 이유에서든 송신자에 대한 애호성 등을 포함한다.

수동적 학습 passive learning: 학습자가 학습목표를 갖지 않으며 학습제재에 관한 관여도마저 낮아 단순히 반복노출을 통한 정보의 수용으로 이루어지는 학습. ⇔ 능동적 학습

수량할인 quantity discounts: 한 번에 대량으로 구매하는 고객이나(비누적적 수량할인) 일정한 기간 동안 거래량이 많았던 고객에게(누적적 수량할인) 제공하는 할인. 이중 누적적 수량할인은 고객으로 하여금 반복적으로 거래하도록 촉구하므로 애고할인이라고도 한다.

수명주기비용 life cycle cost: 제품을 획득하여 사용하고 유지하는 데 소요되는 전체비용으로서 내구재나 산업용품의 고객에게 중요하다.

수송비흡수 가격정책 freight absorption pricing policy: 마케터가 고객이 부담해야 할 수송비의 전부 또는 일부를 부담하는 지역적 가격정책으로서 대체로 고객에게 가장 가까운 경쟁자로부터의 수송비만을 가격에 반영한다.

수시조사 ad hoc research: 자신의 기업이나 경쟁사의 마케팅 프로그램을 일과적으로 평가하기 위한 조사형태로서 대체로 횡단면적 설계를 이용한다. ⇔ 계속조사

수신자 audience: 송신자가 자신의 아이디어를 함께 공유하려는 사람(들). ⇔ 송신자

수신자 선택성 audience selectivity: 각 매체가 최소한의 낭비로서 표적수신자에게 도달할 수 있는 정도로서 지역적 선택성과 인구통계적 선택성으로 구분된다. 지역적 선택성은 지역매체에서 강하고 인구통계적 선택성은 잡지에서 강하다.

수요관리 demand management: 마케팅관리란 결국 마케팅목표를 효과적으로 달성할 수 있도록 실제수요의 크기, 타이밍, 성격을 바람직한 수요에 맞도록 조정하는 것이라는 관점에서 마케터의 과업을 달리 지칭하는 용어이다.

수요스케줄 demand schedule: 일정한 기간 동안 여러 가지 대체적인 가격에서 잠재고객들이 구매하려는 제품의 양으로서 도식하면 수요곡선이 된다.

수요저지광고 demarketing advertising: 수요가 공급능력을 초과하는 여건에서

고객의 호의를 유지하기 위한 광고로서 이때의 광고목표는 대체로 효율적인 제품활용 방법을 교육시켜 수요를 줄이거나 기업의 여건을 설득하여 고객의 압력을 완화시키는 것이다.

수용과정 adoption process: 개인이 혁신에 관하여 처음으로 알게 된 후 그것을 수용하기까지 거치는 일련의 정신적 단계. 신제품이 시장에 도입된 후 소비자가 보여주는 반응의 계층으로서 인지, 관심, 평가, 시용, 수용 등의 다섯 단계로 구성된다. ⇔ 확산과정

수용자 범주: 혁신을 처음으로 인지한 후 그것을 수용하는 데까지 소요되는 상대적인 시간(혁신성향)을 개인별로 측정하여 도출한 범주들로서 혁신성향이 강한 순서는 혁신층(2.5%), 조기수용층(13.5%), 조기다수층(34%) 후기다수층(34%) 후발수용층(16%)이다. ☞ 혁신성향, 혁신층

수직적 마케팅 시스템 vertical marketing system: 마케팅 경로상에서 지도자격인 구성원이 형성하는 전문적으로 관리되고 집중적으로 계획된 유통망으로서 경로통합의 근거에 따라 법인형, 관리형, 계약형으로 구분된다.

수평적 마케팅 시스템 horizontal marketing system: 새로운 마케팅 기회를 효율적으로 활용하기 위하여 둘 이상의 경로참가자들이 연합하여 공동으로 마케팅 전략을 설계하고 추진하는 형태로서 공생적 마케팅 시스템이라고도 한다.

스워트 분석 SWOT analysis: 환경변화가 제공하는 기회와 위협을 인식하고, 특정한 환경기회를 활용하는 데 있어서 자신이 경쟁자보다 차별적 우위를 갖는지의 여부를 결정하기 위해서는 우선 환경탐사를 통해 기회(O-pportunities)와 위협(T-threats)을 찾아내고 각각의 성공요건과 자기의 장점(S-trengths) 및 약점(W-eaknesses)을 비교해야 한다. 이때 차별적 우위를 확신할 수 있는 환경기회를 기업기회라고 한다. ☞ 환경기회

스키머 schema: 소비자가 어떤 태도대상에 대하여 기억 속에 저장해 갖고 있는 일반화된 지식체계. 다양한 정보단위의 연상과 조합으로 구성되어 이미지나 포지션의 근거가 되는데, 예를 들어 갈증이라는 일반화된 지식체계는 코카콜라, 여름, 심한 운동 등을 포함한다.

슬리퍼 효과 sleeper effect: 시간이 경과함에 따라 신뢰성이 높은 송신자로부터의 커뮤니케이션 효과는 감소하는 반면에 신뢰성이 낮은 송신자로부터의 커뮤니케이션 효과가 증가하는 현상.

습관적 구매행동 habitual buying behavior: 과거경험을 근거로 하여 만족을 보증하고 정보탐색과 상표평가의 필요성을 감소시켜 나타나는 단순화된 의사결정 과정.

시간사용형 제품 time-using goods: 시간을 효율적으로 활용하기 위한 제품으로서 예를 들어, TV, 스키, 낚시, 골프, 테니스 등 대체로 여가활동에 관련된 제품들.

시간절약형 제품 time-saving goods: 여가시간을 증대시키기 위하여 비자유재량의 시간을 감소시켜 주는 제품으로서 식당, 즉석식품, 세탁기, 전기밥솥 등 대체로 노동절약형 제품(labor-saving goods)이다.

시계열적 설계 logitudinal design: 조사대상들을 한 변수에 대하여 여러 시점에 걸쳐 반복적으로 측정하는 조사설계. ⇔ 횡단면적 설계

시너지즘 synergism: system+energy의 복합어로서 독립적인 각 구성단위가 갖는 효과의 합보다도 전체효과를 크게 하는 구성단위들의 협동적 행동을 의미한다. ≒ 시너지 효과

시장구조 분석 market structure analysis: 제품형태를 근거로 한 포지셔닝 분석. 소비자가 원하는 바에 따른 제품형태 대안들(냉동건조 커피, 인스턴트 커피, 탈카페인 커피, 그라운드 로스터 커피)의 포지션을 평가하거나 특정한 제품형태의 시장잠재력을 평가하기 위해 실시된다.

시험마케팅 test marketing: 신제품의 대량생산과 시장도입에 앞서서 실제의 시장환경 내에서 잠재고객들의 반응을 평가하기 위하여 표본적으로 실시하는 소규모의 마케팅. 대체로 소비용품의 경우에는 신제품 시용률, 최초구매량, 신제품 수용률, 구매빈도 등이 검토되며 산업용품의 경우에는 제품의 성능, 구매센터의 구성, 가격변화에 대한 반응, 잠재시장의 규모, 세분시장별 유망성 등이 검토된다.

시험시장 test market: 연령이나 소득 또는 교육수준 등의 특성에서 전체시장과 유사한 분포특성을 갖는 지역(도시)으로서 마케터는 이곳에서 시험마케팅을 실

시하고 그 결과로부터 전체시장의 반응을 추정한다.

실적점검 조사 performance monitoring research: 마케팅 활동을 통제하기 위하여 필요한 마케팅 성과에 관한 정보를 수집하기 위한 조사.

실증적 마케팅 positive marketing: 현재 실시되고 있는 마케팅 활동을 설명하고 예측하려는 접근방법이다.

시장 market: 특정한 제품으로서 충족될 수 있는 욕구를 갖고 있으며, 그것을 선택하려는 의도와 구매능력을 갖춘 개인이나 조직의 집합이다. 간혹 수요와 혼용되기도 한다.

시장선호패턴 market preference pattern: 개별 소비자들의 원하는 바를 반영하는 속성결합들의 패턴으로서 동질적 선호패턴, 확산된 선호패턴, 집군화 선호패턴의 세 가지 유형이 있다.

시장세분화 market segmentation: 전체 시장을 구성하고 있는 잠재고객들을 어떠한 기준에 의하여 유사한 하위집단으로 분리하는 과정이다. 이때 사용되는 기준을 시장세분화 변수 또는 시장세분화 근거라고 하며 시장세분화의 결과로서 도출된 하위집단을 세분시장 또는 하위시장이라고 한다.

시장수명주기 market life cycle: 제품수명주기가 시간경과에 따른 제품의 수요변화 패턴을 나타내는 데 반하여 시장수명주기 또는 제품－시장수명주기란 잠재고객들이 희구하는 효익의 수명주기를 말한다. 예를 들어, 의류구매에 있어서 세탁편의성은 1960년대부터 서서히 강조되어 오다 1980년대 이후에는 유행성이나 자연성에게 그 자리를 내주었다. ☞ 제품수명주기

시장조사 market research: 특정한 시점에 있어서 시장의 구성과 고객들의 행위 특성에 관한 조사로서 여러 가지 요인들의 가변성은 고려하지 않는 정적인 개념이다.

시장침투 가격정책 market penetration pricing policy: 도입기에 제품수용도를 높이고 대량생산과 경험효과에 의한 생산원가의 인하를 통하여 경쟁우위를 차지하려는 초기저가정책. ⇔ 상층흡수 가격정책

신념 beliefs: 어떤 지각대상에 대하여 소비자가 갖고 있는 주관적인 판단으로서

객관적인 사실과는 다를 수 있다. 실제로 소비자는 자신의 신념을 근거로 하여 자극들을 해석하고 평가하기 때문에 신념은 객관적인 사실보다 중요하다.

신념점수 belief score: 소비자들이 판단근거로 사용하는 각 결정적 속성에 대한 신념들을 계량적으로 측정한 점수. 각 결정적 속성별로 측정된다. ≒ 태도점수

신념 / 평가모델 belief/evaluation model: 특정한 대상에 대한 전반적인 태도가 그것이 속성 i에 관련된다는 신념의 정도와 속성 i에 대하여 부여하는 가치의 가중합계로 이루어진다는 견해의 다속성 태도모델. ☞ 확장된 신념 / 평가모델

신뢰성 reliability: 측정이 무작위 오차로부터 영향을 받지 않는 정도로서 대체로 측정의 변이 중에서 비일관성에 기인하는 부분을 검토하여 평가한다. ☞ 타당성

신제품 new product: 표적시장의 잠재고객들이 물리적 / 화학적 및 상징적 속성상에서 심지어는 부수서비스상에서라도 기존제품과 다르거나 새롭다고 지각하는 모든 욕구충족수단. ≒ 혁신

실제제품 actual product: 고객들이 원하는 바에 대응하여 제품이 그들에게 제공하려는 효익을 여러 가지 속성의 결합으로 전환시킨 실체. ☞ 핵심제품

심리세트 psychological set: 특정한 시점에서 소비자가 갖고 있는 마음상태로서 여러 가지 제품범주에 관련된 욕구기준과 다양한 대안들에 대한 태도로 구성되어 있다.

심리적 가격정책 psychological pricing policy: 특정한 가격이나 가격범위가 다른 가격(범위)에 비하여 고객들에게 심리적 소구력을 많이 갖는다는 관념을 근거로 하여 구사하는 가격정책. ☞ 명성가격정책, 개수가격정책, 단수가격정책

심리적 일관성 psychological consistency: 생리적으로 일정한 상태를 유지하려는 항상성에 대응되는 개념으로서 인간은 태도의 인지적 / 감정적 / 행동적 구성요소들이 일관성을 가짐으로써 균형을 유지하려고 노력한다.

CI: 기업의 경영이념과 활동방향을 정립하고 이를 시각적으로 표현한 기업의 존재가치(corporate identity). 따라서 CI 프로그램(CIP)이란 기업이 자신의 존재가치와 의미를 명확하게 하기 위하여 통일성 있는 이미지를 대내외적으로 형성하려는 일종의 커뮤니케이션 전략이다.

CPM: 수신자 1000명에게 광고물을 노출시키는 데 소요되는 비용을 나타내는 지수 (cost-per-thousand audience method). 예를 들어, 300만 원짜리 TV광고물에 1000만 명이 노출되었다면 CPM은 300원이다.

아이다 모델 AIDA model: 마케팅 커뮤니케이션에 대하여 소비자들이 보여주는 반응을 주의(attention), 관심(interest), 열망(desire), 행동(action)으로 범주화한 모델. 또한 기억(memory)을 포함하여 AIDMA 모델도 제안되고 있다.

암흑상자모델 blackbox model: 소비자가 자극을 받아들이고 그것을 처리하여 반응을 보이는 과정에서 마음속의 자극처리공정을 규명하지 못한 채 단순히 자극과 반응 사이의 관계를 가정하는 모델로서 소비자 행동에 대한 초기모델이다. ≒ 자극-반응모델

애고동기 patronage motive: 특정한 점포나 기업과 거래하는 이유로서 대체로 가격, 구색, 입지, 명성, 정책, 친분관계, 마케팅 정책 등에 관련된다. ☞ 동기

애고할인 patronge discounts: ☞ 수량할인

애쉬현상 Asch phenomenon: 준거집단의 묵시적인 압력에 의하여 개인의 판단이나 행동이 왜곡되는 현상.

양측검증 two-tailed test: 의사결정자의 정보욕구가 모수에 대한 양 방향에 집중되어 있기 때문에 통계량 분포곡선의 양 끝부분을 모두 사용하는 통계적 가설검증. ⇔ 단측검증

에스티피 STP: 마케팅 전략의 기본적인 구성요소를 함축적으로 나타낸 기호로서 시장세분화(Segmentation), 표적시장의 선정(Targeting), 목표포지션의 결정(Positioning)을 의미하며 이다음에 이어지는 단계는 마케팅 믹스의 개발이다.

에이아이오 AIO: 라이프 스타일을 묘사하기 위한 활동(activities), 관심(interests), 의견(opinions)의 측면들. ☞ 라이프 스타일

에이이 AE: 광고주를 위하여 마케팅 조사, 매체선정, 광고물의 제작 등 여러 분야의 기능을 종합적으로 통합하여 광고계획을 수립하고 관리하는 광고대행사의 담당자. 광고주의 유치나 광고주와의 단순한 연락업무를 넘어서 특정한 광고주의 스태프역할까지도 수행한다.

역할구조 role structure: 특정한 가계구매 결정에 있어서 누가 상대적으로 많은 영향력을 행사하는지를 묘사하는 개념으로서 자치적 역할구조, 남편지배적 역할구조, 부인지배적 역할구조, 공통적 역할구조의 형태가 있다.

완결의 원리 priciple of closure: 자극에 대한 감각결과가 불완전할 때 소비자가 감각결과를 해석하기 위하여 스스로 불완전한 부분을 보완하는 현상으로서 자극에 대한 관여도를 높이고 주의와 학습 및 회상을 증대시킨다.

완전수요 full demand: 실제수요와 바람직한 수요의 평균적 크기뿐 아니라 시간적 패턴까지도 일치하는 수요상태이다.

욕구 need: 인간이 생리적 및 심리적으로 행복하기 위하여 충족되어야 하는 기본적인 조건들이다. 그러한 조건들이 충족되지 않은 상태는 긴장을 야기하고 그러한 긴장을 해소하려는 행동을 촉발하는 동기를 형성한다. ≒ 기본적인 욕구, 1차적 욕구

욕구기준 need criteria: 기본적인 욕구를 충족시키기 위하여 특정한 제품범주로부터 희구하는 효익의 다발 또는 특정한 제품범주 내에서 한 대안을 다른 대안들보다 우월하다고 판단하는 데 이용하는 기준들.

욕구의 동기화 motivation: 기본적인 욕구가 자극에 의해 활성화되어 동기로 전환되는 과정.

욕구구조 need structure: 특정한 제품구매에 있어서 개인별로 강조하는 효익의 상대적 크기로서 각 제품의 가치를 결정짓는다. ☞ 포지셔닝 전략

욕구충족수단 need-satisfier: ≒ 필요충족수단, 자원, 마케팅 믹스 ☞ 제품

원가가산 가격결정 cost-plus pricing: 제품의 생산원가에 일정률 또는 일정금액을 가산하여 기준가격을 결정하는 방법으로서 생산원가의 성격에 따라 총원가 방법과 증분원가 방법으로 구분된다.

원천효과 source effect: 메시지가 동일할지라도 송신자의 특성에 따라 커뮤니케이션의 효과가 다르게 나타나는 현상. ☞ 송신자 신뢰성

웨버의 법칙 Weber's law: 차이식역에 도달하기 위하여 필요한 자극 차이는 초기 자극치에 비례한다.

위풍재 prestige goods: 소비자들이 제품가격을 품질의 지표로 해석하는 제품들로서 대체로 고급품이나 고가품 또는 신체적 위험을 많이 수반하거나 사회적 지위의 상징성을 내포하는 제품이다. ☞ 명성가격정책

위험 risk: ☞ 지각된 위험

유에스피 USP: 메시지에서 전달하려는 내용에 대한 구상으로서 제품의 속성, 효익, 가치를 근거로 하여 개발된다(unique selling point). 즉 소비자에 대한 설득의 초점으로서 예를 들면, 신사화의 경우 상쾌한 발걸음과 품위의 조화가 될 수 있다.

유의수준 significance level: 의사결정자(정보이용자)가 받아들이는 1종과오의 최대 허용범위로서 통상 α로 표시한다.

유지적 마케팅 maintenance marketing: 완전수요의 상태에서 마케팅 활동의 효율성과 마케팅 환경요인들의 변화추세에 대하여 끊임없이 점검하고 대처함으로써 완전수요의 상태를 유지하는 마케팅 관리 과업이다.

유통경로 distribution channel: ☞ 마케팅 경로, 마케팅 경로의 분리

유통창고 distribution warehouse: ☞ 물류센터

유행주기 fashion cycle: 유행이란 여러 집단의 사람들에 의해 인기 있게 수용되고 구매되는 스타일을 말하는데, 그것은 특이화 단계, 모방단계, 경제적 모방단계를 거치며 일반적인 제품수명주기의 쇠퇴기에 해당하는 단계가 없다.

의견선도자 opinion leader: 집단의 다른 구성원들이 특정한 주제에 관하여 전문성과 영향력을 갖고 있다고 간주해 주는 사람으로 의견선도력의 가장 중요한 원천은 정보이다.

의미차별화 척도 semantic differential scale: 양극적 형용어구들을 극값으로 하는 척도. 응답자로 하여금 대상에 대한 자신의 태도를 가장 정확하게 나타내는 위치를 각 형용어구상에 표시하도록 요구함으로써 기업이나 상표 이미지를 연구(프로파일 분석)하는 데 널리 이용된다.

의사결정단위 decision making unit: 집단적인 구매결정에 있어서 제안자, 정보수집자, 영향자, 결정자, 구매자, 사용자, 평가자의 역할을 분담하는 구성원들. ☞ 가계구매

이미지 image: 제품 또는 서비스, 기업, 점포에 관하여 고객들이 갖고 있는 정신적 그림으로서 고객이 지각대상과 함께 연상하는 감정적 및 미학적 느낌을 모두 포함한다.

이미지 프로파일 image profile: 한 대상에 대한 이미지를 다수의 이미지 차원상에서 평가하여 도식한 것으로서 의미차별화 척도가 널리 사용된다. 다차원척도화의 기법들을 이용하여 작성한 지각지도도 이미지 프로파일의 일종이라고 할 수 있다.

이상점 모델 ideal point model: 소비자들로 하여금 여러 가지 속성상에서 그들의 이상적 수준을 확인하고 동일한 속성들상에서 상표대안들을 평가시킴으로써 여러 가지 속성에 걸쳐 각 상표가 소비자의 이상적 제품과 상이한 정도를 평가하여 태도에 대한 역지수로 활용하는 다속성 태도모델.

이성적 동기 rational motive: 좋은 품질, 저렴한 가격, 제품수명, 성능, 조작의 편리함 등 주로 기능적 만족에 관련되는 행동이유 ⇔ 감성적 동기

이월효과 carryover effect: 광고가 실시된 후에도 소비자들에게 계속하여 영향을 미치는 현상.

2종과오 type 2 error: 귀무가설이 그릇된 것임에도 불구하고 표본조사의 결과만을 근거로 이용할 때 귀무가설을 기각시키지 않을 때 나타나는 과오. ≒ β-위험, 구매자 위험, 소비자 위험 ⇔ 1종과오

2차자료 secondary data: 현재의 조사목적이 아니라 다른 조사목적을 위하여 이미 수집되어 있는 자료로 경제성과 신속성의 측면에서 유용하다. ⇔ 1차자료

2차적 욕구 secondary need: ≒학습된 욕구 ☞ 필요

2차조건화 secondary conditioning: 고전적 조건화에 의해 학습된 조건자극-반응의 연관에 대하여 새로운 자극을 연상시켜 다시 동일한 반응을 학습시키는 일.

인과적 조사 causal research: 마케팅 실험자료에 대한 분산분석을 통하여 예측하고자 하는 효과의 원인이 되는 변수를 확인하거나 두 개 이상 변수 간의 인과적 관계를 결정하기 위한 조사. ☞ 조사설계

인적 판매 personal selling: 판매원이 잠재고객을 직접 대면하여 수행하는 제품

또는 서비스, 아이디어의 제시로서 전화판매뿐 아니라 모든 유형의 판매원 활동을 지칭하며 산업고객, 중간상인, 최종소비자에 대한 판매를 모두 포함한다.

인지세트 awareness set: 제품범주 내에 존재하는 많은 상표들 중에서 소비자가 구체적인 의사결정에 당면할 때 알고 있는 상표들. 특정한 욕구와 관련하여 소비자가 이미 학습한 일반화된 지식(스키머) 속에 포함되어 있는 상표들. 인지세트는 다시 환기세트, 불활성 세트, 부적 세트로 구분될 수 있다.

인지식역 awareness thresholds: 소비자는 너무 작거나(약하거나) 지나치게 큰 (강한) 자극을 감지할 수 없는데, 생리적으로 소비자가 감지할 수 있는 자극의 범위. 인지식역은 절대식역과 최종식역으로 규정된다.

인지적 학습 cognitive learning: 조건화 학습이 자극과 반응의 반복을 통한 행동의 변화를 강조하는 것과 달리, 문제를 해결하기 위한 바람직한 목표를 정의하고 여러 가지 자극을 지각하여 처리하는 인지과정으로 학습을 파악하는 관점. 인지적 학습에는 기계적인 반복학습, 대리/모방학습, 추론학습 등이 있다. ⇔ 조건화 학습

일관성 이론 consistency theory: ☞ 심리적 일관성

일반화 학습 generalization learning: ☞ 자극일반화

1종과오 type 1 error: 귀무가설이 진실한 것임에도 불구하고 표본조사의 결과만을 근거로 이용할 때 귀무가설을 기각시킬 때 나타나는 과오. ≒ α-위험, 판매자 위험, 생산자 위험 ⇔ 2종과오 ☞ 유의수준

1차자료 primary data: 현재의 조사목적에 따라 조사자가 직접 창출하는 자료. ⇔ 2차자료

1차적 욕구 primary need: ☞ 욕구

임계통계량 critical statistics: 특정한 유의수준에서 나타날 수 있는 극단적인 표본통계량으로서 표의 통계량이라고도 한다. ⇔ 검증통계량

자극-반응모델 stimulus-respose model: ☞ 암흑상자모델

자극일반화 stimulus generalization: 한 자극에 대하여 학습된 반응을 유사한 다른 자극에 대하여도 나타내는 현상으로서 일반화 학습을 통하여 야기된다. ⇔

자극차별화

자극적 마케팅: 무수요 상태에서 제품이 제공해 주는 효익과 잠재고객들의 기본적인 욕구 사이의 연관성을 인식시켜 관심을 자극하는 마케팅 관리과업이다.

자극차별화 stimulus differentiation: 유사하지만 결코 동일하지 않은 자극들에 대하여 상이한 반응을 보이는 현상으로서 차별화 학습을 통하여 야기된다. 이때 자극들을 구별하기 위하여 사용되는 근거를 차별화 단서라고 한다. ⇔ 자극일반화

자아 이미지 self image: 사회적으로 결정된 준거체계 내에서 개인이 지각하는 대로의 자신. 자신에 관한 개인의 사고와 느낌의 총체. 자신에 관한 개인의 지각과 태도. 자아 이미지는 실제적 / 이상적 및 개인적 / 사회적의 차원을 갖는다.

잠재적 수요 latent demand: 많은 잠재고객들이 제품에 대한 열망은 공유하고 있으나 실제로 그러한 제품이 가용하지 않은 수요상태이다.

장단점논의 two-sided argument: 메시지에서 장점과 단점 또는 송신자의 입장과 반대입장을 모두 포함시키는 대안. ⇔ 장점논의

장점논의 one-sided argument: 메시지에서 장점이나 송신자의 입장만이 주장되고 약점이나 반대입장을 포함시키지 않는 대안. ⇔ 장단점논의

재고고갈 stock-out: 한 점포가 특정한 상표를 재고로 보유하지 않는 일시적인 상태로서 판매기회 및 고객을 상실함으로써 기회비용을 야기한다.

재고비용 inventory cost: 재고투자에 대한 기회비용, 창고료 / 보험료 / 감실 등 재고보유 자체에 기인하는 비용 등을 포함한다.

재순환경로 recycling channel: ☞ 후방적 경로

재인 recognition: ☞ 회상

재판매가격 유지정책 resale price maintenance policy: 제품의 유통단계별로 중간상인들이 자신의 고객에게 구사할 가격을 생산자가 지정하는 정책으로서 중간상인들 사이의 가격경쟁을 제한하므로 법적으로 규제하고 있다.

재판매업자 reseller: 산업고객 중에서 제품을 구입하여 단순히 다른 사람들에게 판매하는 중간고객으로서 주로 도매상과 소매상을 지칭한다.

전경 figure: 감각결과들을 통합하는 가장 단순한 원리는 감각결과를 전경과 배경으로 구분하는 일인데, 전경이란 소비자가 특히 많은 주의를 할애하는 부분이며 그 나머지 부분들을 배경이라고 한다. ⟺ 배경

전국상표 national brand: 전국적으로 마케팅 되는 상표가 아님. ☞ 제조업자 상표

전략적 마케팅 계획수립 strategic marketing planning: 마케팅 목표와 능력을 변화하는 환경요인에 전략적으로 적합하게 개발하고 대응시켜 나가기 위한 계획.

전략적 사업단위 strategic business unit: ☞ 사업 포트폴리오

전문품 specialty goods: 소비자가 특정한 상표를 완전히 이해하고 있으며 그것을 구매하기 위하여 상당한 노력을 기꺼이 지출하려는 제품으로서 대체로 소비자들 사이에는 특정한 상표만을 수용하려는 상표집착이 이루어져 있다. ≒ 편의품, 선매품

전방적 경로 forward channel: 제품 자체나 그 소유권이 생산자로부터 소비자에게 흘러가는 경로. ⟺ 후방적 경로

전체시장 접근방법 total market approach: ☞ 대량 마케팅

전수조사: 모집단의 모든 구성원에 대하여 측정을 실시하는 조사. ⟺ 표본조사

전통가격 traditional price: ☞ 관습가격

전환적 마케팅 conversional marketing: 부정적 수요상태에서 실제수요를 (−)로부터 (+)로 전환시켜 바람직한 수요의 크기와 일치시키기 위한 마케팅 관리과업이다.

점강소구 anticlimax order: 메시지 내에서 가장 강한 소구를 맨 처음에 두는 대안으로서 수신자가 사전에 메시지 주제에 관하여 관심을 갖고 있지 않을 때 그들의 흥미와 관심을 끌기에 적합하다. ☞ 점증소구, 중앙소구

점증소구 climax order: 메시지 내에서 가장 강한 소구를 마지막에 두는 대안으로서 수신자가 사전에 메시지 주제에 관하여 관심을 충분히 갖고 있는 경우에 유요하다. ☞ 점강소구, 중앙소구

점포충성 store loyalty: 특정한 점포에 대하여 보이는 충성. ☞ 상표충성

정보처리 information processing: ☞ 지각과정

정보탐색 information search: 정보란 어떠한 사실이나 여건에 관하여 획득된 지식을 말하며, 탐색이란 의사결정을 위하여 소비자가 참여하는 정신적 및 신체적인 정보획득과 처리활동을 의미한다. 능동적 정보탐색과 수동적 수용 또는 내부적 정보참색과 외부적 정보탐색으로 구분할 수 있다.

정의변수 defining variables: 전체 시장을 세분하기 위하여 채택된 세분화 근거(기준). ☞ 세분시장 프로파일

정책 policy: 구체적인 전략을 선정하고 그것을 수행하는 방법을 지침하는 규칙들로서 전략적 의사결정이 일관성 있고 신속하게 이루어지도록 도와준다.

제살 깎아먹기 cannivalism: 자신의 한 제품이 다른 제품들의 수요를 잠식하는 현상. ☞ 제품계열 보충전략, 차이식역

제조업자 상표 manufacture's brand: 제품의 확인수단으로서 생산자를 밝히는 것으로 전국상표라고도 한다. ⇔ 중간상인 상표

제품 product: 마케팅에서 제품이란 인간의 욕구를 충족시키는 데 이용될 수 있는 모든 수단(욕구충족수단)을 지칭하며 단순한 유형재뿐 아니라 무형의 서비스, 사람, 장소, 조직, 아이디어, 활동 등을 포함한다. 또한 모든 제품은 기능적 속성과 상징적 속성 및 부수서비스의 세 가지 측면으로 구성된다.

제품개념 product concept: 잠재고객들이 제품범주 내의 상표들을 비교하여 자신이 지불하는 가격에 대하여 가장 훌륭한 품질의 제품을 선호한다고 가정하여 마케팅노력의 초점을 제품 자체의 품질개선에 두는 마케팅 관리이념이다. ☞ 보다 나은 쥐덫의 가설

제품계열 product line: 유사한 기능, 동일한 고객, 동일한 유통경로, 일정한 가격 범위 등의 유사성을 근거로 하여 일련의 관련된 제품들을 집합적으로 나타내는 개념. 대체로 마케팅 계획이나 전략은 제품계열별로 작성되는 경향이 있으므로 그것을 참조함으로써 각 제품계열이 포괄하는 품목들을 알 수 있다. ☞ 전략적 사업단위

제품계열 가격정책 product line pricing policy: 하나의 제품계열에 속하는 품목들 사이의 독특한 관계(보완적 관계 / 중립적 관계 / 대체적 관계)를 고려하여 전

체 제품계열의 수익을 증대시키기 위하여 품목별 가격을 결정하는 정책.

제품계열 보충전략 line-filling strategy: 기존의 제품계열이 포괄하고 있는 범위 내에서 누락된 가격수준이나 품질수준의 품목을 보충하는 전략으로서 새롭게 보충되는 품목은 기존품목들과 인식 가능한 최소한의 차이(JND, just noticeable difference)를 가짐으로써 독자적인 포지션을 구축하고 자체의 수요를 창출하여 제살 깎아먹기를 방지해야 한다. ☞제품계열 연장전략

제품계열 연장전략 line-stretching strategy: 기존의 제품계열이 포괄하고 있는 범위를 벗어나 새로운 품목을 추가하는 전략으로서 새롭게 추가되는 품목의 특성에 따라서 상향적 연장, 하향적 연장, 쌍방적 연장으로 구분한다. 특히 제품계열 전체의 이미지를 제고하여 기존품목들의 매출액을 증대시키려는 상향적 연장은 트레이드 업이라고 부르며, 고가품/고급품을 구매할 수 없는 사람들이 기존제품의 지위와 명성을 누리면서도 저가품/저급품을 구매하도록 유도하려는 하향적 연장은 트레이드 다운이라고 부른다. ☞ 제품계열 보충전략

제품공간 product space: ☞ 지각지도

제품관리 product management: 환경요인의 변화와 기업의 내부적 필요에 의해 마케터는 끊임없이 자신이 제공하고 있는 제품의 구성을 조정해야 하는데, 이를 제품관리라고 하며 대체로 새로운 품목의 추가, 기존품목의 폐기, 기존품목의 수정으로 구성된다.

제품믹스 product mix: 생산자든 중간상인이든 마케터가 자신의 고객들을 위하여 시장에 제공하고 있는 모든 품목들의 목록. 제품믹스는 폭, 깊이, 길이, 일관성의 측면을 갖는다.

제품수명주기 product life cycle: 신제품이 개발되어 처음 시장에 도입된 후, 시간경과에 따라 나타내는 매출액 수준(시장수요)의 변화패턴으로서 시장특성의 유사성에 따라 대체로 도입기, 성장기, 성숙기, 쇠퇴기로 구분되며 각 단계마다 일반적인 전략방향이 제시된다. ☞ 시장수명주기

제품수정 product modification: 제품의 특징 중에서 하나 이상을 변경시키는 전략으로서 대체로 성숙기에 널리 채택된다. 즉 완전히 새로운 제품을 개발하는

전략의 대안으로서 마케터는 기존품목을 수정하여 개선할 수 있는데 제품의 기능적 속성의 유무에 관련되는 기능수정, 그러한 속성의 수준에 관련되는 품질수정, 상징적 속성에 관련되는 스타일수정이 있다.

제품 / 시장 확장행렬 product/market expansion matrix: 새로운 마케팅 성장기회를 체계적으로 검토하기 위하여 H. Igor Ansoff가 제안한 모델로서 시장침투, 시장개척, 제품개발, 다양화라는 네 가지 영역에서 성장기회를 예시하고 있다.

제품-시장 수명주기 product-market life cycle: ≒ 시장수명주기

제품차별화 마케팅 product differentiation marketing: 전체 시장 구성원들이 원하는 바의 차이는 인식하지 않지만 마케터가 임의로 그들이 선택할 수 있는 몇 가지의 대안을 제공하는 전략이다. 잠재고객들이 원하는 바의 차이를 인식하여 시장세분화를 하지 않으므로 역시 대량마케팅에 속한다. ☞ 대량 마케팅

제품효익 product benefits: ☞ 효익

조건화 학습: 단순히 어떤 자극에 대한 노출과 그에 따른 반응을 통하여 그들 사이에 연관이 개발되거나 보상을 얻기 위한 시행착오를 반복하는 학습으로서 고전적 조건화의 도구적 조건화의 형태가 있다. ⇔ 인지적 학습

조사설계 research design: 조사목표를 달성하기 위한 자료의 수집과 분석을 지침하는 계획으로서 조사형태의 선택, 자료수집 방법 및 표본설계, 자료처리 방법의 예비적 선정을 포함한다.

조성기관 facilitator: 제품에 대한 소유권을 갖지 않을 뿐 아니라 거래협상에도 적극적으로 개인하지 않고 단지 마케팅 흐름이 원활하게 이루어지도록 측면에서 지원해 주는 2차적 경로참가자로서 여러 가지 금융기관이나 보험회사, 수송회사, 창고회사, 광고대행사, 마케팅 조사기관 등이다. ☞ 중간상인

조작적 정의 operational definition: 특정한 연구에 있어서 하나의 개념을 연구목적에 부합되도록 규정한 것으로서 관찰할 수 없는 개념을 하나 이상의 관찰할 수 있는 사상으로 변환시킨다.

조정변수 moderating variable: 두 변수 사이의 관계에 영향을 조정하는 역할을 수행하는 변수로서 예를 들어, 광고물에 대한 소비자의 반응은 그들의 연령이

나 소득수준에 의해 조정될 수 있다.

주변신념 peripheral beliefs: 중심신념 외부의 것들로서 예를 들어, 국제연합은 세계평화에 기여한다는 신념은 대부분 사람들에게 있어서 인지구조의 근간을 이루지 않는다. 주변신념은 중심신념보다 변경시키기가 용이하다. ⇔ 중심신념

준거집단 reference group: 규범, 가치, 신념을 공유하며 묵시적 또는 명시적 관계를 가짐으로써 구성원들의 행동이 상호의존적인 두 명 이상의 모임. 관계의식으로 인하여 개인이 자신의 태도와 행동의 근거로 삼으려는 관점과 가치를 제공하는 집단.

중간상인 middlemen: 마케팅 중간기관 중에서 제품의 소유권을 최종고객이나 산업사용자와 같은 고객에게 이전시키기 위한 활동을 적극적으로 수행하는 독립기관들. 중간상인 중에서 제품의 법적 소유권을 가지면 상인 중간상이라고 하며 소유권을 갖지 않으면 대리 중간상이라고 한다. 그들은 모두 마케팅 경로의 1차적 참가자로서 제품의 구매나 판매에 포함되는 거래협상에서 적극적인 역할을 수행한다는 점에서 조성기관과 다르다. ☞ 조성기관

중간상인 상표 middlemen's brand: 제품의 확인수단으로서 중간상인을 밝히는 것으로 사적 상표 또는 지역상표라고도 한다. ⇔ 제조업자 상표

중고품 교환공제 trade-in allowances: 내구재의 교환판매에 있어서 고객이 사용 중이던 중고품의 평가액을 제품대금에서 감면해 주는 공제.

중심신념 central beliefs: 소비자들이 갖고 있는 여러 가지 신념 중에서 인지구조의 핵심을 이루고 있는 신념들로서 예를 들어, 신은 생명의 창조자라는 신념은 종교인에게 있어서 중심신념이며, 변화시키기가 매우 어렵다. ⇔ 주변신념

중앙소구 pyramidal order: 메시지 내에서 가장 강한 소구를 중앙에 두는 대안. ☞ 점증소구, 점강소구

지각과정: 소비자의 정보처리 과정은 크게 자극에 노출, 주의, 해석, 활용 및 저장으로 이루어지는데 이 중 앞의 세 단계를 지각과정이라고 한다. 정보처리의 각 단계는 자신의 기존 신념과 태도를 지지하거나 문제해결에 도움이 되는 정보만을 자발적으로 선택함으로써 선택적인 성격을 갖는다.

지각된 위험 perceived risk: 상표선택의 결과가 내포하는 불확실성에 기인하여 주관적으로 지각하는 위험으로서 예상되는 결과에 따라 경제적 위험(재무적 위험), 성능위험(기능위험), 신체적 위험, 심리적 위험, 사회적 위험, 시간손실, 미래 기회의 상실 등이 있다.

지각영역 perceptual field: ☞ 경험영역

지각적 경계 perceptual vigilance: 소비자가 자신의 기존 신념 및 태도를 지지하거나 문제해결에 도움이 되는 정보에 대하여 민감하게 주의하는 현상. ⇔ 지각적 방어

지각적 방어 perceptual defense: 소비자가 자신의 자아를 위협하거나 기존의 신념 및 태도에 상반되는 정보에 대하여 주의하기를 기피하며, 더욱이 그 의미도 왜곡하여 받아들이는 현상. 이러한 현상을 야기하는 심리적 작용을 방어기제라고 한다. ⇔ 지각적 경계

지각적 범주화 perceptual categorization: 소비자가 감각결과들을 이미 기억 속에 저장되어 있는 정보항목들과 관련시켜 일반화하거나(보해 라이트는 소주의 일종이다) 차별화하는 일(보해 라이트는 기존 소주에 비하여 마시기 순하다).

지각적 조직 perceptual organization: 소비자가 감각결과를 적절하게 해석하기 위해서 지각적 범주화와 지각적 통합이라는 기본 원칙에 따라 어떠한 의미를 갖도록 조직하는 일. ☞ 지각적 범주화, 지각적 통합

지각적 통합: 유입되는 감각결과들을 하나의 통합된 의미를 갖도록 전체로서 조직하는 과정으로서 전경과 배경, 완결, 집단화 맥락의 원리를 적용한다.

지각지도 perceptual map: 마케팅대상들이 소비자의 지각 속에서 차지하고 있는 포지션을 도식화한 것이다. ≒ 제품공간

지알피 GRP: 도달과 빈도를 곱하여 얻어지는 지수로서 전체 시장에 있어서 소비자가 광고물에 노출된 총회수를 나타낸다(gross rating point). ☞ 도달, 빈도

지역별 균일가격 인도정책 zone delivered pricing policy: 균일가격 인도정책을 적용하기 위하여 각 고객들에 대한 수송비의 평균하는 데 있어서 거리단계별로 고객들을 집단화하는 지역적 가격정책. ☞ 균일가격 인도정책

지역상표 local brand: 일정한 지역 내에서만 마케팅 되는 상표가 아님. ☞ 중간상인 상표

지역적 가격정책 geographic pricing policies: 수송비의 부담이 점차로 가중됨에 따라 시장의 지역적 위치, 생산시설의 입지, 지역별 경쟁상황 등을 고려하여 수송비를 효과적으로 다루기 위한 가격정책. ☞ 생산지점 가격정책, 균일가격인도정책, 지역별 균일가격 인도정책, 기점가격정책, 수송비흡수 가격정책

진부화 obsolescence: 신제품의 시장을 확대시키기 위하여 마케터가 기존제품의 수명을 계획적으로 조정하려는 전략으로서 흔히 계획적 진부화라고 한다. 기술적(기능적) 진부화, 연기된 진부화, 물리적 진부화, 스타일 진부화 등의 형태가 있다.

집군화 선호패턴 clustered preference pattern: 잠재고객들이 원하는 바를 반영하는 속성결합이 수 개의 하위집단으로 범주화될 수 있는 패턴이다. ☞ 시장선호패턴

집단화의 원리 principle of grouping: 소비자가 자극들의 공통적인 특징을 근거로 하여 그들에 대한 감각결과를 집단으로 조직하고 해석하는 현상으로서 집단화의 공통적인 특징은 근접성, 유사성, 계속성이다.

집중저장의 원칙 principle of massed reserves: 중간상인이 없이 생산자만이 재고를 갖고 있다면 모든 고객들은 구매의 불편함과 재고고갈의 위험, 주문비용 등을 감소시키기 위해 스스로 재고를 확보해야 하는데 최종고객의 수는 중간상인의 수보다 훨씬 많으므로 교환구조 내의 총재고는 커진다. 그러나 다단계 유통구조에서는 중간상인들만이 재고를 갖는 것으로 충분하므로 전체 경제시스템은 최소한의 총재고로서 모든 수요를 효과적으로 충족시키게 된다.

집중화 마케팅 concentrated marketing: 전체 시장 구성원이 원하는 바의 차이를 인식하여 시장을 세분하고 그 결과로 도출된 세분시장들 중에서 하나의 표적시장을 선정하여 마케팅노력을 집중시키는 전략이다. ☞ 표적마케팅

집중화 시장 concentrated market: 각 생산자(가계)들이 일정한 장소에서 만나스스로 교환활동을 수행하든지 제품구색을 갖춘 중간상인과 교환하는 구조. ⇔

분권화 시장

차별화 마케팅 differentiated marketing: 전체 시장 구성원이 원하는 바의 차이를 인식하여 시장을 세분하고 그 결과로 도출된 세분시장들 중에서 두 개 이상을 표적시장으로 선정하여 별도의 마케팅믹스를 제공하는 전략이다. ☞ 표적마케팅

차별화 학습: ☞ 자극차별화

차이식역 differential thresholds: 소비자는 상이한 두 개 이상의 자극들 사이의 차이를 모두 감지할 정도로 민감하지 않은데, 두 자극 사이에서 감지될 수 있는 최소한의 자극 차이. 늑 최소한의 감지 가능한 차이(jnd) ☞ 웨버의 법칙

착란효과 clutterance effect: 수신자가 거의 동시에 다수의 광고물에 노출됨으로써 혼동을 야기하며 어느 광고물도 현저하게 주의를 끌 수 없는 현상.

창조적 적응 creative adaptation: 환경탐사에서 도출된 마케팅 시사점들을 근거로 하여 마케팅 활동의 최적화를 위한 마케팅 목표의 조정, 표적시장의 변경, 마케팅 믹스 각 요소의 변경, 실행계획의 조정.

채택역: 표본분포에 있어서 임계통계량보다 극단적이지 않는 통계량들의 집합으로서 만일 표본통계량이 채택 역에 속한다면 귀무가설을 기각하지 않는다. ⇔ 기각역

처벌 punishment: 정신적 또는 신체적 불편을 제공하여 그것에 선행된 반응의 강도를 낮추거나 재발확률을 감소시키기 위하여 환경적 사상을 조작하는 일. ⇔ 보강, 소멸

초과수요 overful demand: 실제수요의 크기가 바람직한 수요의 크기를 초과하는 수요상태이다.

초기고가정책: ☞ 상층흡수 가격정책

초기저가정책: ☞ 시장침투 가격정책

촉진 promotion: 앞으로 나아가다의 의미를 갖는 라틴어(promovere)로부터 유래되었으나 오늘날에는 다른 사람에게 사고나 의미를 전달하고 그것을 수용하도록 설득하기 위한 활동을 지칭한다. ☞ 마케팅 믹스, 촉진전략

촉진가격정책 promotional pricing policy: 점포의 내방객을 증대시키거나 잠재고객들의 구매를 자극하기 위하여 한시적의 실시하는 가격정책으로서 대체로 판매촉진의 성격이 강하다. ☞ 고객유인 가격정책, 특별염가정책, 미끼가격정책

촉진공제 promotional allowances: 중간상인들이 생산자의 촉진활동을 지원해 준 일에 대하여 제품대금의 일부를 감면해 주는 공제로서 대체로 중간상인이 실시한 제품광고비용의 일부를 공제하거나 진열용 제품의 대금 중에서 일부를 공제해 준다(진열공제).

촉진도구 promotional tools: 촉진목표를 달성하기 위하여 마케터가 구사할 수 있는 도구 또는 촉진분야에서 마케터가 당면하는 의사결정 변수들로서 복합어로서 promotools라고도 하여 이들의 독특한 결합을 촉진믹스라고 한다. 대표적인 촉진도구는 광고, 인적 판매, 홍보, 판매촉진이다.

촉진믹스 promotional mix: ☞ 촉진도구

촉진전략 promotional strategy: 고객에 대한 정보전달 및 설득활동을 계획하고 실천하기 위한 방안

총거래수 최소화의 원칙 principle of minimum total transactions: 교환의 경제적 효율을 개선하기 위하여 중간상인을 개입시킴으로써 교환구조 내의 여행 및 거래의 횟수를 감소시켜야 한다는 명제. ☞ 집중화 시장

최소한의 감지 가능한 차이 just noticeable difference: ☞ 차이식역

최종시점변경 last-minute changes: 일단 매체에게 넘겨준 광고물을 방송(또는 게재)되기 직전에 내용이나 방송(게재)시간 등을 변경시키는 일로서 매체의 융통성을 평가하기 위한 근거가 된다.

충동구매 impulse buying: 사전에 구체적으로 계획되지 않은 무계획구매를 포괄적으로 나타내는 개념으로서 순수충동구매, 회상적 충동구매, 제안적 충동구매, 계획적 충동구매의 형태가 있다.

측정 measurement: 대상을 일정한 속성상에서 평가하는 과정. 실제의 현상에서 관찰되는 속성의 내용과 추상적인 수체계 사이에 조응을 형성하는 과정. 일정한 조응의 규칙에 따라 대상이 갖고 있는 속성의 내용에 수치를 부여하는 일.

☞ 측정척도

측정척도 measurement scale: 대상이 갖고 있는 속성의 내용에 대하여 숫자를 조응시키는 방법으로서 측정의 네 가지 수준을 반영하여 명목척도, 서열척도, 간격척도, 비율척도가 있다.

카운터 마케팅 counter marketing: 불건전한 수요의 상태에서 수요의 존재 자체를 없애버리려는 마케팅 관리과업이다.

캠페인 campaign: 단일주제를 중심으로 하여 특정한 커뮤니케이션 목표를 달성하기 위하여 설계된 일련의 계획적이며 조정된 촉진노력.

커뮤니케이션 communications: '공통'이라는 의미의 라틴어(communis)로부터 유래되었으며, 2명 이상의 사람들 사이에서 아이디어의 공통성을 형성하는 과정이다.

타우스 분석 TOWS analysis: ≒ 스워트 분석

타당성 validity: 측정치가 체계적 오차나 무작위 오차 모두로부터 영향을 받지 않고 진정한 값을 반영해 주는 정도. 정확성과 유사한 개념으로서 측정이 타당하기 위해서는 측정된 값이 진정한 값을 나타내야 한다. 타당성은 실용적 타당성, 범위적 타당성, 이론구성적 타당성 등으로 나눌 수 있다. ☞ 신뢰성

탐색적 조사 exploratory research: 아이디어나 통찰을 얻기 위해 소규모 표본에 대하여 실시하는 융통성 있는 조사로서 통상 개방형의 질문을 사용한다. ☞ 조사설계

태도 attitude: 개인이 어떤 대상에 대하여 얼마나 긍정적 또는 부정적으로, 우호적 또는 비우호적으로, 贊否로 느끼는가. 어떤 대상에 대하여 일관성 있게 우호적으로 또는 비우호적으로 반응하려는 학습된 선유경향. 개인 세계의 어떤 측면들에 관한 동기부여적, 감정적, 지각적 및 인지적 과정들의 안정적인 조직.

태도점수 attitude score: 각 결정적 속성에 대한 신념점수들을 소비자 판단규칙에 의해 종합한 점수. 신념점수가 속성별로 다차원의 성격을 갖는 데 반하여 태도점수는 종합된 단일차원의 성격을 갖는다. ≒ 신념점수

통제가능요인 controllable factor: ☞ 마케팅도구, 마케팅 의사결정 변수

통제불가능요인 uncontrollable factor: ☞ 환경요인 ⇔ 통제가능요인

통합상표 blanket brand: 두 개 이상의 품목을 취급하는 마케터가 각 품목에 동일한 상표를 설정한 경우이며 가족상표라고도 한다. 이에 반하여 품목별로 다른 상표를 설정할 때 개별상표라고 한다.

트레이드 다운 trade down: ☞ 제품계열 연장전략

트레이드 업 trade up: ☞ 제품계열 연장전략

특별염가정책 cents-off pricing policy: 특정한 상표의 매출액을 증대시키기 위하여 대체로 생산자가 한시적으로 제품가격을 인하하는 정책인데, 간혹 제품포장에 할인쿠폰을 부착하여 재구매시 일정금액을 할인해 주는 형태를 취하기도 한다.

특정량효과 quantum effect: 일정한 가격수준의 범위 내에서는 수요가 매우 비탄력적이지만 그러한 범위를 벗어나면 바로 탄력적으로 바뀌는 현상 또는 그 반대의 현상.

틈새마케팅 niche marketing: ☞ 틈새시장

틈새시장 niche market: 전체 시장을 세분한 결과 규모가 아주 작은 세분시장에서는 기업들의 관심이 적을 것인데, 오히려 이러한 소규모 세분시장에서 전문화한다면 수익성이 높을 수 있다. 이러한 세분시장을 표적으로 하는 마케팅을 틈새마케팅이라고 한다.

티피오 TPO: 소비자 행동에 영향을 미치는 상황요인으로서 시간(Time), 장소(Place), 계기(Occasion)이다.

파생수요 derived demand: 산업고객의 수요가 그들이 생산한 제품에 대한 최종소비자의 수요로부터 파생되는 현상.

판매개념 sales concept: 잠재고객들을 그들의 관심을 자극하고 강력한 판매노력을 보이지 않는 한 자발적으로 충분한 양의 제품을 구매하지 않는다고 가정하고 마케팅 노력의 조점을 일방적일지라도 강력한 인적 판매와 광고를 동원하여 구매를 자극하는 데 두는 마케팅 관리이념이다. ≒ 강매개념, 강매접근방법

판매시점 정보관리 point-of-sales: 제품의 판매시점에서 판매된 제품에 관한 정

보를 바코드 시스템으로 관리함으로써 판매전략과 재고관리, 계산업무의 효율을 증대시키기 위한 방안. ☞ 바코드 시스템, 구매시점 촉진

판매촉진 sales promotion: 광고, 인적 판매, 홍보의 범주 속에 포함되지 않은 모든 촉진활동으로서 대체로 다른 촉진도구의 기능을 보완하기 위하여 설계된다. 견본제공, 프리미엄, 트레이딩 스탬프, 전시회 등은 판매촉진으로 분류될 수 있는 대표적인 예들이다.

패널 panel: 일정한 공급자, 거래점, 소비자 등의 구성원을 포함하는 고정된 표본으로서 어떤 특성에 관하여 시간경과에 따라 여러 차례 반복적으로 측정된다면 시계열 자료를 산출해 준다. ☞ 시계열적 설계

퍼스낼리티 personality: 다양한 상황에 걸쳐 일관성 있게 행동하는 성향으로서 어떤 상황에서 소비자가 취할 구체적인 행위보다는 개인적 기질의 전체성을 묘사한다.

편의품 convenience goods: 장보기에 앞서서 소비자가 제품범주에 관하여 완전한 지식을 갖추고 있으며 적합한 제품을 구매하기 위해 최소한의 노력만을 투여하려는 제품으로서 대체로 저렴하고 빈번히 구매되는 경향이 있다. 다시 필수상품, 긴급상품, 충동상품으로 구분된다. ≒ 선매품, 전문품

편집자 지원 editorial support: 매체가 자신에게 주의를 끌기 위하여(즉 독자를 확보하기 위하여) 제공하는 뉴스, 화제, 특집, 사진 등과 같은 비광고적 고객정보를 통하여 광고물에 노출될 표적수신자를 확보해 주는 일.

포지션 position: 기업이나 제품, 상표 등의 마케팅 대상들이 잠재고객들의 마음속에서 그려지는 모습이다. 잠재고객들은 결정적인 속성들의 차원에 따라 마케팅 대상을 지각하며 그러한 신념들의 총체가 포지션이 된다. ≒ 이미지

포지셔닝 positioning: 마케팅 목표를 효과적으로 달성하기 위하여 바람직한 목표 포지션을 결정하는 일로서 결국 잠재고객들의 지각 속에서 자리매김을 결정하는 것이다.

포지셔닝의 근거 bases for positioning: 소비자들이 마케팅대상의 포지션을 형성하는 데 흔히 이용하는 기준으로서 자신의 욕구, 제품범주, 사용자 계층, 용도, 사용계기 등을 포함한다.

포지셔닝 분석 positioning analysis: 잠재고객들은 시장에서 경쟁하는 다수의 대상들을 독특한 모습으로 지각하는데, 그러한 모습들을 확인해 내는 일이다. ≒ 경쟁구조 분석

포지셔닝 전략 positioning strategy: 경쟁구조 분석과 잠재고객의 욕구구조 분석을 근거로 하여 바람직한 목표포지션을 정의한 후, 적절한 마케팅믹스를 개발하여 커뮤니케이션하는 일이다.

4P: 마케팅 믹스를 구성하기 위한 의사결정들을 네 범주로 나누었을 때 제품분야(product), 가격분야(price), 경로분야(place), 촉진분야(promotion)를 의미하며 마케팅 도구나 마케팅 의사결정 변수를 의미한다.

포트폴리오 분석 portfolio analysis: 사업 포트폴리오를 구성하고 있는 전략적 사업단위들에게 적용할 기본적인 마케팅 전략방향을 검토하기 위하여 일정한 기준에 따라 범주화하는 과정이다. 이러한 목적으로 제안된 대표적인 모델은 보스턴 컨설팅 그룹(BCG)의 성장-점유율 행렬, 제너럴 일렉트릭社의 사업여과행렬이 대표적이며 필요에 맞도록 창안할 수도 있다. ☞ 사업 포트폴리오

표본 sample: 모집단의 전체 구성원을 대표할 수 있는 일부 구성원들의 집합이며, 실제로 모집단으로부터 표본을 추출하기 위한 방법은 확률표본추출과 비확률표본추출이 있다.

표본분포 sampling distribution: 표본들로부터 구해지 표본통계량의 확률분포.

표본설계 sample design: 표본조사를 실시하기 위한 계획으로서 모집단의 정의, 표본추출목록의 작성, 표본의 크기 결정, 표본추출 방법의 결정을 포함한다.

표본추출단위 sampling unit: 표본추출 과정의 특정한 단계에서 실제로 표본으로 선정될 수 있는 요소(들).

표본추출목록 sampling frame: 모든 표본추출단위들의 목록을 말하며 표본조사를 위한 실제의 표본은 이것으로부터 추출된다. ≒ 조사모집단

표본추출오차 sampling error: 표본이 모집단을 완전히 대표하지 않는다는 사실로부터 기인하는 표본자료의 오차로서 표본의 크기가 커짐에 따라 감소하는 경향을 보인다. ≒ 표본추출오차, 무작위오차, 우연오차

표본통계량 statistics: 표본조사의 결과로 얻어진 표본특성치로서 표본평균이나 표본비율 등. 추론통계학의 기법을 이용하여 모집단 모수를 추정하는 데 이용된다. ☞ 모수, 표본분포

표적 마케팅 target marketing: 전체 시장 구성원들이 원하는 바의 차이를 인식하여 시장을 세분하고 각 세분시장별로 최적의 마케팅 믹스를 개발하여 별도로 제공하는 전략이다. 차별화 마케팅과 집중화 마케팅으로 구분될 수 있다. ≒ 소총식 접근방법 ⇔ 대량 마케팅

표적수신자 target audience: 촉진활동이 지향하는 표적시장. ☞ 표적시장

표적시장 target market: 시장세분화의 결과로 도출된 여러 세분시장 중에서 마케팅노력을 특별히 집중시키려는 주 고객시장 또는 시장세분화를 거치지 않은 상태에서 전체시장이다. 표적시장은 선정기준은 규모, 미래의 성장전망, 경쟁상황 등을 포함하며 표적시장은 선정하기 위한 기본적인 전략에는 제품/시장전문화, 제품전문화, 시장전문화, 선택적 전문화, 완전포괄 등 다섯 가지의 기본형태가 있다.

피값 p-value: 특정한 표본조사를 얻었을 때 모집단에 관한 귀무가설이 진실일 확률. 이 값이 유의수준보다 작으면 귀무가설을 기각한다. ☞ 유의수준, 1종과오

필요 want: 욕구를 충족시키기 위한 구체적인 수단에 대하여 보이는 열망으로서 대체로 만인에게 공통인 기본적 욕구가 집단영향과 개인특성에 의해 조정된 결과로서 나타난다. ≒ 학습된 욕구, 2차적 욕구

하위문화 subculture: 집단의 규모가 커지고 구성원들의 활동범위가 다양해짐에 따라 구성원들은 전체와 상호관계를 유지하기보다는 일부 구성원들과 대면접촉을 유지하면서 자신들만의 정체성을 개발하기 위하여 형성된 가치, 규범과 집단의식, 여러 가지 자극에 대한 반응패턴.

하위시장 submarket: ☞ 시장세분화

학습 learning: 장기기억의 내용이나 조직에 있어서 변화로서 정보처리의 결과로부터 행하여진다.

학습된 욕구 learned need: ≒ 2차적 욕구 ☞ 필요 ⇔ 1차적 욕구, 기본적인 욕구

할려금 rebates: 과거 일정한 기간 동안의 거래량을 근거로 하여 대금의 일부를

특별사례금의 형태로 감면해 주는 공제.

할인 discounts: 제품가격 자체를 낮추어 고객들에게 요구하는 가격정책. ☞ 현금할인, 수량할인, 기능할인, 계절할인, 선일자 현금할인

해독 decoding: 커뮤니케이션의 수신자가 자신이 노출된 메시지로부터 아이디어를 추출하는 작업으로서 주관적인 선택적 지각으로 인하여 메시지를 송신자와 항상 동일하게 해석하지는 않는다. ⇔ 기호화

핵심시장 core market: 제품이 제공하는 효익과 자신이 원하는 바가 거의 일치하는 잠재고객들의 집합이다.

핵심제품 core product: 제품의 세 가지 수준 중에서 잠재고객들의 기본적인 욕구를 충족시키거나 문제해결에 직접적으로 관련되는 효익들의 조합을 지칭한다. 또한 그러한 효익들을 잠재고객들에게 효과적으로 제공하기 위한 물리적 / 화학적 및 상징적 속성들의 조합을 실제제품이라고 하며, 잠재고객들이 제품구매로부터 충분한 만족을 얻을 수 있도록 실제의 구매와 소비활동에 관련하여 제공되는 부수서비스까지 포함할 때 확장제품이라고 한다.

혁신 innovation: 신제품뿐 아니라 신시장, 신기술, 신원료, 신조직 등을 포괄하는 보다 넓은 의미의 용어이지만 대체로 신제품을 지칭한다. ☞ 신제품

혁신성향 innovativeness: 한 사회 시스템의 다른 구성원들보다 혁신을 상대적으로 빨리 수용하려는 경향으로서 혁신수용성향이라고도 한다. ☞ 수용자 범주

혁신수용모델 innovation adoption model: ☞ 수용과정, 효과계층

혁신층 innovators: 혁신의 수용자 범주 중에서 가장 혁신성향이 강한 집단. 신제품의 도입기에서 제품을 직접 구매해 줄 뿐 아니라 제품수정을 제안해 주고 자신이 속한 집단 내에서 의견 선도자의 역할을 수행하므로 신제품 도입기의 표적시장으로서 적합하다. ☞ 수용자 범주

현금할인 cash discounts: 구매한 제품의 대금을 즉시 또는 일정한 기간 이내에 지불할 때 판매자가 제공하는 할인형태로서 2 / 10, n / 30이라는 현금할인조항은 대금청구일로부터 10일 이내에 대금을 지불하며 2%를 할인해 주지만 30일까지는 대금을 지불하도록 규정한다.

협동광고 cooperative advertising: 재판매업자가 지역매체를 통하여 실시하는 제품광고에 대하여 생산자가 광고비용의 일부를 부담해 주는 형태.

형성 shaping: 도구적 조건화의 원리를 이용하여 바람직한 반응을 학습시키는 데 있어서 바람직한 전체 반응을 구성하는 부분적인 반응들을 단계적으로 보강하여 학습시키는 과정. 예를 들어, 복잡한 곡예에 이르는 단계마다 보강을 제공함으로써 조련사는 동물에게 고난도의 곡예를 학습시킬 수 있다.

홍보 publicity: 특정한 기업이나 제품을 위하여 발간되는 뉴스와 정보로서, 메시지를 제시하기 위하여 사용되는 지면이나 시간에 대하여 후원자가 지불하지 않는다는 점에서 무료이다. 대체로 홍보메시지는 신문, 잡지, 라디오와 같은 매체를 통하여 뉴스나 공지사항으로 제시된다.

확산과정 diffusion process: 한 사회 시스템의 구성원들 사이에서 혁신이 확산되어 가는 과정. 혁신수용이 한 개인에 의한 의사결정임에 반하여 혁신의 확산은 사회적인 현상이다. ☞ 확산율, 수용과정

확산된 선호패턴 diffused preference pattern: 잠재고객들이 원하는 바를 반영하는 속성결합이 제각기 상이한 모습으로 나타나는 패턴이다. ☞ 시장선호패턴

확산율 diffusion rate: 사회 시스템의 전체 구성원 중에서 혁신을 수용한 사람들의 비율로서 혁신의 확산속도를 반영한다. 혁신의 확산율(확산속도)에 영향을 미치는 주요한 요인으로는 의사결정의 성격, 마케팅 노력의 정도, 욕구의 강도, 제품의 상대적 이점 / 적합성 / 단순성 / 시용가능성 / 전파가능성 등을 들 수 있다.

확장된 신념 / 평가모델 extended belief / evaluation model: 제품의 구매의도를 특정한 제품의 구매결과에 대한 태도와 그러한 구매행동에 대한 주관적 규범의 상대적인 비율에 의해 결정된다는 견해의 다속성 태도모델. 이때 구매결과에 대한 태도가 구매결과에 대한 신념과 그러한 결과의 요망성의 가중합계이며, 구매행동에 대한 주관적 규범이 준거인 지각에 관한 신념과 준거인의 생각에 순응하려는 동기부여의 가중합계로 간주된다. 본래의 신념 / 평가모델의 행동예측력을 재선하기 위하여 수정된 것이므로 수정된 신념 / 평가모델이라고도 한다.

확장제품 augmented product: 소비자가 가격을 지불하고 실제로 획득하는 제품

의 광의적 해석. ☞ 핵심제품

환경기회 environmental opportunities: 환경요인의 변화가 제공하는 새로운 마케팅 기회로서 어느 기업에게도 공평하게 적용될 수 있다. 그러나 환경기회가 특정한 기업이 효과적으로 활용할 수 있는지의 여부는 별개의 문제인데, 경쟁자에 비하여 차별적 우위를 누릴 수 있는 환경기회를 기업기회라고 한다. ☞ 스워트 분석

환경요인 environmental factors: 마케팅 활동의 성과에 영향을 미치는 외부적인 요인들로서 마케팅 조직으로서는 자유롭게 통제할 수 없기 때문에 통제불가능 요인이라고도 한다. 이 중 인구통계적 요인, 경제적 요인, 자연적 요인, 기술적 요인, 정치적 및 법적 요인, 사회적 및 문화적 요인, 경쟁요인 등 통제가 거의 불가능한 요인들을 거시적 환경요인이라고 하며 공급자, 중간기관, 고객 등 어느 정도 영향을 미칠 수 있는 행위자들을 미시적 환경요인이라고 한다.

환경탐사 environmental scanning: 환경요인들은 끊임없이 변화하면서 기업에게 새로운 기회와 위협을 제공하기 때문에 마케터는 자신의 마케팅 활동과 관련된 환경요인의 현황과 변화추세를 파악하고 그들의 시사점을 면밀하게 분석해야 하는데, 그러한 과업을 환경탐사라 한다. ≒ 창조적 적응

환기세트 evoked set: 인지세트를 구성하는 상표들 중에서 소비자가 구매와 소비를 위하여 긍정적으로 평가한 상표들을 집합. ☞ 인지세트

활동적 기억 active memory: ☞ 기억

회상: 망각의 정도를 측정하기 위한 척도로서 상기수준과 재인수준으로 정의된다. 상기란 특정한 조건에 맞는 정보를 회상해 내기 위하여 기억 속의 모든 정보를 검토하여 조건과 비교하는 과업이며, 재인이란 제시되는 정보들이 기억 속에 저장되어 있는 것과 일치하는지의 여부만을 판단하는 과업이다. 일반적으로 상기수준은 재인수준보다 낮다.

횡단면적 설계 cross-sectional design: 조사대상들을 여러 변수에 대하여 단 한 번 측정하는 조사설계. ⇔ 시계열적 설계

효과계층 hierarchy of effects: 마케팅 커뮤니케이션에 대하여 수신자들이 보여

주는 반응의 순차적인 계층을 묘사한 모델들로서 AIDA 모델이나 혁신수용모델, 효과의 계층모델이 대표적이다.

효과의 계층모델 hierarchy of effects model: 커뮤니케이션의 효과계층을 묘사하는 한 가지 모델로서 인지, 지식, 좋아함, 선호, 확신, 구매의 단계를 포함한다. ☞ 효과계층

효용 utilities: 재화가 인간의 욕구를 충족시키는 데 기여하는 측면으로서 형태효용, 시간효용, 장소효용, 소유효용 등 네 가지 기본적인 유형이 있다. 이 중 형태효용이란 적당한 공정을 거쳐 원재료를 제품으로 변환시킬 때 창출되는 부가가치로서 주로 생산활동의 산물이다. 이에 반하여 나머지 세 가지 효용은 각각 보관, 수송, 소유권 이전을 통하여 창출되는 부가가치이다.

효익 benefits: 제품이나 어떠한 행동이 소비자가 원하는 바를 충족시켜 줄 수 있는 측면으로서 대체로 소비자의 기본적인 욕구에 관련된다. 일반적으로 치약은 소비자에게 충치예방, 구취제거, 미백효과, 신경치료 등의 효익을 제공한다.

효익가격결정 benefit pricing: 제품이 제공하는 각 효익의 가치들을 합산하여 전체제품의 가치를 추정하여 가격을 결정하는 방법. 예를 들어, 자동응답전화기의 가격은 자동응답기능의 가치와 전화기능의 가치를 합산하여 그러한 가치에 대응되도록 기준가격을 결정할 수 있다.

효익세분화 benefit segmentation: 보편적으로 이용될 수 있는 시장세분화의 근거는 전체 시장 구성원의 인구통계적 특성, 지리적 특성, 심리적 특성, 행위적 특성 등인데 특히 그들이 구매로부터 희구하는 효익(즉 원하는 바)을 근거로 하여 실시하는 시장세분화이다.

후방적 경로 backward channel: 생태학적 목표를 추구하기 위하여 제품을 소비한 후 고형폐기물이나 부산물, 용기 등을 소비자로부터 다시 생산자에게 돌려보내기 위한 재순환 경로. ≒ 재순환 경로 ⇔ 전방적 경로

후원전략 push strategy: 경로전략 또는 촉진전략의 한 형태로서 강력한 인적 판매와 판매촉진(경로조성금)을 통하여 중간고객으로 하여금 다음 단계의 고객에게 제품을 밀어붙이도록 촉구하는 전략대안. ⇔ 견인전략

후효과 recency effect: 메시지의 내용구성과 관련하여 나중에 제시된 내용이 많은 영향력을 가질 때 나타나는 현상. 흥미 없는 주제, 친숙지 않은 주제, 논란의 여지가 없는 주제들은 대체로 후효과를 가지므로 단점→장점의 제시가 적합하다. ⇔ 선효과

출처: [기타] 블로그 집필 – takahashiryo＋상상1[12)]

---

12) http://kin.naver.com/open100/db_detail.php?d1id＝4&dir_id＝408&eid＝
7yer6qlmXgTgDfBQoNekRgylHibGacQK&qb＝ucy3oSC4tsTJxsM＝

마케팅에 대한 영어 표현들

acceptance area 채택역

active memory 활동적 기억

actual product 실제제품

ad hoc research 수시조사

adoption process 수용과정

adoptor categories 수용자 범주

advertisability 광고성

advertisement 광고물

advertising 광고 AE 에이이

agent middlemen 대리중간상

AIDA model 아이다 모델 AIO 에이아이오

allowances 공제

alternative hypothesis 대립가설

anticlimax order 점강소구

Asch phenomenon 애쉬현상

assortment-search activities 구색탐색 활동

attitude 태도

attitude score 태도점수

attribute 속성

audience 수신자

audience selectivity 수신자 선택성

augmented product 확장제품

awareness set 인지세트

awareness thresholds 인지식역

backward channel 후방적 경로

bait pricing policy 미끼가격정책

bar code system 바코드 시스템

base price 기준가격

bases for positioning 포지셔닝의 근거

basing-point pricing policy 기점가격 정책

belief score 신념점수

belief / evaluation model 신념 / 평가모델

beliefs 신념 benefit pricing 효익가격결정

benefit segmentation 효익세분화

benefits 효익

better mousetrap hypothesis 보다 나은 쥐덫의 가설

blackbox model 암흑상자모델

blanket brand 통합상표

brand 상표

brand extension strategy 상표확장전략

brand loyalty 상표충성

break-even point 손익분기점

business portfolio 사업 포트폴리오

buygrid 구매행렬

buying scenario 구매시나리오

buystage 구매단계

campaign 캠페인

cannivalism 제살 깎아먹기

carryover effect 이월효과

cash discounts 현금할인

causal research 인과적 조사

central beliefs 중심신념

cents -off pricing policy 특별염가정책

change strategy 변경전략

channel conflict 경로갈등

channel dynamics 경로역학

channel structure 경로구조 CI 씨아이

climax order 점증소구

clustered preference pattern 집군화 선호패턴

clutternce effect 착란효과

coding 기호화

cognitive dissonance 디서넌스

cognitive learning 인지적 학습

communications 커뮤니케이션

communicator 송신자

company mission 기업사명

company opportunities 기업기회

comparative advertising 비교광고

compensatory model 보상적 모델

competitive structure analysis 경쟁구조분석

composite hypothesis 복합가설

concentrated market 집중화 시장

concentrated marketing 집중화 마케팅

concept testing 개념시험

conceptual definition 개념적 정의

conditional learning 조건화 학습

conjunctive model 속성결합모델

consistency theory 일관성 이론

construct 가설적 구성개념

consumer behavior 소비자 행동

consumer behavior model 소비자 행동모델

consumer goods 소비용품

consumer judgment rule 소비자 판단규칙

consumer socialization 소비자 사회화

contribution 공헌이익

controllable factor 통제가능요인

convenience goods 편의품

conversional marketing 전환적 마케팅

cooperative advertising 협동광고

core market 핵심시장

core product 핵심제품

corporate advertising 기업광고

corporate identity program 기업이미지 통일화 작업

corporate loyalty 기업충성

cost-plus pricing 원가가산 가격결정

counter marketing 카운터 마케팅

CPM 씨피엠

creative adaptation 창의적 적응

critical statistics 임계통계량

cross-sectional design 횡단면적 설계

cultural values 문화적 가치

culture 문화

customary price 관습가격

customer 고객

customer base 고객기반

customer orientation 고객지향성

decentralized market 분권화 시장

decision making unit 의사결정단위

decoding 해독

defense mechanism 방어기제

defining variables 정의변수

demand management 수요관리

demand schedule 수요스케줄

demarketing 디마케팅

demarketing advertising 수요저지광고

derived demand 파생수요

descriptive research 기술적 조사

descriptor 묘사변수

developmentalmarketing 개발적 마케팅

differential thresholds 차이식역

differentiated marketing 차별화 마케팅

diffused preference pattern 확산된 선호패턴

diffusion process 확산과정

diffusion rate 확산율

discounts 할인

disjunctive model 속성분리모델

distribution channel 유통경로

distribution warehouse 유통창고

dollar vote 달러보트

editorial support 편집자 지원

elimination-by-aspects model 속성제거모델

emotional motive 감성적 동기

encoding 기호화

enen pricing policy 개수가격정책

environmental factors 환경요인

environmental oppotunies 환경기회

environmental scanning 환경탐사

escalator pricing 물가연동 가격결정

evoked set 환기세트

experience curve 경험곡선

experience field 경험영역

exploratory research 탐색적 조사

exposure 노출

extended belief / evaluation model 확장된 신념 / 평가모델

extinction 소멸

facilitator 조성기관

fallacy of majority 다수의 우

faltering demand 감퇴적 수요

family brand 가족상표

family life cycle 가정생활주기

family purchase 가계구매

fashion cycle 유행주기

fear appeals 두려움 소구

figure 전경

FOB pricing policy 생산지점 가격정책

forgetting 망각

forward channel 전방적 경로

forward dating cash discounts 선일자 현금할인

four P 4P free-on-board pricing policy 생산지점 가격정책

freight absorption pricing policy 수송비흡수 가격정책

frequency 빈도

full demand 완전수요

functional discounts 기능할인

functions of marketing 마케팅의 기능

geographic pricing policies 지역적 가격정책

generalization learning 일반화 학습

goals of marketing management 마케팅 관리의 목표 GRP 지알피

green marketing 그린 마케팅(녹색 마케팅)

ground 배경

growth-share matrix 성장-점유율 행렬

habitual buying behavior 습관적 구매행동

hierarchy of effects 효과의 계층

hierarchy of effects model 효과의 계층모델

homogeneous preference pattern 동질적 선호패턴

horizontal marketing system 수평적 마케팅 시스템

ideal point model 이상점 모델

image 이미지

image profile 이미지 프로파일

impulse buying 충동구매

individual brand 개별상표

industrial customer 산업고객

industrial goods 산업용품

industrial marketer 산업마케터

industrial marketing 산업마케팅

inept set 부적세트

inert set 불활성 세트

information processing 정보처리

information search 정보탐색

innovation 혁신

innovation adoption model 혁신수용모델

innovativeness 혁신성향

innovators 혁신층

institutional advertising 기관광고

interval scale 간격척도

intervening variable 개재변수

inventory cost 재고비용

involvement 관여

irregular demand 불규칙적 수요

joint demand 결합수요

ust noticeable difference 최소한의 감지 가능한 차이

last-minute changes 최종시점변경

la tent demand 잠재적 수요

leader pricing policy 고객유인 가격정책

learned need 학습된 욕구

learning 학습

length of channel 경로의 길이

lexicographic model 사서편찬식 모델

life cycle cost 수명주기비용

life style 라이프 스타일

line-filling strategy 제품계열 보충전략

line-stretching strategy 제품계열 연장전략

local brand 지역상표

logitudinal design 시계열적 설계

loss leader 고객유인용 손실품

macro segmentation 거시세분화

macro(-level) marketing 거시마케팅

macroenvironments 거시적 환경요인

maintenance marketing 유지적 마케팅

manufacture's brand 제조업자 상표

mark-on 마크언 코스트의 줄임말

mark-on cost 마크언 코스트

market 시장

market life cycle 시장수명주기

market penetration pricing policy 시장침투 가격정책

market preference pattern 시장선호패턴

market research 시장조사

market segment 세분시장

market segmentation 시장세분화

market structure analysis 시장구조 분석

marketer 마케터

marketing 마케팅

marketing audit 마케팅 감사

marketing channel 마케팅 경로

marketing communications 마케팅 커뮤니케이션

marketing concept 마케팅 개념

marketing decision variables 마케팅 의사결정 변수

marketing experiment 마케팅 실험

marketing flows 마케팅 흐름

marketing intermediaries 마케팅 중간기관

marketing management 마케팅 관리

marketing management philosophies 마케팅 관리 이념

marketing mix 마케팅 믹스

marketing myopia 마케팅 근시안

marketing organization 마케팅 조직

marketing research 마케팅 조사

marketing stategy 마케팅 전략

marketing system 마케팅 시스템

marketing tools 마케팅 도구

markup 마크업

mass marketing 대량마케팅

measurement 측정

measurement scale 측정척도

media 매체

media exposure pattern 매체노출패턴

media habit 매체습관

media support 매체지원

media vehicle 매체수단

memory 기억

merchandising 머천다이징

merchant middlemen 상인중간상

messege 메시지

micro segmentation 미시세분화

micro(-level) marketing 미시마케팅

microenvironments 미시적 환경요인

middlemen 중간상인

middlemen's brand 중간상인 상표

model T 모델 티

moderating variable 조정변수

motivation 욕구의 동기화

motive 동기

motive bundling 동기다발

motive conflict 동기갈등

motive hierarchy 동기계층

multi-attribute attitude model 다속성 태도모델

multi-brand strategy 복수상표 전략

multi-channel system 복수유통경로

mutual marketing 상호마케팅

national brand 전국상표

need 욕구

need criteria 욕구기준

need structure 욕구구조

need-satisfier 욕구충족수단

negative demand 부정적 수요

nested approach 계층적 세분화

new product 신제품

newsvertising 뉴스버타이징

niche market 틈새시장

niche marketing 틈새마케팅

no brand 무상표

no demand 무수요

nominal scale 명목척도

noncompensatory model 비보상적 모델

nonprofit marketing 비영리 마케팅

normative marketing 규범적 마케팅

norms 규범

null hypothesis 귀무가설

obsolescence 진부화

odd pricing policy 단수가격 정책

one-price policy 단일가격 정책

one-tailed test 단측검증

operational definition 조작적 정의

opnion leader 의견선도자

ordinal scale 서열척도

overful demand 초과수요

p-value 피값

panel 패널

parameter 모수

passive learning 수동적 학습

patronage discounts 애고할인

patronage motive 애고동기

perceived risk 지각된 위험

perceptual categorization 지각적 범주화

perceptual defense 지각적 방어

perceptual field 지각영역

perceptual integration 지각적 통합

perceptual map 지각지도

perceptual organization 지각적 조직

perceptual process 지각과정

perceptual vigilance 지각적 경계

performance monitoring research 실적점검 조사

peripheral beliefs 주변신념

personal selling 인적 판매

personality 퍼스낼리티

physical distribution center 물류센터

physical distribution channel 물적 유통경로, 물류경로

physical distribution management 물적 유통 관리

point-of-purchase promotion 구매시점 촉진

point-of-sales 판매시점 정보관리

policy 정책

population 모집단

portfolio analysis 포트폴리오 분석

position 포지션

positioning 포지셔닝

positioning analysis 포지셔닝 분석

positioning strategy 포지셔닝 전략

positive marketing 실증적 마케팅

prestige goods 위풍재

prestige pricing policy 명성가격정책

price 가격

price deals 가격혜택

price discrimination 가격차별화

price lining policy 가격단계정책

primacy effect 선효과

primary buying motive 본원적 구매동기

primary data 1차자료

primary demand 본원적 수요

primary need 1차적 욕구

principle of closure 완결의 원리

principle of context 맥락의 원리

principle of grouping 집단화의 원리

principle of massed reserves 집중저장의 원칙

principle of minimun total transactions 총거래수 최소화의 원칙

private brand 사적 상표

procuct modification 제품수정

product 제품

product benefits 제품효익

product concept 제품개념

product differentiation marketing 제품차별화 마케팅

product life cycle 제품수명주기

product line 제품계열

product line pricing policy 제품계열 가격정책

product management 제품관리

product mix 제품믹스

product space 제품공간

product-amrket life cycle 제품-시장 수명주기

production concept 생산개념

promotion 촉진

promotional allowances 촉진공제

promotional mix 촉진믹스

promotional pricing policies 촉진적 가격정책

promotional strategy 촉진전략

promotional tools 촉진도구

promotools 촉진도구

prouct / market expansion matrix 제품 / 시장 확장행렬

psychological consistency 심리적 일관성

psychological pricing policy 심리적 가격정책

psychological set 심리세트

publicity 홍보

pull strategy 견인전략

punishement 처벌

push money 경로조성금

push strategy 후원전략

pyramidal order 중앙소구

quantity discounts 수량할인

quantum effect 특정량효과

random reinforcement 무작위 보강

ratio scale 비율척도

rational motive 이성적 동기

reach 도달

rebates 할려금

recall 상기

recency effect 후효과

recognition 재인

recycling channel 재순환경로

reference group 준거집단

reinforcement 보강

reinforcement schedule 보강스케쥴

rejection area 기각역

reliability 신뢰성

remarketing 리마케팅

repositioning strategy 리포지셔닝 전략

resale price maintenance policy 재판매가격 유지정책

research design 조사설계

reseller 재판매업자

response elasticity 반응탄력성

response strategy 반응전략

retailing 소매

rifle approach 소총식 접근방법

risk 위험

role structure 역할구조

sales concept 판매개념

sales promotion 판매촉진

sample 표본

sample design 표본설계

sampling distribution 표본분포

sampling error 표본추출오차

sampling frame 표본추출목록

sampling unit 표본추출단위

satisfaction 만족

schema 스키머

seasonal discounts 계절할인

secondary conditioning 2차적 조건화

secondary data 2차자료

secondary need 2차적 욕구

segment profile 세분시장 프로파일

selective buying motive 선택적 구매동기

selective demand 선택적 수요

selective perception 선택적 지각

self image 자아 이미지

semantic differentil scale 의미차별화 척도

sensation transference 감각전이

shaping 형성

shoppong goods 선매품

shotgun approach 산탄식 접근방법

significance level 유의수준

simple hypothesis 단순가설

single-price policy 균일가격 정책

situational factors 상황요인

situational symptoms 상황적 징후

skimming pricing policy 상층흡수 가격정책

sleeper effect 슬리퍼 효과

social class 사회계층

social marketing 사회 마케팅

societal marketing 사회지향적 마케팅

societal marketing concept 사회적 마케팅 개념

source credibility 송신자 신뢰성

source effct 원천효과

specialty goods 전문품

statistics 표본통계량

stimulant marketing 자극적 마케팅

stimulus differentiation 자극차별화

stimulus generalization 자극일반화

stimulus-response model 자극-반응 모델

stock-out 재고고갈

storage warehouse 보관창고

store loyalty 점포충성

STP 에스티피

strategic business unit 전략적 사업단위

strategic marketing planning 전략적 마케팅 계획수립

subculture 하위문화

submarket 하위시장

SWOT analysis 스워트 분석

symbiotic marketing system 공생적 마케팅 시스템

synchromarketing 동시화 마케팅

synergism 시너지즘 target audience 표적수신자

target market 표적시장

target marketing 표적마케팅

target position 목표포지션

technological life cycle 기술수명주기

test market 시험시장

test marketing 시험마케팅

test statistics 검증통계량

time-saving goods 시간절약형 제품

time-using goods 시간사용형 제품

total market approach 전체시장 접근방법

TOWS analysis 타우스 분석 TPO 티피오

trade advertising 거래점 광고

trade channel 거래경로

trade discounts 거래점 할인

trade down 트레이드 다운

trade up 트레이드 업

trade-in allowances 중고품 교환공제

traditional price 전통가격

two-sided argument 장단점 논의

two-tailed test 양측검증

type 1 error 1종과오

type 2 error 2종과오

uncontrollable factor 통제불가능요인

undifferentiated marketing 비차별화 마케팅

uniform delivered pricing policy 균일가격 인도정책

unit pricing policy 단위가격 표시정책

unsought goods 미탐색품

unwholesome demand 불건전한 수요

USP 유에스피

utilities 효용

validity 타당성

value 가치

value analysis 가치분석

variable pricing policy 가변가격정책

verticl mrekting system 수직적 마케팅 시스템

want 필요

Weber's law 웨버의 법칙

wheel of retailing 소매의 수레바퀴

wholesaling 도매

zone delivered pricing policy 지역별 균일가격 인도정책

출처: http://m1.kdb.infomaster.co.kr[13]

---

13) http://kin.naver.com/detail/detail.php?d1id=4&dir_id=408&eid=7qwKp5tnd8JpDQQc1WuN6kcWUHeq6jlA&qb=ucy3oSC4tsTJxsM=

· 저자 ·

한만봉
(Han Man
Bong)

·약 력·

1994. U.S.A. Midwest University (M.Div)
2002. 고려대학교(교육정책학 석사 – 수석장학생)
2005. 성균관대학교 대학원 박사Cand(교육행정학 전공)
1991. 한국세무신문사 전문취재부 기자
1995. 한국어린이선교원신학교 캠퍼스 분교장
2002. 고려교육정책학회 상임회장(학진 학회검색가능)
2002. 몬테소리학회 상임회장(학진 학회검색가능)
2002. 고구려대학교 설립추진위원회 법인이사
2003. 한주신학 학술원 설립이사(신학원 교수)
2003. U.S.A. Glenford University 교육학과 교수역임
2004. U.S.A. Cohen University 정책학과 외래교수
2004. 한국복지상담학술재단 이사 겸 홍보처장
2005. U.S.A. Holy People University Campus 유학담당 지도교수
2005. PHILIPPINE PRESBYTERIAN THEOLOGICAL COLLEGE 객원교수
2005. 혜전대학 adjunct professor역임
2008. 혜전대학 초빙교수
2008. 지방분권신문사 사장(대표이사)

·주요논문·

「우리나라의 복지행정제도에 관한 고찰 연구」(1988)
「Kal Barth의 신관 연구」(1988)
「한국 민중문화와 민중 신학 연구」(1992)
「Rein hold Niebuhr & Marx에 대한 상관관계 연구」(1993)
「A CHRONOLOGICAL HARMONY OF THE RESURRECTION APPEARANCES
OF JESUS THE MESSIAH」(1994)
「북한종교의 변화 전망 연구」(2002)
「교육위원회와 지방의회 간의 갈등 현상에 관한 연구」(2001)
「조선조 과거시험 방식의 정책적 분석」(공동, 2005)
「조선의 과거제도에 대한 정책적 연구」(공동, 2005)
「조선왕조 과거제도 인사정책 연구」(공동, 2005)
「조선왕조 과거시험주기 정책적 주장 분석연구」(공동, 2005)
「조선왕조 과거제도가 현대 정책에 주는 의미」(공동, 2005)
「과거제도 시험주기의 정책 분석연구」(공동, 2005)
「북한 종교지형 변천 정책 분석연구」(공동, 2005)

·저 서·

『대학생활영어(ENGLISH LANGUAGE)』(공저)
『행정경제교육』(저술)　　　　　『행정정책기획론』(저술)
『의원학』(저술)　　　　　　　　『국회의원학』(저술)
『교육정책학 상』(저술)　　　　　『교육정책학 – 하』(저술)
『산학협동교육학』(저술)　　　　『현대교육학실기론』(저술)
『현대환경행정론』(공저)　　　　『행정사무관리론』(공저)
『영재교육심리』(저술)　　　　　『인사행정학』(저술)
『행정복지론』(저술)　　　　　　『조직신학』(공저)
『아다르마 성공비법』(저술)　　　『동양환경행정』(저술)

『교육학과 비서행정』(저술)　　『7만교인 교육론』(저술)
『지방자치발전론』(저술)　　　『CEO 지도자론』(공저)
『NGO 행정론』(공저)　　　　『경영행정학』(저)
『직업과경제』(저)　　　　　　『실기교육방법론』(저)
『전산실무』(저)　　　　　　　『사회복지행정론』(공저)
외 다수

<연락처>
doctor@skku.edu　　010 - 4432 - 8561　　041 - 633 - 8561, 633 - 5741, 631 - 2094

김두흠　　•약 력•
(Kim Du　　대불대학교 사회복지학과 졸업
Hum)　　　개신대학원대학교 졸업
　　　　　　U.S.A. Bethany 신학대학원 종교교육학 석사
　　　　　　U.S.A. California (I.T.S.C) 목회학박사
　　　　　　U.S.A. Shepherd University 박사과정 (Th.D Cand)

　　　　　　주월 한국군 태권도 교관단 교오간 육군 만기전역
　　　　　　국립 무도경찰관(서대문 경찰서 외) 15년 근무
　　　　　　한국주택은행 안전관리실 3년 근무
　　　　　　한국어린이선교원신학교 교수
　　　　　　Holy People University General Education
　　　　　　In The Field of Education Church Professor
　　　　　　바울선교신학연구원 교무처장 및 교수
　　　　　　한국국제 기아대책기구 전주지역 이사
　　　　　　법무부 보호관찰위원(목회자 협의회)
　　　　　　지방분권신문사 전남북 총괄 지국장
　　　　　　대한예수교장로회(합동 측) 전주 새힘교회 위임목사
　　　　　　한민대학교 평생교육원 (교수)

　　　　　　•저 서•

　　　　　　『사회복지행정론』(공저)
　　　　　　외 다수

박세아　　•약 력•
(SEEA PARK)　한민대학교 신학과(B.TH)
　　　　　　침례신학대학 신학대학원(M.Div)
　　　　　　Glenford University
　　　　　　General Education In The Field
　　　　　　of Education
　　　　　　대한신학교 대학원 교육심리전공
　　　　　　목원대학교 대학원 사회복지학과(M. Ad)

　　　　　　한민대학교 총학생회장 역임
　　　　　　대전 대응침례교회 교육 전도사 역임
　　　　　　사회복지법인 금산 밀알의집 간사 역임

쉴만한물가 시설장 역임
한국재활협회 교육분과위원
한주신학교 교수 역임
한국어린이선교원신학교(가족상담 교육학, 부흥신학) 교수 역임
한주신학교, 총회신학교(심리학, 교육학, 신학, 문예창작) 교수 역임
행복문화복지상담학회 학회장 역임
"행복타임즈" 행복문학 발행인
2003 포스트모던문학지 신인상 당선
문학동인지 수레바퀴 회장 역임
KBS, MBC 방송출연 다수
금산 문인협회 회원, 옥합문학회 지도교수
한국행복한재단 이사장

•저 서•

『사회복지행정론』(공저)
외 다수

이필호
(李弼鎬, Lee
PiL Ho)

•약 력•

건국대학교 행정학과(행정학사)
건국대학교 행정대학원(행정학석사)
선문대학교 일반대학원 행정학과(박사과정수료)

국토연구원 토지·주택연구실 연구원 역임
한국지방공기업학회 간사 역임
선문대학교 21세기지역발전연구소 연구원 역임
현, 대진대학교 출강
현, 선문대학교 출강
현, 혜전대학 출강

•주요논문•

「율곡의 행정개혁사상에 관한 연구」
「용인시 서북부지역 종합계획수립연구」(공동)
「토공과 주공의 통합방안 연구」(공동)
「대전광역시 새주소 부여체계에 관한 연구」(공동)
「고속도로접도구역 지정범위조정 및 매수 청구제도」(공동)

•저 서•

『NGO 행정론』(공저)
『CEO 지도자론』(공저)
외 다수

대박 마케팅

신뢰하는 사람은 이런 마케팅 한다

• 초판 인쇄   2008년 10월 25일
• 초판 발행   2008년 10월 25일

• 지 은 이   한만봉, 김두흠, 박세아, 이필호
• 펴 낸 이   채종준
• 펴 낸 곳   한국학술정보㈜
          경기도 파주시 교하읍 문발리 513-5
          파주출판문화정보산업단지
          전화   031) 908-3181(대표) · 팩스   031) 908-3189
          홈페이지   http://www.kstudy.com
          e-mail(출판사업부)   publish@kstudy.com
• 등   록   제일산-115호(2000. 6. 19)
• 가   격   33,000원

ISBN   978-89-534-0582-0 93320 (Paper Book)
        978-89-534-0583-7 98320 (e-Book)